高等职业教育"十二五"规划教材

高职高专国际贸易类教材系列

进出口贸易实务

李浩妍　主　编

符建利　范明华　副主编

吴琼芳　孙春媛　胡志伟　李良波

李俊香　黄　和　董乃群　葛　丹　参　编

科学出版社

北　京

内 容 简 介

本书以工作任务为核心组织内容，根据与外贸岗位相关的基本素质、基本能力、基本规范、基本业务、基本操作等，设计了客户寻找与磋商、出口价格核算、出口合同草拟与签订等十一个学习项目，以真实的外贸公司工作任务为载体，融合了相关外贸职业资格证书对知识、技能和素质的要求。通过任务导向，让学生在完成项目任务的过程中掌握基本知识，具备应会技能。

本教材适合国际贸易、国际商务、外贸英语等相关专业高职高专以及成人教育类学生作为教材使用，亦可供从事外贸业务的社会人员参考。

图书在版编目（CIP）数据

进出口贸易实务/李浩妍主编. —北京：科学出版社，2011
（高等职业教育"十二五"规划教材·高职高专国际贸易类教材系列）
ISBN 978-7-03-031358-4

I. ①进… II. ①李… III.①进出口贸易-贸易实务-高等职业教育-教材 IV.①F740.4

中国版本图书馆 CIP 数据核字（2011）第 104819 号

责任编辑：田悦红 朱大益 / 责任校对：耿 耘
责任印制：吕春珉 / 封面设计：东方人华平面设计部

科 学 出 版 社 出版
北京东黄城根北街 16 号
邮政编码：100717
http://www.sciencep.com

百 善 印 刷 厂 印刷

科学出版社发行 各地新华书店经销

2011 年 6 月第 一 版 开本：787 × 1092 1/16
2017 年 1 月第三次印刷 印张：26 3/4
字数：624 000
定价：39.00 元
（如有印装质量问题，我社负责调换〈百善〉）

销售部电话 010-62134988 编辑部电话 010-62138978-8007 (HF02)

高职高专国际贸易类教材系列
编写指导委员会

前　言

　　本书基于工作过程的职业教育课程设计理念编写，全面贯彻和体现了"以培养职业能力为核心，以项目为载体，以任务为驱动，建立以工作过程为主线的现代职业教育课程结构，面向外贸岗位群"的全新教学要求。本书以职业描述为内容设计的起点，强调职业需求对内容设计的重要性；分析出支撑外贸相关职业能力的核心技术与技能；依靠产学合作完成内容设计和教学训练的全过程。具体而言，本书特色有如下几个方面。

　　1. 以职业活动为导向：应用发达国家的职业活动分析原理，科学地将国际贸易环境下进出口外贸业务岗位人才所需要的职业能力和职业素质进行系统分析，并以此为内容设计的主线。

　　2. 突出能力训练：在教学过程中培养学生完成进出口贸易的实践能力，让每个学生都能熟练掌握进出口贸易的各个环节。本书注意理论教学内容与实践教学内容的统一，尤其注意凸显实际操作的重要性。在教学内容的安排上，以学生"做"为主，将学生的"学"和教师的"教"有机融入学生"做"的过程之中，强化"教、学、做"合一。

　　3. 以项目为载体：本书通过对外贸企业进行调研，与外贸行业专家进行研讨，根据进口与出口业务的划分确定了十一个工作项目，按照任务领域和职业岗位的从业要求，参照外贸岗位的职业资格标准，设计教学内容。知识以"必需、够用"为度，侧重外贸业务实践操作和岗位职业能力的培养。

　　4. 教学过程任务驱动：先提出培养与职业能力相匹配的工作任务，再基于工作任务设计不同的教学内容，最后通过教学内容完成训练目标。教学过程即能力训练的过程，所有项目旨在让学生练就能力而不仅仅是教授知识。

　　本书项目一、二由宁波城市职业技术学院李浩妍编写；项目三、十由宁波城市职业技术学院符建利编写；项目四、十一由宁波城市职业技术学院范明华编写；项目五由宁波城市职业技术学院胡志伟编写；项目六由宁波城市职业技术学院孙春媛编写；项目七由浙江省医药高等专科学院黄和编写；项目八由宁波城市职业技术学院李良波编写；项目九由宁波城市职业技术学院李俊香编写；吴琼芳参与了本书部分章节的编写。沈阳理工大学应用技术学院董乃群和温州职业技术学院葛丹负责全书的主审及校对。本书在编写过程中借鉴了大量相关资料，在此一并向相关作者与提供者表示诚挚的谢意。

　　由于编写者水平以及时间所限，书中不足之处在所难免，恳请广大读者不吝指正。

李浩妍

2011 年 5 月

目　录

项目一 客户寻找与磋商

 **项目导入**

郭慧（英文名 Sammi）是宁波银翔进出口贸易公司（Ningbo Yinxiang Import & Export Trading Company）一名新招聘来的外贸业务员。该公司是一家专门出口阀门管件的外贸公司，具体信息如下：

宁波银翔进出口贸易公司成立于 2000 年，产品远销欧洲、亚洲、拉美市场以及其他国家。公司拥有 40 多个国内外专业公司的稳定客户，旗下现有三家工厂，是一家信誉卓著、朝气蓬勃、富有活力的工贸型企业。公司通过 SGS 及 ISO 9001：2000 认证体系，并严格按照体系进行管理、生产。公司生产的铜球阀、闸阀通过德国 TUV、CE0035 质量认证，螺纹卡套结构铜球阀获得英国国家气阀和水阀认证，以及欧洲 CE0087 气阀认证，并获得美国、加拿大各种规格、各种标准气阀 CSA 认证。安全阀、排气阀正在进行欧洲 CE 质量认证中，各供暖系统的暖气阀、分水器按欧洲标准、国家标准设计和生产。公司产品品种齐全，有铜球阀、铜气阀、闸阀、暖气阀、分水器、止回阀、过滤器、安全阀、排气阀、角阀、水嘴等。公司生产设备先进，在同行中领先，有许多自动化专用机床、数控设备，完整的冶炼铜棒、红冲设备保证生产。

公司网址：http://www.valvesfittings.com/chinese/index.htm

公司联系电话：+86-574-27780626/27882700

传真：+86-574-87305068/87305028/28822830

公司地址：浙江省宁波市鄞州区姜山镇茅山工业区　邮编：315193

公司 E-mail：edgar4@valvesfittings.com 或 hujl@vip.163.com

Sammi 被该公司的外贸部经理指派负责欧美地区的阀门管件产品的销售业务。Sammi 在刚开始工作的一个月里熟悉了公司的相关产品，接下来，Sammi 要针对欧美市场寻找新客户并与之建立业务关系，以开拓潜在市场。为了达到这个目标，Sammi 应该掌握相关的外贸知识并具备相应的操作能力。

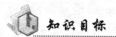 **知识目标**

1. 掌握外贸公司常用 B2B 网站的使用方法。
2. 掌握 MSN 及 SKYPE 通信软件的使用方法。
3. 熟悉与外贸行业相关的官方网站。
4. 掌握进行国际市场调研的方法。
5. 掌握交易磋商的形式、程序和内容。

能力目标

1. 能够寻找新客户。
2. 能够通过商务平台及 B2B 网站搜集客户信息。
3. 能够通过外贸行业的官方网站掌握新政策。
4. 能够进行目标市场的调研及制定出口营销方案。
5. 能与选定客户建立业务关系。
6. 能与客户进行磋商。

 任务分解

任务一　寻找新客户

【操作步骤】

1. Sammi 在其使用的计算机上安装 MSN Messenger 或 SKYPE 即时通信软件。
2. Sammi 通过我国相关的官方网站了解我国对该产品的外贸管理政策。
3. Sammi 通过相关的商务网络平台对本公司的出口产品进行行情调研并制定出口经营方案。
4. Sammi 通过常用的 B2B 网站及搜索引擎寻找潜在客户。
5. Sammi 通过外贸管理软件为潜在客户建立新客户档案。

【操作分析】

一、MSN Messenger 及 SKYPE 即时通信软件的使用

1. MSN Messenger 的使用方法

MSN Messenger 是微软公司推出的即时消息软件，凭借该软件自身的优秀性能，目前在国内已经拥有了大量的用户群。使用 MSN Messenger 可以与他人进行文字聊天、语音对话、视频会议等即时交流，还可以通过此软件来查看联系人是否联机。MSN Messenger 界面简洁，易于使用，是与亲人、朋友、工作伙伴保持紧密联系的绝佳选择。使用已有的一个 E-mail 地址，即可注册获得免费的 MSN Messenger 登录账号。

全球大部分的外贸业务联系都是通过该软件完成的，该软件的安装及主要使用方法如下。

1）下载安装。单击 http://messenger.china.msn.com 上的"立即下载"按钮就可以获得最新版本的 MSN Messenger。当出现"打开"或"保存到计算机上"的提示后，单击"打开"就可以自动下载 MSN Messenger。在随后出现的《Microsoft 软件最终用户许可协议》中选择"我接受许可协议中的条款"，然后单击"下一步"、"完成"按钮，结束安装过程。

2）注册登陆。如果用户已经拥有 Hotmail 或 MSN 的电子邮件账户，可以直接打开 MSN，单击"登录"按钮，输入你的电子邮件地址和密码进行登录。如果用户没有这类账户，请到 https://registernet.passport.net 申请一个 Hotmail 电子邮件账户。

3）添加新的联系人。在 Messenger 主窗口中，单击"添加联系人"，或者单击"显示菜单"中的"联系人"菜单，然后单击"添加联系人"。选择"通过输入电子邮件地址或登录名创建一个新的联系人"，下一步，输入完整的对方邮箱地址，单点"确定"后再单击"完成"，用户就成功地输入了一个联系人，此联系人上网登录 MSN 后，会收到用户将其加入的信息，选择"同意"，添加的联系人在线后用户就可以即时与其联系。重复上述操作，就可以添加多个联系人。

4）管理联系人的组。在 Messenger 主窗口中，单击"联系人"菜单，指向"对联系人进行排序"，然后单击"组"，将联系人添加到不同的组中。在联系人名单的"组"视图中，右键单击现有组的名称，或者单击"联系人"菜单，指向"管理组"，就可以创建、重命名或删除组以方便查找。

5）发送即时消息。在联系人名单中，双击某个联机联系人的名字，在"对话"窗口底部的小框中输入消息，单击"发送"。在"对话"窗口底部，可以看到其他人正在输入消息。当没有人输入消息时，你可以看到收到最后一条消息的日期和时间。每则即时消息的长度最多可达 400 个字符。

6）保存对话（此功能需要 IE6.0）。在主窗口中的"工具"菜单上或"对话"窗口中单击"选项"，然后选择"消息"选项卡。在"消息记录"下，选中"自动保留对话的历史记录"复选框，单击"确定"后，就可将已发送消息保存在默认的文件夹位置。或者单击"更改"，选择要保存消息的位置。

2.　SKYPE 的使用方法

SKYPE 也是一种具有语音通信功能的网络即时沟通工具。它具备 MSN Messenger 所有的功能，比如视频聊天、多人语音会议、多人聊天、传送文件、文字聊天等。它可以免费高清晰地与其他用户语音对话，也可以拨打国内、国际电话，无论固定电话、手机、小灵通均可直接拨打，并且可以实现呼叫转移、短信发送等功能，拨打国内电话为 0.17 元人民币/分钟，中国到美国也是 0.17 元人民币/分钟，全球费率基本在 0.1～0.2 元人民币之间。但是，SKYPE 使用的范围比较狭窄，主要集中于少数英语国家，如美国、加拿大、澳大利亚、英国等，其安装及主要的使用方法可登录 http://skype.tom.com 获取。

二、出口贸易流程

出口贸易的简易流程如图 1-1 所示。

三、我国对外贸易管理官方网站

1）海关法律法规：http://www.customs.gov.cn/Default.aspx?tabid=399。
2）国家质检总局政策法规：http://www.aqsiq.gov.cn。

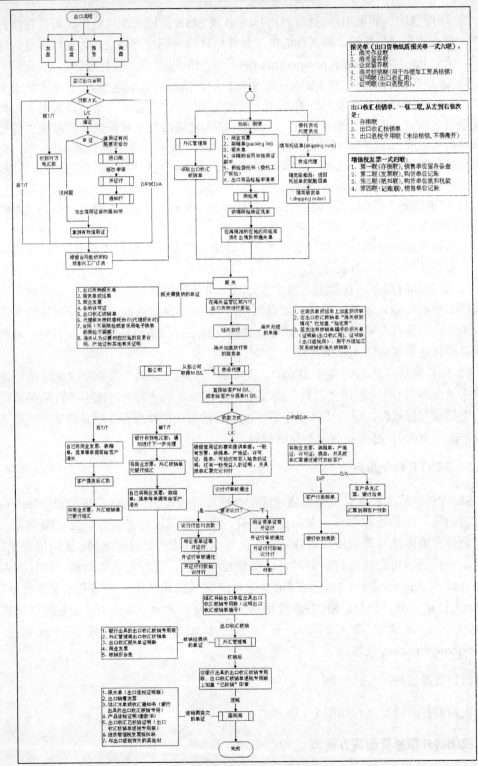

图 1-1　出口贸易的简易流程

资料来源：商务部中国对外贸易经济合作企业协会编著. 2006. 国际贸易业务员实务教程. 北京：科学技术文献出版社.

3）出口收汇核销政策法规：http://www.safe.gov.cn/model_safe/ywzn/ywzn_list.jsp?ID=1302040000000000000。

4）出口退税政策法规：http://www.chinatax.gov.cn/n8136506/index.html。

5）出口认证政策法规：http://www.cccn.org.cn/。

6）其他外贸管理政策：http://www.mofcom.gov.cn/。

四、行情调研

1. 行情调研的内容

行情调研是指获得与贸易有关的各种信息，通过对信息的分析，得出国际市场行情特点，判定贸易的可行性进而据以制定贸易计划。行情调研的范围和内容包括经济调研、市场调研和客户调研。

（1）经济调研

经济调研的目的在于了解一个国家或地区的总体经济状况、生产力发展水平、产业结构特点、国家的宏观经济政策、货币制度、经济法律与条约、消费水平和基本特点等。

（2）市场调研

市场调研主要是针对某一具体选定的商品，调查其市场供需状况、国内生产能力、生产的技术水平和成本、产品性能和特点、消费阶层和高潮消费期、产品在生命周期中所处的阶段、该产品市场的竞争和垄断程度等内容。目的在于确定该商品贸易是否具有可行性、获益性。

（3）客户调研

客户调研包括以下几方面的信息内容：

1）国外企业组织机构情况，包括企业的性质、分支机构、经营范围、经营能力等。

2）政治情况，主要指企业负责人的政治背景，与政界的关系以及对我国的政治态度等。

3）资信情况，它包括企业的资金和信用两个方面。资金是指企业的注册资本、财产以及资产负债情况等；信用是指企业的经营作风、履约信誉等。这是客户资信调查的主要内容，特别是对中间商更应重视。例如，有的客户愿和我方洽谈上亿美元的投资项目，但经调查其注册资本只有几十万美元，对这样的客户，我们就该打上问号。

4）经营范围，主要是指企业生产或经营的商品、经营的性质，是代理商、生产商，还是零售批发商等。

5）经营能力，包括每年的营业额、销售渠道、经营方式以及在当地和国际市场上的贸易关系等。

2. 调研信息的主要来源

1）网络资源。可登录 google 等搜索引擎、政府网站（如商务部）、行业专业网站（如××纺织网）等。

2）国内外综合刊物。可登录一些 B2B 网站，搜索其发布的各类刊物，如全球资源网、阿里巴巴商务网站等。

3）委托国外咨询公司进行行情调查。

4）通过我国外贸公司驻外分支公司和大使馆商务参赞处，在国外进行资料收集。

5）利用交易会、各种洽谈会和客户来华做生意的机会了解有关信息。

6）派遣专门的出口代表团、推销小组等进行直接的国际市场调研，获得第一手资料。

五、制定出口经营方案

制定出口经营方案是指进出口公司根据国家的政策、法令，对其所经营的出口商品作出业务计划安排，是交易有计划、有目的地顺利进行的前提。出口商品经营方案一般包括以下内容（见表 1-1）。

表 1-1　　出口货物经营方案

<table>
<tr><td rowspan="4">商品情况</td><td colspan="2">品名：</td><td colspan="2">规格：</td><td colspan="2">生产商：</td></tr>
<tr><td colspan="2">包装：</td><td colspan="2">尺码：</td><td colspan="2">产品特色：</td></tr>
<tr><td colspan="2">收购价：</td><td colspan="2">毛重：</td><td colspan="2">竞争对手及特点：</td></tr>
<tr><td colspan="2">实际成本：</td><td colspan="2">净重：</td><td colspan="2">产品改进：</td></tr>
<tr><td rowspan="5">进销存情况</td><td colspan="2">项　目</td><td colspan="2">金　额</td><td colspan="2">数　量</td></tr>
<tr><td colspan="2">库　存</td><td colspan="2"></td><td colspan="2"></td></tr>
<tr><td colspan="2">成交待运</td><td colspan="2"></td><td colspan="2"></td></tr>
<tr><td colspan="2">预计收购</td><td colspan="2"></td><td colspan="2"></td></tr>
<tr><td colspan="2">预计出口</td><td colspan="2"></td><td colspan="2"></td></tr>
<tr><td rowspan="6">历年情况</td><td colspan="2">年　份</td><td colspan="2">出口数量</td><td>利润情况</td><td>主销地区</td></tr>
<tr><td colspan="2">2005 年</td><td colspan="2"></td><td></td><td></td></tr>
<tr><td colspan="2">2006 年</td><td colspan="2"></td><td></td><td></td></tr>
<tr><td colspan="2">2007 年</td><td colspan="2"></td><td></td><td></td></tr>
<tr><td colspan="2">2008 年</td><td colspan="2"></td><td></td><td></td></tr>
<tr><td colspan="2">2009 年</td><td colspan="2"></td><td></td><td></td></tr>
<tr><td rowspan="2">2010 年</td><td rowspan="2">外销计划</td><td>国别、地区</td><td>数量</td><td>单价</td><td>FOB 净价</td><td>换汇成本</td></tr>
<tr><td></td><td></td><td></td><td></td><td></td></tr>
<tr><td rowspan="4">出口安排</td><td>主要客户</td><td>性质（佣金率）</td><td>市场特点</td><td>年销量</td><td>销售金额</td><td>存在的问题</td></tr>
<tr><td></td><td></td><td></td><td></td><td></td><td></td></tr>
<tr><td></td><td></td><td></td><td></td><td></td><td></td></tr>
<tr><td>主要措施</td><td colspan="5"></td></tr>
<tr><td rowspan="4">备注</td><td colspan="6">备货资金的来源：</td></tr>
<tr><td colspan="6">自有资金</td></tr>
<tr><td colspan="6">银行贷款</td></tr>
<tr><td colspan="6">打包放款</td></tr>
</table>

资料来源：福步外贸论坛 http://bbs.fobshanghai.com/

1）商品的国内货源情况。如生产地、主销地、主要消费地；商品的特点、品质、规格、包装、价格、产量、库存情况。

2）国外市场情况。如市场容量、生产、消费、贸易的基本情况，主要进出口国家的交易情况，今后可能的发展变化趋势，对商品品质、规格、包装、性能、价格等各方面的要求，国外市场经营该商品的基本做法和销售渠道。

3）确定出口地区和客户。在行情研究、信息分析的基础上，选择最有利的出口地区和合作伙伴。

4）经营历史情况。如我国出口商品目前在国际市场上所占地位、主要销售地区及销售情况、主要竞争对手、经营该种商品的主要经验和教训等。

5）经营计划安排和措施落实。如销售数量和金额、增长速度、采用的贸易方式、支付手段、结算方式、销售渠道、运输方式等。

六、开发新客户的途径

建立国外客户关系，一般可通过以下渠道。

1）通过网络搜索。

2）请国外银行介绍客户。

3）请国内外的贸易促进机构或友好协会介绍关系。如我国的贸促会也办理介绍客户的业务。

4）请我驻外使馆商务参赞处或外国驻华使馆介绍合作对象。一般来说，我驻外使馆对当地主要厂商的经营范围、能力和资信较为熟悉。

5）通过参加国内外展览会或交易会建立关系。这类活动的优点是能与客户直接见面，联系的范围广。

6）利用国内外的专业咨询公司介绍客户。国内外都有许多专业咨询公司接受委托代办介绍客户，其业务关系中有许多具有一定影响力、专业经验丰富的各种类型的客户，请他们介绍客户，一般效果较好。

目前，大部分外贸业务员都是通过网络搜索的方法寻找新客户的，但是其中不少人整天疲于到各大求购信息网站上寻找买家的求购信息，而最终徒劳无功。其原因主要有以下几点。

1）发求购信息的买家当中有很多并不真的想求购产品，他们更多的是在调查市场以及调查产品价格，所以我方向其发送的信息大多石沉大海，即使有回复也极有可能是诈骗行为。

2）一般的国际商务网站，即便是比较知名的网站，例如阿里巴巴、环球资源网、中国制造等 B2B 网站，都是卖家多买家少，这样就形成低水平的恶性竞争，价格大多被求购方压得极低。

3）一般的供求信息网站都采用留言系统，而买卖双方的联系方式是缺失的，这样卖家的留言要等买家下次登录时才能看到，机会成本比较高。此外，比较知名的国际供求信息网站大多要付费，而且费用高昂。

其实，外贸业务员可以通过查找进口名录专门寻找某一种产品的国际进口商，然后发 E-mail 给客户，告诉对方公司是专门做这种产品的，想跟对方合作，客户才会认为我方比较有诚意而且做产品比较专业，从而对我方产生信任。这样，回信率和接单率才会比较高，而且双方长期合作的可能性也才比较大。下面介绍一些通过网络寻找进口商的方法。

1）直接通过 google、yahoo、excite、kellysearch 等搜索引擎寻找买家。例如，在 google 搜索引擎中键入产品名称+importers、产品名称+distributors、产品名称+wholesaler、产品名称+buyer、产品名称+supplier 等。

2）以上方法在其他的 B2B 网站上搜索也是适用的，如在阿里巴巴的公司库里也可以这样搜索。以下是一些常用的 B2B 网站，供选用。

——易创电子商 http://www.ectrade.com/

——中国黄页 http://www.chinapages.com/

——贸易 http://www.tpage.com/

——速购网 http://www.sugoo.com

——黄页 http://yellowpage.com.tw/

——外国企业中文网（亿经国际商贸 http://www.chinaexcite.com/）

——电子商务 http://www.ecplaza.net/

——二十一世纪电子商务 http://www.ec21.net/

——阿里巴巴 http://www.alibaba.com/

——中国制造网 http://www.made-in-china.com/

——环球资源网 http://www.globalsources.com/

具体请查阅福步外贸论坛出口业务交流版块 http://bbs.fobshanghai.com/forum-2-1.html。

3）找相关的行业网站。每个行业几乎都有行业网站，可以在这些网站中用关键词搜索。一般这些网站上都可以看到会员列表，而且信息量比较大。此外，在这些专业网和行业协会网站上有很多相关链接，对用户来说也非常方便。方法是在搜索引擎中搜索"行业名称+Association"。一般来说，某国的行业协会都包含了制造商、经销商的相关信息。

4）联系专业销售进口名录的公司。进口名录的质量好坏主要看名录的更新时间，还有看名录公司的联系资料是否齐全。

5）通过各国的黄页寻找买家。以欧洲黄页（Euro pages）为例，建议不要直接采用黄页公布的客户邮箱，而是先找公司网址再找邮箱，这样可以避免被退信，因为公司更换邮箱频率较高。通过黄页不难发现，不同国籍公司的后缀名是有区别的，例如，中国籍公司的后缀名往往是"Co.，Ltd."，美国籍的则是"LLC"或"INC."，意大利籍的习惯用"S.R.L"，西班牙籍的习惯用"S.P.A"等。

6）把不同国籍公司的后缀名键入 google 搜索栏中，然后加上产品名称进行搜索。例如，键入"llc rubber sheet"后，单击搜索，就会跳出很多外国公司的网址，经过筛选后，再通过网址找到买家的邮箱。

7）查找展会商的网站。国内外的许多展会都有自己的门户网站，而且在网站上有各个参展商的名单和联系方式及网址。例如：先在 google 中输入产品大类名称，再加上

show 或 fair 等词，找到展会的网站后，一般都会有展商列表，如果没有给出展商的联系方式及网址，则可以直接将展商名称复制在 google 搜索栏中，搜索找到展商的邮箱。

8）通过商务部网站获取进口商相关资料。商务部提供了很多免费资料供查询，网址是 http://www.mofcom.gov.cn/quanqiu/qqswzd.shtml。

任务二　与客户磋商

【任务导入】

Sammi 通过商务网络平台搜索到了一家美国专门从事进口阀门管件产品的 PR Valves 公司（见图 1-2），该公司的具体信息如下。

图 1-2　PR Valves 公司主页

公司简介：

公司名称：PR Valves, LLC

公司联系电话：713-947-8044　传真：713-947-8842

公司地址：PR Valves, LLC

　　　　　1313 Missouri St.

　　　　　South Houston, TX 77587

公司网址：http://www.prvalves.com/

公司 E-mail：prvalves@aol.com

【操作步骤】

1. Sammi 通过 E-mail 与 PR Valves 公司建立业务关系。

2. Sammi 对 PR Valves 公司进行初步的资信调查。

3. Sammi 与对方进行磋商。

【操作分析】

一、建立业务关系

得到潜在客户的联系方式后，接下来就是主动出击，吸引客户，争取贸易机会。为了与潜在客户建立业务关系而写给客户的第一封信函非常重要，外贸上称之为"开发信"。

习惯上，开发信的内容安排如下：首先，说明获得客户联系方式的途径，以免唐突，例如，"有幸在广交会上得到您的名片"、"经同行介绍"、"在××网站上看到您的求购信息"等；接下来，简要介绍一下本公司的情况，包括公司规模、成立时间（外商青睐成立时间较久的企业，因为他们认为成立时间越久，信誉度越高），产品（特别是主打产品）的简介、对双方合作的诚意以及联系方式等。

需要注意的是，开发信应言之有物，凸显公司与产品的优势以提高自身的吸引力，但也不宜太详细，应有收有放，有所保留，须知开发信的目的是吸引客户的眼球，力求客户尽快回复，"欲知情况如何，请联系详谈"才是上策。

以下是一封比较简洁明了的开发信：

> Dear Mr. Steven Hans,
>
> We get your name and email address from your trade lead on www.tradelead.com that you are in the market for ballpen. We would like to introduce our company and products, hope that we may build business cooperation in the future.
>
> We have been a factory specializing in the manufacture and exporting of ballpen for more than six years. We have profuse designs with series quality grade, and expressly, our prices are very competitive because we are the factory and source. You are welcome to visit our website http://www.aaa.com which includes our company profiles, history and something latest designed.
>
> Should any of these items be of interest to you, please let us know. We will be happy to give you details.
>
> As a very active manufacturer, we develop new designs nearly every month. If you have interest in it, it's our pleasure to offer new ones to you regularly.
>
> Best regards,
> Jackie Wang

请注意这封开发信的写法。作为初次联系的信件，它简洁明了、鲜明地展示了本公司的特点：工厂经营范围明确，产品款式多，价格有竞争力，同时，暗示客户绕开中间商直接跟厂家合作。因为不了解客户的详情，特别强调有多种品质，这样无论对方是走精品路线还是廉价路线，都有洽谈的空间。此外，并没有介绍太深，而是引导客户去访问自己的网站，最后再抛出诱饵，以不断提供新款设计信息为由吸引客户回复，而客户一旦回复，就极可能确认了应该联系的业务人员。这样的开发信再随以附件展示琳琅满目的产品照片，效果会更好。

此外，开发信不同于 Trade Lead，为表示诚意，不宜千篇一律，应根据客户的规模、国籍的不同略作调整，在信件的内容中适当地提一下客户的公司名称，暗示这封开发信是特地写给贵公司的，而不是广告。这样颇能获得客户的好感。

开发信可以用传真的形式，但目前更多的是采用电子邮件的方式。

能吸引客户回复的开发信才是成功的开发信。以下是几封开发信的范文，仅供参考。

 范文 1-1

发件人：joanna_yao@yangfan.sh.cn
收件人：m.withrow@eq.com
KCT Co., Ltd.
Jeonju High-Tech Venture Complex, #750-1, Palbokdong 2-Ga, Deukjin-Gu, Jeonju-Si, Chullabuk-Do,
TEL : 82-63-212-6056   FAX : 82-63-212-6059
September 10, 2009
　　　To : ××××
　　　Subject : Supplier of Hardwood Charcoal Polymer-based Kitchenware
　　　Dear Sir / Madam,
　　　It is glad to write to you with keen hope to open a business relationship with you. Your company's name and email address have been introduced by e-Marketplace.
　　　KCT Co., Ltd. is one of the best professional companies to develop and manufacture functional and new materials. KCT Co., Ltd. is manufacturing hardwood charcoal polymer that can be applied to our daily goods with its antimicrobial effect, deodorization and infrared ray (Examples: Hardwood charcoal polymer receptacle, chopping board, food waste collecting container and bedclothes).
　　　In addition, we have developed and are currently manufacturing the antistatic laminated sheet which can be used semi-permanently; replacing a disposable papers sheet used for loading goods on the pallet.
　　　In order to diversify our existing market, we are interested in supplying our high quality products to you on favorable terms and conditions.
　　　For more information, we would like to let you know our company website as follows:
　　　http://www.cn176.com
　　　If you are interested in our products, please contact us at any time.
　　　Hope to hear good news from you.
　　　We thank you very much for your attention and look forward to your reply soon.
　　　　　　　　　　　　　　　　　　　　　　　Sincerely Yours,
　　　　　　　　　　　　　　　　　　　　　　　Kyu Bong

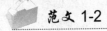 范文 1-2

发件人：cowin@kojocn.com
收件人：karen.hobbs@wsi.com

ZHEJIANG YONGJIA KOJO VALVE CO., LTD.
MAIN PRODUCTS:GATE VALVE, GLOBE VALVE, CHECK VALVE, BALL VALVE
MAIN MATERIALS: FORGED STEEL, STAINLESS STEEL
CONTACT: COWIN
TEL: 0086-577-67350603
FAX: 0086-577-67358861
MOBILE PHONE: 0086-13587747536
MSN:wz101303@hotmail.com
E-MAIL: cowin@kojocn.com
WEB SITE: www.kojocn.com

Dear Sir,
We are honoured to write to you. We are KOJO VLAVE CO.,LTD. in CHINA.The purpose of this letter is to explore the possibility of cooperating with you.
Our main products are gate valves, globe valves, check valves, ball valves, pressure sealed valves and so on.
If you have some interests in our products, pls inform us as soon as possible.
Your further inquiry about our products will be highly appreciated.Our contaction will be in an attachment, pls. check it up.
We are looking forward to your earlist reply.
Best regards!
Sincerely yours,
Cowin

综上所述，我们可以将开发信的格式和内容归纳如下：

1）得知对方公司名称和地址的途径。

如：We have obtained your name and address from the Internet.

　　Our market survey showed that you are the largest importer of cases and bags in Canada.

2）表明建立业务关系的愿望。

如：We wish to establish friendly business relations with you so that both of us could benefit from it.

　　We are willing to have business relations with your firm on the basis of equality and mutual benefit.

3）提供本公司简历（公司性质、业务范围、相对优势、拟与对方合作的方式）。

如：We are a loading company with 30 days experience in making chemical laboratory equipments.

A credible sales network has been set up and our company has regular clients from over 100 countries and regions worldwide.

4）提供销售的商品及有关条件（若需求明确，应做具体介绍，否则做笼统介绍）。

如：Art No.JD102 is a newly launched product with excellent quality, fashionable design and competitive price.

To give you a general idea of our products, we attached the catalogue for your reference.

5）介绍市场状况（市场供需情况、客户购买意向、购买力等）。

如：The present price fluctuation in the world market has necessitated the adjustment of the price .

Owing to the heavy demand, we can accept orders only for shipment during April/May.

6）告知对方应从何处了解写信人的信用情况。

如：As to our credit standing, please refer to the following bank :

The Bank of Tokyo, Osaka Branch (address).

For our business and financial standing, we may refer you to Bank of China Hong Kong Branch.

7）结尾写上期待对方回应的话。

如：We believe that your initial order will be disposed of without delay.

We are looking forward to your specific inquiries.

Your comments on our products or any information on your market demand will be appreciated.

注意：对客户来函来电，要认真及时答复，以树立良好的贸易形象。

二、客户资信调查

1. 客户资信调查的途径

1）通过银行调查。这是一种常见而且最主要的调查方法。按国际习惯，调查客户的情况属于银行的业务范围。具体分为两种调查方法：首先，通过国内往来银行向对方的往来银行调查。这种调查通常是拟好文稿，附上调查对象的资料，寄给往来银行的资信部。其次，直接向对方的往来银行调查。直接将文稿和调查对象的资料寄给对方的往来银行。

2）通过国外的工商团体进行调查。如商会、同业公会、贸易协会等，一般都接受国外厂商委托调查所在地企业情况，但通过这种渠道得来的资信，要经过认真分析，不能轻信。

3）通过我驻外机构和在实际业务活动中对客户进行考察所得的材料。这些资料一般比较具体可靠，对业务的开展有较大的参考价值。此外，外国出版的企业名录、厂商年鉴以及其他有关资料，对了解客户的经营范围和活动情况也有一定的参考价值。

4）通过有实力、信誉好的征信公司完成对客户资信的调查。这些公司会从专业的角度审视被调查的公司，并给客户良好建议以使其有效地规避风险。例如，中国出口信用保险公司、青岛联信商务咨询有限公司等。据调查，法国企业参加本国出口信用保险的比率是40%，中国目前投保率才1%，这严重束缚了中国出口企业放开手大胆开拓国际市场的信心。

以上提及的调查方法一般都是要付费的，如果出口商的资金略有不足，却又急需了解客户的情况，则比较棘手。

2. 客户资信调查的内容

对客户资信情况的调查包括以下几方面的内容：①厂商企业的组织情况。包括公司、商号、企业的组织形式、创建历史、主要领导人员、分支机构、英文名称及公司性质。②商业道德。贸易往来对象诚实可靠是交易成功的前提，如果遇到不可靠的贸易对象，就难免出现拒付、延迟付款、压价、来证与合同不符等现象。③贸易经验。一个具有丰富外贸经验的交易对象是至关重要的。④资信情况。调查对方的资信情况包括企业的资金和信用两方面，前已述及。⑤经营范围。调查对方的经营范围也是较重要的，同时还要调查对方经营的性质，如代理商、零售商、批发商、终端客户等。⑥经营能力。调查对方每年的销售金额、销售渠道、贸易关系及经营做法等。⑦往来银行名称。了解对方往来银行的名称、地址在调查过程中也是举足轻重的。

3. 撰写资信调查函

在所有调查客户资信情况的途径中，通过银行获取对方资料的方法是最常用的。下面的范文介绍了如何直接向对方的往来银行调查其资信情况。

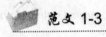 范文 1-3

委托资信调查

惠请将有关×××进口公司的资信情况、商业经营情况告诉我司。该公司地址是：×××。请确信，我公司对贵行提供的所有资料都严加保密，贵行不负有任何责任。

谢谢。

Dear Sirs,

You are kindly requested to provide us with the information on credit and business operation of ×××Import Company. The company's address is ×××. Please be convinced that all the materials you supply to us will be kept absolutely secret, for which you will not take any responsibilities.

Best Regards.

Yours truly,

×××

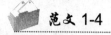 **范文 1-4**

> **回复资信调查**
>
> 贵公司 10 月 5 日第 E-51 号电传悉。
>
> 兹复，×××进口公司成立于 1960 年，资本为 50 000 美元，经营批发、零售业务。进口机械、工具、电器等。我行相信，同该公司进行交易会令人满意，建议大宗交易用信用证方式收款为宜。
>
> Dear Sirs,
>
> We have received your October 5, No.E-51 telex.
>
> According to your request, we inform you that ××× Import Company was founded in 1960 which has the capital of 50,000 U.S. dollars to deal with the wholesale and retail business. This company specialized in importing machinery, tools and electrical appliances.
>
> We believe it will be satisfactory to do business with ××× Import Company. At the same time, it is recommended to take the letter of credit as the terms of payment on big transactions.
>
> Best Regards.
>
> Sincerely yours,
>
> ×××

三、交易磋商

交易磋商（business negotiation）是指买卖双方就交易条件进行洽商，以求达成一致协议的具体过程。它是国际货物买卖过程中不可缺少的一个很重要的环节，也是签订买卖合同的必经阶段和法定程序。

交易磋商的内容包括各种交易条件，它关系到买卖双方的经济利益。因为交易磋商的结果决定着合同条款的具体内容，从而确定了合同双方的权利和义务，故交易双方对此环节的工作都非常重视。

出口交易磋商是一项政策性、策略性、技术性和专业性很强的工作，这就要求参与此项工作的人员必须具有较高的决策水平、丰富的商品知识以及有关商务、法律和金融等方面的专业知识，尤其是要切实掌握有关合同法方面的基本知识。参与交易磋商的人员除应具备多方面的基础知识外，还应善于不动声色地把原则性和灵活性结合起来，采取灵活机智的策略和洽谈技巧，从而使交易磋商达到预期的最佳效果。

（一）交易磋商的方式

出口交易磋商的形式可分口头磋商和书面磋商两种方式。

1. 口头磋商

口头磋商主要是指通过参加各种商品交易会、产品博览会、交易洽谈会、随团出访、邀请外商来访等形式面对面谈判。通过电话洽谈，也属于口头磋商形式。

口头磋商的特点如下：

1）信息传递速度快。一方提出某项交易条件或要求对某项交易条件进行修改，马上可以获得对方对此要求的反馈信息，或表示同意，或表示不同意。磋商的效率比较高。

2）面对面的谈判可以观察对方的表情、举止等，揣摩对方的心理，见机行事，调整谈判策略和方法。

3）口头磋商有利于交流感情，促进双方良好关系的发展。这一点在国际贸易中，对于建立长期的业务关系是很重要的。

4）交易成本高。通过参加交易会和互访进行面谈所要支付的费用，如参展费、差旅费等比较高，这对企业来说是一笔不小的支出。

5）口头磋商对谈判人员的素质要求比较高。如谈判人员要有丰富的业务知识，对交易对方提出的交易条件或对某些交易条件提出不同的意见时，要及时作出反应。

2. 书面磋商

书面磋商是指通过信件、电报、电传、传真或 E-mail 等通信方式进行交易磋商。在各种通信方式中，E-mail 具有零成本的突出优势，因此，现在很多企业都使用 E-mail 进行磋商。随着 EDI 技术的发展和运用，交易磋商还可以通过 EDI 进行。

书面磋商的特点如下：

1）交易磋商后可以保存凭证。双方产生争议时，有据可查。

2）书面磋商所支出的费用比口头磋商要低得多。因此，在交易磋商中，企业更多使用的是书面磋商的形式。

（二）交易磋商的内容

国际贸易合同中的交易条件是交易磋商的主要内容。交易条件可以分为五类：①货物条件，包括货物的名称、品质规定、数量、包装、商品检验等；②价格条件，包括货物的单价、总价、价格术语、佣金或折扣等；③交货条件，包括交货的时间、地点、运输方式、运输保险等；④支付条件，包括支付工具、支付时间、支付地点及支付方式等；⑤争议处理条件，包括索赔、不可抗力、仲裁等。

从理论上讲，只有就以上各项内容逐一磋商，达成一致意见，才能充分体现"契约自由"的原则，但在实践中并不是每笔交易都要对交易条件中的各项内容逐一磋商的。因为从合同成立的角度来看，法律上并没有要求必须明确交易条件中的全部内容，合同才有效。只要明确了主要交易条件，合同就成立。

从实践操作的角度来看，在上述交易条件中，有一部分内容在各笔交易业务中相对比较固定，为了简化交易磋商的内容，提高贸易效率，很多进出口商往往对这部分内容事先达成一个格式化的协议，以后的各笔交易均按此规定执行，只要任何一方未提出异议，就不必重新磋商。这些交易条件称为一般交易条件（general terms）或格式条款。

一般交易条件应按所经营的商品大类（如轻工业品、粮油食品、机械等）或按商品品种（如棉布、呢绒、真丝织品等），分别予以拟定。我国出口企业所拟定的一般交易条件，通常包括以下几方面：①有关预防和处理争议的条件（如关于货物检验、索赔、不可抗力和仲裁的规定等）；②有关主要交易条件的补充说明（如品质机动幅度、数量机动幅度、允许分批/转运、保险金额、险别和适用保险条款、信用证开立的时间和有效期的规定等）；③个别的主要交易条件（如通常采用的包装方法、凭不可撤销即期信用证支付的规定等）。

一般交易条件大都印制在由贸易商自行设计和拟定的合同格式的背面或格式正面的下部。有的则将其拟定的一般交易条件单独印制成文，以分发给其潜在客户使用。

（三）交易磋商的程序

交易磋商的程序可概括为四个环节：询盘、发盘、还盘和接受。其中发盘和接受是必不可少的两个基本环节。

1. 询盘

询盘（inquiry）是指交易的一方准备购买或出售某种商品，向对方询问买卖该商品的有关交易条件。询盘的内容可涉及价格、品质、数量、包装、装运及索取样品等，而多数只是询问价格。所以，业务上常把询盘称作询价。在国际贸易业务中，有的询盘表达了与对方进行交易的愿望，希望对方接到询盘后及时发出有效的发盘，以便考虑接受与否；也有的询盘只是想探询一下市价，询问的对象也不限于一人，发出询盘的一方希望对方开出估价单，但这种估价单不具备发盘的条件，所报出的价格也仅供参考。

在国际贸易业务中，询盘时通常采用下列一类词语来表示：

请发盘……（Please offer...）

请告……（Please advise...）

请报价……（Please quote...）

对××感兴趣，请……（interested in ... , please ...）

2. 发盘

（1）发盘的定义及具备的条件

发盘（offer）也称报盘、发价、报价，法律上称之为"要约"，是指"向一个或一个以上特定的人提出的订立合同的建议"。如果十分确定并且表明发盘人在得到接受时承受约束的意旨，即构成发盘。一个建议如果写明货物并且明示或暗示地规定数量和价格或规定如何确定数量和价格，即为十分确定的发盘。发盘可以是应对方询盘的要求发出，也可以是在没有询盘的情况下，直接向对方发出。发盘一般是由卖方发出的，但也可以由买方发出，业务上称买方的发盘为"递盘"。从以上定义可以看出，一个有效的发盘必须具备下列四个条件：

1）向一个或一个以上的特定人提出。发盘必须指定可以表示接受的受盘人，受盘人可以是一个，也可以指定多个。不指定受盘人的发盘，仅视为发盘的邀请，或称邀请做出发盘。

2）表明订立合同的意思。发盘必须表明严肃的订约意思，即发盘应该表明发盘人在得到接受时，将按发盘条件承担与受盘人订立合同的法律责任。这种意思可以用"发盘"、"递盘"等术语加以表明，也可不使用上述或类似的术语和语句，而按照当时谈判情形，或当事人之间以往的业务交往情况或双方已经确立的习惯做法来确定。

3）发盘内容必须十分确定。发盘内容的确定性体现在发盘中所列的条件是否是完整的、明确的和终局的。按上述定义，如果一项发盘中包含货物名称、数量、价格，即可认为是十分确定，只要受盘人对该发盘表示接受，合同即告成立，其他条件可以在合同成立后补充。

4）送达受盘人。发盘于送达受盘人时生效。

上述四个条件，是《联合国国际货物销售合同公约》^①（以下简称《公约》）对发盘的基本要求，也可称为构成发盘的四个要素。

发盘一般采用下列词语来表示：

发盘（offer）

发实盘（offer firm；firm offer）

报价（quote）

递盘（bid）

（2）发盘的撤回和撤销

《公约》对发盘生效时间作了明确规定："发盘在送达受盘人时生效。"那么，发盘在未被送达受盘人之前，如发盘人改变主意，或情况发生变化，这就必然会产生发盘的撤回和撤销的问题。在法律上，"撤回"和"撤销"属于两个不同的概念。撤回是指在发盘尚未生效，发盘人采取行动，阻止它的生效。而撤销是指发盘已生效后，发盘人以一定方式解除发盘的效力。

《公约》规定："一项发盘，即使是不可撤销的，也可以撤回，如果撤回的通知在发盘到达受盘人之前或同时到达受盘人。"根据《公约》的规定，发盘可以撤销，其条件是：发盘人撤销的通知必须在受盘人发出接受通知之前传达到受盘人。但在下列情况下，发盘不能撤销：

1）发盘人规定了有效期，即在有效期内不能撤销。如果没有规定有效期，但以其他方式表示发盘不可撤销（如在发盘中使用了"不可撤销"字样），那么在合理时间内也不能撤销。

2）受盘人有理由信赖该发盘是不可撤销的，并采取了一定的行动。

（3）发盘的失效

《公约》规定："一项发盘，即使是不可撤销的，于拒绝通知送达发盘人时终止。"

---

① 《联合国国际货物销售合同公约》（United Nations Convention on Contracts of International Sales of Goods，CISG）是由联合国国际贸易法委员会主持制定的，1980 年在维也纳举行的外交会议上获得通过。公约于 1988 年 1 月 1 日正式生效。1986 年 12 月 11 日我国交存核准书，在提交核准书时，提出了两项保留意见：不同意扩大《公约》的适用范围，只同意《公约》适用于缔约国的当事人之间签订的合同；不同意用书面以外的其他形式订立、修改和终止合同。

这就是说，当受盘人不接受发盘的内容，并将拒绝的通知送到发盘人手中时，原发盘就失去效力，发盘人不再受其约束。

此外，在贸易实务中还有以下三种情况可造成发盘的失效：

1）发盘人在受盘人接受之前撤销该发盘。

2）发盘中规定的有效期届满。

3）其他方面的问题造成发盘失效。包括政府发布禁令或限制措施造成发盘失效、发盘人死亡、法人破产等特殊情况。

3. 还盘

还盘（counter-offer）又称还价，法律上称为"反要约"。是指受盘人在接到发盘后，不能完全同意发盘的内容，为了进一步磋商交易，用口头或书面形式对发盘提出修改意见。还盘不仅可以对商品的价格也可以就交易的其他条件提出意见。还盘的形式可以不同，有的明确使用"还盘"字样，有的则不使用，一般将不同条件的内容通知对方，即意味着还盘。

还盘是对发盘的拒绝或否定。还盘一经做出，原发盘即失去效力，发盘人不再受其约束。

4. 接受

接受（acceptance）在法律上称为"承诺"，就是交易的一方在接到对方的发盘或还盘后，以声明或行为向对方表示同意。接受和发盘一样，既属于商业行为，也属于法律行为。对接受的相关问题在《公约》中也作了较明确的规定。

根据《公约》的解释，构成有效的接受要具备以下四个条件：

1）接受必须是由受盘人做出。其他人对发盘表示同意，不能构成接受。这一条件与发盘的第一个条件是相呼应的。发盘必须向特定的人发出，即表示发盘人愿意按发盘的条件与受盘人订立合同，但并不表示他愿意按这些条件与任何人订立合同。因此，接受由受盘人做出才具有效力。

2）受盘人接受必须表示出来。要采取声明的方式，即以口头或书面的声明向发盘人明确表示出来。另外，还可以用行为表示接受。

3）接受的内容要与发盘的内容相符。就是说，接受应是无条件的。但在业务中，常有受盘人在答复中使用了接受的字眼，但又对发盘的内容作了增加、限制或修改。这在法律上称为有条件的接受，不能成为有效的接受，属于还盘。

4）接受的通知要在发盘的有效期内送达发盘人才能生效。发盘中通常都规定有效期，这一期限有双重意义：一方面，它约束发盘人，使发盘人承担义务，在有效期内不能任意撤销或修改发盘的内容，过期则不再受其约束；另一方面，发盘人规定有效期，也是约束受盘人，只有在有效期内做出接受，才有法律效力。

在国际贸易中，由于各种原因，导致受盘人的接受通知有时晚于发盘人规定的有效期送达，这在法律上称为"迟到的接受"或逾期接受。对于迟到的接受，发盘人不受其约束，不具法律效力，但也有例外。《公约》规定逾期的接受在下列两种情况下仍具有法律效力：①如果发盘人毫不迟延地用口头或书面的形式将愿意使合同成立的意思通知受盘人；②如果载有逾期接受的信件或其他书面文件表明，在传递正常的情况下是能够及时送达发盘人的，那么这项逾期接受仍具有接受的效力，除非发盘人不同意并毫不迟延地用口头或书面方式通知受盘人发盘已经失效。

 实例 1-1

某年 10 月两贸易商的磋商电文实例：

10-08 BUYER: INTERESTED IN COLOUR TV SET "XI HU" BRAND MODEL 123 PLEASE OFFER.

10-10 SELLER: YOUR EIGHTH OFFER SUBJECT REPLY REACHING US FIFTEENTH COLOR TV SET "XI HU" BRAND MODEL 123 2,000 SETS PACKED IN CARTONS OF ONE SET EACH US DOLLARS 150 PER SET CFR KARACHI DECEMBER SHIPMENT BY IRREVOCABLE SIGHT CREDIT.

10-12 BUYER: YOUR TENTH PRICE TOO HIGH COUNTER OFFER USD130.00 REPLY FOURTEENTH.

10-14 SELLER: YOUR TWELFTH LOWEST USD140.00 SUBJECT REPLY EIGHTEENTH HERE.

10-16 BUYER: YOUR FOURTEENTH WE ACCEPT.

资料来源：吴百福. 2003. 进出口贸易实务教程（第四版）. 上海：上海人民出版社.

 讨论 1-1

卖方甲在 2009 年 3 月向贸易商乙发实盘，乙转至客户丙确认接受。寄回的确认书因投递原因于 7 月初才送达卖方，此时货价已猛涨几倍，甲丙双方对于合同是否成立发生纠纷。

请分析：本契约是否有效？卖方能否要求加价？为什么？

资料来源：www.sttvu.net/dzja/gjmysw.

以下是询盘函、发盘函、还盘函和接受函及成交函的范文，仅供参考。

 范文 1-5

询　盘　函

上海源隆机械设备进口有限公司
Shanghai Yuanlong Machinery Import & Export Company Limited

To:Kofka Metal Export GmbH (Fax No. 49-94480623)
From: Shanghai Yuanlong Machinery Import & Export Company Limited (Fax No. 86-21-52804999)
Date: July 8,2009　　　　　　　　　　　　　　　　**Total Page: 1**

Dear Sirs,

Through the introduction of German Chamber of Commerce in Shanghai, we were advised of your company and your ability to export metal products.

Our company is dedicated to the trading of machinery for over ten years, and we are at present acting for a China leading manufacturer of aluminum doors and window frames, to locate alternative sources for this commodity.

So please kindly advise us if you are capable of offering 99.7% commercial grade aluminum ingots in either 16 kg or 22 kg bars. We would like to have your best CIF Shanghai price, payment mode, leading time from the date of order to date of shipping and other relative trade terms.

For your information, our client now consumes 500M/L per month, and is planning to increase their national market share from 20%to 25%.

If you are unable to assist us with the above mentioned inquiry, please also kindly advise us of a supplier who may be able to.

Thank you and we are waiting for the word from you.

Yours Faithfully,

Cheng Tong Trade Company

Michael Ling

上海市普陀区北石路43号（邮政编码：200332） 电话：86-21-52804555
传真：86-21-52804999

Add: 43 Beishi Road, Shanghai 200332, P.R.C. Tel: 86-21-52804555
Fax: 86-21-52804999

评析：基本结构与内容要点

（1）信息来源
经上海的德国商会介绍，我们了解到贵公司及贵公司外销机械制品的能力。
（2）求购产品
我公司目前正协助中国的一家铝门窗制造大厂寻找替代货源。
（3）介绍本公司的规模、销售能力，或产品的需求量、市场前景
- 我公司专营机械设备贸易已有10年的历史。
- 我公司的客户目前每月消耗铝锭500吨，并正计划将其国内市场份额由20%扩大到25%。
（4）告知所需产品/交易的细节，并请求尽快提供相关资料
- 请告知贵公司是否能供应99.7%纯度的商业级铝锭，每条16千克或22千克均可。
- 如可供应，请告知CIF Shanghai的最好报价、付款方式和从订购到交货的生产时间。
（5）如不能供应，恳请介绍可供应者

如贵公司无法协助上述询价，请告知可能具备供应能力的供货商名称。

（6）谢谢合作，并等候回音

感谢贵公司，并等候回复。

 范文 1-6

发 盘 函

发件人: lucia-zhang@chengtong.com

收件人: s.conrey@loren.com

日 期: 2009 年 4 月 16 日 下午 15:52

主 题: Re.: Inquiry for magnifier

Dear Ms. Conrey,

Thank you for your inquiry of this morning concerning magnifiers.

As requested, we have attached an image of our standard magnifier and quote as below:

Commodity:	Article No. CT-212B Magnifier
Standard size:	188 mm×65mm×10mm(Length×Width×Thickness)
Unit price:	US$0.50/pc CIF Liverpool (without logo)
Min. quantity:	6,000pcs
Packing:	1pc/pain paper case, 20pcs/inner box, 120pcs/export carton, 141600pcs/20'FCL
	(NW: 14kgs; GW:15kgs; Meas: 0.02 m³ for each carton)
Shipment:	within 21 days after the L/C reaching us
Payment:	by irrevocable L/C at sight in our favor
Insurance:	for 110% of CIF value against All Risks

As to the logo printing, it will usually add US$0.05/pc for each color.

Please check if the above meets your requirement. If not, please send us your comments by E-mail for quoting.

We handle a wide selection of products with superior quality, and can execute your order efficiently and faithfully. We would be pleased to receive your orders, which will always have our best attention.

Best regards

Cheng Tong Trade Company

Lucia

Attachment: Image of Standard Magnifier

评析：基本结构与内容要点

（1）感谢收到询盘函

感谢贵方今日上午对于放大镜的询盘。

（2）按客户要求发盘，或随附/另寄报价单

- 商品名称、货号、规格。
- 价格（含币种、报价单位及价格术语）。
- 数量（报价相对应的数量）。
- 包装。
- 装运。
- 付款。
- 其他相关主要贸易条件（如保险）。

（3）回复客户提出的其他问题/要求

- 随附我方标准放大镜的图片。
- 商标印刷，每只每色 0.05 美元。

（4）强调公司或产品的优点、特色，激励客户下单

- 我方经营许多品质优良的商品，能高效、忠实地执行订单。

（5）希望尽快收到对方意见、订单

如能收到订单，我方将会十分高兴，贵方的订单将永远得到我方的最佳关照。

 范文 1-7

还 盘 函

上海美奇电子器材贸易公司

Shanghai Magic Electronic Appliances Trading Company

To: M&B TECH CO.(Fax: 60-4-8992708)

From: Shanghai Magic Electronic Appliances Trading Company (Fax: 86-21-62379090)

Date: Dec. 1,2009   **Total Pages: 1**

Dear Mr. Aloi,

Thank you for your offer dated Nov. 12,2009.

Although we appreciate the good quality of your products, we found that your prices appear to be much higher.

For your information, local MB suppliers now have a strong position in the market, with 65% market share in 2008, and continuing to expand this year. So to be competitive in the market, we must locate the quality products at the lowest possible costs. Moreover, other suppliers in your country offered us more attractive quotations in which prices are from 6% to 10% lower than yours.

As our market can't stand those prices you asked for and the order we have in hand would be worth around USD100, 000.00, we suggest you review your cost very carefully and give us a discount of 8%. If you do so, we will immediately place a large order with you and have confidence to establish a foothold in this line.

Please try your best to make the cost down in every respect and let us know your revised quotation soon.

Best regards,

Shanghai Magic Electronic Appliances Trading Company

Samada Yu

上海市长宁区剑河路 128 号（邮政编码：200338）　电话：86-21-62378989

传真：86-21-62379090

Add: 128 Jianhe Road, Shanghai 200338, P.R.C.　Tel: 86-21-62378989

Fax:86-21-62379090

评析：基本结构与内容要点

（1）感谢卖方发盘及寄来的相关资料

谢谢贵方 11 月 12 日的发盘。

（2）遗憾地发现，发盘条件不够理想

（如价格太高、起订量太大、交货太晚、付款方式费用过高等）

虽然我方欣赏贵方高品质的产品，但却遗憾地发现贵方的价格似乎太高了。

（3）告知还盘条件，并列举原因，说服卖方接受

（如市场不景气、竞争太激烈、资金压力太大、客户预算有限、拟购数量很大、后续订单很多、业务交往很久等）

本地的主板供应商占有很强的市场地位，2008 年度拥有 65%的市场份额，且今年保持持续扩大的势头。

为了能在市场上竞争，我方必须以最低价位采购到优质产品。

贵国其他供应商提供我方的报价更吸引人，价格比贵方低 6%到 10%。

我们的市场不能承受贵方所要求的价格。

我方的手上有约价值 10 万美元的订单。

我方建议贵方仔细审核成本，给予我方 8%的折扣。

如贵方同意，我方将立即下一个大订单，并且有信心在这一行业立足。

（4）请卖方再考虑，接受买方条件，或重新报更为优惠的条件

请尽力从各方面降低成本，并尽快让我们知道贵方修正后的新报价。

 范文 1-8

接 受 函

上海益智玩具进出口公司
Shanghai Smart Toys Import & Export Company Limited

To: Hewlett Toys Suppliers, Inc. (Fax: 1-603 882 6522)
From: Shanghai Smart Toys Import & Export Company Limited (Fax: 86-21-56780019)
Date: May 6,2009   **Total Pages:1**

Dear Ms. Jenny Nielson,

Thank you for your letter of April 25.

We have carefully noted all specifications listed in your letter. Although your best prices are still higher than our original expectation and your favorable payment terms are not as good as we can obtain from other suppliers, we are willing to accept them this time, specially, in order to begin our initial cooperation.

Besides, we have sent you today the relevant Purchase Confirmation No. NC25AU02 in duplicate by DHL. Please countersign them in time and return one copy for our file. You may rest assured that we will issue the L/C without delay.

We are one of the leading importers in the line of IQ toys and have had over 20 years' experience in this field. It is our sincere hope that we will have good business relationship to our mutual profits in the near future.

We are looking forward to successful completion of this order and thank you for your special cooperation.

Best regards

Shanghai Smart Toys Import & Export Company Limited

Helina Xiao

上海市虹口区四平路 79 号（邮政编码：200021） 电话：86-21-56780011

传真：86-21-56780019

Add: 79 Siping Road, Shanghai 200021, P.R.C.   Tel:86-21-56780011

Fax:86-21-56780019

评析：基本结构与内容要点

（1）确认收到（新）发盘，表示感谢
感谢贵方 4 月 25 日的来函。
（2）接受
卖方条件（也可说明接受的原因）

我方已仔细研究了贵方信函列明的所有事项。虽然贵方的最低价格还是比我方预期的要高，贵方优惠的付款条件也不如我方能从其他供应商那里争取到的好，但为了开始我们的合作，我方愿意破例接受这些条件。

（3）请求签署购货确认书

我方已通过 DHL 快递出相关购货确认书第 NC25AU02 号一式两份。请及时会签，并将其中一份寄回，以供我方存档。

（4）其他相关事宜（例如开证、希望卖方特别注意的特殊要求等）

请放心，我方会毫不迟延地开出信用证。

（5）展望交易前景

我方是益智玩具的主要进口商之一，在这一行业已有超过 20 年的经验，我方诚信地希望在不久的将来，你我之间会成为共赢共利的商业伙伴。

（6）感谢配合

我方期待此订单可顺利执行，并感谢贵方的特别配合。

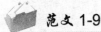 范文 1-9

成　交　函

From: peter-wang@cusby.com

To: andy.muller@merrybest.com

Date: Sep. 9,2009   Am. 10:37

Subject: Re.: Order CZ385

Dear Mr. Muller,

Thank you for your order No.CZ385 and we are very happy to start the first cooperation with you.

We will do our best to execute your order and assure the goods quality, shipping date as well as terms you asked for will receive the best attention.

As the delivery is very hurried, please immediately instruct your bank to issue the relevant letter of credit. The L/C has to reach here before the end of this month. Otherwise the shipment may be delayed.

Besides, we will fax you later this afternoon the sales confirmation No.254394. Please kindly fax back with your duly signature.

Thank you for your kind attention to all the above and look forward to your L/C soon.

Yours sincerely,

Shanghai Cusby Import & Export Co., Ltd.

Peter Wang

评析：基本结构与内容要点

（1）收到订单，表示感谢

感谢贵方第 CZ385 号订单。

（2）接受订单

我方非常高兴与贵方开始首次合作。

（3）保证如期优质地履行订单

我方将尽最大努力执行该订单，保证满足产品质量、交货期及贵方提出的其他要求。

（4）请求签署销售确认书

今天下午迟些时候，我方将传真第 254394 号销售确认书，请及时会签并回传。

（5）确认/回复相关事宜（催开信用证/催预付款/订单签署等）

鉴于交货期很紧，请立即指示贵方银行开立相关信用证，希望在本月底前开抵我方，否则装运恐要延期。

（6）感谢配合

感谢贵方注意上述事项，并期待收到相关信用证。

以上范文资料来源：祝卫. 2006. 国际贸易操作能力实用教程. 上海：上海人民出版社.

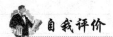 **自我评价**

完成情况及得分\\评价项目	很好（5）	良好（4）	一般（3）	较差（2）	很差（1）	分项得分
MSN Messenger 或 SKYPE 的使用						
为 Sammi 找到我国对其公司产品实施的外贸管理政策						
为 Sammi 对欧美市场进行行情调研并制定出口经营方案						
通过常用的 B2B 网站及搜索引擎为 Sammi 找到潜在客户并建档						
撰写一封开发信并通过 E-mail 与 PR Valves 公司建立业务关系						
撰写一封资信调查函以调查 PR Valves 公司的资信情况						
以 Sammi 的身份拟写询盘、发盘和成交函						

 能力迁移

一、调查某具体产品（如摩托车、男式衬衣、电动玩具车等）的国内货源和市场情况

操作 1　通过我国相关官方网站了解我国对所选定产品的外贸管理政策。

操作 2　针对选定的产品进行国外市场行情调研并完成出口经营方案。

操作 3　写出该产品的名称、特点、规格型号、包装（尺寸重量）、供货价格等信息（至少 3 种）。

操作 4　写出 2 家该产品国内供货工厂的名称和地址（按表 1-2 的格式）。

表 1-2　供货商信息数据库

项目名称	
厂长名字	
电话	
传真	
电子邮件	
银行账号	
经营范围	
拳头产品名称	
货号	
规格	
出厂价	
包装种类	
包装系数	
包装规格	
毛重	
净重	
月产量	
起订量	
货交期	
交货地点	
付款时间	
支付方式	
产品优势	
需要改进的地方	
主销地区	
竞争对手	
出口退税率	
样品采集方法及交样时间	

二、搜索所选产品的潜在客户并建档

操作 1　通过常用的 B2B 网站及搜索引擎寻找选定产品的潜在客户。

操作 2　通过"我的外贸通"软件为潜在客户建立档案。

三、与新客户建立业务关系

操作 1　针对选定的某个潜在客户撰写一封开发信。

操作 2 针对操作 1 中的客户撰写资信调查函。

操作 3 针对操作 1 中的客户撰写发盘函。

 课后训练

训 练 一

1. 按本项目操作分析的方法途径，通过网络搜索写出三家鞋类产品国外进口商名称、地址、联系电话、联系人等资料。

2. 根据下列背景材料拟写开发信：

杭州天利物资总公司由 Mills Lean Trading Co.，Ltd.处得知，澳大利亚墨尔本有一客户拟进口中国的轻工业产品。请根据以下的公司简介，写一封开发信，附寄目录和价目表，表达与对方建立长期业务关系的愿望。

杭州市天利物资总公司简介

杭州市天利物资总公司位于杭州西子湖畔繁华商业区中心，是经国家批准具有进出口经营权的综合性贸易公司。总公司及所属的 10 家专业公司（总厂）主要经营金属材料、机电设备、木材、木材制品、燃料、建筑材料、化工原料、轻工产品、废旧金属等各类工业品生产资料以及日用品百货、五金等民用商品。共有职工 6000 人，拥有资本金 2 亿元，拥有固定资产 1 亿元，实有仓库面积达 50 万平方米，拥有铁路专线 7 条，水陆起卸码头 4 座，各类吊装运输车辆及设备 400 多台，年物资进销额 40 亿元，年工业总产值 1.4 亿元，年物资吞吐量达 3000 多万吨，已具有较为完善的物资进销体系和相当规模的经营实力，在开拓发展外向型经济方面具有一定的基础。

杭州市天利物资总公司具有 30 年的经营生产历史，具有联系范围广、经销量大、总体实力强等优势。热忱欢迎国内外朋友、客商来杭旅游观光，洽谈业务，投资合作，共图发展。

总经理：赵远

电话：86-571-83077068

传真：86-571-83077027

地址：浙江省杭州市凤起路 8 号

邮编：310001

训 练 二

经曼彻斯特海外贸易有限公司（The Manchester Overseas Trading Co.,Ltd.）介绍，得知英国一家日用品经销商（名称为：Daily Necessities Corp，地址为：North Street，P.O.Box 985，Manchester，UK）有意采购中国产各类手工制人造革手套（Hand-made Artificial Leather Gloves），并得到有关产品的详细资料，包括尺码、颜色、价格等。根据以上情况，请以河北省工业品进出口公司（Hebei Industrial Products I/E Corp）业务员的身份草拟一封建立业务关系的信函，并附寄产品说明书，向对方推荐公司产品。

项目二　出口价格核算

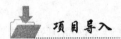

项目导入

Sammi 通过 E-mail 向 PR Valves 公司寄送了一封开发信，同时在附件中寄送了公司的产品手册。公司主打产品、规格及型号如下：

一、球阀系列

品名：浮动式球阀
材质：普通/正材质
型号：Q41F-16P
规格：DN15/20/25/32/50/65/80/100/125/150/200

品名：钢衬氟球阀
型号：Q41F46-16C
规格：DN15/20/25/32/50/65/80/100/125/150/200

品名：广式法兰铸钢球阀
型号：Q41F-16C
规格：DN15/20/25/32/40/50/65/80/100/125/150/200

品名：偏心半球阀
型号：PBQP41F/Y-16C
规格：DN40/50/65/80/100/125/150/200/250/300

品名：丝口球阀
型号：Q11F-16
货号：A/B
A 规格：DN15/20/25/32/40/50
B 规格：DN15/20/25/32/40/50/65/80/100/125/150/200

品名： 铜法兰浮球阀
型号： KLX-6T
规格： DN40/50/65/80/100/150/200/250/300

品名： 铜丝口浮球阀
型号： KX L -6T
规格： DN15/20/25/32/40/50/65/80/100

品名： 铸钢球阀
型号： Q41F-16T
规格： DN15/20/25/32/40/50/65/80/100/150/200

二、铜阀门系列

品名： 黄铜过滤器
型号： SG41W-16T
规格： DN32/40/50/65/80/100/150

品名： 过滤球阀
型号： SG41W-16W
规格： DN20/25/32

品名： 磁锁阀
型号： 202/216
202 规格： DN15/20/25/32/40/50
216 规格： DN15/20/25/32

品名：黄铜卧式排气阀
型号：E121
规格：DN15/20/25

品名：黄铜卧式止回阀
型号：H14W-16T
货号：A/B
A 规格：DN15/20/25/32/40/50
B 规格：DN15/20/25/32/40/50

品名：黄铜支管减压阀
型号：H14W-16T
货号：A/B
A 规格：DN15/20/25/32/40/50
B 规格：DN15/20/25/32/40/50

品名：铜法兰闸阀
型号：Z45W-16T
规格：DN32/40/50/65/80/100/150/200

三、沟槽管件系列

品名：防爆地漏
规格：DN65/80/100

品名：沟槽式机械四通
规格：
89*76-20.8;108/114*89-20.8;133/140*89-20.8;
159/165* 114-20.8;219*165-20.8

品名：沟槽式异径三通
规格：
89*76-20.8;108/114*89-20.8;133/140*89-20.8;
159/165* 114-20.8;219*165-20.8; 273*219-165;
325*273-165

品名：螺纹式机械三通
规格：
48*33.5-20.8;60*48-20.8;76*60-20.8;89*76-20.8;
108/114*89-20.8;133/140*89-20.8;
159/165* 114-20.8;219*165-20.8

品名：螺纹式机械四通
规格：
76*60-20.8;89*76-20.8;108/114*89-20.8;
133/140*89-20.8;159/165* 114-20.8;219*165-20.8

品名：螺纹式异径四通
规格：
60*48-20.8;76*60-20.8;89*76-20.8;108/114*89-20.8;
133/140*89-20.8;159/165* 114-20.8;219*165-20.8

品名：正四通
规格：
76*60-20.8;89*76-20.8;108/114*89-20.8;
133/140*89-20.8;159/165* 114-20.8;219*165-20.8

　　PR Valves 公司的业务员 Kevin 回复了 Sammi，表示对球阀系列中的浮动式球阀、广式法兰铸钢球阀及铸钢球阀和铜阀门系列中的磁锁阀及黄铜卧式排气阀共五种产品非常感兴趣，并请 Sammi 向其报价。为了能够按照 Kevin 的要求准确报价，Sammi 应该掌握相关的外贸知识并具备相应的操作能力。具体要求如下：

知识目标

1. 掌握贸易术语的含义、种类及买卖双方的基本责任。
2. 掌握出口成本、费用的核算指标。
3. 掌握 FOB、CFR、CIF 三种贸易术语的报价公式。
4. 掌握还价时用到的计算方法。
5. 熟悉现实中外贸公司使用的计算指标。

 能力目标

1. 能够准确选用贸易术语。
2. 能够准确地进行出口成本及费用核算。
3. 熟练利用常用的三种贸易术语的出口报价公式来核算价格。
4. 能够准确根据客户还价进行利润核算。

 任务分解

任务一　成本及费用核算

【操作步骤】

1. Sammi 根据本公司的交易习惯选择合适的贸易术语。
2. Sammi 要根据目前的国内市场行情计算 Kevin 要求报价产品的出口总成本。
3. Sammi 要计算目前这些产品出口前产生的各种相关的国内费用。

 知识链接

一、贸易术语

（一）贸易术语（trade terms）的含义和作用

1. 贸易术语的含义

贸易术语（trade terms）又称价格术语或交货条件，它是用一个简短的概念或三个字母的缩写来说明价格的构成及买卖双方有关责任、费用和风险的划分，以确定买卖双方在交接货物过程中应尽的责任和义务。例如"装运港船上交货"或用英文字母表示的"FOB"，就具有特定的责任、费用和风险的归属要求。

"责任"是指因交货地点不同而产生的租船订舱、装货、卸货、投保、申请进出口许可、报关等项事宜；"费用"是指因货物的移动而产生的运杂费、保险费、仓储费、码头捐税等；"风险"是指由于各种原因导致货物被盗、串味、锈蚀、水渍、灭失等危险。

交货地点不同，卖方承担的风险、责任和费用也不相同。如果双方约定，在出口国内的商品产地交货，卖方只需按约定时间和地点将货物备妥，买方则应自行安排运输工具将货物从交货地点运往最终目的地，并承担期间的一切风险、责任和费用。按这样条件成交，货价自然很低。反过来，如果采取在进口国内的约定地点交货的贸易术语成交，卖方要承担在指定目的地将货物实际交给买方之前的一切风险，并且要负责办理货物从产地到目的地的运输、保险以及通关过境的手续，提交规定的单据，同时还要承担与之相关的费用，货价自然也要高得多。可见，贸易术语直接关系到商品的价格构成，也关系到双方风险、责任、义务的划分，这也是许多人将贸易术语称为价格术语的原因。

2. 贸易术语的产生与发展

贸易术语是在国际贸易的实践中产生的。据有关史料记载，中世纪时，海外贸易的主要形式是商人自备船只将货物运到国外，在当地市场直接销售，或在海外亲自采购货物，然后运回国内，那时还没有贸易术语。

18 世纪末至 19 世纪初，首先出现了 Free on Board（FOB）——装运港船上交货。当时所谓的 FOB，是指进口商事先在装运港口租订一条船，并要求出口商将他买下的货物交到他租好的船上，进口商自始至终在船上监督交货的情况，并对货物进行检查，如果他认为货物符合他先前看到的样品，就在当时当地偿付货款。

19 世纪中叶，又出现了 CIF——成本加保险费、运费（目的港），这是随着科学技术的进步，运输和通信工具的发展，银行参与国际贸易结算业务的结果。

1936 年国际商会（International Chamber of Commerce，ICC）制定并于 1953 年修订了《国际贸易术语解释通则》，这一通则中规定了 9 种贸易术语，后来这一通则又多次修订。当《1980 年国际贸易术语解释通则》（以下简称《1980 年通则》）问世时，所包含的贸易术语增加到 14 种。随着形势的变化，国际商会又于 1990 年推出了新修订的《1990 年国际贸易术语解释通则》（以下简称《1990 年通则》），将原来的 14 种贸易术语改为 13 种（取消了 2 个：FOR/FOT、FOA；增加 1 个：DDU）。目前，《2000 年国际贸易术语解释通则》（以下简称《2000 年通则》）已由国际商会最新推出，这一最新文本与《1990 年通则》没有太大差别。

3. 贸易术语的作用

贸易术语促进了国际贸易的发展，对于简化交易手续、缩短洽商时间和节约费用开支有着重要的作用。贸易术语着重解决以下五个问题：

1）卖方在什么地方，以什么方式办理交货。
2）货物发生损坏或灭失的风险何时由卖方转移给买方。
3）由谁负责办理货物运输、保险以及通关过境手续。
4）由谁承担办理上述事项时所需的各种费用。
5）买卖双方需要交接哪些相关的单据。
运用好贸易术语，可简化双方交易手续，缩短交易过程，明确双方风险、责任、义务、费用划分及交易价格构成等问题。

（二）有关贸易术语的国际惯例

1. 国际贸易惯例的含义

在长期的国际贸易实践中，一些国家和地区国际贸易活动发展较早，而且有一定经验，使这些国家和地区或某一行业逐渐形成了某种被人们所承认的并采用的习惯做法或特定的方式。这些做法不断推广，并在更大的范围内被越来越多的国家与地区所理解和接受，便成为国际贸易中大家都自觉遵循的一种行为规范和准则，对国际贸易业务的发展起着某种指导或制约的作用，就形成了国际贸易惯例。

国际贸易惯例就是在国际贸易的长期实践中逐渐形成的一些有较为明确和固定内容的贸易习惯和一般做法，或者说是在长期的国际贸易中约定俗成的国际行为准则。

2. 国际贸易惯例的特点

1）国际贸易惯例是在长期的国际贸易活动中逐渐形成的国际贸易的一些习惯做法，开始只流行于一定的地区和行业，随着国际贸易的逐渐发展，其影响不断扩大，有的甚至在世界范围内通行。例如 FOB、CIF 等贸易术语。

2）具有确定的内容而且被许多国家和地区认可。任何一种国际贸易惯例都不是由法律规定的，而是把一些习惯做法归纳成条文，对有关的名词、术语给予明确的定义与解释，并为许多国家和地区接受和认可。

3）一般不具有强制性。国际贸易惯例是由贸易当事人自愿遵行，一方不能强制他方遵行，也不能自动地适用。只有当事人在合同中明确约定适用某项惯例时，这种惯例才对当事人具有约束力。国际贸易惯例不同于国际公约，国际公约是有强制性的，因为国际公约是由实体法保护的法律性文件，例如《联合国国际货物销售合同公约》等。

4）国际贸易惯例是国际贸易法律的重要渊源之一。许多国际贸易法律是在国际贸易惯例基础上产生的，很多国际贸易法律的裁决，也是以国际贸易惯例为依据的。

5）国际贸易惯例对贸易实践具有重要的指导作用。一方面，如果双方都同意采用某种惯例来约束该项交易，并在合同中做出明确规定时，那么这项约定的惯例就具有了强制性。另一方面，如果双方对某一问题没有做出明确规定，也未注明该合同适用某项惯例，在合同执行中发生争议时，受理该争议案的司法和仲裁机构也往往会引用某一国际贸易惯例进行判决或裁决。

3. 有关贸易术语的国际贸易惯例

在国际贸易业务实践中，由于各国法律制度、贸易惯例与习惯做法不同，国际上对同一贸易术语的理解与运用也互有差异，因而容易引起贸易纠纷。为了减少纠纷和避免争议，国际商会、国际法协会等国际组织以及美国一些著名商业团体经过长期努力，分别制定了解释国际贸易术语的规则。这些规则在国际上被广泛采用，因而形成了一般的国际贸易惯例。

国际贸易惯例虽然不是法律，但一经采用则对当事人有法律约束力。目前，国际上有较大影响的关于贸易术语的惯例主要有以下三种。

（1）《1932 年华沙—牛津规则》

《1932 年华沙—牛津规则》（Warsaw-Oxford Rules 1932）是国际法协会专门为解释 CIF 合同而制定的。19 世纪中叶，CIF 贸易术语开始在国际贸易中被广泛采用，然而对使用这一术语时买卖双方各自承担的具体义务并没有统一的规定和解释。为此，国际法协会于 1928 年在波兰首都华沙开会，制定了关于 CIF 买卖合同的统一规则，称之为《1928 年华沙规则》，共包括 22 条。其后，在 1930 年的纽约会议、1931 年的巴黎会议和 1932 年的牛津会议上，将此规则修订为 21 条并更名为《1932 年华沙—牛津规则》，沿用至今。这一规则对于 CIF 合同的性质、买卖双方所承担的风险、责任和费用的划分以及所有权转移的方式等问题都作了比较详细的解释。《1932 年华沙—牛津规则》在总则中说明，这一规则供交易双方自愿采用，凡明示采用《1932 年华沙—牛津规则》者，合同当事人的权利和义务均应援引本规则的规定办理。经双方当事人明示协议，可以对本规则的任何一条进行变更、修改或增添。如本规则与合同发生矛盾，应以合同为准。凡合同中没有规定的事项，应按本规则的规定办理。

（2）《1941 年美国对外贸易定义修订本》

《1941 年美国对外贸易定义修订本》（Revised American Foreign Trade Definitions 1941）是由美国 9 个商业团体制定的，它最早于 1919 年在纽约制定，原称为《美国出口报价及其缩写条例》（The U.S.A. Export Quotations and Abbreviations）。后来于 1941 年在美国第 27 届全国对外贸易会议上对该条例作了修订，命名为《1941 年美国对外贸易定义修订本》（以下简称《1941 年修订本》）。这一修订本经美国商会、美国进口商协会和全国对外贸易协会所组成的联合委员会通过，由全国对外贸易协会予以公布。该修订本中所解释的贸易术语共有六种。

《1941 年美国对外贸易定义修订本》中的六种贸易术语

代码	英文	中文	适用范围	定义说明
EX	Ex Point of Origin	原产地交货	仅适用原产地交货：制造厂交货、矿山交货、农场交货、仓库交货等	卖方同意在规定的日期或期限内在双方商定的地点将货物置于买方控制之下
FOB	Free on Board	交通工具上交货	适用于在指定地点交货：指定内陆运输工具上交货；指定装运港船上交货；进口国指定内陆地点交货；指定内陆运输工具上交货	包括运费预付到指定出口地点、减除至指定出口地点的运费
FAS	Free alongside ship	交通工具旁交货	适用于船边交货	卖方将货物交到海洋轮船船边，船的装货吊钩可及之处
C&F	Cost and Freight	成本加运费	适用指定目的地交货：成本加运费	卖方报价包括将货物运到指定目的地的运输费用在内
CIF	Cost, Insurance And Freight	成本、保险费加运费	适用于指定目的地交货：成本加保险费、运费	卖方报价包括货物成本、海运保险费和将货物运到指定目的地的一切运输费用在内
Ex Dock	Ex dock	目的港码头交货并完税	目的港码头交货：主要用在美国进口贸易方面	卖方报价包括货物成本和将货物运到指定进口港码头的全部附加费

资料来源：童宏祥. 2010. 外贸单证实务. 上海：上海财经大学出版社.

《1941 年修订本》FOB 术语有下列六种情况：

1）在内陆指定发货地点的指定内陆运输工具上交货。

2）在内陆……运输工具上交货，运费预付到指定出口地点。

3）在内陆……运输工具上发货，减除至指定出口地点的运费。

4）在指定出口地点的指定内陆运输工具上交货。

5）指定装运港船上交货。

6）进口国指定内陆地点交货。

对上述六种 FOB 价格术语，《1941 年修订本》专门作了注解。注解也应理解为各种 FOB 价格术语的交易条件。

这个规则在美国、加拿大、墨西哥、加勒比海周边等美洲国家被广泛采用，由于它的解释与国际商会的《国际贸易术语解释通则》有一定的差异，特别是 B、F 与《国际贸易术语解释通则》有明显的差异。因此，与美洲国家进行交易时，应加以注意。

（3）《2000 年通则》

《国际贸易术语解释通则》缩写形式为 INCOTERMS，它是国际商会为了统一对各种贸易术语的解释而制定的。最早的《通则》产生于 1936 年，后来为适应国际贸易业务发展的需要，国际商会先后进行过多次修改和补充。现行的《2000 年通则》（或称《INCOTERMS 2000》）是国际商会根据近 10 年来形势的变化和国际贸易发展的需要，在《1990 年国际贸易术语解释通则》（或称《INCOTERMS 1990》）的基础上修订产生的，并于 2000 年 1 月 1 日起生效。

前面提到，1990 年修订后的通则删除了原来 14 个贸易术语中的两个，增加了一个，使原来的 14 种术语变为 13 种，而且这次修订还对部分贸易术语的国际代码（英文缩写符号）作了调整，与《1990 年通则》相同。为了便于查阅和使用，在《2000 年通则》中，所有术语下当事人各自的义务均用 10 个项目列出，卖方在每一项目中的地位"对应"了买方在同一项目中相应的地位（见表 2-1）。

表 2-1　买卖双方义务对照表

卖方义务（卖方必须）	买方义务（买方必须）
A1 提供符合合同规定的货物	B1 支付货款
A2 办理许可证、其他许可及手续	B2 办理许可证、其他许可及手续
A3 运输合同与保险合同	B3 运输合同与保险合同
A4 交货	B4 受领货物
A5 风险转移	B5 风险转移
A6 费用划分	B6 费用划分
A7 通知买方	B7 通知卖方
A8 交货凭证、运输单据或同等作用的电子信息	B8 交货凭证、运输单据或同等作用的电子信息
A9 查对、包装、标记	B9 货物检验
A10 其他义务	B10 其他义务

《1990 年通则》中 13 种贸易术语按卖方责任由小到大，交货地点与卖方所在地距离由近到远进行排列，并分成 E、F、C、D 组。

《1990 年通则》对当事人责任、风险的分担更合乎逻辑和客观规律，增强了交易双方的相互对等和相互制约。在所有术语中当事人各自的义务均用 10 个项目列出，左边写明卖方的义务，右边写明买方的义务。《2000 年通则》基本与《1990 年通则》的规定一致，只是对 FAS 术语中由买方办理出口报关手续及负担费用改为卖方，对 DEQ 术语中由卖方办理进口报关手续及负担费用改为买方（见表 2-2）。

表 2-2 《2000 年国际贸易术语解释通则》13 种术语对比

E 组 （起运）	EXW	EX Works	工厂交货
F 组 （主运费未付）	FCA	Free Carrier	货交承运人
	FAS	Free alongside Ship	装运港船边交货
	FOB	Free on Board	装运港船上交货
C 组 （主运费已付）	CFR	Cost and Freight	成本加运费
	CIF	Cost Insurance and Freight	成本加运费、保险费
	CPT	Carriage Paid to	运费付至
	CIP	Carriage Insurance Paid to	运费、保险费付至
D 组 （到达）	DAF	Delivered at Frontier	边境交货
	DES	Delivered Ex Ship	目的港船上交货
	DEQ	Delivered Ex Quay	目的港码头交货
	DDU	Delivered Duty Unpaid	未完税交货
	DDP	Delivered Duty Paid	完税后交货

（三）六种主要贸易术语

1. 装运港交货的三种常用贸易术语

（1）FOB—Free on Board 船上交货（指定装运港）

1）FOB 术语的含义。

FOB—Free on Board（…named port of shipment）船上交货（……指定装运港），这一术语通常译为装运港船上交货。按照《通则》的解释，采用 FOB 术语成交，卖方应在约定的装运港将货物装到买方指定的船上，当货物越过船舷后，卖方即履行了他的交货义务。这一术语不仅适用于海运，也适用于内河航运。FOB 术语也就是我们通常所说的"离岸价格"。

2）买卖双方的基本义务。

① 卖方的基本义务。

ⅰ 在合同规定的时间和装运港口，将合同规定的货物交到买方指派的船上，并及时通知买方。（交货）

ⅱ 承担货物交至装运港船上之前的一切费用和风险。（费用、风险）

ⅲ 自负风险和费用，取得出口许可证或其他官方批准证件，并且办理货物出口所

需的一切海关手续。（证件、手续）

ⅳ 提交商业发票和自费提供证明卖方已按规定交货的清洁单据，或具有同等作用的电子信息。（单据）

② 买方义务。

ⅰ 订立从指定装运港口运输货物的合同，支付运费，并将船名、装货地点和要求交货的时间及时通知卖方。（运输）

ⅱ 根据买卖合同的规定受领货物并支付货款。（受货、付款）

ⅲ 承担受领货物之后所发生的一切费用和风险。（费用、风险）

ⅳ 自负风险和费用，取得进口许可证或其他官方证件，并办理货物进口所需的海关手续。（证件、手续）

3）使用 FOB 术语应注意的几个问题。

① "船舷为界"的确切含义。

以装运港船舷作为划分买卖双方所承担风险的界限是 FOB、CFR、CIF 同其他贸易术语的重要区别之一。"船舷为界"表明货物在装上船之前的风险，包括在装船时货物跌落码头或海中所造成的损失，均由卖方承担。货物上船之后，包括在运输过程中所发生的损坏或灭失，则由买方承担。以"船舷为界"是说以风险划分为界限，而不能把它作为划分买卖双方承担的责任和费用的界限，因为装船作业是一个连续的过程，它包括货物从岸上起吊，越过船舷，装入船舱。如果卖方承担了装船的责任，他必须完成上述作业，而不可能在船舷办理交接。在实际业务中，FOB 合同的卖方往往根据合同规定或双方确定的习惯做法，负责将货物在装运港实际装上船，并提供清洁已装船提单。

关于装船费用负担问题，一般情况下，卖方要承担装船的主要费用，而不包括货物上船后的整理费用，即理舱费和平舱费。但在实际业务中，并非都按这一统一模式规定，而是出于不同考虑，可有不同规定方法，在下面会具体论述。

② 船货衔接问题。

按照 FOB 定义，买方应负责租船订舱并将船期、船名及时通知对方，而卖方负责在规定期限内将货物装上买方指定的船上。但是，如果买方不按期派船，卖方有权撤销合同和要求赔偿损失，或有权代买方租船装运，或凭装运地仓库单代替提单索取货款。如果未经卖方同意，船只提前到达，则卖方不负责支付空舱费或滞期费。相反，如果买方按期派船，而卖方未能及时备货按期装船，则卖方应支付由此造成的滞期费和空舱费。

在 FOB 条件下，有时买方可能委托卖方代其租船订舱，但这仅属委托代办性质，卖方可以同意也可以不同意。如果卖方租不到船只或订不到舱位，其风险由买方自负，买方无权向卖方提出赔偿损失或撤销合同的要求。

总之，按 FOB 术语成交，买卖双方对于装运期和装运港要慎重规定，订约之后，有关备货和派船方面，也要加强联系，密切配合，以保证船货很好地衔接。

③ 装船费用的负担问题。

按照 FOB 定义，卖方应负责支付货物装上船前的一切费用，而买方应负责货物上船以后的一切费用。大宗商品按 FOB 条件成交时，买方通常采用租船运输。由于船方通常多按不负担装卸条件出租船舶，故买卖双方容易在装船费用由谁负担问题上引起争议。为此，买卖双方订立合同时，应在 FOB 后另列有关装船费用由谁负担的具体条件以及责任，这就导致了 FOB 的一些变形。常见的有以下几种：

i FOB Liner Term（班轮条件）。这一变形是指装船费用按照班轮运输的做法来办，即船方管装管卸，装卸费打入班轮运费之中，自然由负责租船订舱的买方承担，卖方不负担装船的有关费用。

ii FOB under Tackle（吊钩下交货）。指卖方将货物交到买方指定船只的吊钩所及之处，即吊装入舱以及其他各项费用概由买方负担。这一术语一般使用不多。

iii FOB Stowed-FOBS（理舱费在内）。指卖方负责将货物装入船舱并承担包括理舱费在内的装船费用。理舱费是指货物入舱后进行安置和整理的费用。

iv FOB Trimmed-FOBT（平舱费在内）。指卖方负责将货物装入船舱并承担包括平舱费在内的装船费用。平舱费是指对装入船舱的散装货物进行平整所需的费用。

FOB 的上述变形只是为了表明装船费用由谁负担而产生的，并不改变 FOB 的交货地点以及风险划分的界限。

④ 美国对 FOB 的不同解释。

以上有关 FOB 的解释都是按照国际商会的《通则》做出的，然而，不同的国家和不同的惯例对 FOB 的解释并不完全一致。它们之间的差异在有关交货地点、风险划分界限以及卖方承担的责任义务等规定上体现出来。例如美国和美洲一些国家采用的《1941 年美国对外贸易定义修订本》（下简称《定义》）中，将 FOB 概括为六种。其中的前三种是在出口国内指定地点的内陆运输工具上交货，第四种是在出口地点的内陆运输工具上交货，第五种是在装运港船上交货（与《2000 年通则》解释的 FOB 术语相似），第六种是在进口国指定内陆地点交货。上述第四种和第五种在使用时应加以注意，因为这两种术语在交货地点上有可能与《通则》相同。比如都是在旧金山（San Francisco）交货，如果买方要求在装运港口的船上交货，则应在 FOB 和港名之间加上"Vessel"（船）字样，变成FOB Vessel San Francisco，否则卖方有可能按第四种，在旧金山市的内陆运输工具上交货。

即使都是在装运港船上交货，关于风险划分界限的规定也不完全一样。按照美国1941 年修订本《定义》的解释，买卖双方划分风险的界限不是在船舷，而是在船上。卖方责任规定"承担货物一切灭失或损坏责任，直至在规定日期或期限内，已将货物装载于轮船上为止"。

另外关于办理出口手续问题上也存在分歧。按照《通则》解释，FOB 条件下，卖方应"自行承担风险及费用，取得出口许可证或其他官方批准证件"。但按照美国的《定义》卖方只是"在买方请求并由其负担费用的情况下，协助买方取得由原产地及/或装运地国家签发的为货物出口或在目的地进口所需的各种证件"。

（2）CIF—Cost,Insurance and Freight 成本加保险费、运费

1）CIF 术语的含义。

CIF—Cost，Insurance and Freight （…named port of destination）成本加保险费、运费（……指定目的港）。虽然在 CIF 术语后需注明目的港的名称，但它仍和 FOB 一样，是装运港交货的贸易术语。这一价格术语在现代国际贸易中应用较为普遍，其主要原因是对进出口交易所涉及的几个关系人：买方、卖方、轮船公司、保险公司和银行都有一

定的好处。

2）买卖双方的基本义务。

① 卖方的基本义务。

ⅰ 负责租船或订舱，在合同规定的装运港和规定的期限内，将货物装上船并及时通知买方，支付至目的港的运费。

ⅱ 负担货物在装运港越过船舷为止的一切费用和风险。

ⅲ 负责办理货物运输及保险并支付运费和保险费。

ⅳ 负责办理货物出口手续，提供出口国政府或有关方面签发的证件。

ⅴ 负责提供商业发票、保险单和货物运往约定目的港的通常运输单据。如果买卖双方约定采用电子通信，所有单据可被具有同等效力的电子信息所替代。

② 买方的基本义务。

ⅰ 负担合同规定的货物在装运港越过船舷后的一切费用和风险（运费、保险费除外）。

ⅱ 接受卖方提供的有关装运单据，并按合同规定支付货款。

ⅲ 办理在目的港的进口和收货手续。

CIF 术语曾被译作"到岸价"，这是一种误解。其实按 CIF 条件成交时，卖方是在装运港完成交货义务，并不保证把货送到目的口岸。卖方承担的风险也只限货物越过装运港船舷之前的风险，货物越过船舷之后的风险，概由买方承担。CIF 术语下的买卖合同是属于"装运合同"[①]，不是属于"到达合同"[②]，因此以不用"到岸价"为宜。

3）使用 CIF 术语应注意的问题。

① 保险险别问题。

CIF 术语中包括了保险（Insurance）因素，从卖方的责任讲，要负责办理货运保险。办理保险须明确险别。不同险别，保险人承保的责任范围不同，收取的保险费率也不相同。那么，按 CIF 术语成交，卖方究竟应投保什么险别呢？

一般的做法是，在签订买卖合同时，在合同的保险条款中明确规定保险险别、保险金额等内容。这样，卖方就应按合同的规定办理投保手续。如果合同中未能就保险险别等问题做出具体规定，则根据有关惯例来处理。按照《通则》对 CIF 的解释，卖方只须投保最低的险别，但在买方要求时，并由买方承担费用的情况下，卖方可加保战争、罢工、暴乱和民变险等附加险。

最低保险金额应为合同规定的价款加 10%，即按 CIF 的发票金额加 10%，并以合同货币投保。为慎重起见，在实际业务中，我外贸企业按 CIF 术语与国外客户达成交易时，通常都应在合同中具体规定保险险别和保险金额。

---

① 国际贸易中，装运合同，即只保证货物按时装运，不保证货物按时到达。交货方在装运港或装运地只要将货物装上船或交给承运人监管，就完成了交货义务，此时装运就等于交货，交货时间即为装运时间，这样的合同就称为装运合同。如 FOB、CIF、CFR 等象征性交货的合同。

② 到达合同，即卖方保证货物在约定的交货期内到达。如不能按时到达，买方可根据合同拒收或索赔。如 DES、DEQ 等实际交货的到达合同。一般情况下，贸易术语的性质与买卖合同的性质是相吻合的，按 E 组术语成交，卖方在产地交货，故其签订的合同为产地交货合同，按 F 和 C 组术语成交时，卖方都是在起运国或装船国履行其交货义务，这两组术语都具有装运地或装运港交货的性质，因此，合同性质属于装运合同。按 D 组术语签订买卖合同时，其性质属于到达合同。

② 租船订舱及装船通知问题。

采用 CIF 术语成交，卖方的基本义务之一是租船订舱，办理从装运港至目的港的运输事项。依据 CIF 术语的一般解释，卖方应按照通常条件及惯常航线，租用通常类型可供装运合同货物的船舶即可。因此，买方提出限制装运船舶的国籍、船型、船龄、船级和指定装载某班轮的船只的要求，卖方均有权拒绝。但在我国对外贸易实践中，为了发展出口业务，考虑到某些国家的规定，如买方提出上述要求，也可考虑接受。关于运费一般都计入 CIF 价格内，但卖方考虑到运费在实际交货时要大幅度上涨时，也可在合同中订明运费的上涨额度由买方负担。至于装船后是否要发装船通知，国际贸易惯例解释不一。在我国出口业务中，考虑到便于买方做好准备接受货物，一般都发装船通知。

③ 卸货费用负担问题。

卸货费用负担问题，按照 CIF 条件成交，卖方负责将合同规定的货物运往合同规定的目的港，并支付正常的运费。至于货到目的港后的卸货费用由谁负担，由于各国、各港口惯例解释不一，常易引起争议。如果使用班轮运输，由于装卸费用已打入班轮运费之中，故在卸货费由谁负担上不会引起争议。而大宗商品一般采取租船运输，在装运港的装货费用应由卖方支付，而卸货费用应由谁负担呢？为了分清买卖双方的责任，往往在 CIF 价格术语后面加列某种附加条件，形成 CIF 术语的变形：

ⅰ CIF Liner Terms（班轮条件）。这一变形是指卸货费用按照班轮的做法来办。就是说，买方不负担卸货费，而由卖方负担。

ⅱ CIF Landed（卸至岸上）。指卖方负担将货物卸到目的港岸上的费用，包括驳船费和码头费。

ⅲ CIF Ex Ship's Hold（舱底交接）。指货物运抵目的港后，买方应自行启舱并负担将货物从舱底起吊卸到码头的费用。

ⅳ CIF Ex Tackle（CIF 吊钩下交货）。指卖方承担的卸货费用到目的港吊钩所及之处为止。

④ 象征性交货问题。

从交货方式上来看，CIF 是一种典型的"象征性交货"（symbolic delivery）。所谓象征性交货是针对实际交货（physical delivery）而言。前者指卖方只要按期在约定地点完成装运，并向买方提交合同规定的包括物权凭证在内的有关单据，就算完成了交货义务，而无需保证到货。后者则是指卖方要在规定的时间和地点将符合合同规定的货物提交给买方或其指定的人，不能以交单代替交货。

可见，在象征性交货方式下，装运单据有着特别重要的意义。卖方凭单据履行交货义务，买方凭单付款，只要卖方在装船后提交齐全、正确的单据，即使货物在途中发生灭失或损坏，买方也必须履行付款义务。反之，如果卖方提交的单据不符合规定，即使交付的货物完全符合合同的规定，买方仍有权拒收单据，拒付货款。

因此，可以认为，按 CIF 术语达成的交易是一种典型的"单据买卖"。但这并不意味着卖方可以减轻自己的交货责任，他必须交付合同规定的货物。卖方履行其交单义务只是得到买方付款的前提条件，买方凭装运单据付款后，并不影响他对货物的检验权利，一旦发现所交货物与合同规定货物不符时，还可拒收货物或提出索赔。

（3）CFR—Cost and Freight 成本加运费

1）CFR 术语的含义。

CFR—Cost and Freight（…named port of destination）成本加运费（……指定目的港）。这一术语以前业务上常用"C&F"表示，《1990 年通则》改为 CFR，它也是国际贸易中常用的贸易术语。

按照《2000 年通则》的解释，卖方承担的基本义务是在合同规定的装运港和规定的期限内，将货物装上船，并及时通知买方。货物在装船时越过船舷，风险即从卖方转移至买方。CFR 与 FOB 条件下卖方的责任除负担运输及其费用外，都完全一样。对买方来说，要负担从装运港至目的港的货运保险并支付保险费。

2）使用 CFR 术语应注意的问题。

① CFR 也是装运港交货的贸易术语。

CFR 与 CIF 术语十分类似。在交货地点和风险划分的界限上，它与 CIF 完全相同，在交货方式以及在术语后需要加注目的港名称，这些方面都与 CIF 一致。它与 CIF 的区别仅在于海运保险的责任和费用方面，采用 CIF 术语成交时，卖方要负责办理保险并支付保险费，而在 CFR 术语下，则由买方承担。因此有人称 CFR 是 CIF 的一种变形。

另外关于 CIF 合同中的租船订舱问题，以及为了解决卸货费用负担问题而产生的变形，也完全适合于 CFR 合同。

② 装船通知问题。

按照 CFR 术语成交，需要特别注意的问题是，卖方在货物装船之后必须及时向买方发出装船通知，以便买方办理投保手续。

在 CFR 条件下，由卖方负责租船订舱，而买方自办保险。如果卖方不及时发出装船通知，买方就无法及时办理保险手续，甚至可能漏保。有的国家法律，如英国《1893 年货物买卖法》（1979 年修订本）中规定："如果卖方未向买方发出装船通知，以便买方对货物办理保险，那么，货物在海运途中的风险被视为由卖方负担。"就是说，如果货物在运输途中遭受损坏或灭失，由于卖方未发出装船通知使买方漏保，那么卖方不能以风险在船舷转移为由而免除责任。由此可见，尽管在 FOB 和 CIF 条件下，卖方装船后也应向买方发出通知，但 CFR 条件下的装船通知却具有更为重要的意义。

（4）三种常用贸易术语的异同点

FOB、CIF 和 CFR 三种贸易术语有很多相同之处，但也有差别。相同点都是装运港交货，同时也都是象征性交货，即交单和凭单付款，风险划分都是以装运港船舷为界，都是适用于水上运输等。不同点主要是费用及手续承担方面。三种常用贸易术语的异同点如表 2-3 所示。

表 2-3 FOB、CFR、CIF 三种贸易术语的异同点

贸易术语	交货地点	风险划分	谁办理租船订舱手续 谁支付运费	谁办理保险手续 谁支付保险费
FOB	装运港口	货物越过船舷	买方	买方
CFR	装运港口	货物越过船舷	卖方	买方
CIF	装运港口	货物越过船舷	卖方	卖方

2. 向承运人交货的三种贸易术语

（1）FCA—Free Carrier 货交承运人（指定地点）

1）FCA 术语的含义。

FCA—Free Carrier（…named place）货交承运人（指定地点）。随着国际货物运输技术的发展和运输单据形式的变化，在集装箱运输和多式联运日益扩大使用的形势下，在《1980 年通则》中的 FRC、DCP 和 CIP 三种术语的基础上，《1990 年通则》对这三种术语作了进一步的修改和补充，产生了 FCA、CPT 和 CIP 三种术语。它们不仅适用于铁路、公路、海洋、内河、航空等单一方式的运输，也适用于两种或两种以上方式和结合的多式联运。

2）买卖双方义务。

① 卖方义务。

ⅰ 在合同规定的时间、地点，将合同规定的货物置于买方指定的承运人控制下，并及时通知买方。

ⅱ 承担将货物交给承运人控制之前的一切费用和风险。

ⅲ 自负风险和费用，取得出口许可证或其他官方批准证件，并办理货物出口所需的一切海关手续。

ⅳ 提交商业发票或具有同等作用的电子信息，并自费提供通常的交货凭证。

② 买方义务。

ⅰ 签订从指定地点承运货物的合同，支付有关的运费，并将承运人名称及有关情况及时通知卖方。

ⅱ 根据买卖合同的规定受领货物并支付货款。

ⅲ 承担受领货物之后所发生的一切费用和风险。

ⅳ 自负风险和费用，取得进口许可证或其他官方证件，并且办理货物进口所需的海关手续。

3）使用 FCA 术语应注意的问题。

① 不同运输方式下的交货条件。

《通则》对 FCA 在各种运输方式下的交货条件做了如下规定：

ⅰ 铁路运输。当货物够一整车或为集装箱整箱货时，卖方要负责装车或装箱，并交铁路部门接收，即告完成交货；如货物不够一整车或一整箱，卖方将货物交到铁路收货地点或装上由铁路提供的车辆后，即告完成交货。

ⅱ 公路运输。如在卖方所在地交货，卖方要把货物交到买方提供的车辆上；如在承运人所在地交货，卖方要把货物交至公路承运人或其代理人，即告完成交货。

ⅲ 内河运输。如在卖方所在地交货，卖方要把货物交到买方提供的船上，即为交货的完成；如在承运人所在地交货，卖方把货物交给内河运输承运人或其代理人，即完成交货。

ⅳ 海洋运输。如属整箱货（FCL），卖方将集装箱交给海运承运人；如属拼箱货（LCL）或非集装箱货，卖方将货物运到起运地，交给海运承运人或其代理人，即完成交货。

v 航空运输。卖方将货物交给空运承运人或其代理人，即完成交货。

vi 在未指明运输方式的情况下，卖方将货物交给承运人或其代理人，即完成交货。

vii 多式联运。当卖方根据具体情况按规定将货物交付给第一承运人时，即完成交货。

② 风险转移问题。

FCA 不同于装运港交货的三种贸易术语，风险转移不是以船舷为界，而是以货交承运人处置时为界。这不仅是在海运以外的其他运输方式下如此，即使在海洋运输方式下，卖方也是在将货物交给海洋承运人时即算完成交货，风险就此转移。但 FCA 术语是由买方负责订立运输合同，并将承运人名称及有关事项及时通知卖方，卖方才能如约完成交货任务。但如果由于买方的责任，使卖方无法按时完成交货，只要货物已划归买方，那么风险转移的时间可以前移。

③ 明确有关责任和费用的划分问题。

FCA 适用于包括多式联运在内的各种运输方式。卖方的交货地点因采用的运输方式不同而异。不论在何处交货，根据《通则》的解释，卖方都要自负风险和费用，取得出口许可证或其他官方证件，并办理货物出口所需的一切海关手续。

随着我国对外贸易的发展，内地省份的出口货物越来越多，有些可以不用在装运港交货，而采取就地交货和交单结汇的 FCA 术语。

按照 FCA 术语成交，买卖双方承担费用的划分与风险划分相同，都是以货交承运人为界，即卖方负担货物交给承运人控制之前的有关费用，买方负担货交承运人之后所发生的各项费用。但是买方委托卖方代办一些本属自己义务（如订立运输合同）范围内的事项所产生的费用，以及由于买方的过失所引起的额外费用均应由买方负担。

（2）CIP—Carriage Insurance Paid to 运费、保险费付至

1）CIP 术语的含义。

CIP—Carriage Insurance Paid to （…named place of destination）运费、保险费付至（……指定目的地）。按 CIP 术语成交，卖方除具有与 FCA 术语相同的义务外，还应为买方办理货运保险，并提供约定的单据后，即完成履行合同的义务。虽然货物在运输中灭失或损坏的风险由买方承担，但由于货价构成因素包括保险费，故卖方必须签订保险合同，支付保险费，并提交保险单。卖方应按约定的险别投保，如未约定险别，则卖方只要投保最低险别并支付保险费即可。

2）买卖双方的义务。

① 卖方义务。

i 订立将货物运往指定目的地的运输合同，并支付有关运费。

ii 在合同规定的时间、地点，将合同规定的货物置于承运人的控制之下，并及时通知买方。

iii 承担将货物交给承运人控制之前的风险。

iv 按照买卖合同的约定，自负费用投保货物运输险。

v 自负风险和费用，取得出口许可证或其他官方批准证件，并办理货物出口所需的一切海关手续，支付关税及其他相关费用。

ⅵ 提交商业发票和将货物运往约定目的地所需的通常的运输单据或具有同等作用的电子信息，并且自费向买方提供保险单据。

② 买方义务。

ⅰ 接受卖方提供的有关单据，受领货物，并按合同规定支付货款。

ⅱ 承担自货物在约定地点交给承运人控制之后的风险。

ⅲ 自负风险和费用，取得进口许可证或其他官方证件，并且办理货物进口所需的海关手续，支付关税及其他有关费用。

3）使用 CIP 术语应注意的问题。

① 正确认识风险与保险问题。

按照 CIP 术语成交的合同，卖方要负责办理货运保险，并支付保险费，但是货物在从交货地运往目的地运输途中的风险却由买方承担。所以，卖方的投保仍属代办性质。根据《通则》的解释，一般情况下，卖方应按双方约定的险别投保。如果未约定险别，则由卖方按惯例投保最低的险别。保险金额一般是在合同价格的基础上加成 10%办理，并应采用合同中的货币投保。卖方一般无义务加保战争、罢工、暴乱及民变险。但是在买方的要求下，并由买方承担额外费用的情况下，卖方也可以办理。因此，CIP 术语中买卖双方的风险与保险出现分离，是使用这一价格术语时应特别注意的问题。

② 风险转移问题。

CIP 术语的风险转移以货交承运人处置时为界。这不仅是在海运以外的其他运输方式下如此，即使在海洋运输方式下，卖方也是在将货物交给海洋承运人时即算完成交货，风险就此转移。

③ 应了解 CIP 与 CIF 的异同点。

CIP 与 CIF 有很多相同点。这表现在，它们的价格构成中都包括了通常的运费和约定的保险费，这是卖方都要承担的。CIP 和 CIF 合同均属于装运合同。风险转移和责任费用的转移问题都是分离的。

CIP 与 CIF 的不同点，主要是适用的运输方式不同。CIF 仅适用于水上运输方式，而 CIP 则适用于包括多式联运在内的各种运输方式。其交货地点、风险划分界限以及有关责任和费用的划分自然因运输方式不同而存在差异。例如，在办理货运保险、支付保险费用方面，CIF 只办理水上运输险，而 CIP 货运险可能要包括各种运输险（多式联运情况下），而不仅仅是水上运输险。

（3）CPT—Carriage Paid To 运费付至（指定目的地）

1）CPT 术语的含义。

CPT—Carriage Paid To（…named place of destination）运费付至（指定目的地）。根据最新《通则》的解释，采用 CPT 术语成交，卖方应订立运输合同和支付正常的运费，承担货交承运人（在多式联运情况下，交给第一承运人）接管前的一切费用和风险。卖方在交货后及时通知买方；办理出口清关手续，并提供约定的各项单证。买方则应承担自货交承运人处置时起货物灭失或损坏的风险及一切额外费用，在目的地指定地点受领货物，支付卸货费和进口税捐，并按合同规定受领单据和支付货款。

2）使用 CPT 术语应注意的问题。

① 注意风险划分的界限问题。

CPT 的字面意思是运费付至指定目的地，然而卖方承担的风险并没有延伸到指定目的地。因为，根据最新《通则》的解释，货物自交货地点运至目的地的运输途中的风险是由买方承担，而不是卖方，卖方只承担货物交给承运人控制之前的风险。在多式联运情况下，卖方承担的风险自货物交给第一承运人控制时即转移给买方。

② 注意明确责任和费用的划分。

按 CPT 术语成交时，首先应由买卖双方在合同中规定装运期和目的地，以便于卖方选定承运人，自费订立运输合同，将货物运往指定的目的地。如果双方约定由买方确定交货时间和目的地时，买方应及时给予卖方充分的通知，以利于卖方履行交货义务。卖方将货物交给承运人后，应向买方发出货已交付的充分通知，以利于买方在目的地受领货物。如果具体交货地点未确定或习惯上未确定，卖方可在指定目的地选择最适合其要求的地点。除正常运费之外的其他有关费用，一般由买方负担。货物的装卸费用可以包括在运费之中，统一由卖方负担，也可由双方在合同中另行规定。

③ 注意 CPT 与 CFR 的异同点。

CPT 与 CFR 有相似之处，这主要表现在它们都是风险转移在先、责任费用转移在后。卖方承担的风险都是在交货地点随着交货义务的完成而转移。但卖方都要负责安排自交货地至目的地的运输，负担运费，并在价格构成中体现出来。另外，按这两种术语成交的合同，都属于装运合同，卖方只需保证按时交货，并不保证按时到货。

CPT 与 CFR 的不同之处在于 CFR 只适用于水上运输方式，因此交货地点只能是在装运港，CPT 适用于各种运输方式，交货地点根据运输方式的不同，由双方加以约定。CFR 条件下，风险划分以装运港船舷为界，CPT 则以货交承运人为界。另外，在不同术语下，因运输方式、交货地点的不同，卖方承担的责任、费用以及需提交的单据等也自然不同。

3. 六种主要贸易术语的比较

FCA、CPT、CIP 三种术语分别是从 FOB、CFR、CIF 这三种常用贸易术语的基础上为了适应多种运输方式的需要而产生的，其与三种常用贸易术语的相同之处表现在：

1）进出口手续的办理由哪方负责。

2）买卖双方在办理运输和保险的责任上，FCA 与 FOB 相同，CPT 与 CFR 相同，CIP 与 CIF 相同。

不同之处表现如下（见表 2-4）：

表 2-4　FOB、CFR、CIF 与 FCA、CPT、CIP 的主要区别一览表

风险界限不同	FOB、CFR、CIF 以货装上船，越过船舷为界
	FCA、CPT、CIP 以货交承运人为界
交货时间不同	FOB、CFR、CIF 交货与装船时间相同，交货时间就是装船完毕的时间，交货时间也就是提单上载明的日期，交货时间与装船时间概念相同
	FCA、CPT、CIP 交货与装运时间一般不一致，具体的装运时间由承运人决定，但在适用 FCA 时，交货地点是在卖方所在地，卖方负责装货

续表

运输方式不同	FOB、CFR、CIF 适用于水上运输		
	FCA、CPT、CIP 适用于任何运输		
保险险别不同	FOB、CFR、CIF 主要涉及海洋货物运输保险		
	FCA、CPT、CIP 涉及海、陆、空、邮有关险别		

资料来源：童宏祥. 2010. 外贸单证实务. 上海：上海财经大学出版社.

（四）其他七种贸易术语

1. 工厂交货术语（EXW－Ex Works）

《通则》所包括的贸易术语除所介绍的六种主要术语外，还有七种其他术语。这些贸易术语在实际业务中一般采用较少，但在某些情况下，它们还是能够满足买方或卖方的特定要求的。因此可以由交易双方根据业务的具体情况，灵活选用。

按照《通则》的归纳分类，E 组仅有工厂交货一种术语：EXW－Ex Works（…named place）工厂交货（指定地点）。

这一贸易术语代表了在商品的产地和所在地交货的各种交易条件，例如：Ex Plantation（农场交货）、Ex Mine（矿山交货）、Ex Warehouse（仓库交货）等。按这一交货条件达成的交易，在形式上类同于国内贸易，只是购买方不是本国人，而是外国人。卖方在本国交完货后，一切风险、责任和费用都由买方承担，货物出境、入境手续及费用也都由买方承担。

采用 EXW 术语成交，卖方承担的责任是最小的，只需提供商业发票或电子数据和单证，如合同有要求，再提供符合出口需要的包装。至于货物出境所需的出口许可证或其他官方证件，卖方并无义务提供，但是在买方的要求下，并由买方承担风险和费用的情况下，也可协助取得上述证件。

一般来说，采用这种交货条件的交易不多，特别是在当前买方市场的情况下，更是极少使用 EXW 术语。

2. 装运港船边交货术语（FAS－Free alongside Ship）

FAS－Free alongside Ship（…named port of shipment）装运港船边交货（指定装运港）。根据《通则》的解释，卖方要在规定的交货期内将符合合同规定的货物交到约定的装运港买方指派的船只边，在此完成交货任务，买卖双方负担的费用和风险都以船边为界。《1990 年通则》规定卖方不负责办理货物通关过境所需的出口许可证及其他官方证件，但《2000 年通则》已修改为要由卖方负责办理货物通关过境所需的出口许可证及其他出口所需的官方证件。

如果买方所派船只不能靠岸，卖方要用驳船把货物驳运到船边，仍在船边交货，装船责任与费用要由买方负担。

按照 FAS 术语成交时，应注意以下几点：

1）FAS 只适用于水上运输，与《1941 年美国对外贸易定义修订本》的解释不同，美国定义中 FAS-Free along Side，指交到各种运输工具旁边，只有在 FAS 后面加上 Vessel

字样，才表示"船边交货"。对此要加以注意。

2）要注意船货衔接问题。因为 FAS 条件下，从装运港至目的港的运输合同要由买方负责订立，买方要及时将船名和要求装货的具体时间、地点通知卖方，以便卖方按时做好备货出运工作。如果买方未能按时派船或未能按时接运货物或派船后未能及时通知卖方，只要货物已被清楚地分开，或被确定为供应本合同之用，由此发生的风险与损失，均由买方承担。

3. 目的地交货的各种贸易术语

（1）DAF－Delivered at Frontier　边境交货（指定地点）

D 组术语中包括 DAF、DES、DEQ、DDU 和 DDP 5 种贸易术语，按 D 组术语成交的合同被称为到货合同，即它们都是在目的地完成交货义务。

① DAF 术语的含义。

DAF－Delivered at Frontier（…named place）边境交货（……指定地点）。这一术语的交货地点是两国边境的约定地点。虽然我们将 DAF 术语归到进口国交货的贸易术语中，但不一定就是在进口国境内，因为是在边境交货，亦有可能在出口国境内（如自由边境区）。

② 买卖双方的基本义务。

卖方的基本义务：把货物运到边境指定的交货地点，办理货物出口手续及承担有关费用，在进入进口国关境之前完成交货。

买方的基本义务：在边境指定地点接收货物，支付货款，办理进口手续和支付费用。

风险划分界限：与交货地点一致，即买卖双方承担的风险、责任、费用均以两国边境指定交货地点为界。

DAF 术语只适用于两国接壤的情况，运输方式一般采用公路或铁路，但亦可采用其他运输方式。

（2）DES－Delivered Ex Ship　目的港船上交货（指定目的港）

① DES 术语的含义。

DES－Delivered Ex Ship（…named port of destination）船上交货（……指定目的港）。这一术语以前国际电码为 EXS，《1990 年通则》改为 DES。与 FOB 不同的是，FOB 是在装运港船上交货，而 DES 是在目的港船上交货。

② 买卖双方的基本义务。

卖方的基本义务：要把货物运到进口国的港口，在船上将货物置于买方的控制之下，即完成交货。在此之前，卖方要把船名、预计到达时间等及时通知买方。

买方的基本义务：负责卸货，办理进口手续等，包括取得进口许可证等进口结关所需证件。也就是说，买方负责在船上受领货物之后的一切风险、责任和费用。

风险的划分：与交货地点相同。

采用 DES 术语成交时，要注意以下两个问题：

ⅰ 买卖双方共同做好货物的交接工作。由于 DES 条件下，卖方要在目的港船上将货物实际交给买方才算完成交货,所以,对于卖方来讲,要及时将船舶预计到港时间(ETA —Estimated Time of Arrival)通知买方,使买方做好接货的准备工作。另外,卖方还要及时将提单或其他运输单据提交给买方,使其得以受领货物。对于买方来讲,要及时在船上受领货物,当合同规定买方有权决定交货时间和具体地点时,要及时通知卖方。否则,买方要承担由此而产生的额外费用与风险。

ⅱ DES 不同于象征性交货的 CIF,它是实际交货,因此,卖方是为自己的利益办理运输和保险事宜;CIF 则是卖方为买方代办运输,保险。

DES 称为"到岸价"要比 CIF 更恰当一些,亦可以说,DES 是名副其实的到岸价。按 DES 成交的合同是到货合同,而按 CIF 成交的合同为装运合同。

(3)DEQ—Delivered Ex Quay 码头交货(指定目的港)

DEQ—Delivered Ex Quay(…named port of destination)码头交货(指定目的港)。1990 年以前的《通则》中这一术语的国际电码为 EXQ,《1990 年通则》改为 DEQ。

对卖方来讲,DEQ 要比 DES 的责任更大一些,因为卖方不但要把货物运到目的港,而且还要把货物卸到岸上,置于买方的控制下。《1990 年通则》中还规定卖方自负费用,负责办理进口所需的进口许可证,其中包括关税、捐税等费用及其他官方证件。由于考虑到出口国到进口国办理进口许可证等,一般存在很大风险,故在《2000 通则》中做了修改,即上述进口手续与费用由买方来承担。

DEQ 术语只能适用于海运和内河航运。它与 DES 都是在目的港交货的术语,在如何安排好途中的运输、保险,以及货物的交接等问题上,两者的注意事项也是相同的。

(4)DDU—Delivered Duty Unpaid 未完税交货

① DDU 术语的含义。

DDU—Delivered Duty Unpaid(…named place of destination)未完税交货(……指定目的地)。DDU 是《1990 通则》中新制定的一种贸易术语。按照《通则》的解释,采用 DDU 这一术语时,卖方要负责将货物从出口国运至进口国的目的地。在合同规定的交货期内,在目的地约定地点将货物置于买方控制之下,即完成交货。风险亦于交货时转移。

买方负责办理进口手续和承担相应的费用。如果有些费用要由卖方来负担,则在合同中要做出明文规定,如双方同意由卖方承担货物进口时的某项费用,比如增值税(VAT-Value Added Tax),则应写明"DDU,VAT paid"。

② 使用 DDU 术语时,应注意以下问题:

ⅰ DDU 适用于自由贸易区或关税同盟国家间贸易,因为卖方是在进口结关后交货,若不是自由贸易区或关税同盟,风险很大。

ⅱ 如买方未能按规定取得进口许可证或其他官方证件,并办理货物进口所需的海关手续,则承担由此引起的货物损坏或灭失的一切额外风险。

ⅲ DDU 属实际交货,交货前的风险由卖方承担,所以,卖方不仅要办理运输,还要办理保险,并支付有关费用。

ⅳ DDU 术语适用于任何运输方式。

（5）DDP－Delivered Duty Paid 完税后交货（指定目的地）

DDP－Delivered Duty Paid（…named place of destination）完税后交货（……指定目的地）。DDP 是 D 组最后一个术语，也是《通则》中 13 个术语中卖方承担风险、责任和费用最大的术语。以 DDP 价格条件成交，卖方负责的义务要比 DDU 还要多，即还要交纳进口关税，卖方不但负责出口手续与费用，而且还要办理进口手续和承担相应的费用。这实际上是卖方已将货物运进了进口方的国内市场，这与其他在当地市场就地销售货物的卖方并无多大区别，只是买方已经确定。

如果双方希望排除卖方承担货物进口应支付的某些费用（如增值税）的义务，应明确规定："Delivered Duty Paid，VAT unpaid"（完税后交货，增值税未付）。

13 种贸易术语对照如表 2-5 所示，13 种贸易术语交货点示意图如图 2-1 所示。

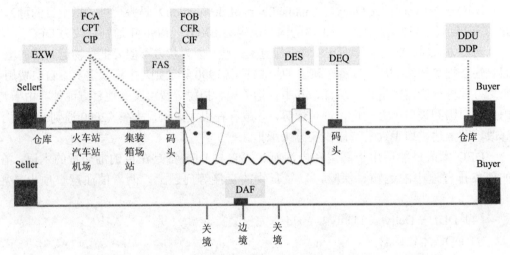

图 2-1　INCOTERMS 2000 13 种贸易术语交货点（风险点）示意图

资料来源：刘文广．2002．国际贸易实务．北京：高等教育出版社

表 2-5　13 种贸易术语对照表

贸易术语	交货地点	风险转移界限	出口报关责任，费用由谁负担	进口报关责任，费用由谁负担	适用的运输方式
EXW	商品产地、所在地	货交买方处置时起	买方	买方	任何方式
FCA	出口国内地、港口	货交承运人处置时起	卖方	买方	任何方式
FAS	装运港	货交船边后	卖方	买方	水上运输
FOB	装运港	货物越过装运港船舷	卖方	买方	水上运输
CFR	装运港	货物越过装运港船舷	卖方	买方	水上运输
CIF	装运港	货物越过装运港船舷	卖方	买方	水上运输
CPT	出口国内地、港口	货交承运人处置时起	卖方	买方	任何方式
CIP	出口国内地、港口	货交承运人处置时起	卖方	买方	任何方式
DAF	两国边境指定地点	货交买方处置时起	卖方	买方	任何方式
DES	目的港口	目的港船上货交买方处置起	卖方	买方	水上运输

贸易术语	交货地点	风险转移界限	出口报关责任，费用由谁负担	进口报关责任，费用由谁负担	适用的运输方式
DEQ	目的港口	目的港码头货交买方处置起	卖方	买方	水上运输
DDU	进口国内	指定目的地货交买方处置起	卖方	买方	任何方式
DDP	进口国内	指定目的地货交买方处置起	卖方	卖方	任何方式

在我国对外贸易中，为了多创汇或少支付外汇及尽可能避免国际贸易诈骗等行为，一般情况下，进口采用 FOB、出口采用 CIF 或 CFR 术语成交。

（五）有关贸易术语的使用问题

1. 关于"交货"

需要特别注意的是，"交货"（delivery）这个词在《2000 年通则》中有两种不同含义。首先，"交货"一词被用来判断卖方何时完成其交货义务，这规定在所有的《2000 年通则》的 A4 条款中。其次，"交货"也被用于买方受领或接受货物的义务，这规定在所有《2000 年通则》的 B4 条款中，而《2000 年通则》将重点放在卖方的交货义务上，按其交货性质不同，把 13 种贸易术语分为实际性交货和象征性交货两大类。

实际交货的贸易术语是卖方必须在合同指定地点把货物交由买方控制，才算是完成交货任务。在此条件下，装运单据不能代替货物，卖方必须在指定地点把卖出的实物交给买方。如 EXW、FAS、DAF、DES、DEQ、DDU、DDP 七种贸易术语均属此类。

象征性交货的贸易术语有一个共同特点，即凭单交货、凭单付款。采用这类贸易术语时，卖方只要在合同规定的时间和地点，将货物装上运往指定目的地的运载工具，取得合同规定的装运单据并提交给买方，就算完成了交货义务，哪怕是交给第一承运人，仍算是完成了交货，买方应在收到装运单据时付款。也就是说，买方凭单付款而不是凭实际交货付款，尽管实际上买方购买的是货物，但在形式上，买方购买的是单据，只要卖方按照货物买卖合同的规定提交齐全、正确、及时的单据，买方就必须付款赎单。

所谓齐全，是指卖方必须提交提单、商检单、发票和 CIF 术语的保险单或合同规定的其他单证。所谓正确，是指这些单据同货物买卖合同条款规定相符，商品的名称、质量、数量、装运港、提单日期、商检单日期、保险单日期均无差错。所谓及时，是指卖方装船完毕取得提单后就必须在合理时间内将单据交付买方，或在信用证规定的交单期内交付。

如果卖方提交的单据不及时、不齐全，或者单据内容与货物买卖合同的规定不相符，即使所交货物质好、量足、准时，在市价发生变动的情况下，买方可以拒不付款赎单。如 FCA、FOB、CFR、CIF、CPT、CIP 六种贸易术语即属象征性交货的贸易术语。

由此可知，实际交货术语下的装运时间和象征性交货术语下的装运时间，会有很大的区别，在实际业务中的重要性也就不同。如果 DES 伦敦和 CIF 伦敦两个售货合同交货期都为某年 10 月，那么 DES 合同项下的货物必须在 10 月中的任何一天运抵伦敦港，置于买方的有效控制之下，至于卖方何时装船，则要视与伦敦的距离、船舶航行速度、港口的装卸效率及拥挤情况而定，8月、9月，还是10月都可以。而CIF合同下的货物，则只能在10月装于约定装运港指定的船上，不能早，也不能晚。但对装船以后的货物何时运抵伦敦甚至能否运抵伦敦不再负责。

2. 关于"所有权"转移

所谓所有权是指对财产享有占有、使用和处理的权利。所有权的转移是指此项权利何时由卖方转给买方。在实际交货的情况下，卖方在将货物交与买方之前，仍拥有货物的所有权，同时承担货物的全部风险。一旦将货物交与买方并取得货款，就不再拥有所有权，也不再承担货物的风险，买方则自取得货物之时起承担风险。显然，实际交货，所有权与风险同步转移。在象征性交货情况下，卖方在装运港装船取得海运提单后，并不是将代表货物所有权的凭证海运提单直接交给买方。而是通过银行逐步转移，直至买方银行向进口商提示跟单汇票，买方付款赎单后，货物的所有权才能转移给买方。因此，在象征性交货的贸易术语中，所有权同风险转移是不一致的，风险转移在先，所有权转移在后。

3. 贸易术语与合同条款的关系

贸易术语与合同条款的关系主要涉及合同的性质问题。在国际贸易合同中采用了某种贸易术语，一般情况下要求合同的其他条款的解释内容同该术语的解释内容相一致，这时，人们便用所采用的术语名称来确定合同的性质和名称。如贸易合同中采用了CIF贸易术语，合同的其他条款又与CIF相一致，那么这份合同就是CIF合同。

当然，贸易术语只是惯例而非法律，因此，买卖双方选定了贸易术语并写进合同之后，还可在合同中订立术语没有包含的内容，甚至可以制定与贸易术语所赋予买卖各方权利、义务相抵触的条款。但是，如果合同条款的规定同贸易术语所确定的买卖双方的权利与义务发生了矛盾，则这一贸易术语的惯例解释不再适用该合同，就是说当合同的其他条款与术语的解释相反时，合同的性质就不再是这个术语所能概括的性质，即使买卖双方明确标明是某某合同也无济于事。如果发生纠纷，任何仲裁机构和司法机构都不会再依据贸易术语来确定这个合同的性质。例如，一笔交易是按CIF术语达成的，但合同的其他条款却规定货物自装运港至目的港的一切费用和风险均由卖方负担，这一条款超越了《2000年通则》对CIF的解释，因此该合同不属于CIF合同性质。

4. 贸易术语对商品价格的影响

在进出口贸易中采用不同的贸易术语签订合同，就会使同种商品的价格不同。一般来说，卖方责任、费用和风险较大的贸易术语，商品的售价就高；反之，售价就低。可见，卖方商品的售价高低与其所承担的责任、费用和风险的大小成正比。买方所处地位与卖方恰好相反，商品购价高低与其所承担的责任、费用和风险的大小成反比。如EXW术语卖方只能按商品成本和利润定价；DDP术语，卖方除商品成本和利润外，必须把运费、保险费、海关关税以及各种手续费折合成货币，加在商品的售价之内。所以，前者商品售价低，后者商品售价高。同样道理，EXW买方购价低，DDP买方购价高。

贸易术语之所以影响商品的价格，是因为不同贸易术语下的不同责任、费用和风险都可归结为货币，表现为成本之外的广义的业务费用，这些费用常常与货值相当，有时高达货值的数倍。这样，在未解释责任、费用和风险的归属之前，根本无法确定商品的价格。因此，只有确定了贸易术语，才能谈论商品的价格构成。

5. 贸易术语的选择

贸易术语多种多样，在进出口贸易实际业务中究竟采用哪一种，要视具体情况而定。在我国出口贸易中，我们尽量选择我方承担责任、费用和风险较大的贸易术语，因为这些贸易术语的商品售价中包含了运费、保险费，以及较高的业务费开支，可以为我国换回更多的外汇。同时，采用这些术语，由我方负责租船订舱，可以做到船货衔接，避免在买方派船的情况下我们必须在装运期之前运抵码头候装的仓储费和候装期间的风险，还可避免买方所派船舶已进港候装而我方货物尚未运抵码头需向船方支付船期损失费用。从国家和民族利益方面来考虑，由我方公司负责运输、保险，有利于我国航运、保险事业的发展，并且还可以用人民币进行运输、保险费结算，节省外汇开支。

进口也是一样，我国应尽量争取我方责任、费用和风险较大的贸易术语，这样可降低商品购价，节省外汇。进口中采用这些术语，也是由我方租订运输工具并办理保险，既可节省外汇，又可确保国内经济建设和人民生活的急需。

但也不能一概而论，要视具体情况而定，如运输看涨或我方派船不便的情况下，应选择我方不负责运输的贸易术语。

二、商品的价格与核算

在国际货物买卖中，如何确定进出口商品价格和规定合同中的价格条款，是交易双方最为关心的一个重要问题。在实际业务中，正确掌握进出口商品价格，合理采用各种作价办法，选用有利的计价货币，适当运用与价格有关的佣金和折扣，并订好合同中的价格条款，对体现对外政策，完成进出口任务和提高外贸经济效益，都具有十分重要的意义。

（一）正确贯彻作价原则

在确定进出口商品价格时，必须遵循以下几个原则。

1. 按照国际市场价格水平作价

国际市场价格是以商品的国际价值为基础并在国际市场竞争中形成的，是交易双方都能接受的价格，也是确定进出口商品价格的客观依据。以高于国际市场价格卖出或以低于国际市场价格买进，会很困难或者不可能实现。所以，作价要以国际市场价格作为客观依据和参照标准。然而，国际市场价格水平不是一成不变的，随着市场供求和竞争的变化，国际市场价格水平也会上升或下降。因此，若要正确作价，就要及时地了解和掌握国际市场的供求和竞争变化，对国际市场价格走势作出正确判断，从而对自己的成交价格作出调整。需要注意的是，目前并没有一个统一的国际市场价格，国际市场价格只能指在不同形态国际市场上的具有代表性的买卖价格。如商品交易所的价格、国际拍卖的价格、大量出口或进口某种商品的国家国内市场价格、广告宣传的价格等。

2. 要结合国别和地区政策作价

为了使外贸配合外交，在参照国际市场价格水平的同时，也可适当考虑国别和地区政策。

3. 要结合购销意图作价

进出口商品价格在国际市场价格水平的基础上，可根据购销意图略高或略低于国际市场价格。对于新产品或没有打开销路的商品，可按照低于国际市场的价格水平出售，以打开销路，开辟市场。对于竞争激烈的商品，可采用竞争性的价格。对于我国库存滞销的产品，可采取低价策略，使死商品变成活外汇。对于我国一些独特的商品，如名贵的土特产、艺术品等，要掌握适当的高价。

4. 注意国际市场价格动态

国际市场价格因受供求关系的影响而上下波动，有时甚至瞬息万变，因此，在确定成交价格时，必须注意市场供求关系的变化和国际市场价格涨落的趋势。

5. 考虑商品价格的各种具体因素

国际市场价格受供求关系的影响会上下波动，甚至可以说是瞬息万变。因此在确定成交价格时，必须注意市场供求关系的变化和国际市场价格涨落的趋势，作出正确的判断，合理确定进出口商品的成交价格。同时，还要考虑影响价格的各种具体因素。

（1）商品的质量和档次

在国际市场上一般都是按质论价的、品质的优劣、档次的高低、包装的好坏、式样的新旧、商品牌号的知名度等都影响商品的价格。从我国的出口实际情况看，提高商品质量的意义尤为重要。

（2）运输距离、交货地点和交货条件

国际货物买卖一般都要经过长途运输，运输距离的远近影响运费和保险费的开支，从而影响商品的价格。因此，在确定商品价格时必须核算运输成本，同时还必须考虑交货地点与交货条件和由此而产生的责任、费用和风险的不同。例如，同一运输距离内成交的同一商品，按 CIF 条件成交同按 DEQ 条件成交，其价格显然是不同的。

（3）季节性需求的变化和成交数量

在国际市场上某些节令性商品，如赶在节令前到货，抢行应市，即能卖上好价，过了节令的商品往往售价很低，甚至以低于成本的"跳楼价"出售，因此要充分利用季节性需求的变化，争取按有利的价格成交。同时，还要考虑商品的成交数量。不论成交多少，都用一个价格的做法是不当的。一般来说，若成交量大，在价格上应给予适当的优惠，或者采用数量折扣的办法等；反之，成交量过少，甚至低于起订量时，也可以适当地提高出售价格。

（4）支付条件和汇率变动的风险

支付条件是否有利和汇率变动风险的大小都影响商品的价格。支付条件包括支付方

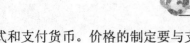

式和支付货币。价格的制定要与支付条件相结合。例如，对于出口方来说，若确定的支付方式对己不利，那么价格可定的高一些。同一商品在其他交易条件相同的情况下，采取预付货款和凭信用证付款方式下，其价格应当有所区别。同时，价格还要与使用何种支付货币相结合，因为货币的币值是随着汇率的变化而变化的，而汇率又是不稳定的，付出或收取的货币币值可能会上升或下降。所以，确定商品价格时，一般应争取采用对自身有利的货币成交，如采用不利的货币成交时，应当把汇率变动的风险考虑到货价中去，适当提高出售价格或压低购买价格。

此外，交货期的远近、市场销售习惯和消费者的爱好等因素，对确定价格也有不同程度的影响，必须通盘考虑和正确掌握。

（二）商品的作价方法

1. 货物的价格表述

货物的价格通常是指单位商品的价格，简称单价（unit price）。包括四项内容：货币名称、单价金额、计量单位、贸易术语。例如：USD1 100.00/Doz CIF New York。其中，USD 为货币名称、1100.00 为单价金额、Doz 为计量单位、CIF New York 为贸易术语。

2. 货物的作价方法

（1）固定价格

固定价格是指在交易磋商过程中，买卖双方将价格确定下来之后，任何一方不得擅自改动。这是业务中常见的做法，它意味着双方都要承担从订约到交货付款期间国际市场价格变动的风险。

（2）非固定价格

所谓非固定价格，即业务上所说的"活价"。具体分为以下三种：

① 具体价格待定。有两种做法，一是规定定价时间和定价方法（如：装运月份前30 天，参照当地及国际市场价格，确定正式价格）；二是只规定作价时间（如：双方在2009 年 11 月 4 日确定价格）。

② 暂定价格。订立一个初步价格，作为开证和初步付款的依据，双方确定最后价格之后再进行清算，多退少补。

③ 部分固定价格，部分非固定价格。近期交货的商品采取固定价，远期交货的商品采取非固定价，可以在交货前一定期限内由双方另行商定。这种方法主要用于分期分批交货或者外商长期包销的商品。相对于固定价格来说，非固定价格是先订约后作价，双方均不承担市价变动的风险，这给合同的履行带来了较大的不稳定性。

（3）价格调整条款

价格调整条款是按照原料价格和工资的变动来计算合同的最后价格，最后价格与初步价格之间的差额不超过约定的范围（如 5%），初步价格可不作调整。例如，如果卖方与其他客户的成交价高于或低于合同价格的 5%，对本合同执行的数量，双方可协商调整价格。此种做法旨在把价格变动的风险固定在一定范围之内，联合国欧洲经济委员会已将此项条款订入一些标准合同，且应用范围已从加工周期较长的机械设备交易扩展到一些初级产品交易。

（三）计价货币

1. 计价货币的选择

计价货币是指合同中规定的用来计算价格的货币。这些货币可以是出口国或进口国的货币，也可以是第三国的货币，但必须是自由兑换货币（见表 2-6）。具体采用哪种货币，由双方协商确定。对那些与我国签订支付协定并限定使用某种货币的国家，可使用规定的货币。

表 2-6　出口交易中常用的计价货币

货币名称	货币符号	简写
英镑	£	GBP
美元	US$	USD
港元	HK$	HKD
瑞士法郎	SF	CHF
澳大利亚元	$A 或 A$	AUD
德国马克	DM	DEM
法国法郎	FF	FRF
日元	J¥	JPY
欧元	€	EUR

国际上普遍实行浮动汇率的情况下，买卖双方都要承担一定的汇率风险。出口贸易中，计价和结汇争取使用硬币（hard currency，即币值稳定或具有一定上浮趋势的货币）；进口贸易中，计价和付汇力争使用软币（soft currency，即币值不够稳定且具有下浮趋势的货币）。在选择计价货币时，对所要选用的硬币和软币分别进行比较、核算，确定使用哪一种货币更合算，以达到对方可以接受，我方又能减少风险的目的。同时最好订立外汇保值条款，以减少汇兑损失。

2. 计价货币的汇率折算

汇率是用一个国家的货币折算成另一个国家的货币的比率。汇率的折算有直接标价与间接标价两种方法，我国采用直接标价法，即用本国货币来表示外国货币的价格（外币是常数，本币是变量）。例：100 美元＝681.14 元人民币。

国家外汇管理总局对外公布的外汇牌价，一般列有买入价和卖出价两栏，买入价是银行买入外汇的价格，卖出价是银行卖出外汇的价格。出口结汇是银行付出本国货币，买入外汇，用买入价；进口付汇是银行买入本国货币，卖出外汇，用卖出价。

业务中，有时需要把本币折成外币，有时需要把外币折成本币，还有时需要将一种外币折算成另一种外币。

（1）将本币折算成外币用买入价

出口商需要把收取的外币卖给银行，换回所需本币，而银行是买入外汇，因此用买入价。所以，出口商以外币报价时，就只能以银行买入价进行本币与外币的换算：

外币＝本币÷[汇率（买入价）/100]

【例2.1】　某公司出口一批玩具，价值人民币 40 000 元，客户要求以美元报价。当时外汇汇率为买入价 100 美元＝681.14 元，卖出价 100 美元＝682.79 元，那么，对外美元报价应为多少？

解： 40 000÷（681.14/100）＝5 872.51（美元）。

（2）将外币折成本币用卖出价

在进口时，企业向银行购买外汇，银行卖出外汇时使用卖出价。所以，进口商以外币报价时，就只能以银行卖出价进行本币与外币的换算：

本币＝外币×[汇率（卖出价）/100]

【例2.2】　某公司进口一批价值 4 835.53 美元的货物，当时外汇汇率为买入价 100 美元＝681.14 元，卖出价 100 美元＝682.79 元，那么，付汇时需向银行支付人民币多少元？

解： 4 835.53×（682.79/100）＝33 016.52（元）。

（3）一种外币折成另一种外币

按照银行外汇牌价（用买价则都用买价）将两种外币都折成人民币，然后间接地算出两种外币的兑换率。

【例2.3】　某出口商品，对外报价每公吨 300 英镑 CIF 纽约。国外客户要求改为美元报价，应如何改报价？当日外汇牌价为：100 英镑＝618.54 元（买入价）/621.65 元（卖出价）；100 美元＝371.27 元（买入价）/373.14 元（卖出价）。

解： 1 英镑＝618.54 元/371.27 元＝1.666 美元，因此，对外可改报 500 美元 CIF 纽约（300×1.666＝499.80 美元）。

【操作分析】

一、商品的价格核算

1. 掌握不同术语间价格换算方法

现将最常用的 FOB、CFR 和 CIF 三种价格的换算方法及公式介绍如下：

（1）FOB 价换算为其他价

CFR＝FOB＋运费

CIF＝（FOB＋运费）/[1－保险费率×（1＋投保加成）]

CIF＝FOB＋运费＋保费＝FOB＋运费＋CIF×（1＋投保加成）×保险费率

（2）CFR 价换算为其他价

① FOB＝CFR－运费

② CIF＝CFR/[1－（1＋投保加成）×保险费率]

（3）CIF 价换算为其他价

① FOB＝CIF×[1－（1＋投保加成）×保险费率]－运费

② CFR＝CIF×[1－（1＋投保加成）×保险费率]

【例2.4】　某出口公司对外报价水果罐头 3.20 英镑/听 CIF 利物浦，按发票金额加成 10%投保一切险，保险费率 0.3%，客户要求改报 CFR 价格，请问该报多少？

解： CFR＝CIF×[1－（1＋投保加成）×保险费率]

$$=3.2 \text{ 美元/听} \times [1-(1+10\%) \times 0.3\%]=3.189 \text{ 美元/听}$$

2. 成本核算

（1）加强成本核算的重要性

在价格掌握上，要注意加强成本核算，以提高经济效益，防止出现不计成本、不计盈亏、单纯追求成交量的问题。尤其在出口方面，强调加强成本核算，掌握出口总成本、出口销售外汇（美元）净收入和人民币净收入的数据，并计算和比较各种出口的盈亏情况，更有意义。

① 出口总成本是指出口商品的进货成本加上出口前的一切费用和税金。

② 出口销售外汇净收入是指出口商品按 FOB 价出口所得的外汇净收入。

③ 出口销售人民币净收入是指出口商品的 FOB 价按当时外汇牌价折成人民币的数额。

根据出口商品成本的这些数据，可以计算出口商品盈亏率、出口商品换汇成本和出口创汇率。

（2）主要经济指标

① 出口商品盈亏率

出口商品盈亏率是指出口商品盈亏额与出口总成本的比率。出口盈亏额是指出口销售人民币净收入与出口总成本的差额，前者大于后者为盈利，反之为亏损。

$$出口商品盈亏率=\frac{出口销售人民币净收入-出口总成本}{出口总成本 \times 100\%}$$

② 出口商品换汇成本

出口商品换汇成本是指以某种商品的出口总成本与出口所得的外汇净收入之比，得出用多少人民币换回 1 美元。出口商品换汇成本如高于银行的外汇牌价，则出口为亏损。反之，则说明出口盈利：

$$出口商品换汇成本=\frac{出口总成本（人民币）}{出口销售外汇净收入（美元）}$$

③ 出口创汇率

出口创汇率是指加工后成品出口的外汇净收入与原料外汇成本的比率。如原料为国产品，其外汇成本可按原料的 FOB 出口价计算。如原料是进口的，则按该原料的 CIF 价计算：

$$出口创汇率=\frac{成品出口外汇净收入-原料外汇成本}{原料外汇成本 \times 100\%}$$

3. 价格构成

出口价格的构成包括成本、费用和利润三大要素。

（1）成本（cost）

出口商品的成本主要包括生产成本、加工成本和采购成本。

① 生产成本：制造商生产某一产品所需的投入。

② 加工成本：加工商对成品或半成品进行加工所需的成本。

③ 采购成本：贸易商向供应商采购商品的价格，亦称进货成本。

对于自营进出口企业来说，需要了解的主要是生产成本和加工成本。对于从事出口业务的贸易公司来说，需要了解的主要是采购成本。在出口价格中，成本占的比重最大，因而成为价格中的重要组成部分。

我国实行出口退税制度，采取对出口商品中的增值税全额退还或按一定比例退还的做法，即将含税成本中的税收部分按照出口退税比例予以扣除，得出实际成本。

【例2.5】 某公司出口成套餐具，每套进货成本人民币90元（包括17%的增值税），退税率为8%，试核算实际成本。

解：计算公式：实际成本＝进货成本－退税金额

退税金额＝进货成本÷（1＋增值税率）×退税率＝90÷（1＋17%）×8%＝6.15（元）

实际成本：90－6.15＝83.85（元）

成套餐具的实际成本为每套83.85（元）。

（2）费用（expenses/charges）

由于进出口贸易通常为跨越国界的买卖，其间所要发生的费用远比一般国内所进行的交易复杂。在出口商品价格中，费用所占的比重虽然不大，但因其内容繁多，且计算方法又不尽相同，因而成为价格核算中较为复杂的一个方面。

出口业务中通常发生的费用有：

① 包装费（packing charges）。包装费用通常包括在采购成本之中，但如果客户对货物的包装有特殊要求，由此产生的费用就要作为包装费另加。

② 仓储费（warehousing charges）。需要提供提前采购或另外存仓的货物往往会发生仓储费用。

③ 国内运输费（inland transport charges）。出口货物在装运前所发生的内陆运输费用，通常有卡车运输费、内河运输费、路桥费、过境费及装卸费等。

④ 认证费（certification charges）。出口商办理出口许可证、配额、产地证明以及其他证明所支付的费用。

⑤ 港区港杂费（port charges）。出口货物在装运前在港区码头所需支付的各种费用。

⑥ 商检费（inspection charges）。出口商品检验机构根据国家的有关规定或出口商的请求对货物进行检验所发生的费用。

⑦ 捐税（duties and taxes）。国家对出口商品征收、代收或退还的有关税费，通常有出口关税、增值税等。

⑧ 垫款利息（interest）。出口商自国内采购至收到国外进口商付款期间因垫付资金所产生的利息。

⑨ 业务费用（operating charges）。出口商在经营中发生的有关费用，如通信费、交通费。

⑩ 银行费用（banking charges）。出口商委托银行向国外客户收取货款、进行资信调查等所支出的费用。

⑪ 出口运费（freight charges）。货物出口时支付的海运、陆运或空运费用。班轮运输根据是否装入集装箱可以分为件杂货与集装箱货：

ⅰ 件杂货运费：基本费用+附加运费。附加运费一般以基本运费的一定比率计收。

ii 集装箱货运费：件杂货基本费率+附加费（拼箱）；包箱费率+附加费（整箱）。

以上运费在班轮运价表中可以查到，常见的计费标准为 W/M，表示重量或体积，船公司取数值较大的一个作为计收标准。

⑫ 保险费（insurance premium）。出口商向保险公司购买货运保险或信用保险所支付的费用为

$$保险费＝保险金额×保险费率$$

$$保险金额＝CIF（CIP）价×（1＋投保加成率）$$

投保加成率一般是 10%，保险金额以 CIF（CIP）货价或发票金额为基础计算。

⑬ 佣金（commission）。出口商向中间商支付的报酬。佣金的计算通常以发票金额作为基础。

根据以上成本与费用的不同分类，可以填写下面的出口成本预算表以有助于报价核算。

出 口 成 本 预 算 表

编号：_____
日期：_____

商品名称及规格：_____
供货单位：_____　　出口国家/地区：_____
买　　方：_____　　出口报价：_____
成交数量：_____　　当日汇率：_____
装卸口岸/地点：从_____ 至_____ 经由_____

有关项目 ＼ 货号	
成本栏	收购价（含税进货价款） 　含增值税率：_____ % 　消 费 税率：_____% 扣除出口退税收入： 退 税 率：_____% A．实际采购成本：（本币/外币）
费用栏	进货费用① 　运保费：_____ 　仓储费：_____ 　其　他：_____ 商品流通费 　国内运杂费②：_____ 　包 装 费③：_____ 　商品损耗费④：_____ 　仓 储 费⑤：_____
	认 证 费：_____ 商检报关费：_____ 港 杂 费：_____ 捐　　税：_____ 请 客 费：_____ 经营管理费⑥：_____ 购货利息：_____ 银 行 费 用：_____ 其　他：_____

续表

有关项目 ＼ 货号	
费用栏	或：按商品流通费率⑦：＿＿＿％/费用定额率⑧：＿＿＿％
	B．国内费用（本币/外币）
	出口总成本 C：（FOB 成本）（本币/外币） C＝A＋B
	出口运费 F：（外币/本币） 　　包装：＿＿＿ 　　毛重：＿＿＿ 　　尺码：＿＿＿ 　计算标准和费率：＿＿＿
	C&F 成本（外币/本币）：（C＋F）
	出口保费 I：（外币/本币） 　投保险别及相应保费率： 　总保费率： 　加成投保金额：
	CIF 成本（外币/本币）：（＝C＋F＋I）
	佣金 C：（外币/本币） 　佣金率：　　　％ 　计佣基数：
	CIFC 成本（外币/本币）：（＝C＋F＋I＋C）
	其他按报价一定比例的费用计算： 　　如：银行手续费率
备　注	（预期）盈利额或亏损额： 　预期盈亏率：　　　％ 　远期收汇天数：　　　天
	对外报价（即期）： 　银行放款利率：　　　％ 　即期收汇天数：　　　天 　对外报价（远期）：
	换汇成本：

主管部门意见：　　　财务部门意见：　　　总经理批示：　　　复核：

注：

① 进货费用——指内陆货交外贸公司前的运输、保险等费用。商品流通费则特指外贸公司在出口商品进货交接之后至出口起运之前这段过程发生的费用。

② 运杂费——出口商品在进货交接后至出口起运之前的国内运费、装卸费和其他有关运输的杂费，包括对港澳地区的出口运杂费。

③ 包装费——包括出口商品的包装材料、物料，以及商品原包装的修补、改换等费用。

④ 商品损耗——指出口商品在储存、运输过程中的自然损耗。

⑤ 仓储保管费——包括仓租、委托保管、翻仓、挑选、整理等费用，以及仓库内和仓库间的搬运费，还有养护等费用。

⑥ 经营管理费用——包括邮电费、广告费、差旅费、样品宣传费、水电费等。

⑦ 流通费用率——指商品流通费占商品流通额的百分比率，实务中一般为商品出口总成本的 8%～10%，其计算公式为

$$商品流通费率 = \frac{商品流通费}{出口总成本 \times 100\%}$$

⑧ 定额费用率——指国内费用（定额费用）占出口商品进价的百分比，这一比例一般为 5%～10%，有的外贸公司为方便计算，采用此方法来核定出口总成本，具体定额率由外贸公司按不同商品的历史经验研究核定。

（3）预期利润（expected profit）

利润是企业赖以生存的根本，预期利润是出口价格三要素之一，在出口交易中，利润对于贸易商无疑是最重要的部分。

采用利润率核算利润时，一般是以某一成本或某一销售价格为基数。下面举例说明。

【例 2.6】　某公司实际成本为人民币 180 万元，利润率为 15%，计算价格和利润额。

① 以实际成本为依据：

$$销售价格＝实际成本＋利润额$$
$$＝实际成本＋实际成本×利润率$$
$$＝180＋180×15\%＝207（万元）$$
$$利润＝实际成本×利润率＝180×15\%＝27（万元）$$

② 以销售价格为依据：

$$销售价格＝实际成本＋利润额＝实际成本＋销售价格×利润率$$

等式两边移项得

$$销售价格－销售价格×利润率＝实际成本$$
$$销售价格×（1－利润率）＝实际成本$$
$$销售价格＝实际成本/（1－利润率）$$
$$＝180/（1－15\%）＝211.77（万元）$$
$$利润＝销售价格×利润率＝211.77×15\%＝31.77（万元）$$

可见，计算利润的依据不同，销售价格和利润额也不一样。

了解出口价格的构成要素，掌握成本、利润和出口交易中各种费用的含义和计算方法，对于准确地核算出口价格是十分重要的。

二、佣金与折扣

（一）佣金与折扣的含义和作用

在价格条款中，有时会涉及佣金和折扣。价格条款中所规定的价格，可分为包含佣金或折扣的价格和不包含这类因素的净价。包含佣金的价格，在业务中通常称为"含佣价"。

1. 佣金的含义和作用

在国际贸易中，有些交易是通过中间代理商进行的。因中间商介绍生意或代买代卖而向其支付一定的酬金，此项酬金叫佣金。凡在合同价格条款中，明确规定佣金的百分比，叫做明佣。不标明佣金的百分比，甚至连佣金字样也不标示出来，有关佣金的问题，由双方当事人另行约定，这种暗中约定佣金的做法叫做暗佣。货价中是否包括佣金和佣金比例的大小，都影响商品的价格。显然，含佣价比净价要高。正确运用佣金，有利于调动中间商的积极性和扩大交易。

2. 折扣的含义与作用

折扣是指卖方按原价给予买方一定百分比的减让，即在价格上给予适当的优惠。国际贸易中使用的折扣名目很多，除一般折扣外，还有为扩大销售而使用的数量折扣，为实现某种特殊目的而给予的特别折扣，以及年终回扣等。凡在价格条款中明确规定折扣率的，叫做"明扣"。折扣直接关系到商品的价格，货价中是否包括折扣和折扣率的大小都影响商品价格，折扣率越高，则价格越低。

（二）佣金与折扣的表示方法

1. 佣金的表示方法

1）在商品价格中包括佣金时，通常应以文字来说明。例如"每公吨 300 美元 CIF 旧金山包括 5%佣金（U.S.$300.00 PER M/T CIF San Francisco including 5% commission）"。

2）可以在贸易术语上加注佣金的缩写英文字母 "C" 和佣金的百分比来表示。例如："每公吨 300 美元 CIFC5%旧金山（U.S.$300.00 PER M/T CIFC5% San Francisco）"。

3）商品价格中所包含的佣金除用百分比表示外，也可以用绝对数来表示。例如："每公吨付佣金 45 美元。"

如中间商为了从买卖双方获取"双头佣金"或为了逃税，有时要求在合同中不规定佣金，而另按双方暗中达成的协议支付。佣金的规定应合理，其比率一般掌握在 1%～5%之间，不宜太高。

2. 折扣的表示方法

在国际贸易中，折扣通常在规定价格条款时，用文字明确表示出来。

1）例如"CIF 伦敦每公吨 200 美元，折扣 6%（U.S.$200 per M/T CIF London including 6% discount）"。此例也可以这样表示："CIF 伦敦每公吨 200 美元，减 6%折扣（U.S.$200 per M/T CIF London less 6% discount）"。

2）折扣也可以用绝对数来表示。例如每公吨折扣 6 美元。

在实际业务中，也可以用 CIFD 或 CIFR 来表示 CIF 价格中包含折扣。这里的 D 和 R 是 discount 和 rebate 的缩写。鉴于贸易术语中加注的 D 或 R 含义不清，可能引起误解，故最好不使用此缩写语。

（三）佣金与折扣的计算方法

1. 佣金的计算与支付方法

在国际贸易中，计算佣金的方法不一，有的按成交金额约定的百分比计算，也有的按成交商品的数量来计算，即按每一单位数量收取若干佣金计算。

在我国进出口业务中，计算方法也不一致，按成交金额和成交商品的数量计算的都有。在按成交金额计算时，有的以发票总金额作为计算佣金的基数，有的则以 FOB 总值为基数来计算佣金。如按 CIFC 成交，而以 FOB 值为基数计算佣金时，则应从 CIF 价中减去运费和保险费，求出 FOB 值，然后以 FOB 值乘以佣金率，即得出佣金额。

关于佣金计算的公式为

$$单位货物佣金额＝含佣价×佣金率$$

$$净价＝含佣价－单位货物佣金额$$

上述公式也可写成

$$净价＝含佣价×（1－佣金率）$$
$$含佣价＝净价/（1－佣金率）$$

2. 折扣的计算与支付方法

折扣通常是以成交额或发票金额为基础计算出来的，即

$$单位货物折扣额＝原价（或含折扣价）×折扣率$$
$$卖方实际净收入＝原价－单位货物折扣额$$

（四）佣金与折扣的支付方法

1. 佣金的支付方法

佣金的支付方法一般有两种：一种是由中间代理商直接从货价中扣除佣金；另一种是在委托人收清货款之后，再按事先约定的期限和佣金比率，另行付给中间代理商。在支付佣金时，应防止错付、漏付和重付等事故发生。

2. 折扣的支付方法

折扣一般是在买方支付货款时预先予以扣除，也有的折扣金额不直接从货价中扣除，而按暗中达成的协议另行支付给买方，这种做法通常在给暗扣或回扣时采用。

案例分析

　　我某出口公司拟出口机械产品去中东某国，正好该国某代理商主动来函与该出口公司联系，表示愿为推销机械品提供服务并要求按每笔交易的成交额给予4%的佣金。不久，经该代理商与当地进口商达成CIFC4%总金额15万美元的交易，装运期为订约后2个月内从中国港口装运，并签订了销售合同。合同签订后，该代理商即来电要求我出口公司立即支付佣金6 000美元。我出口公司复电称：佣金需待货物装运并收到全部货款后方能支付。于是，双方发生争议，请分析这起争议发生的原因，以及我出口公司应接受的教训。

三、换汇成本

（一）换汇成本的含义及公式

出口商品换汇成本是指商品出口净收入每美元所需要的人民币总成本，即用多少人民币换回1美元。计算公式为

$$出口商品换汇成本＝\frac{出口总成本（人民币）}{出口销售外汇净收入（美元）}$$

人民币出口总成本包括收购商品成本、内陆运费、银行费用、其他杂费等，除去出

口退税金额（如果出口商品属于退税补贴商品）后的人民币总支出。

出口销售美元净收入是外销商品的美元收入减去国外银行费用和给客户的佣金折扣等费用后的美元净收入。

换汇成本反映了出口商品的盈亏情况，是考察出口企业有无经济效益的重要指标。其衡量的标准是人民币对美元的外汇牌价。如果换汇成本高于人民币对美元的汇价，则该商品的出口为亏损，虽然有创汇，但出口本身却无经济效益。换汇成本越高，亏损越大，反之则盈利。因此，要避免亏损，必须准确测算换汇成本。

（二）外贸公司粗略计算利润的方法

考虑到其他业务成本如银行费用、运费等，单笔业务外贸公司的利润计算方法如下：

$$利润＝结汇收入＋退税收入－业务成本－收购成本$$

其中，

$$退税收入＝\frac{采购成本（增值税发票金额）×退税率}{1.17}$$

【例2.7】　出口 USD10 000 的玩具，外贸公司从玩具厂的采购价格是 RMB85 000元，而实际上结汇之后外贸公司的 RMB 结汇收入只有 RMB82 700 元左右。玩具目前的退税率为 15%，计算毛利润。

解：依题意，还有 85 000/1.17×15%＝10 897.44 元的出口退税收入。也就是说外贸公司此笔出口业务的毛利润为（82 700＋85 000/1.17×15%）－85 000＝8 597.44 元。假设当时汇率为 1 美元＝8.27 人民币。由于

$$换汇成本＝出口成本（包括采购成本和业务成本）/出口收入$$

就上面那笔业务来说，出口换汇成本为：85 000 元/10 000 美元＝8.5 元/美元。

下面介绍粗略估算单笔业务利润的方法：

报价＝工厂收购价/换汇成本

保本换汇成本＝外汇牌价（就按 8.26 算）×（1＋退税率）

利润＝出口销售收入×（保本换汇成本－实际换汇成本）

对于 15%的退税率的产品，保本的换汇成本为 8.26×（1＋15%）＝9.50（元）左右。也就是说，如果按 9.50 的换汇成本报价，那么最多也就是保本；如果按 8.7 的换汇成本计算，每美金的毛利润为 0.8 元人民币左右，那么出口 USD15 000 就有大约 RMB12 000元的毛利润。

以上只是一个可供参考的快速计算方法，外贸公司财务的计算办法比该方法复杂得多，但殊途同归，结果相差不多。

任务二　出口报价核算

【操作步骤】

1. Sammi 根据 Kevin 要求报价的产品计算出口总成本，并依据出口前的国内费用先报出 FOB Ningbo 的价格。

2．Sammi 用 E-mail 向 Kevin 发出报价函及报价单，等待对方确认。

【操作示范1】　 FOB、CFR、CIF 三种贸易术语的对外报价核算

出口报价通常使用 FOB、CFR 和 CIF 三种价格，应按照如下步骤进行：明确价格构成，确定成本、费用和利润的计算依据，然后将各部分合理汇总。

1．FOB、CFR 和 CIF 三种价格的基本构成

FOB：成本＋国内费用＋预期利润。

CFR：成本＋国内费用＋出口运费＋预期利润。

CIF：成本＋国内费用＋出口运费＋出口保险费+预期利润。

2．核算成本

$$实际成本＝进货成本（采购成本）－退税金额$$

其中，

$$退税金额＝进货成本÷（1＋增值税率）×退税率$$

3．核算费用

1）国内费用＝包装费＋（运杂费＋商检费＋报关费＋港区港杂费＋其他费用）

$$＋进货总价×\frac{贷款利率}{12}×贷款月份。$$

2）银行手续费＝报价×银行费用率。

3）客户佣金＝报价×佣金率。

4）出口运费。

5）出口保险费。

4．核算利润

$$销售利润＝报价×预期利润率$$

5．举例说明三种贸易术语报价核算过程

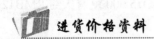 进货价格资料

背景材料：诚通贸易公司收到一家美国公司求购 6000 双牛粒面革腰高 6 英寸军靴（一个 40 英尺集装箱）的询盘，经了解每双军靴的进货成本人民币 90 元（含增值税 17%），进货总价：90×6 000＝540 000 元；出口包装费每双 3 元，国内运杂费共计 12 000 元，出口商检费 350 元，报关费 150 元，港区港杂费 900 元，其他各种费用共计 1 500 元。诚通公司向银行贷款的年利率为 8%，预计垫款两个月，银行手续费率为 0.5%（按成交价计），出口军靴的退税率为 14%，海运费：宁波—波士顿，一个 40 英尺集装箱的包箱费率是 3 800 美元，客户要求按成交价的 110%投保，保险费率为 0.85%。若诚通公司的预期利润为成交额

的 10%，人民币对美元的汇率为 6.81:1，试报每双军靴的 FOB、CFR、CIF 价格。

（1）核算成本

$$实际成本=进货成本-退税金额$$
$$=90-90\div(1+17\%)\times14\%=79.2308（元/双）$$

注：退税金额=进货成本÷（1+增值税率）×退税率

（2）核算费用

1）国内费用=包装费+（运杂费+商检费+报关费+港区港杂费+其他费用）

　　+进货总价×贷款利率/12×贷款月份=3×6 000+（12 000+350

　　+150+900+1500）+540 000×8%/12×2=18 000+14 900+7200

　　=40 100（元）

单位货物所摊费用=40 100 元/6 000 双=6.6833 元/双

注：贷款利息通常以进货成本为基础

2）银行手续费=报价×0.5%

3）出口运费=3 800÷6 000×6.81=4.313（元/双）

4）出口保险费=报价×110%×0.85%

（3）核算利润

$$利润=报价\times10\%$$

（4）三种贸易术语报价核算过程

1）FOB 报价的核算：

$$FOB 报价=实际成本+国内运费+银行手续费+预期利润$$
$$=79.2308+6.6833+FOB 报价\times0.5\%+FOB 报价\times10\%$$
$$=85.9141+FOB 报价\times(0.5\%+10\%)$$
$$=85.9141+FOB 报价\times(10.5\%)$$

等式两边移项，得

$$FOB 报价-FOB 报价\times10.5\%=85.9141$$
$$FOB 报价\times(1-10.5\%)=85.9141$$
$$FOB 报价=85.9141/(1-10.5\%)=94.9721（元）$$
$$折成美元：FOB=94.9721\div6.81=13.95（美元/双）$$

2）CFR 报价的核算：

$$CFR 报价=实际成本+国内运费+出口运费+银行手续费+预期利润$$
$$=79.2308+6.6833+4.313+CFR 报价\times0.5\%+CFR 报价\times10\%$$
$$=90.2271+CFR 报价\times(0.5\%+10\%)$$
$$=90.2271+CFR 报价\times10.5\%$$

等式两边移项，得

$$CFR 报价-CFR 报价\times10.5\%=90.2271$$
$$CFR 报价\times(1-10.5\%)=90.2271$$
$$CFR 报价=90.2271/(1-10.5\%)$$
$$=100.8124（元）$$

折成美元：CFR＝100.8124/6.81＝14.80（美元/双）

3）CIF 报价的核算：

CIF 报价＝实际成本＋国内运费＋出口运费＋银行手续费＋出口保险费＋预期利润

$\quad$＝79.2308＋6.6833＋4.313＋CIF 报价×0.5%＋CIF 报价×110%×0.85%

$\quad$＋CIF 报价×10%

$\quad$＝90.2271＋CIF 报价×（0.5%＋110%×0.85%＋10%）

$\quad$＝90.2271＋CIF 报价×0.11435

等式两边移项，得

CIF 报价－CIF 报价×0.11435＝90.2271

CIF 报价×（1－0.11435）＝90.2271

CIF 报价＝90.2271/（1－0.11435）

$\quad$＝101.8767（元）

折成美元：CIF＝101.8767/6.81＝14.96（美元/双）

（5）三种价格对外报价

1）USD13.95/pair FOB Ningbo（每双 13.95 美元，宁波港船上交货）。

2）USD14.80/ pair CFR Boston（每双 14.80 美元，成本加运费至波士顿）。

3）USD14.96/ pair CIF Boston（每双 14.96 美元，成本加运费、保险费至波士顿）。

【操作分析】

一、各种阀门管件产品的出口总成本核算

各种阀门管件产品国内供货价格（单位：元/个）如下：

1. 浮动式球阀

品名：球阀正材质 $\quad$ 型号：Q41F-16P $\quad$ 货号：A（含17%的增值税）

规格	DN15	DN20	DN25	DN32	DN40	DN50
单价	116	130	147	200	247	292
规格	DN65	DN80	DN100	DN125	DN150	DN200
单价	424	506	718	1271	1 859	3 199
备注说明						

品名：球阀普通 $\quad$ 型号：Q41F-16P $\quad$ 货号：A（含17%的增值税）

规格	DN15	DN20	DN25	DN32	DN40	DN50
单价	89	95	100	112	130	153
规格	DN65	DN80	DN100	DN125	DN150	DN200
单价	236	292	389	706	1 000	1 882
备注说明						

2. 广式法兰铸钢球阀

品名：广式法兰铸钢球阀　　型号：Q41F-16C　　货号：A（含17%的增值税）

规格	DN15	DN20	DN25	DN32	DN40	DN50	DN65	DN80	DN100	DN125	DN150	DN200	DN250
单价	79	85	192	127	163	197	278	352	461	840	1125	1897	
规格	DN300	DN350	DN400	DN450	DN500	DN600	DN700	DN800	DN900	DN1000	DN1200		
单价													
备注说明													

3. 铸钢球阀

品名：铸钢球阀　　型号：Q41F-16C　　货号：A（含17%的增值税）

规格	DN15	DN20	DN25	DN32	DN40	DN50
单价	89	92	105	136	170	204
规格	DN65	DN80	DN100	DN125	DN150	DN200
单价	299	367	503	898	1 170	1 986
备注说明						

4. 磁锁阀

品名：202 磁锁阀　　货号：A（含17%的增值税）

规格	DN15	DN20	DN25	DN32	DN40	DN50
单价	20	24	30	50	68	93
规格	DN65	DN80	DN100	DN125	DN150	DN200
单价						
备注说明						

品名：216 磁锁阀　　货号：A（含17%的增值税）

规格	DN15	DN20	DN25	DN32	DN40	DN50
单价	17	20	26	38		
规格	DN65	DN80	DN100	DN125	DN150	DN200
单价						
备注说明						

5. 黄铜卧式排气阀

品名：铜排气阀　　型号：E121　　货号：A（含17%的增值税）

规格	DN15	DN20	DN25	DN32	DN40	DN50
单价	15	16	19			

二、各种阀门管件产品的国内费用核算

根据 Sammi 所在公司的外贸经验，各种阀门管件产品的出口定额费用（包括进货费用、运杂费、包装费、商品损耗、仓储保管费、经营管理费、货代文件操作费等）按照出口定额费率 9%进行核算，因此，以上各类产品的国内费用（元/件）如下。

1. 浮动式球阀

品名：球阀正材质　型号：Q41F-16P　货号 A

规格	DN15	DN20	DN25	DN32	DN40	DN50
国内费用	10.44	11.7	13.23	18	22.23	26.28
规格	DN65	DN80	DN100	DN125	DN150	DN200
国内费用	38.16	45.54	64.62	114.39	167.31	287.91

品名：球阀普通　型号：Q41F-16P　货号 A

规格	DN15	DN20	DN25	DN32	DN40	DN50
国内费用	8.01	8.55	9	10.08	11.7	13.77
规格	DN65	DN80	DN100	DN125	DN150	DN200
国内费用	21.24	26.28	35.01	63.54	90	169.38

2. 广式法兰铸钢球阀

品名：广式法兰铸钢球阀　型号：Q41F-16C　货号 A

规格	DN15	DN20	DN25	DN32	DN40	DN50
国内费用	7.11	7.65	8.28	11.43	14.67	17.73
规格	DN65	DN80	DN100	DN125	DN150	DN200
国内费用	25.02	31.68	41.49	75.6	101.25	170.73

3. 铸钢球阀

品名：铸钢球阀　型号：Q41F-16C　货号 A

规格	DN15	DN20	DN25	DN32	DN40	DN50
国内费用	7.74	8.28	9.45	12.24	15.3	18.36
规格	DN65	DN80	DN100	DN125	DN150	DN200
国内费用	26.91	33.03	45.27	80.82	105.3	178.74

4. 磁锁阀

品名：202 磁锁阀　货号 A

规格	DN15	DN20	DN25	DN32	DN40	DN50
国内费用	1.8	2.16	2.7	4.5	6.12	8.37

品名：216 磁锁阀 货号 A

规格	DN15	DN20	DN25	DN32
国内费用	1.53	1.8	2.34	3.42

5. 黄铜卧式排气阀

品名：铜排气阀 型号：E121 货号 A

规格	DN15	DN20	DN25
国内费用	1.35	1.44	1.71

三、各种阀门管件产品的 FOB Ningbo 报价核算

Kevin 要求报价的产品的退税率为 15%，Sammi 设定的预期利润率为 15%，如果为 T/T 付款方式，银行费用率参照表（单位：元或%），则 FOB NINGBO 报价的过程如下：

银行结算基本收费表

业务种类	费率（额）	最低	最高	说明
一、信用证（出口部分）				
1. 通知、转递	200	/	/	按笔计算
2. 预通知（简电通知）	100	/	/	
3. 修改通知	100	/	/	
4. 保兑	0.2%	300	/	每三个月计算
5. 议付（信用证）	0.125%	200	/	
6. 付款（信用证）	0.15%	200	/	
7. 承兑（信用证）	0.1%	200	/	按月计算，最低按 2 个月
8. 迟期（信用证）	0.1%	200	/	
9. 转让	200	/	/	/
（1）信用证条款不变				
（2）信用证条款改变	0.1%	200	1 000	/
10. 撤证/注销	100	/	/	/
二、托收（出口部分）				
1. 光票	0.0625%	50	500	/
业务种类	费率（额）	最低	最高	说明
2. 跟单	0.1%	100	2 000	/
3. 免付款交单	100	/	/	/
4. 退票（退单）	100	/	/	/
三、信用证（进口部分）				

续表

1. 开证	0.15%	200	/	有效期6个月以上按每六个月增加0.05%收取
2. 修改/注销	200	/	/	修改增加金额按0.15%收取
3. 无兑换付款手续费	0.125%	200	/	按保证金同币种收取
4. 承兑	0.1%	200	/	按月计算
5. 拒付	300	/	/	/
6. 提货担保	1000	/	/	/
四、托收（进口部分）				
1. 光票	0.0625%	/	500	
2. 跟单	0.1%	100	2 000	
3. 免付款交单	100	/	/	
4. 拒付	50	/	/	
五、汇款				
1. 汇入	0.1%	100	1 000	
2. 汇出	0.05%	50	50	
3. 修改/退票/止付	100	/	/	

资料来源：福步外贸论坛（http://bbs.fobshanghai.com/）。

FOB Ningbo（底价）＝实际成本＋国内费用＋银行费用＋预期利润

＝实际成本＋国内费用＋FOB Ningbo×银行费用率＋FOB Ningbo×利润率

FOB Ningbo（底价）＝（实际成本＋国内费用）/（1－银行费用率－利润率）　　①

实际成本＝供货价格（含税）－退税收入　　②

退税收入＝货价×退税率　　③

供货价格＝货价×（1＋增值税率）　　④

根据①②③④得出

FOB Ningbo（底价）＝[供货价格×（1＋增值税率－退税率]/（1＋增值税率）＋国内费用]/（1－银行费用率－利润率）

＝[供货价格×（1＋17%－15%]/（1＋17%）＋国内费用]/（1－0.1%－15%）

FOB Ningbo（基本价）＝（供货价格＋国内费用）/（1－银行费用率－利润率）

＝（供货价格＋国内费用）/（1－0.1%－15%）

因此，Sammi先按照基本价向Kevin报出了FOB Ningbo美元价格（按照当天中国银行网站公布的折算汇率计算，即USD100＝CNY682.78），具体各类产品的报价（单位：美元/件）情况如下。

1. 浮动式球阀

品名：球阀正材质　型号：Q41F-16P　货号 A

规格	DN15	DN20	DN25	DN32	DN40	DN50
FOB NINGBO	21.81	24.44	27.64	37.61	46.44	54.91
规格	DN65	DN80	DN100	DN125	DN150	DN200
FOB NINGBO	79.73	95.15	135.01	238.99	349.56	601.52

品名：球阀普通　型号：Q41F-16P　货号 A

规格	DN15	DN20	DN25	DN32	DN40	DN50
FOB NINGBO	16.74	17.86	18.80	21.06	24.44	28.77
规格	DN65	DN80	DN100	DN125	DN150	DN200
FOB NINGBO	44.38	54.91	73.15	132.75	188.03	353.88

2. 广式法兰铸钢球阀

品名：广式法兰铸钢球阀　型号：Q41F-16C　货号 A

规格	DN15	DN20	DN25	DN32	DN40	DN50
FOB NINGBO	14.85	15.98	17.30	23.88	30.65	37.04
规格	DN65	DN80	DN100	DN125	DN150	DN200
FOB NINGBO	52.27	66.19	86.68	157.95	211.54	356.70

3. 铸钢球阀

品名：铸钢球阀　型号：Q41F-16C　货号 A

规格	DN15	DN20	DN25	DN32	DN40	DN50
FOB NINGBO	16.17	17.30	19.74	25.57	31.97	38.36
规格	DN65	DN80	DN100	DN125	DN150	DN200
FOB NINGBO	56.22	69.01	94.58	168.86	220	373.44

4. 磁锁阀

品名：202 磁锁阀　货号 A

规格	DN15	DN20	DN25	DN32	DN40	DN50
FOB NINGBO	3.76	4.51	5.64	9.40	12.79	17.49

品名：216 磁锁阀　货号 A

规格	DN15	DN20	DN25	DN32
FOB NINGBO	3.20	3.76	4.89	7.15

5. 黄铜卧式排气阀

品名：铜排气阀　　型号：E121　　货号 A

规格	DN15	DN20	DN25
FOB NINGBO	2.82	3.01	3.57

四、制作报价单

不同外贸公司的报价单格式和内容是大相径庭的，但是报价单的主要内容应包括以下几方面：①外贸公司的 Logo、联系方式及网址；②部分产品图片；③产品详细信息；④最小起订量（MOQ）；⑤FOB 报价；⑥交货时间。

Sammi 要按照 Kevin 感兴趣的产品制作了一份报价单，请参照一份 Wolf-light 公司制作的产品报价单，以 Sammi 的身份制作一份以上所列产品的报价单。

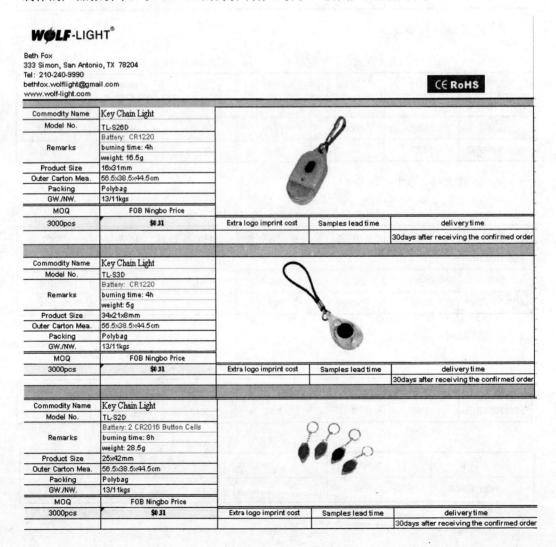

Commodity Name	Key Chain Light				
Model No.	TL-S15D				
Remarks	Battery: 2 CR2016 Button Cells				
	burning time: 15h				
	weight: 28g				
Product Size	11×46×30mm				
Outer Carton Mea.	56.5×38.5×44.5cm				
Packing	Polybag				
GW./NW.	13/11kgs				
MOQ	FOB Ningbo Price				
3000pcs	$0.31	Extra logo imprint cost	Samples lead time	delivery time	
				30days after receiving the confirmed order	

五、出口发盘函

发盘函既是一方提出订约的建议，又是日后订立合同的基础。出口商可以直接向客户发盘，也可以在收到客户的询盘后发盘，前者要考虑发盘的准确性和吸引力，后者要注重针对性。但无论如何，其内容必须明确无误，无含糊之词，其语气则需诚恳、委婉，并且有说服力，以赢得客户信任，最终取得订单。一般而言，发盘函由以下基本内容组成。

1）对客户的询盘表示感谢，可顺便再介绍一下产品的优点。例如：

We are pleased to receive your fax of ×××.

2）明确答复对方在来信中所询问的事项，准确阐明各项交易条件（品名规格、价格、数量、包装、付款方式、装运、保险等），以供对方考虑。例如：

The price is USD100.00 per set CIF HongKong.

Delivery is to be made within 45 days after receipt of order.

Our usual terms of payment are by confirmed irrevocable LC available by draft at sight.

3）声明此项发盘的有效期及其他约束条件和事项。例如：

This offer is valid for ten days.

4）鼓励对方尽早订货，并保证供货满意。例如：

As we have been receiving a rush of orders now, we would advise you to place your order as soon as possible.

请参照项目一任务二中的范文 2 以 Sammi 的身份制作一份发盘函，并在发盘函中阐明附件中是产品报价单，希望 Kevin 收到后能尽早回复，希望能与 Kevin 公司合作。

【操作示范 2】根据下列资料进行出口报价核算。

诚通公司欲出口一批不锈钢厨具至开普敦（Cape Town），3 个货号各装一个 20'货柜。

货号	包装方式	尺码长	尺码宽	尺码高	购货成本（套）
3SA1012RG	2 套/箱	56cm	32.5cm	49cm	180 元
3SAS1013	2 套/箱	61.5cm	30.5cm	74cm	144 元
3SAS1004	8 套/箱	63cm	35.5cm	25cm	55 元

已知上海至开普敦 20'FCL 海洋运费为 2 200 美元，增值税率为 17%，退税率为 9%。加一成投保一切险加战争险，保险费率分别为 0.8% 和 0.2%。这批货的国内运杂费共 2 000

元，包装费每箱 2 元，出口商检费 100 元；报关费 150 元；港区港杂费 600 元；其他业务费用共 1 800 元。如果公司预期利润率为 6%，另外客户要求 3% 的佣金。请报出 3 个货号 CIFC3 Cape Town 的价格。（美元汇率为 8.27:1）（计算过程保留 4 位小数，结果保留两位小数）

参考答案：

1．20'FCL 货量：

3SA1012RG　　　　　25/（0.56×0.325×0.49）＝280（箱）

3SAS1013　　　　　25/（0.615×0.305×0.74）＝180（箱）

3SAS1004　　　　　25/（0.63×0.355×0.25）＝447（箱）

2．实际采购成本（每套）：

3SA1012RG　　　　　180×（1＋17%－9%）/（1＋17%）＝166.153 8（元）

3SAS1013　　　　　144×（1＋17%－9%）/（1＋17%）＝132.923 1（元）

3SAS1004　　　　　55×（1＋17%－9%）/（1＋17%）＝50.769 2（元）

3．国内费用（每套）：

3A1012RG　　　　　（2 000＋280×2＋100＋150＋600＋1 800）/560＝9.303 6（元）

3SAS1013　　　　　（2 000＋180×2＋100＋150＋600＋1 800）/360＝13.916 7（元）

3SAS1004　　　　　（2 000＋447×2＋100＋150＋600＋1 800）/3 576＝1.550 3（元）

4．上海至开普敦的 20'FCL 为 2200 美元，则海洋运费（每套）：

3SA1012RG　　　　　2 200/（280×2）＝3.928 6（美元）

3SAS1013　　　　　2 200/（180×2）＝6.111 1（美元）

3SAS1004　　　　　2 200/（447×8）＝0.615 2（美元）

5．保险费：

报价×（1＋10%）×1%

6．佣金：

报价×3%

7．CIFC3 报价（每套）：

3SA1012RG：

CIFC3＝[（166.153 8＋9.303 6）/8.27＋3.928 6]/[1－6%－3%－（1＋10）×1%]

　　　＝25.144 7/0.899＝27.97 USD

3SAS1013：

CIFC3＝[（132.923 1＋13.916 7）/8.27＋6.111 1]/[1－6%－3%－（1＋10）×1%]

　　　＝23.868 1/0.899＝26.55 USD

3SAS1004：

CIFC3＝[（50.7692＋1.5503）/8.27＋0.6152]/[1－6%－3%－（1＋10）×1%]

　　　＝6.941 6/0.899＝7.72 USD

【操作示范 3】

请根据以下客户发来的传真及商品资料发盘，有效期为五天，另寄样品和目录。

From：FLESHME（0061-46-4634764）

TO：SHENHUA（0086-21-64759723） June 2,2009

Dire Sir or Madam，

We have learned you are a leading exporter of ceramics from the Canton Trade Fair.

There is a steady demand here for high quality Porcelain dinnerware. If your price competitive， quality superior， and delivery punctual， we will place a trial order and we are confident that our cooperation will bring both of us considerable profits.

Please send us your catalogue and the detailed quotation based on FOBC3 Shanghai in July delivery，and together with sample for our testing.

Dinnerware in stock for small orders available by 30 Days L/C.

商品资料：

XYYA3022

Individual Packaging Details （Inner Packing）	Paper Box
Selling Unit	Set
Unit Per Inner Packing	1
Unit Per Export Carton	72
Export Carton Packing Material	Cardboard
Dimension of Export Carton	60 × 35 × 36cm
Unit Price	FOB Shanghai USD42.00
Min Order Unit	216

XYA3023

Individual Packaging Details （Inner Packing）	Paper Box
Selling Unit	Set
Unit Per Inner Packing	1
Unit Per Export Carton	60
Export Carton Packing Material	Cardboard
Dimension of Export Carton	72 × 36 × 40cm
Unit Price	FOB Shanghai USD68.00
Min Order Unit	80

参考答案：

Dear Sir or Madam，　　　　　　　　　　　　　　　　　　Date. June 3,2009

Thank you for your fax of June 2,2009 inquiring about our high quality ceramics.

Since you have mentioned you'd like to place a trial order， we specially choose two items for small orders. We have pleasure in quoting as follows：

Art No.	Min Qty	Unit Price	(FOBC3 SHANGHAI)
XYA3022 DINNERWARE	216 sets	USD43.30	
XYA3023 DINNERWARE	180 sets	USD70.10	

Packing：XYA3022 1 set to a paper box， 72 sets to an export carton

XYA3023 1 set to a paper box， 60 sets to an export carton

Shipment： During July 2009 within 30 days after receipt of relevant L/C.

Payment： By irrevocable 30 days' sight L/C.

This offer is valid for 5 days.

Under separate cover we are sending you the relative samples. You will be able to see for yourselves from these that the styles are elegant and novelty and that the material used is fine and smooth.

We also airmailing you our illustrated catalogue， from which you will be impressed that we are able to offer a very wide range of ceramics with delicate hand painting and quality glaze catering to different tastes. We would like to point out that we have been supplying dinnerware to the West European and North American markets for a number of years and all our customers have shown every satisfaction with our products. We therefore fell that we have the experience and expertise to supply you with ceramics that will command ready sales in Australia.

We now look forward to receiving your further instruction in the near future and wish to assure you of our best attention at all times.

Yours faithfully，

×××

任务三　还价核算

【操作步骤】

1. Kevin 收到 Sammi 的发盘函及报价单后对其中的 5 种产品非常感兴趣，但是在价格上给予还价，要求 Sammi 每种产品降价 10%。

2. Sammi 针对 Kevin 还价的幅度进行了利润核算。

下面是 Kevin 的回信中的产品清单。

品名	球阀正材质	广式法兰铸钢球阀	铸钢球阀	202 磁锁阀	铜排气阀
规格	DN32	DN15	DN40	DN50	DN25
FOB Ningbo	33.85	13.37	28.77	15.74	3.21

【操作示范 1】

以规格为 DN32 的球阀正材质为例，根据 Kevin 的还价计算 Sammi 可以获得的利润率。

根据前面所列 FOB NINGBO（基本价）的公式：

FOB NINGBO（基本价）＝（供货价格＋国内费用）/（1－银行费用率－利润率）

＝（供货价格＋国内费用）/（1－0.1%－15%） ①

DN32 球阀正材质的供货价＝200 元 ②

DN32 球阀正材质的国内费用＝18 元 ③

银行费用率＝0.1%　　　　　　　　　　　　　　　　　　　　　④

FOB NINGBO（还价）＝33.85 美元　　　（当天中国银行网站公布的折算汇率计算，即 USD100＝CNY682.76）

求利润率。

还价核算其实就是根据已知的还价来计算其他未知量的过程，是一种非常简单的数学计算，Sammi 计算可获得利润率的过程如下：

1）将 FOB NINGBO 还价换算为人民币价格：

FOB NINGBO＝33.85 美元＝231.11 元人民币

2）将利润率设为未知量，将 FOB NINGBO 的人民币价格和②③④代入公式①，得出如下等式：

231.11＝（200＋18）/（1－0.1%－利润率）────→ 利润率＝5.6%

【操作分析】

一、Sammi 分别计算出五种产品能够达到的利润率

（一）广式法兰铸钢球阀

FOB NINGBO（基本价）＝（供货价格＋国内费用）/（1－银行费用率－利润率）

＝（供货价格＋国内费用）/（1－0.1%－15%）　　　①

DN15 广式法兰铸钢的供货价＝79 元　　　　　　　　　　　②

DN15 广式法兰铸钢的国内费用＝7.11 元　　　　　　　　　③

银行费用率＝0.1%　　　　　　　　　　　　　　　　　　　④

FOB NINGBO（还价）＝13.37 美元　　　（当天中国银行网站公布的折算汇率计算，即 USD100＝CNY682.76）

求利润率。

Sammi 计算可获得利润率的过程如下：

1）将 FOB NINGBO 还价换算为人民币价格

FOB NINGBO＝13.37 美元＝91.285 元人民币

2）将利润率设为未知量，将 FOB NINGBO 的人民币价格和②③④代入公式①，得出利润率＝5.6%

（二）铸钢球阀

FOB NINGBO（基本价）＝（供货价格＋国内费用）/（（1－银行费用率－利润率）

＝（供货价格＋国内费用）/（1－0.1%－利润率）　　　①

DN40 铸钢球阀的供货价＝170 元　　　　　　　　　　　　②

DN40 铸钢球阀的国内费用＝15.3 元　　　　　　　　　　　③

银行费用率＝0.1%　　　　　　　　　　　　　　　　　　　④

FOB NINGBO（还价）＝28.77 美元　　　（当天中国银行网站公布的折算汇率计算，即 USD100＝CNY682.76）

求利润率。

Sammi 计算可获得利润率的过程如下：

1）将 FOB NINGBO 还价换算为人民币价格。

$$\text{FOB NINGBO} = 28.77\ \text{美元} = 196.43\ \text{元人民币}$$

2）将利润率设为未知量，将 FOB NINGBO 的人民币价格和②③④代入公式①，

$$196.43 = (170 + 15.3) / (1 - 0.1\% - \text{利润率})$$

$$\text{利润率} = 5.6\%$$

根据产品的计算过程进行总结，所有产品的利润率均为 5.6%（见表 2-7）。

表 2-7 通过计算得出的产品利润率

品名	球阀正材质	广式法兰铸钢球阀	铸钢球阀	202 磁锁阀	铜排气阀
规格	DN32	DN15	DN40	DN50	DN25
利润率	5.6%	5.6%	5.6%	5.6%	5.6%

二、Sammi 根据本公司最低利润率的水平 10%又对五种产品进行了重新报价，并向 Kevin 寄送了还盘函，等待 Kevin 的回复

Sammi 在与部门经理进行协商后按照公司最低利润水平 10%重新还价。

【操作示范 2】

以规格为 DN32 的球阀正材质为例，根据按照 10%的利润率计算 FOB 价。

根据前面所列 FOB NINGBO（基本价）的公式：

FOB NINGBO（基本价）=（供货价格＋国内费用）/（1－银行费用率－利润率）

　　　　　　　　　　 =（供货价格＋国内费用）/（1－0.1%－利润率）　　　①

DN32 球阀正材质的供货价 = 200 元　　　　　　　　　　　　　　　　　　②

DN32 球阀正材质的国内费用 = 18 元　　　　　　　　　　　　　　　　　　③

银行费用率 = 0.1%　　　　　　　　　　　　　　　　　　　　　　　　　④

利润率 = 10%　　　　　　　　　　　　　　　　　　　　　　　　　　　　⑤

求 FOB NINGBO。

Sammi 计算 FOB NINGBO 的过程如下：

将⑤④③②代入①，得

　　　　FOB NINGBO（基本价）=（200 + 18）/（1 - 0.1% - 10%）

　　　　FOB NINGBO（基本价）= 242.49 元人民币 = 35.52 美元

以此类推五种产品的还价情况如表 2-8 所示。

表 2-8 五种产品的还价情况

品名	球阀正材质	广式法兰铸钢球阀	铸钢球阀	202 磁锁阀	铜排气阀
规格	DN32	DN15	DN40	DN50	DN25
FOB 还价	35.52	14.03	30.19	16.52	3.37

请参照还盘函的范文以 Sammi 的身份向 Kevin 发送一封还盘函，说明目前本公司的

困难，希望能够与对方达成交易。

任务四　成交核算

【操作步骤】

1. Kevin 收到 Sammi 的还盘函后决定最后向 Sammi 进行还价（见表 2-9），而且回复函电中指明如果 Sammi 再不接受该价格则其要另找供货商。

2. Sammi 针对 Kevin 的再次还价核算了利润，决定可以通过压低采购价格来实现 10% 的利润，因此接受了对方的报价。

表 2-9　还价价目表

品名	球阀正材质	广式法兰铸钢球阀	铸钢球阀	202 磁锁阀	铜排气阀
规格	DN32	DN15	DN40	DN50	DN25
FOB 还价	35.00	13.85	30.00	16.00	3.00

【操作分析】

一、Sammi 根据 Kevin 的还价表再次计算了利润率（见表 2-10）

表 2-10　再次还价后的利润率

品名	球阀正材质	广式法兰铸钢球阀	铸钢球阀	202 磁锁阀	铜排气阀
规格	DN32	DN15	DN40	DN50	DN25
再次还价后利润率	9.85%	9.87%	9.9%	9.68%	8.9%

二、Sammi 为了保证 10% 的利润率核算供货价格

假设利润率为 10%，Kevin 的再次还价不变，求采购价格。以球阀正材质 DN32 为例：

FOB NINGBO（基本价）＝（供货价格＋国内费用）/（1－银行费用率－利润率）

　　　　　　　　＝（供货价格＋国内费用）/（1－0.1%－利润率）　　　①

FOB NINGBO（再次还价）＝35 美元　　　②

（当天中国银行网站公布的折算汇率计算，即 USD100＝CNY682.76）

DN32 球阀正材质的国内费用＝18 元　　　③

银行费用率＝0.1%　　　④

利润率＝10%　　　⑤

求供货价格。

通过①可以得出：供货价格＝FOB 价×（1－0.1%－10%）－18

　　　　　　　　＝35×6.8276×（1－0.1%－10%）

　　　　供货价格＝196.83 元

三、Sammi 与工厂负责人联系，询问供货价格是否可以压低，工厂给予肯定回答

四、Sammi 回复 Kevin 表示接受还价

请参照成交函的范文，以 Sammi 身份向 Kevin 发一封成交函，表示接受 Kevin 的还价，而且希望确定是否需要提供样品及提交样品的时间。

 自我评价

完成情况及得分 / 评价项目	很好（5）	良好（4）	一般（3）	较差（2）	很差（1）	分项得分
以 Sammi 角度正确选择贸易术语						
为 Sammi 正确计算五种产品的成本						
根据选择的贸易术语为 Sammi 正确计算各种国内费用						
报价单与发盘函的制作						
价格核算的是否准确						

能力迁移

一、出口价格核算（LCL 报价、还价、成交）

品名：Hammer Style Brass Padlock 锤型铜挂锁

货号：BH870

计量单位：打　　包装：　纸箱　　包装方式：5 打/纸箱

每个纸箱尺码：　49.5　　25　　19.5　　厘米
　　　　　　　　（长）　（宽）　（高）

每个纸箱毛/净重：37　　　33　　千克
　　　　　　　　（毛重）（净重）

报价数量/起打量：200 打

核算数据：

采购成本：96 元人民币/打（含增值税）

出口费用：单位商品出口的包干费约为　　　　　　　　￥2.50

20 英尺集装箱的包干费率为　　　　　　　　￥750.00

40 英尺集装箱的包干费率为　　　　　　　　￥1 400.00

件杂货/拼箱海运费率为（计费标准"W"）　　US$62.00

20 英尺集装箱的海运包箱费率为　　　　　　US$980.00

40 英尺集装箱的海运包箱费率为　　　　　　US$1 700.00

出口定额费率为（按采购成本计）	3.50%
垫款周期为	30 天
银行货款年利率为（1 年按 360 天计）	6.00%
海运货物保险费率为	0.70%
投保加成率为	10.00%
增值税率为	17.00%
出口退税率为	13.00%
国外客户的佣金为（按报价计）	3.00%
银行手续费率为（按报价计）	0.35%
汇率为（1 美元兑换人民币）	￥6.80
预期利润：	10.00%

核算要求：

① 填写下列核算表，用数字列出计算过程并将计算过程、计算结果填入规定的栏目内，例如：

计算过程	计算结果
（100＋45）×20/（1－10%）	3 222.222 2

② 计算时务必保留 4 位小数，小于 1 的数值保留 5 位小数。

二、还价核算

还价核算 A：出口商报价后收到客户还价，表示其能够接受的单价为 US$13.10CIFC3%，订购数量为 200 打。试根据客户还价进行以下利润核算（按总量计）：

	计算过程	计算结果	
销售收入			人民币
退税收入			人民币
实际成本			人民币
货款利息			人民币
定额费用			人民币
海洋运费			人民币
海运保险费			人民币
客户佣金			人民币
银行费用			人民币
利润总额			人民币
销售利润率			（百分比）
成本利润率			（百分比）

还价核算 B：如果接受客户还价，同时出口商又必须保持 10%的销售利润率，在其他费用和订购数量保持不变的情况下，试进行以下还价成本核算（按单位商品计）：

	计算过程	计算结果	
销售收入			人民币元/打
退税收入			人民币元/打
海洋运费			人民币元/打
海运保险费			人民币元/打
客户佣金			人民币元/打
银行费用			人民币元/打
利润额			人民币元/打
货款利息			人民币元/打
定额费用			人民币元/打
实际成本			人民币元/打
采购成本			人民币元/打

三、成交核算

经过磋商，买卖双方最终以每打 US$13.50CIFC3%达成交易，成交数量为 300 打。试根据成交条件进行以下利润核算（按总量计）：

	计算过程	计算结果	
销售收入			人民币元
退税收入			人民币元
实际成本			人民币元
采购成本			人民币元
货款利息			人民币元
定额费			人民币元
包干费			人民币元
海洋运费			人民币元
海运保险费			人民币元
客户佣金			人民币元
银行费用			人民币元
利润金额			人民币元
销售利润率			（百分比）
成本利润率			（百分比）

 课后训练

训 练 一

1. 某货物的包装方式为 4 台 1 个纸箱，纸箱尺码为 60cm×60cm×45cm，毛重为每

箱 25kg，净重为每箱 23kg，若出口 400 台该货物至 Felixstowe，总运费和每台的单位运费分别是多少？若出口 1 个 20 英尺整箱该货物至 Felixstowe，总运费和每台的单位运费又分别是多少？

2. 某货物的包装方式为 6 只装 1 个纸箱，木箱尺码为 40cm×50cm×60cm，毛重为每箱 125kg，净重为每箱 110kg，若出口 600 只该货物至 Antwerp，总运费和每只的单位运费分别是多少？

训　练　二

2009 年，某公司出口陶瓷餐具，进货成本 150 元/套（含 17%增值税，退税率 9%）。20 英尺货柜所需费用：运杂费 900 元，商检报关费 200 元，港区港杂费 700 元，业务费 1300 元，其他费用 950 元，大连——温哥华 20 英尺集装箱包箱费 2 250 美元。利润为报价的 10%，美元对人民币汇率 1:6.80。外箱体积为：0.40m×0.35m×0.38m。我方对外报价每套 25.10 美元 CFR 温哥华，客户还价每套 22 美元 CFR 温哥华。

根据客户还价，出口公司准备做三种情况的核算：

（1）按照客户还价，核算我方盈亏情况。

（2）保持 5%利润的还价情况。

（3）保持 8%利润的国内采购价调整情况。

项目三　出口合同草拟与签订

 **项目导入**

Kevin 收到 Sammi 的成交函后，回复 Sammi，要求 Sammi 将五种产品的样品在 10 天内以快递方式寄送到 Kevin 所在的公司，Sammi 按照 Kevin 的要求在 10 天内将样品寄到了 Kevin 所在公司，Kevin 及其 Boss 和技术人员在仔细研究过样品质量后决定向 Sammi 下试订单（trial order）。

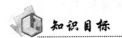 **知识目标**

1. 掌握合同中的品名、品质、数量、包装、价格、装运、支付、保险等条款内容及规定方法。
2. 掌握合同的格式及签订程序。

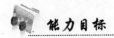 **能力目标**

1. 能够准确缮制外销合同或销售确认书。
2. 能够熟练掌握签订合同的要领。

 **任务分解**

任务一　销售确认书草拟

【操作步骤】
1. Sammi 收到 Kevin 用快递寄送过来的已签署的 Purchasing Order（简称 PO）。通过仔细审核确认无误后，转交企业负责人要求签章。
2. Sammi 发函通知 Kevin 订单已经经过本公司会签，请 Kevin 注意查收用快递寄送的 PO。
3. Sammi 根据双方签署的留在本公司的订单内容拟定销售确认书的内容，在经过审核无误后，交给企业负责人签章。
4. Sammi 发函通知 Kevin 有本公司拟定的两份销售确认书要由 Kevin 所在公司会签，会签后以快递方式寄送回本公司。

【操作分析】

一、Sammi 审查 Kevin 寄来的 PO

Kevin 寄来的 PO 如下：

PR Valves, llc

Address: 1313 Missouri St.

South Houston, TX 77587

USA

Tel: 713-947-8044

Fax: 713-947-8842

Web: www.prvalves.com

PURCHASING ORDER

Order No.: TX9086

Date: 17 Mar., 2011

We hereby place an order with NINGBO YINXIANG IMP.&EXP. CO.LTD. of the products as follows:

Commodity Name	Style no	Quantity	Unit price	Amount
				FOB NINGBO
High-quality ball valve	DN32	1200pcs	USD35.00/pc	USD42,000.00
Cantonese-style cast steel flanged ball valve	DN15	1000pcs	USD13.85/pc	USD13,500.00
Cast steel ball valve	DN40	1000pcs	USD30.00/pc	USD30,000.00
202 magnetic lock valve	DN50	2000pcs	USD16.00/pc	USD32,000.00
Copper valve	DN25	2500pcs	USD3.00/pc	USD7,500.00
Total		7700pcs		USD125,000.00

Sample lead time: within 1 month after the receipt of this order.

Delivery time: within 2 months after the seller receives the approval of the buyer to agree with production.

Latest date of shipment: within 20 days after the seller receives the 30% payment by T/T.

Terms of payment: Upon receipt from the Sellers of the advice as to the time and quantify expected ready for shipment, the Buyers shall open, 20days before shipment, with the Bank acceptable for seller an irrevocable Letter of Credit in favour of the Seller payable by the opening bank against sight draft。

Port of loading: Ningbo

Port of discharge: Boston

Seller shall provide the following documents: 1.A FULL SET OF CLEAN B/L. 2.SIGNED COMMERICAL INVOICE. 3. PACKING LIST.4.AMERICAN CUSTOMS INVOICE.5.SHIPPING ADVICE.

The Buyer　　　　　　　　　　　　　　　　　　　　　　　　　　The Seller

PR Valves,llc

Signature

EDWARD STEVEN

　　Sammi 审查了 PO 后认为没有问题，于是请示领导会签，接下来 Sammi 将按照公司规定根据 PO 拟定本公司的销售确认书（Sales Confirmation，S/C），审核无误后用快递寄回 Kevin 所在的公司并通过邮件告知其将 S/C 会签后寄回本公司以作保存。

 知识链接

一、有效合同成立的条件

　　一般来说，一项有法律约束力的合同，需具备下列五个条件：

（一）当事人必须在自愿和真实的基础上达成协议

　　法律上把当事人的意思表示一致分解为要约和承诺。要约人用明示的方式向受约人提出要约，要约一经承诺，合同即告成立。我国《合同法》①明确规定："合同当事人的法律地位平等，一方不得将自己的意志强加给另一方"；"当事人依法享有自愿订立合同的权利，任何单位和个人不得非法干预"。可见，贸易合同必须建立在当事人自愿和真实的基础上。

（二）当事人必须具有订立合同的行为能力

　　一般来说，具有法律行为能力的人是指登记注册的企业法人和自然人中的法定成年人。没有法律行为能力的人，或限制法律行为能力的人，如未成年人、精神病患者等，都被视为没有签订合同能力的人。各国法律一般都规定缺乏订约能力的人所订立的合同，根据情况可以撤销或宣布无效，而企业法人则要在其登记注册的经营范围内签订进出口合同。

（三）合同必须有对价和合法

　　合同必须有对价和合法的约因。所谓"对价（consideration）"，是指当事人为了取得合同利益所付出的代价，这是英、美、法的概念。例如，在买卖合同中，买方得到卖方

---

　　① 一般如外贸合同中未规定合同条款按照某国相关的法律解释，则参照与本合同有密切联系的国家的相关法律。因为，大多数出口合同签订的地点和履行的地点均在我国，所以可以参照我国《合同法》的相关规定。

提供的货物必须支付货款，而卖方取得买方支付的货款必须交货，买方支付和卖方交货就是买卖合同的"对价"。所谓"约因（cause）"，这是法国法律的概念，"约因"与英美法中的"对价"相类似，是指当事人签订合同所追求的直接目的。买卖合同在具有"对价"和"约因"的情况下，才是有效的。无"对价"或无"约因"的合同，是得不到法律保护的。

（四）合同标的和内容必须合法

几乎所有国家的法律都要求当事人所订立的合同必须合法，合法是合同的基本性质。凡是违反法律、违反公共秩序或公共政策以及违反善良风俗或道德的合同，一律无效。我国《合同法》规定："当事人订立、履行合同，应当遵守法律、行政法规，尊重社会公德，不得扰乱社会经济秩序，损害社会公共利益。"

（五）合同必须符合法律规定的形式

世界上大多数国家，只对少数合同要求按法律规定的特定形式订立，而对大多数合同形式一般不从法律上规定。《联合国国际货物销售合同公约》规定："买卖合同无须以书面订立或证明，在形式方面不受任何其他条件的限制，买卖合同可以包括人证在内的任何方法证明。"可见，《联合国国际货物销售合同公约》对国际货物买卖合同的形式不加以限制，无论采用书面或口头方式，均不影响合同的效力。

我国《合同法》规定："当事人订立合同，有书面形式、口头形式和其他形式。法律、行政法规规定采用书面形式的，应当采用书面形式。当事人约定采用书面形式的，应当采用书面形式。"根据这项规定，我国对国际货物买卖合同的形式，原则上也不加以限制，但如果法律、行政法规规定及当事人约定采用书面形式时，应当采用书面形式。在我国，涉外合同一律要求采用书面形式。

二、出口贸易合同的签订

在国际贸易实践中，买卖双方进行交易磋商，无论是通过口头磋商还是书面磋商，当交易达成后，买卖双方往往还需要签订一份正式的书面合同，将双方的权利、义务等明文规定下来。

（一）书面合同的作用

1. 作为合同成立的证据

按照各国法律的要求，凡是合同都需能被证明，提供证据，以证明合同关系的存在。当双方在事后发生争议提交仲裁或诉讼时，仲裁庭和法庭也要先确定双方之间是否已建立了合同关系，并要求当事人对合同处理提供证据。如果不用一定的书面形式加以确定，合同将由于不能被证明而难以得到法律的保障。因此，尽管许多国家的法律并不否认口头合同的效力，但在国际贸易中，一般多要求签订书面合同。

2. 合同履行的依据

在国际贸易中，合同的履行涉及企业内的许多部门，涉及外部的许多相关机构，如运输公司、保险公司、银行等，过程也相当复杂。口头合同如不转变成书面合同，几乎无法履行。即使通过信件、电报、电传等达成交易，如不把分散于多份信函、电报或电传中的双方协议一致的条件集中归纳到一份书面合同上来，也将难以正确履行合同。因此，买卖双方不论通过口头还是书面磋商，在达成交易后，双方都要求将商定的交易条件、各自应享受的权利和承担的义务，全面清晰地在一个文件上用文字规定下来，作为履行合同的依据。

3. 合同生效的条件

在一般情况下，合同的生效是以接受生效为条件的，只要接受生效，合同就成立。但是在下述两种特定的情况下，书面合同就作为合同生效的条件了。

首先，如果在交易磋商时，买卖双方的一方曾声明并经另一方同意，合同的成立以双方签订正式书面合同或确认书为准，在这种情况下，即使双方已对交易条件全部取得一致意见，但在正式书面合同或确认书签订之前，还不存在法律上有效的合同。这样，正式书面合同或确认书的签署就成为合同生效必不可少的条件了。

其次，根据国家法律或政府政策的规定必须经政府部门审核批准的合同，也必须是正式书面合同。此类合同生效时间应为授权机构批准之日，而并非双方当事人在合同上签字的日期。

（二）书面合同的形式

书面合同形式主要有正式的合同（Contract）和确认书（Confirmation），也有协议（Agreement）、备忘录（Memorandum），实际业务中还有订单（Order）和委托订购单（Indent）等形式。

在我国出口业务中，书面合同主要采用两种形式：一种是条款完备、内容较全面的正式合同，如销售合同（Sales Contract）；另一种是内容较简单的简式合同，如销售确认书（Sales Confirmation）。

1. 销售合同

销售合同的内容比较全面，除商品的名称、规格、包装、数量、单价、装运港和目的港、交货期、付款方式、运输标志、商品检验等条款外，还有异议索赔、仲裁、不可抗力等条款。它的特点在于：内容比较全面，对双方的权利和义务以及发生争议后如何处理，均有详细的规定。签订这种形式的合同，对于明确双方的责任、避免争议的发生都是有利的。因此，对大宗商品或成交金额较大的交易，一般应采用这种合同形式。

2. 销售确认书

销售确认书属于一种简式合同，其内容一般包括商品名称、规格、包装、数量、单价、交货期、装运港和目的港、付款方式、运输标志、商品检验等主要条款。对于异议索赔、仲裁、不可抗力等条款，一般都不予列入。这种格式的合同，适用于金额不大、批数较多的小土特产品和轻工产品，或者已订有代理、包销等长期协议的交易。

上述两种形式的合同，虽然在格式、条款项目和内容的繁简上有所不同，但在法律上具有同等效力，对买卖双方均有约束力。

（三）书面合同的内容

进出口贸易合同的基本内容由约首、正文和约尾三部分组成。

1. 约首

约首是合同的首部，包括合同的名称、合同号数、订约的日期、订约地点、买卖双方的名称和地址及序言等内容。

2. 正文

正文是合同的主体和核心，具体列明各项交易的条件。其主要条款有：①品名条款；②品质规格条款；③数量条款；④包装条款；⑤价格条款；⑥支付方式；⑦运输条款；⑧保险条款；⑨检验条款；⑩不可抗力条款；⑪索赔条款；⑫仲裁条款。

3. 约尾

约尾是合同的结尾部分，包括合同适用的法律和惯例、合同的有效期、合同的有效份数及保管办法、合同使用的文字及其效力、双方代表的签字等内容。有时，订约地点、订约时间也出现在约尾。

三、签订书面合同应注意的问题

签订书面合同是一项具体、复杂而又特别重要的工作，在操作过程中要特别注意以下几个问题。

（一）要注意合同各条款间的内在联系

合同是一个有机整体，各个条款之间应相互衔接，保持一致，不应出现相互矛盾的内容。例如，合同中规定采用 CIF 术语，同时又规定出口方必须保证货物于×月×日前到达目的港。这实际上已经否定 CIF 术语的作用，增加了出口方的责任与风险。

（二）合同条款要完善和明确

首先，合同条款一定要订得具体、完善，防止错列和漏列主要事项。其次，合同的文字要简练、严谨、明确，切忌使用模棱两可或含混不清的词句和文字。

（三）必须符合我国有关的法律和法规的规定

我国对外签订的国际货物买卖合同都必须遵守我国的法律规定，不符合我国法律规定的合同将视为无效，不能得到我国法律的承认和保护。

（四）必须贯彻我国的各项对外政策

目前，对外贸易已经成为各国对外关系的一个十分重要的方面，"政治问题贸易化"或"贸易问题政治化"的现象越来越普遍。我国奉行独立自主的对外政策，愿意在和平共处五项原则的基础上发展与各国、各地区的经济和贸易关系。为此，对外签订贸易合同必须符合和贯彻我国对外政策与方针。

（五）必须遵守有关的国际公约与国际贸易惯例

国际贸易已经超出一国的国内行为，因此，必须接受有关国际公约的约束。目前，《联合国国际货物销售合同公约》已经成为国际货物买卖方面影响力最大的国际公约。我国是《联合国国际货物销售合同公约》的签字国，理应遵守《联合国国际货物销售合同公约》的各项规定，但我国政府提出保留的意见除外。此外，我国对外签订的各种贸易协定、支付协定，以及有关的国际贸易惯例也是对外签订贸易合同应该遵守的规则。

【操作示范1】

诚通贸易公司与日本高田商社就全棉色织T恤衫交易条件达成一致后，双方需要签订一份正式的书面合同，将双方的权利、义务等明文规定下来。为此，诚通公司拟定销售确认书（见样例3-1）一式两份，签章后寄给日本高田商社。日本高田商社对合同进行审核，核准无误后会签，双方各持一份作为履行合同的依据。

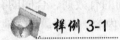 样例 3-1

诚通贸易公司
CHENG TONG TRADE COMPANY
1405 BAIZHANG EAST ROAD NINGBO CHINA

TEL：0086-574-85788877　　　销 售 确 认 书　　　S/C NO.：RXT26

Fax：0086-574-85788876　　　Sales Confirmation　　　DATE：Apr.10, 2011

To Messrs:

　　TKARMRA CORPORATION

　　1-5. KAWARA MACH OSAKA JAPAN

谨启者：兹确认售予你方下列货品，其成交条款如下：

Dear Sirs，

We hereby confirm having sold to you the following goods on terms and conditions as specified below:

唛头 SHIPPING MARK	货物描述及包装 DESCRIPTIONS OFGOODS, PACKING	数量 QUANTITY	单价 UNIT PRICE	总值 TOTAL AMOUNT
	100% COTTON COLOUR WEAVE T-SHIRT		CIF OSAKA	
T.C	RM111	2000 PCS	USD 11.00	USD 22,000.00
RXT26	RM222	2000 PCS	USD 10.00	USD 20,000.00
OSAKA	RM333	1000 PCS	USD 9.50	USD 9,500.00
C/NO.1-UP	RM444	1000 PCS	USD 8.50	USD 8,500.00
				USD60,000.00
	PACKED IN ONE CARTON 30 PCS OF EACH			

装运港:

LOADING PORT: SHANGHAI PORT

目的港:

DESTINATION: OSAKA PORT

装运期限:

TIME OF SHIPMENT: LATEST DATE OF SHIPMENT 090630

分批装运:

PARTIAL SHIPMENT: PROHIBITED

转船:

TRANSSHIPMENT: PROHIBITED

保险:

INSURANCE: FOR 110 PERCENT OF THE INVOICE VALUE COVERING ALL RISKS AND WAR RISK

付款条件:

TERMS OF PAYMENT: L/C AT SIGHT

买方须于2011年5月20日前开出本批交易的信用证(或通知售方进口许可证号码),否则,售方有权不经过通知取消本确认书,或向买方提出索赔。

The Buyer shall establish the covering Letter of Credit (or notify the Import License Number) before May 20, 2011, failing which the Seller reserves the right to rescind without further notice, or to accept whole or any part of this Sales Confirmation non-fulfilled by the Buyer, or, to lodge claim for direct losses sustained, if any.

凡以CIF条件成交的业务,保额为发票价的110%,投保险别以售货确认书中所开列的为限,买方如果要求增加保额或保险范围,应于装船前经卖方同意,因此而增加的保险费由买方负责。

For transactions conclude on C.I.F basis, it is understood that the insurance amount will be for 110%of the invoice value against the risks specified in Sales Confirmation. If additional insurance amount or coverage is required, the buyer must have consent of the Seller before

Shipment，and the additional premium is to be borne by the Buyer.

品质/数量异议：如买方提出索赔，凡属品质异议，须于货到目的口岸之 60 日内提出，凡属数量异议，须于货到目的口岸之 30 日内提出，对所装货物所提任何异议属于保险公司、轮船公司等其他有关运输或邮递机构的责任范畴，卖方不负任何责任。

Quality/Quantity Discrepancy：In case of quality discrepancy，claim should be filed by the Buyer within 60 days after the arrival of the goods at port of destination;while for quantity discrepancy，claim should be filed by the Buyer within 30 days after the arrival of the goods at port of destination．It is understood that the seller shall not be liable for any discrepancy of the goods shipped due to causes for which the Insurance Company，Shipping Company,other transportation organization/or Post Office are liable.

本确认书内所述全部或部分商品，如因人力不可抗拒的原因，以致不能履约或延迟交货，卖方概不负责。

The Seller shall not be held liable for failure of delay in delivery of the entire lot or a portion of the goods under this Sales Confirmation in consequence of any Force Majeure incidents.

买方在开给卖方的信用证上请填注本确认书号码。

The Buyer is requested always to quote THE NUMBER OF THIS SALES CONFIRMATION in the letter of Credit to be opened in favour of the Seller.

买方收到本售货确认书后请立即签回一份，如买方对本确认书有异议，应于收到后五天内提出，否则认为买方已同意接受本确认书所规定的各项条款。

The buyer is requested to sign and return one copy of the Sales Confirmation immediately after the receipt of same，Objection，if any，should be raised by the Buyer within five days after the receipt of this Sales Confirmation，in the absence of which it is understood that the Buyer has accepted the terms and condition of the sales confirmation.

买方：务松　　　　　　　　　　　　　　　　卖方：诚通
THE BUYER:　　　　　　　　　　　　　　　THE SELLERS:

二、Sammi 将根据 PO 内容草拟一份销售确认书

请以 Sammi 的身份，根据 PO 的相关内容，按照如下格式拟定一份销售确认书。

销售确认书
SALES CONFIRMATION

卖方 SELLER:		编号 NO.:	
		日期 DATE:	
		地点 SIGNED IN:	
买方 BUYER:			

买卖双方同意以下条款达成交易：

This contract is made by and agreed between the BUYER and SELLER, in accordance with the terms and conditions stipulated below.

1. 商品号 Art No.	2. 品名及规格 Commodity & Specification	3. 数量 Quantity	4. 单价及价格条款 Unit Price & Trade Terms	5. 金额 Amount

允许 With	溢短装，由卖方决定 More or less of shipment allowed at the sellers' option			

6. 总值 Total Value	
7. 包装 Packing	
8. 唛头 Shipping Marks	
9. 装运期及运输方式 Time of Shipment & means of Transportation	
10. 装运港及目的地 Port of Loading & Destination	
11. 保险 Insurance	
12. 付款方式 Terms of Payment	
13. 备注 Remarks	

The Buyer	The Seller

 知识链接

 Part I　品质、数量、包装和价格条款的订立

第一项条款的拟定 商品品质条款

一、商品品质的含义及表示方法

（一）商品品名

商品品名（Name of Commodity）又称商品名称，是指能使某种商品区别于其他商

品的一种称呼或概念，是合同中不可缺少的重要交易条件。商品的名称常常与品质联系在一起，构成描述或说明货物的重要组成部分。

根据《联合国国际货物销售合同公约》的规定，商品名称的描述是构成商品说明的一个主要部分，是买卖双方交接货物的一项基本依据。若卖方交付的货物不符合约定的品名，买方有权要求损害赔偿，直至拒收货物或撤销合同。因此，列明合同标的物的具体名称具有重要的法律和实践意义。

（二）商品品质的表示方法

商品品质（Quality of Goods）又称商品质量，是指商品的外观形态和内在质量的综合。前者是指人们的感官可以直接感觉到的外形特征，如商品的结构、造型、款式、色泽和味觉等；后者则是指商品的物理和机械机能、化学成分、生物特征和技术指标等。

在贸易合同中，对商品的品质、规格主要有两种表示方法。

1. 用样品表示商品的品质

在国际贸易中，以实物样品来说明商品的品质，通常分为凭卖方样品买卖和凭买方样品买卖两种。

（1）凭卖方样品买卖（Sale by Seller's Sample）

凭卖方样品买卖是由卖方提供样品并经买方确认后，作为交货品质的依据。在出口交易中，卖方应注意样品的代表性，不可将品质定得太高或太低，要留存"复样"[①]，作为交货时检验品质的依据。

（2）凭买方样品买卖（Sale by Buyer's Sample）

凭买方样品买卖是由买方提供样品，卖方应按来样复制或从自己的在库商品中选择与来样品质一致的样品交买方确认后，将其样品作为交货的依据。复制样品又称为回样（Counter Sample），当买方确认了回样后，卖方再按其样品品质进行加工。

2. 用文字说明表示商品的品质

在国际贸易中，大部分商品可用文字说明其品质。具体可分为下列几种：

（1）凭规格买卖（Sale by Specification）

规格是指用来反映商品品质的某些主要指标，如成分、重量和尺寸等。由于凭规格销售比较简单准确，所以在国际贸易中应用十分普遍。

例如，中国东北大米的合同规格：水分（最高）14%，杂质（最高）5%，不完善粒（最高）6%。

（2）凭等级买卖（Sale by Grade）

等级是指同一类商品，按规格上的差异，分为质量优劣各不相同的若干等级，每一

---

① 卖方将买方提交的样品复制一份或几份进行保存以防出现纠纷的样品，称为复样（Duplicate Sample）。

种等级代表一定的商品质量。在交易合同中列明买卖货物的级别，以其作为商品品质的依据。例如，中国特级绿茶。

（3）凭标准买卖（Sale by Standard）

标准是指将商品的规格和等级由一定的部门或社会团体予以标准化。商品的标准，有的由国家或有关政府主管部门规定，也有由同业公会、交易所或国际性的工商组织规定。例如，国际标准化组织质量管理和质量保证技术委员会为适应国际间贸易发展的需要，制定了 ISO 9000 系列标准体系，于 1987 年正式发布，目前已有近 100 个国家和地区推行这套系列标准。我国于 1994 年 4 月成立了中国质量体系认证机构国家认可委员会，该质量标准也获得了一部分国家同行的认可。目前世界上约有近 300 个国际和区域性组织制定标准或技术规则，其中最大的是国际标准化组织（ISO）、国际电工委员会（IEC）、国际电信联盟（ITU）。ISO、IEC、ITU 标准为国际标准，被 ISO 认可的其他国际组织制定的标准也视为国际标准。

此外，还有两种表示标准的方法：一是"良好平均品质"（Fair Average Quality，F.A.Q），指在一定时期内某地出口产品的平均品质规格，是指一定时期内某地出口货物的平均质量水平，一般是指中等货而言。在我国实际业务中，用 FAQ 来说明质量，一般是指大路货而言。在标明大路货的同时，通常还约定具体规格作为质量依据。二是"良好可销品质"（Good Merchantable Quality，GMQ），是指卖方所交货物为"品质良好，合乎销售"，通常用于无法以样品或国际公认的标准来检验的产品，如木材、冷冻或冰鲜鱼虾等。由于该标准过于笼统，在我国的对外贸易业务中很少被采用。

（4）凭商标或牌号买卖（Sale by Trade Mark or Brand）

凭商标或牌号买卖是指有些商品的质量在国际市场上已被广大消费者一致公认并予以接受，久而久之，该商标或牌号就代表了有关商品的品质。如德国的奔驰汽车、中国的海尔冰箱等。

（5）凭产地名称买卖（Sale by Name of origin）

凭产地名称买卖是指某些商品由于受产地自然条件和传统的生产技术或加工工艺的影响，在品质上具有其他地区产品所不具备的特色，因而其产地名称成为代表该项产品的品质标志。如中国的龙口粉丝、青岛啤酒、北京烤鸭等。

（6）凭说明书买卖（Sale by Description）

凭说明书买卖是指机器、电器和电子仪表等技术密集型的商品，因其结构复杂，加工精细，难以用几个简单的指标说明其品质，只能用说明书和图样来说明其构造、用途和性能等。因此，在进行这类商品的交易时，可凭说明书买卖。如数控机床、笔记本电脑等。

二、贸易合同品质条款的拟定

（一）品质条款的主要内容

品名的表示通常是在贸易合同中的品名条款上列明缔约双方同意买卖的商品名称，

如长毛绒玩具、计算机等。合同中的品质条款通常应列明商品的规格、等级、标准或商标等。由于商品种类繁多，品质千差万别，品质条款的内容有简有繁，如长毛绒狗熊玩具、东芝笔记本电脑等。

在外贸实践中，往往将品名和品质条款整合在一起作为品名品质条款，简称品质条款（description of goods 或 name of commodity&specification）。

（二）拟定品质条款应注意的问题

1. 订立品名时应注意的问题

1）商品名称是买卖合同中必须首先确定的一个概念，应明确、具体，对已确定的品名或译文的名称应表述准确，尽可能使用国际上通用的商品名称，避免双方误解。

2）新的商品名称的提出，要用学名而不要用国内习惯名称。

3）合理选择有利于降低费用和方便进出口的商品名称。例如，根据有关国家的海关税则和进出口限制的有关规定，在不影响我国对外贸易政策的前提下，从中选择有利于降低关税或方便进口的名称，作为合同的品名；或根据班轮运价表中对同类商品不同名称的货物所规定的不同等级的收费标准，采用较低运费的相关品名。

2. 拟定品质条款时应注意的问题

1）品质的规定要具有合理性。卖方在提高出口商品的质量、增强国际竞争力的同时，又必须从实际出发，根据本企业的实际技术条件制定相应的品质。如果标准制定得过高，将会给合同履行带来一定的困难，使企业处于被动的状态。

2）品质的规定要具有确定性。卖方应根据商品特性来确定品质的表示方法。在规定商品品质时，应明确具体，避免因表述不清而引起争议。同时，对一些特殊的商品要有一定的灵活性，可采取品质机动幅度和品质公差的办法。品质机动幅度和品质公差的方法主要有以下三种：①规定范围，即对某种商品的规格，应允许有一定幅度的差异。例如，漂布幅宽35～36英寸。②规定极限，是对某种商品的规格规定上下极限。例如，白籼米碎粒含量允许最多不超过 1%。③规定上下差异，指卖方所交货物的品质允许在误差的范围内。例如，机械手表走时允许每月快或慢零点几秒。这一误差，如为国际同行业所公认，即成为"品质公差"（Quality Tolerance）。

3）品质的规定方法应避免多样性。在国际贸易中，要避免品质双重指标的要求，否则会给合同履行带来一定的困难。如果必须以两种方法表示，应明确以何种指标作为表示商品品质的主要依据，其他表示方法仅供参考，并向买方明确表示。

【操作示范 2】

拟定贸易合同中的品质条款，见样例 3-2。

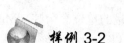

样例 3-2

诚通贸易公司
CHENG TONG TRADE COMPANY
1405 BAIZHANG EAST ROAD NINGBO CHINA

TEL:（86-574）85788877　　销 售 确 认 书　　S/C NO.：RXT26

FAX:（86-574）85788876　　Sales Confirmation　　DATE：Apr. 10, 2011

To Messrs:

　　TKARMRA CORPORATION

　　1-5．KAWARA MACH OSAKA JAPAN

谨启者：兹确认售予你方下列货品，其成交条款如下：

Dear Sirs,

We hereby confirm having sold to you the following goods on terms and conditions as specified below:

品质条款

唛头 SHIPPING MARK	货物描述及包装 DESCRIPTION OF GOODS, PACKING	数量 QUANTITY	单价 UNIT PRICE	总值 TOTAL AMOUNT
T.C RXT26 OSAKA C/NO.1-UP	100% COTTON COLOUR WEAVE T-SHIRT		CIF OSAKA	
	RM111	2,000 PCS	USD 11.00/PC	USD 22,000.00
	RM222	2,000 PCS	USD 10.00/PC	USD 20,000.00
	RM333	1,000 PCS	USD 9.50/PC	USD 9,500.00
	RM444	1,000 PCS	USD 8.50/PC	USD 8,500.00
	PACKED IN ONE CARTON 30 PCS OF EACH	6,000 PCS		USD60,000.00

第二项条款的拟定　商品数量条款

一、计量单位与度量衡制度

（一）数量的计量单位

计量单位（Unit of Quantity）是指用以表示商品标准量的名称。商品数量的计量单位首先取决于商品的种类和性质，不同的商品需要采用不同的计量单位来表示。同时，对于不同的度量衡制度，商品的计量单位也有所不同。在国际贸易中，常用的计量单位主要有以下六种。

1）按重量（Weight）计算。按重量计算是当今国际贸易中广为使用的一种，例如，许多农副产品、矿产品和工业制成品都按重量计量。按重量计量的单位有公吨（Metric Ton，缩写为 M/T）、长吨（Long Ton）、短吨（Short Ton）、公斤（Kilogram，缩写为 kg）、克（Gram）、磅（Pound，缩写为 lb）、盎司（Ounce，缩写为 oz）等。

2）按数量（Number）计算。大多数工业制成品，尤其是日用消费品、轻工业品、机械产品以及一部分土特产品，均习惯于按数量进行买卖。所使用的计量单位有只、件（Piece）、双（Pair）、套（Set）、打（Dozen）、令（Ream）、罗（Gross）等。

3）按长度（Length）计算。在金属绳索、丝绸、布匹等类商品的交易中，通常采用米（Meter）、英尺（Foot 缩写为 ft）、英寸（Inch 缩写为 in）、码（Yard 缩写为 yd）等长度单位来计量。

4）按面积（Area）计算。在玻璃板、地毯等商品的交易中，一般习惯于以面积作为计量单位。常用的有平方米（Square Meter）、平方英尺（Square Foot）、平方码（Square Yard）等。

5）按体积（Volume）计算。按体积成交的商品有限，仅用于木材、天然气和化学气体等。属于这方面的计量单位有立方米（Cubic Meter）、立方尺（Cubic Foot）、立方码（Cubic Yard）等。

6）按容积（Capacity）计算。各类谷物和液体货物，往往按容积计量。其中，美国以蒲式耳（Bushel）作为各种谷物的计量单位。但蒲式耳所代表的重量则因谷物不同而有差异，例如，每蒲式耳亚麻籽为 56 磅，燕麦为 32 磅，大豆和小麦为 60 磅。公升（Liter）、加仑（Gallon）则用于酒类、油类商品的计量。

（二）度量衡制度

在国际贸易中，常用的度量衡制度主要有国际单位制（International System）、公制（The Meter System）、美制（The Us System）和英制（The B System）等几种。我国自 1959 年至 1984 年，一直使用公制，1984 年 2 月开始采用国务院新颁布的以国际单位制为基础的《法定计量单位制》。

二、重量的表示方法

在国际贸易中，绝大多数商品是按重量计量的。根据商品的性质和商业习惯，通常按重量计算主要有四种方法。

（一）按毛重计算

毛重（Gross Weight）是指商品皮重与净重之和，即商品本身的实际重量加上包装材料后的总重量。有一些价值不高的，如粮食、饲料等大宗商品，通常都是以毛重作为计价基础，习惯上称之"以毛作净（Gross for Net）"。

（二）按净重计算

净重（Net Weight）是指商品本身的重量，即毛重扣除皮重后的商品实际重量。净重是国际贸易中最常见的计重办法。不过有些价值较低的农产品或其他商品，有时也采

用"以毛作净"的办法计重。例如"蚕豆 100 公吨，单层麻袋包装，以毛作净"。所谓"以毛作净"，实际上就是按毛重计算重量。

在采用净重计重时，对于如何计算包装重量，国际上有下列几种做法。

1）按实际皮重（Actual Tare）计算。实际皮重即指包装的实际重量，它是指对包装逐件衡量后所得的总和。

2）按平均皮重（Average Tare）计算。如果商品所使用的包装比较统一标准，重量相差不大，就可以从整货物中抽出一定的件数，称出其皮重，然后求出平均重量，再乘以总件数，即可求得整货物的皮重。近年来，随着技术的发展和包装用料及规格的标准化，用平均皮重计算的做法已日益普遍，有人把它称为标准皮重。

3）按习惯皮重（Customary Tare）计算。一些商品，由于其所使用的包装材料和规格已比较定型，皮重已为市场所公认，因此，在计算其皮重时，就无需对包装逐件过秤，按习惯上公认皮重乘以总件数即可。

4）按约定皮重（Computed Tare）计算，即以买卖双方事先约定的包装重量作为计算的基础。

国际上有多种计算皮重的方法，究竟采用哪一种计算方法来求得净重，应根据商品的性质、所使用的包装的特点、合同数量的多少以及交易习惯，由双方当事人事先约定并列出合同条款，以免事后引起争议。

（三）按公量计算

公量（Conditioned Weight）是指用科学、公认的方法去除商品中所含水分，得出商品的"干量"，再加上标准含水量后所求得的商品重量。该计量方法通常用于那些价值较高而含水量又不很稳定的商品，如羊毛、生丝、棉花等。

公量的计算公式如下：

$$公量＝[实际重量×（1＋标准回潮率）]/（1＋实际回潮率）$$

（四）按理论重量计算

理论重量（Theoretical Weight）是指某些规格尺寸固定、用材质量均匀的商品，仅根据商品规格就可推算出的商品重量。如马口铁，根据其厚度就可以测算出重量。

三、贸易合同中数量条款的拟定

（一）数量条款的主要内容

数量条款是由成交的商品数量和计量单位所组成，对于按重量成交的商品，应明确计算的方法。

（二）拟定数量条款应注意的问题

1. 列明交易的具体数量和计量单位

合同中必须确定成交的具体数量和计量单位，不要使用"大约"或"左右"等字样。

在规定计量单位时，要按照商业的习惯，并注意有些同名计量单位的不同内涵。例如，1 蒲式耳在美制度量衡制度中，表示大麦重量为 48 磅，玉米重量却为 56 磅。

2. 明确按毛重或净重计算

对大宗交易商品，一定要明确是按毛重还是按净重计算，如未注明，按国际惯例应视为按净重计算。

3. 合理规定数量的机动幅度

数量的机动幅度（Quantity Allowance）是在数量条款中规定卖方实际货物数量可多于或少于合同所规定数量的一定幅度。主要方法有：

（1）溢短装条款

溢短装条款（More or Less Clause）是指运输途中容易发生缺损的商品，或为适应运输工具配载限制的需要，在买卖合同中规定允许溢装或短装的限量。例如，中国大米 2 000 公吨，卖方可溢短装 5%。溢短装条款通常适用于粮油食品、土畜产品的交易。有时为了防止交易一方利用合同中的溢短装条款获利，可在合同中明确规定溢短装部分的计价办法，如溢短部分按货物装船时或到达目的地时的市价计算。

（2）"约"量条款

"约"量条款是指在交易数量前加一个"约"、"大约"或"近似"字样（About, Circa, Approximate Clause），表示实际交货数量可以有一定弹性的条款，如约 400 磅等。国际上对"约"字的解释不一致，如在谷物交易中，上下可差 5%；在木材交易中则多至 10%；一般商品多在 3%～5%之间。国际商会制定的《跟单信用证统一惯例》（第 600 号出版物）规定："约"或"大约"这类词语用于信用证金额，或用于信用证规定的数量时，应理解为 10 %的增减幅度。

【操作示范 3】

订立贸易合同中的数量条款，见样例 3-3。

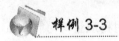 样例 3-3

诚通贸易公司
CHENG TONG TRADE COMPANY
1405 BAIZHANG ROAD NINGBO CHINA

TEL：（86-574）85788877 **销 售 确 认 书** S/C NO.：RXT26

Fax：（86-574）85788876　　Sales Confirmation　DATE：Apr.10,2011

To Messrs:

　　　TKARMRA CORPORATION

　　　1-5. KAWARA MACH OSAKA JAPAN

谨启者：兹确认售予你方下列货品，其成交条款如下：

Dear Sirs，

We hereby confirm having sold to you the following goods on terms and conditions as specified below：

数量条款

唛头 SHIPPING MARKS	货物描述及包装 DESCRIPTION OF GOODS，PACKING	数量 QUANTITY	单价 UNIT PRICE	总值 TOTAL AMOUNT
T.C RXT26 OSAKA C/NO.1-UP	100% COTTON COLOUR WEAVE T-SHIRT RM111 RM222 RM333 RM444	 2,000 PCS 2,000 PCS 1,000 PCS 1,000 PCS	CIF OSAKA USD 11.00/PC USD 10.00/PC USD 9.50/PC USD 8.50/PC	 USD 22000.00 USD 20000.00 USD 9500.00 USD 8500.00
	PACKED IN ONE CARTON 30 PCS OF EACH			

第三项条款的拟定 商品包装条款

一、商品包装的种类

商品包装是指盛装商品的各种容器或包装物，以及采用不同形式的容器或包装物对商品进行包裹的操作过程。根据商品包装在流通过程中的作用，可分为运输包装和销售包装两大类。

（一）运输包装

1. 运输包装的条件

运输包装（Package for Transport）又称外包装，是为适应货物的装卸、储存和运输的要求进行的包装，包括单件运输包装和集合运输包装。其主要功能是保护货物在运输过程中不受外界影响，完好无损地将货物运送到目的地。

在国际贸易中，商品的运输包装应具备下列要求：

1）必须适应商品的特性。

2）必须适应各种不同运输方式的要求。

3）必须考虑有关国家的法律规定和客户的要求。

4）要便于各环节有关人员进行操作。

5）要在保证包装牢固的前提下节省费用。

2. 包装的种类

（1）单件运输包装

单件运输包装（Single-piece Package for Transport）是指货物在运输过程中作为一个计件单位的包装。常见的单件运输包装有：

① 箱（Case），主要用于价值较高和易损货物的包装，视不同商品的特点，选择使用木箱、纸箱和板箱等。

② 包（Bale），常用于易抗压的货物包装，如羊毛、棉花、生丝、布匹等。一般为棉袋或麻袋，并适宜于机压打包。

③ 桶（Drum），多用于液体、半液体和粉状等货物的包装。桶的材料有木材、铁皮和塑料等。

④ 袋（Bag），可用于粉状、颗粒状、块状的农产品和化肥等货物的包装。袋的材料通常是棉质、麻质，但也有纸质和塑料的。

（2）集合运输包装

集合运输包装（Composite Package for Transport）是由若干单件运输包装组合而成的一件大包装。采用集合运输包装，可以大大提高装卸效率，降低运输成本，减少商品损耗。集合运输包装有集装箱、集装包（袋）和托盘三种类型。

① 集装箱（Container）是由钢板等材料制成的长方体形状，可反复使用，既是货物的运输包装，又是运输工具的组成部分。为了适应不同商品的特性和装卸的要求，有的箱内还设有空调或冷冻设备，有的备有装入或漏出的孔道等。集装箱是现代化的运输包装，可以有效地保护商品，加快货物的装卸速度，提高码头的使用效率。

根据 ISO 的规定，集装箱共分为 13 种规格，装载量为 5～40 吨不等。用得最多的是 8×8×20 英尺和 8×8×40 英尺的集装箱。国际上以 8×8×20 英尺为计算集装箱的标准单位，称为"TEU（Twenty-foot Equivalent Unit）"，中文翻译为"20 英尺等量单位"。凡不是 20 英尺的集装箱，均可折合成 20 英尺集装箱进行统计。

集装箱根据商品使用的性质，又可分为九种，如表 3-1 所示，部分样式如图 3-1 所示。

表 3-1 集装箱分类

集装箱分类	适用范围
干货集装箱 Dry Cargo Container	除冷冻货、活动物和植物外，在尺寸、重量等方面适合集装箱运输的货物，几乎均可使用干货集装箱。这种集装箱式样比较多，使用时应注意箱子内部的容积和最大负荷
冷藏集装箱 Reefer Container	设有冷冻机的集装箱。在运输过程中，启动冷冻机使货物保持在所要求的指定温度。箱内顶部装有挂肉类、水果的钩子和轨道，用于装载冷藏食品、新鲜水果和特种化工产品等
散货集装箱 Bulk Cargo Contain	适用于装载小麦、谷类、水泥、化学制品等散装粉粒状货物
框架集装箱 Flat Rack Container	设有箱顶和两侧，可从集装箱两侧装卸货物
敞顶集装箱 Open Top Container	设有箱顶，可使用吊装设备从箱子顶上装卸货物，适用于装载超长的货物
牲畜集装箱 Pen Container	在集装箱两侧设有金属网，便于喂养牲畜和通风
罐式集装箱 Tank Container	设有液灌顶部的装货孔进入，卸货有排出孔靠重力作用自行流出，或从顶部装货孔吸出门，适用装载各种液体货物
平台集装箱 Platform Container	适用于运载超长超重的货物，长度可达 6 米以上，载重量可达 40 公吨以上
汽车集装箱 Car Container	专供运载汽车的分层载货的集装箱

（a）干货集装箱　　　　　（b）单层挂衣集装箱　　　　　　　　（c）罐式集装箱

图 3-1　集装箱的部分样式

资料来源：童宏祥，《国际贸易实务》，2008 年 8 月版。

②　集装包（袋）（Flexible Container）是用塑料纤维编织成的抽口式大包，两边有 4 个吊带，每包可装 1 吨至 4 吨的货物。集装袋也是用塑料纤维编织成的圆形大口袋，每袋可容纳 1 吨至 1.5 吨货物，适用于已经装好的桶装和袋装多件商品。

③　托盘（Pallet）是指用于集装、堆放货物以便于装卸货物、搬运和运输的平台装置，其主要特点是装卸速度快、货损货差少。托盘按其基本形态分为：用叉车、手推平板车装卸的平托盘、柱式托盘、箱式托盘；用人力推动的滚轮箱式托盘、滚轮保冷箱式托盘；采用板状托盘，用设有推换附件的特殊叉车进行装卸作业的滑板，或装有滚轮的托盘卡车中使货物移动的从动托盘；其他还有装运桶、罐等专用托盘之类的与货物形状吻合的特殊构造的托盘。托盘按形状不同可分为双面叉、四面叉、单面使用型、双面使用型等。按其材质的不同，有木制、塑料制、钢制、铝制、竹制和复合材料等。常见的托盘有平板托盘（Flat Pallet）和箱型托盘（Box Pallet）等。托盘样式如图 3-2 所示。

（a）平托盘　　　　　　　　（b）网箱托盘

图 3-2　平板托盘和箱型托盘

资料来源：童宏祥，2010. 外贸单证实务. 上海：上海财经大学出版社.

3.　包装标志

（1）运输标志

在进出口货物的交接、运输、通关和储存的过程中，为了便于识别货物，避免错发，在每件货物的外包装上，必须以不易脱落的油墨或油漆刷上一些易于识别的图形、文字和数字等明显标志。

运输标志（Shipping Mark）简称唛头，其内容一般包括收货人简称、合同编号、目的港（地）和件数等。运输标志一般由卖方决定，有时也可由买方指定，但须在合同中明确规定买方应在货物装运前若干天告之卖方，以免影响货物发运。运输标志如图 3-3 所示。

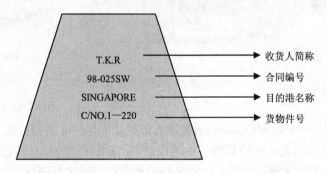

图 3-3　运输标志

（2）指示性标志

指示性标志（Indicative Mark）是关于操作方面的标志。它是根据货物的特性，对一些容易破碎、残损、变质的货物以简单醒目的文字、图形或图案在运输包装上做出标志，用以提醒操作人员在货物的运输、储存和搬运过程中应引起注意，以免损坏货物。常用的指示性标志如表 3-2 所示。

表 3-2　常用的指标性标志

中文	英文	图示标志
小心轻放 玻璃制品 易碎品	Handle With Care Glass Fragile	（白纸印黑色）
禁用手钩	Use No Hooks	（白纸印黑色）
此端向上	The Way Up	（白纸印黑色）
怕热	Keep In Cool Place	（白纸印黑色）

续表

中文	英文	图示标志
怕湿	Keep Dry	（白纸印黑色）
由此开启	Open Here	

资料来源：童宏祥. 2010. 外贸单证实务. 上海：上海财经大学出版社.

（3）警告性标志

警告性标志又称危险品标志。凡在运输包装内装有爆炸品、易燃品、有毒物品、腐蚀性物品、氧化剂和放射性物品等危险货物时，都必须在运输包装上标明各种危险品的标志，以示警告，使装卸、运输和保管人员按货物特性采取相应的防护措施，以保护货物和人身的安全。

除我国颁布的《危险货物包装标志》外，联合国政府间海事协商组织也规定了一套《国际海运危险品标志》，因此，在我国危险货物的运输包装上，要标明我国和国际上所规定的两种危险品标志。

有关联合国危险货物运输标志（Symbols of the United Nations Committee for the Transport of Dangerous Goods）如图 3-4 所示。

（a）爆炸品
UN Transport symbol
for explosives

（b）有毒物品（第 2 类和第 6.1 类）
UN Transport symbol for poisonous
substances（gases Class 2．other
poisonous substances Class 6.1）

（c）易自燃物品
UN Transport symbol for
substances liable to
spontaneous combustion

图 3-4　有关联合国危险货物运输标志

资料来源：童宏祥，《国际贸易实务》，2008 年 8 月版。

（二）销售包装

1. 销售包装的含义

销售包装（Sales Package）又称内包装，是为适应商品销售的需要，伴随商品直接进入零售点的包装，通常作为商品的组成部分卖给消费者。销售包装具有保护商品的品质、便于携带、美化商品的作用，有利于商品的销售。

2. 销售包装的要求

随着国际市场竞争的加剧和人们消费水平的提高，市场对销售包装的要求越来越高。其主要表现在：①便于陈列展销；②便于识别商品；③便于携带和使用；④要有艺术吸引力。

图 3-5　条码样式

销售包装可根据商品的特点采用不同的形状，如堆叠式、悬挂式和展开式包装，以便于陈列经销。同时，销售包装上还必须有条码标志，条码是由一组配有数字的黑白及粗细不等的平行条纹组成的标识，它是一种利用光电扫描阅读设备为计算机输入数据的特殊代码语言，印制在商品销售包装上，条形码样式见图 3-5。

国际上通用的条形码主要有两种：一种为美国统一代码委员会编制的 UPC（Universal Product Code）条码，另一种为国际物品编码协会编制的 EAN（European Product Number）条码。EAN 码由 13 位数字构成（图 3-5），前 3 位为国家码，中间 4 位为厂商号，后 5 位为产品代码，最后 1 位为校对码。为了适应国际市场的需要和扩大出口，1988 年 12 月我国建立了"中国商品编码中心"，负责推广条形码技术，并对其进行统一管理。1994 年 4 月我国正式加入国际物品编码协会。该会分配给我国的国别号为"690"、"691"和"692"。凡条形码前三位数字标有"690"、"691"和"692"的，即表示是中国生产的商品。其他国家分配的前缀码见表 3-3。

表 3-3　EAN 已分配前缀码

前缀码	编码组织所在国家（或地区）/应用领域	前缀码	编码组织所在国家（或地区）/应用领域
00 ～ 13	美国和加拿大（UCC）	476	阿塞拜疆
20 ～ 29	店内码	477	立陶宛
30 ～ 37	法国	478	乌兹别克斯坦
380	保加利亚	479	斯里兰卡
383	斯洛文尼亚	480	菲律宾
385	克罗地亚	481	白俄罗斯
387	波黑	482	乌克兰
40～44	德国	484	摩尔多瓦
45、49	日本	485	亚美尼亚
460～469	俄罗斯	486	格鲁吉亚
471	中国台湾	487	哈萨克斯坦
474	爱沙尼亚	489	中国香港特别行政区
475	拉脱维亚	50	英国

续表

前缀码	编码组织所在国家（或地区）/应用领域	前缀码	编码组织所在国家（或地区）/应用领域
520	希腊	740	危地马拉
528	黎巴嫩	741	萨尔瓦多
529	塞浦路斯	742	洪都拉斯
531	马其顿	743	尼加拉瓜
535	马耳他	744	哥斯达黎加
539	爱尔兰	745	巴拿马
54	比利时和卢森堡	746	多米尼加
560	葡萄牙	750	墨西哥
569	冰岛	759	委内瑞拉
57	丹麦	76	瑞士
590	波兰	770	哥伦比亚
594	罗马尼亚	773	乌拉圭
599	匈牙利	775	秘鲁
600、601	南非	777	玻利维亚
608	巴林	779	阿根廷
609	毛里求斯	780	智利
611	摩洛哥	784	巴拉圭
613	阿尔及利亚	786	厄瓜多尔
616	肯尼亚	789 ～ 790	巴西
619	突尼斯	80 ～ 83	意大利
628	沙特阿拉伯	84	西班牙
629	阿拉伯联合酋长国	850	古巴
64	芬兰	858	斯洛伐克
690 ～ 695	中国	859	捷克
621	叙利亚	860	南斯拉夫
622	埃及	867	朝鲜
624	利比亚	869	土耳其
625	约旦	87	荷兰
626	伊朗	880	韩国
627	科威特	885	泰国
70	挪威	888	新加坡
729	以色列	890	印度
73	瑞典	893	越南

续表

前缀码	编码组织所在国家（或地区）/应用领域	前缀码	编码组织所在国家（或地区）/应用领域
899	印度尼西亚	977	连续出版物
90、91	奥地利	978、979	图书
93	澳大利亚	980	应收票据
94	新西兰	981、982	普通流通券
955	马来西亚	99	优惠券
958	中国澳门特别行政区		

（三）中性包装

中性包装（Neutral Packing）是指不标明生产国别、地名和厂商名称，也就是说，在出口商品包装的内外，都没有原产地和厂商的标记。中性包装有如下两种形式：

1）无牌中性包装

无牌中性包装是指包装上既无生产国别，也无生产厂家和商标等标志。在有些原料性或半成品或价值不高的商品交易中，进口商为了节省广告费和盖贴商标的人工费用等，借以降低售价，扩大销售，往往要求无牌中性包装。

2）定牌中性包装

定牌中性包装是指包装上注明买方指定的商标，但无生产国别。主要用于国外大批量订货，目的是为了利用进口商的经营优势或名牌声誉，以提高商品售价，扩大销售。

中性包装是国际贸易的通常做法。在接受定牌业务时，应在合同中规定由商标或品牌引起的知识产权纠纷与我方无关，此外应要求买方提供品牌商的授权书。

二、贸易合同包装条款的拟定

包装条款一般包括包装材料、包装方式、包装规格、包装标志和包装的费用等内容。为了订好包装条款，以利于合同的履行，在商定包装条款时，需要注意下列事项：

1）要考虑商品特点和不同运输方式的要求。

2）对包装的规定要明确具体，一般不宜采用"海运包装"和"习惯包装"之类的术语。

3）明确包装由谁供应，包装费用由谁负担。包装由谁供应，通常有下列三种做法。

① 由卖方供应包装，包装连同商品一块交付买方。

② 由卖方供应包装，但交货后，卖方将原包装收回，关于原包装返回给卖方的运费由何方负担，应作具体规定。

③ 由买方供应包装或包装物料，采用此种做法时，应明确规定买方提供包装或包装物料的时间，以及由于包装或包装物料未能及时提供而影响发运时买卖双方所负的责任。

4）关于包装费用。一般包括在货价之中，不另外计收，但也有不计在货价之内而规定由买方另行支付的。究竟由何方支付，应在包装条款中作出明确的规定，以利于合同的顺利履行。

5）关于运输标志。按国际惯例，运输标志一般由卖方设计确定。如买方要求其指定运输标志，卖方也可接受，但必须在合同中规定提供运输标志的时间，过时则卖方可自行决定。

【操作示范 4】

拟定贸易合同中的包装条款，见样例 3-4。

 样例 3-4

诚通贸易公司

CHENG TONG TRADE COMPANY

1405 BAIZHANG EAST ROAD NINGBO CHINA

Tel：（86-574）85788877 销 售 确 认 书 S/C NO.：RXT26

Fax：（86-574）85788876 Sales Confirmation DATE：Apr.10,2011

To Messrs:

TKARMRA CORPORATION

1-5．KAWARA MACH OSAKA JAPAN

谨启者：兹确认售予你方下列货品，其成交条款如下：

Dear Sirs，

We hereby confirm having sold to you the following goods on terms and conditions as specified below：

唛头 SHIPPING MARK	货物描述及包装 DESCRIPTIONS OFGOODS, PACKING	数量 QUANTITY	单价 UNIT PRICE	总值 TOTAL AMOUNT
	100% COTTON COLOUR WEAVE T-SHIRT		CIF OSAKA	
T.C	RM111	2000 PCS	USD 11.00	USD 22,000.00
RXT26	RM222	2000 PCS	USD 10.00	USD 20,000.00
OSAKA	RM333	1000 PCS	USD 9.50	USD 9,500.00
C/NO.1-UP	RM444	1000 PCS	USD 8.50	USD 8,500.00
	PACKED IN ONE CARTON 30 PCS OF EACH	6000 PCS		USD 60,000.00

包装条款

第四项条款的拟定 █ 商品价格条款

货物的价格是国际贸易中的主要交易条件，因此，价格条款是买卖合同中必不可少的条款，它将关系到买卖双方的利益。

（一）价格条款的主要内容

合同中的价格条款，一般包括单价和总价两部分内容。

1. 单价

单价通常由四个部分组成，包括计量单位、单位价格金额、计价货币和贸易术语。
例如：

每只 CIF 伦敦 350 英镑；

USD500 per M/T FOB Shanghai。

2. 总价

总价也称总值，即单价与数量的乘积。

（二）订立价格条款时应注意的事项

1）合理确定商品的单价，以防过高或过低。

2）根据实际情况和经营意图，权衡利弊，选用适当的贸易术语。

3）灵活运用不同的作价办法，以防价格变动带来的风险。

4）争取选择有利的计价货币，以防币值变动带来的汇率风险。

5）参照国际贸易的习惯做法，注意佣金和折扣的运用。

6）若对交货品质和数量订有机动幅度，则对机动部分的作价也应做明确的规定。

7）若对包装材料和包装费用另行计算，则对其计价方法应一并规定。

8）单价中涉及的计量单位、单价金额、计价货币、贸易术语和港口名称，必须书
写正确、清楚，以利于合同的履行。

【操作示范 5】

拟定贸易合同中的价格条款，见样例 3-5。

 样例 3-5

诚通贸易公司
CHENG TONG TRADE COMPANY
1405 BAIZHANG EAST ROAD NINGBO CHINA

Tel：（86-574）85788877　销 售 确 认 书　S/C NO.：RXT26

Fax：（86-574）85788876　Sales Confirmation　DATE：Apr.10,2011

To Messrs:

TKARMRA CORPORATION 1-5. KAWARA MACH OSAKA JAPAN

谨启者：兹确认售予你方下列货品，其成交条款如下：

Dear Sirs，

We hereby confirm having sold to you the following goods on terms and conditions as
specified below:

唛头 SHIPPING MARK	货物描述及包装 DESCRIPTIONS OFGOODS, PACKING	数量 QUANTITY	单价 UNIT PRICE	总值 TOTAL AMOUNT
T.C RXT26 OSAKA C/NO.1-UP	100% COTTON COLOUR WEAVE T-SHIRT		CIF OSAKA	
	RM111	2000 PCS	USD 11.00/PC	USD 22,000.00
	RM222	2000 PCS	USD 10.00/PC	USD 20,000.00
	RM333	1000 PCS	USD 9.50/PC	USD 9,500.00
	RM444	1000 PCS	USD 8.50/PC	USD 8,500.00
	PACKED IN ONE CARTON 30 PCS OF EACH	6000 PCS		USD60,000.00

贸易术语

 Part Ⅱ 货物的运输与保险条款的订立

第一项条款的拟定 货物运输条款

一、海洋货物运输方式

（一）海洋运输的特点

在国际货物运输中，运用最广泛的就是海洋运输（Ocean Transport）方式。目前，其运量在国际货物运输总量中大约占到 80%以上。海洋运输之所以被如此广泛地采用，是因为它与其他国际货物运输方式相比，主要有以下明显的优势。

1. 运载量大

海洋运输多为万吨巨轮，其运载能力远远大于铁路运输和航空运输。例如，55 万吨级油轮的运载量相当于 12 500 个火车车皮。

2. 运费低廉

由于海洋运输可以利用四通八达的天然航道，并且运程远以及运载能力大，分摊于每单位货物的运输成本较低，其运价就相对低廉，是铁路运输的 1/5，航空运输的 1/20。

3. 对货物的适应性强

海洋运输可适应多种货物的运输，对超长、超重的货物有较强的适应性。

4. 速度慢，有风险

由于受自然条件的限制，海洋运输的航行速度比较慢，易受气候条件影响，且风险也相对较大。对于易受气候条件影响的货物，或急需的货物不宜采用海洋运输。

（二）海洋运输的方式

海洋运输按照船舶的经营方式，可分为班轮运输和租船运输。

1. 班轮运输

（1）班轮运输的特点

班轮运输（Liner Transport）是指具有固定航线、沿途停靠若干个固定港口、按照事先规定的时间表航行并收取固定运费的一种船舶运输方式。其主要特点如下：

1）"四个固定"，即固定船期、固定航线、固定港口和相对固定运费。

2）装卸费用包括在运费中，船方负责货物的装卸。

3）班轮承运货物的种类、数量比较灵活，只要有舱位都可接受货物装运。

4）货物运输当事人的权利与义务，以船公司签发的提单条款为依据。

（2）班轮运费的计算

班轮运费主要由基本运费和附加运费两部分组成。

1）基本运费。基本运费是指货物从装运港到卸货港按照航程收取的运费，是构成全程运费的主要部分。基本运费的计算标准主要有以下几种：

① 按货物毛重计收运费，在运价表中用"W"表示。以 1 公吨、1 长吨或 1 短吨收取费用，具体视船公司采用公制、英制或美制而定。

② 按货物体积计收运费，运价表中用"M"表示。尺码吨一般以 1 立方米或 40 立方英尺（合 1.1328 立方米）收取费用。

③ 按货物毛重或体积计收，即在重量吨和尺码吨两种计费标准中，从高收费，运价表中以"W/M"表示。

④ 按商品价格计收，运价表中以"A.V."表示。从价运费一般按货物的 FOB 价的 3%～5%收取。

⑤ 按货物重量、尺码和价格三者中选择最高的一种计收费用，运价表中用"W/M or A.V."表示。

⑥ 按货物的件数计收，如汽车、摩托车等货物。

⑦ 临时议定价格。由货主和船公司临时协商议定，通常适用于大宗低值货物。

另外，船公司就同一包装和同一票内的混装货物采取就高不就低的收费原则。

应注意各船公司制定的运费率不同，采用何种费率表，取决于出口货物运载船只所属的船公司。中国远洋运输公司的船只，仅采用中国远洋运输集团公司的第一号运价表；中国租船公司的船只、部分侨资班轮和经香港中转的二程船，通常采用中国远洋运输集团公司的第三号运价表。运费都以美元计收。

2）附加运费。附加运费是对一些需要特殊处理的货物，或者由于突然事件的发生或客观情况变化等原因而需要另外加收的费用。主要有以下几种：

① 超重附加费（Extra Charges on Heavy Lifts），是指由于货物单件重量超过一定限度而加收的一种附加费。

② 超长附加费（Extra Charges on Long Lengths），是指单件货物的长度超过一定限度而加收的一种附加费。

③ 直航附加费（Direct Additional），即货物达到一定数量，班轮可直航到指定非班轮停靠的港口而增收的附加费用。

④ 转船附加费（Transshipment Additional），如在中途转船而运至指定目的港，船方向货方加收的费用。

⑤ 港口拥挤费（Port Congestion Surcharge），由于卸货港拥挤，船到卸货港等待卸货而延长船期，给船方增加运营成本而向货方收取的附加费。

⑥ 港口附加费（Port Surcharge），船方因港口装卸条件差、速度慢或港口费用高而向货方收取的附加费。

⑦ 燃料附加费（Bunker Adjustment Factor-BAF），是因原油价格上涨，船舶开支增加而向货方增收的附加费。

⑧ 选港附加费（Optional Fees），是在预先指定的卸货港中加以选择而向船方支付的附加费。

⑨ 变更卸货港附加费（Alternation of Destination Charge），即在变更货物原定的卸货港的情况下，向船方补交的附加费用。

⑩ 绕航附加费（Deviation Surcharge），是指正常航道受阻，船舶必须绕道航行而向货方收取的附加费。

附加费名目繁多，除了上述附加费之外，还有洗舱费、熏蒸费、货币贬值附加费、冰冻附加费等。

3）班轮运费的计算。班轮运费的计算方法基本有两种：一种是按每运费吨加收若干金额计算；另一种是按基本运费的百分比计算。

按基本运费的百分比计算的公式为

运费＝运输吨（重量吨或尺码吨）×等级运费率×（1＋附加费率）

由于装卸费都是固定费用，不在计算之列。

班轮运输费的具体计算方法是：首先，根据货物的英文名称在运价表的货物分级表中，查出该货物应属等级和计费标准；其次，从航线费率表中，查出有关货物的基本费率以及所经航线和港口的有关附加费率；最后，根据计算公式得出该批货物的运费总额。

【例3-1】 某公司出口漂白粉到西非某港口城市100箱。该商品的内包装为塑料袋，每袋1磅。外包装为纸箱，每箱100袋，箱的尺寸为：长47cm、宽39cm、高36cm。问该批货物除装卸费以外的运费是多少？

解：①先按漂白粉的英文名字Bleaching Powder的字母顺序从运价表中查出它属于几级货物，按什么标准计算。经查，该商品属于5级货物，按"M"标准计算。②按航线查5级货物"M"基本费率，有无附加费。经查，去西非航线的5级货物每尺码吨基本运费为367美元，另加转船费15%、燃油附加费33%、港口拥挤费5%。③将数据代入公式得：

$$F=367×[1+（15\%+33\%+5\%）]×（0.47×0.39×0.26）×100=2\,676.04（美元）$$

2. 租船运输

（1）租船运输的含义

租船运输（Chartering Transport）是指租船人向船东租赁船舶而从事货物运输的一种营运方式。

在租船期间，船舶所有权仍属船东，租船人只取得船舶的使用权，租期届满后，将船舶还给船东。租船运输是由租船人按与船东签订的租船合同安排航行，主要是从事大宗货物或某些特种货物的运输，如冷藏品、危险品等，或班轮不能承运的货物。租船运输的运费通常比班轮运价低廉。

（2）租船运输的方式

租船运输的方式分为定程租船、定期租船和光船租船。

1）定程租船。

定程租船（Voyage Charter）又称航次租船，是指由船舶所有人负责提供船舶，在指定的港口之间进行一个航次或数个航次承运指定货物的租船运输。可按运输航次的不同，分为单程租船、来回航次租船、连续来回航次租船和包运合同租船。

定程租船的费用包括定程租船运费和定程租船的装卸费。

定程租船运费的计算方法主要有两种：一种是按运费率（Rate Freight）来计算运费，即规定每单位重量或单位体积的运费额；另一种是按整船包价（Lumpsum Freight），即规定一笔整船运费，船东保证船舶能提供的载货重量和容积，而不管租方实际装船多少。

定程租船的装卸费在定程租船合同中有明确规定。具体做法有四种：船方负担装货费和卸货费（Liner Terms）；船方管装不管卸（F.O）；船方管卸不管装（F.I）；船方既不管装也不管卸（F.I.O），但须明确理舱费和平舱费由谁负担。

2）定期租船。

定期租船（Time Charter）是由船舶所有人将船舶出租给承租人，供其使用一定时期的租船运输。

定期租船与定程租船的不同之处：

① 定期租船按期限租赁船舶；定程租船按航程租赁船舶。

② 定期租船的租船方负责船舶的调度、货物运输、船舶在租期内的营运管理和日常开支；定程租船由船方直接负责船舶的经营管理。

③ 定期租船的租金一般是按租期每月每吨若干金额计算；定程租船的租金或运费，一般按装运货物的数量或航次包租总金额计算。

3）光船租船。

光船租船（Bare Boat Charter）是船舶所有人将船舶出租给承租人使用一定时期，由承租人自己配备船长、船员，负责船舶营运管理所需的一切费用。光船租赁的实质是属于单纯的财产租赁。

（三）海运单据

海洋货物运输单据主要有海运提单和海运单两种形式。

1. 海运提单

（1）海运提单的作用

海运提单（Bill of Lading, B/L）简称提单，是货物的承运人或其代理人收到货物后，签发给托运人的一种文件，用以说明货物运输有关当事人之间的权利与义务。其主要作用表现如下：

① 货物收据。提单是承运人或其代理人签发的货物收据，证明已按提单所列的内

容收到货物。

② 物权凭证。提单是货物所有权的凭证，提单的合法持有人凭提单可在目的港向船运公司提取货物，也可在载货船舶到达目的港之前，通过对提单的背书转让该货物所有权，或凭以向银行办理押汇货款。

③ 运输契约的证明。提单是承运人与托运人之间订立的运输契约的证明，在提单背面印就的运输条款中，明确规定了承运人与托运人双方之间的权利、义务、责任和豁免，是处理承运人和托运人之间争议的法律依据。

（2）海运提单的主要内容

海运提单因船公司而异，有着不同的格式，但其主要内容基本一致，通常包括正面的记载事项和背面印就的运输条款。

提单正面的记载事项，分别由托运人和承运人或其代理人填写，如样例 3-6 所示。

 样例 3-6

海运提单实样

Shipper 托运人			
Consignee or order 收货人或指示			
Notify party 通知地址			
Pre-carriage by 首段运输	Place of receipt 收货地点		
Ocean vessel 海运船舶	Port of loading 装货港		
Port of discharge 卸货港	Place of delivery 交货地点	Freight payable at 运费支付地	Number of original Bs/L 正本提单份数
Marks and Nos. 标志和号码	Number and Kind of packages 件数和包装种类　　Description of goods 货名	Gross weight (kgs.) 毛重(公斤)	Measurement (m³) 尺码(立方米)

EAS LINE

大通航运有限公司
EAS EXPRESS SHIPPING LTD.

联　运　提　单
COMBINED TRANSPORT BILL OF LADING

B/L No.

RECEIVED the goods in apparent good order and condition as specified below unless otherwise stated herein.
The carrier in accordance with the provisions contained in this document.

　1) undertakes to perform or to procure the performance of the entire transport from the place at which the goods are taken in charge to the place designated for delivery in this document and

　2) assumes liability as prescribed in this document for such transport.

One of the Bills of Lading must be surrendered duly indorsed in exchange for the goods or delivery order.

以上栏目由托运人提供
ABOVE PARTICULARS FURNISHED BY SHIPPER

Freight and charges 运费和费用	IN WITNESS whereof the number of original Bills of Lading stated above have been signed, one of which being accomplished, the other (s) to be void.
	Place and date of issue 签单地点和日期
	Signed for or on behalf of the carrier 代表承运人签字

Original

提单背面的运输条款是有关托运人、承运人、收货人和提单持有人之间权利与义务的主要依据，事先都由船运公司印制好。

（3）海运提单的种类

海运提单从不同的角度分析，可分为以下几种：

① 已装船提单和备运提单

已装船提单（On Board B/L or Shipping B/L）是指承运人将货物装上指定的船只后签发的，并注明载货船舶名称和装货日期的提单。

备运提单（Received for Shipment B/L）是承运人收到托运的货物后，在待装船期间签发给托运人的提单，该单据上无装船日期和载货的具体船名。

已装船提单和备运提单的根本区别在于：货物是否已装船。这对于进口商来说，存在的风险大不相同。在实际业务中，都采用已装船提单。

② 清洁提单和不清洁提单。

清洁提单（Clean B/L）是指货物在装船时表面状况良好，承运人在签发提单上未加任何货损、包装不良或其他有碍结汇的批注。

如果承运人在签发提单上注明货物或包装有缺陷等批注，即构成不清洁提单（Unclean B/L or Foul B/L）。清洁提单和不清洁提单反映了不同的货物状况，为了规避风险，银行和进口商只接受清洁提单。

③ 记名提单、不记名提单和指示提单。

记名提单（Straight B/L）是在提单的收货人栏里，写明收货人的具体名称，不能转让。

不记名提单（Black B/L or Open B/L）是指提单收货栏内留空，不需任何背书，即可转让，风险极大。

提单收货人一栏内填写"凭指定"、"凭发货人指定"等字样，就是指示提单（Order B/L）。指示提单可通过空白背书或记名背书进行转让。空白背书由背书人在提单背面签名，注明背书日期；记名背书是指背书人除了在提单背面签名外，还列明受让人名称。由于指示提单既有流通性，又有安全性，在实际业务中，使用最多。

④ 直达提单、转船提单和联运提单。

直达提单（Direct B/L）是指装载出口货物船只不经过转船，直接驶往目的港所签发的提单。

转船提单（Transshipment B/L）是指货物需经过中途转船才能到达目的港，由承运人在装运港签发的全程提单。转船提单上一般注明转船船名和"在某港转船"字样。

联运提单（Through B/L）是指货物需要经过海运和其他运输方式联合运输才能到达目的港，由第一承运人签发，在目的港或目的地凭此提货的提单。

直达提单、转船提单和联运提单因运输方式而异，出口货物究竟采用何种方式运输，应视航线、运费和航期而定。

⑤ 班轮提单和租船提单。

班轮提单（Liner B/L）是指由班轮公司承运货物后，签发给托运人的提单。

租船提单（Charter Party B/L）是指承运人根据租船合同而签发的提单。这种提单受租船合同条款的约束，银行或买方在接受这种提单时，通常要求卖方提供租船合同的副本。

⑥ 全式提单和略式提单。

全式提单（Long Form B/L）是指提单背面列有承运人、托运人权利与义务的详细提单。班轮提单又被称为全式提单。

略式提单（Short Form B/L）是指背面无条款，而只列出正面内容的提单，法律效力与全式提单相同，仅为提单内容的繁简而异。租船提单又被称为略式提单。

⑦ 正本提单和副本提单。

正本提单（Original B/L）是指提单上标有"正本"的字样，由承运人、船长或其代理人签名盖章，并注明签发日期的提单。

副本提单（Copy B/L）是指提单上没有承运人、船长或其代理人签字盖章，也无"正本"的字样。银行只接受正本提单，副本提单仅供工作上参考之用。

⑧ 预借提单、倒签提单和过期提单。

预借提单（Advanced B/L）是指因信用证规定的装运日期和议付日期已到，而货物因故未能及时装船，但已被承运人接管，或已经开始装而未装完，托运人出具保函，让承运人签发已装船提单，这种提单称为预借提单。预借提单是非法的。

倒签提单（Anti-dated B/L）是指承运人应托运人的要求，签发提单的日期早于实际装船日期的提单。倒签提单不按实际日期签发，是一种欺骗行为，因而也是违法的。

过期提单（Stale B/L）是指收货人在船舶抵达目的港前，不能收到银行按正常邮寄程序转给收货人的提单。根据惯例，凡在提单签发后 21 天才向银行提交的提单均属于过期提单，银行对该提单予以拒收。

⑨ 其他种类。

舱面提单（On Deck B/L）是指承运人对装于甲板上的货物，所签发给托运人的提单。由于舱面货风险较大，因此，银行一般不接受舱面提单。

电子提单（Electronic B/L）是将纸面提单的全部内容，以电子形式进行传递的电子数据。国际法和各国法律对电子数据都予以承认。

2. 海运单

海运单（Sea Waybill，Ocean Waybill）是海洋运输合同和货物收到的证明单据。海运单不是物权凭证，不可转让，也不能提货，收货人凭到货通知提货。

二、航空货物运输方式

航空运输（Air Transport）是一种现代化的运输方式，它与海洋运输、铁路运输相比，具有运输速度快、货运质量高、且不受地面条件的限制等优点。因此，它最适宜运送急需物资、鲜活商品、精密仪器和贵重物品。近年来，随着国际贸易的迅速发展以及国际货物运输技术的不断现代化，采用空运方式也日趋普遍。

（一）航空运输方式的种类

目前，我国的进出口商品中，进口采用空运的有电脑、成套设备中的精密部件、电子产品等；出口商品中主要有丝绸、纺织品、海产品、水果和蔬菜等。这些进出口商品，按不同需要，主要采用下列几种运输方式：

1. 班机运输（Airliner Transport）

班机是指在固定时间、固定航线、固定始发站和目的站运输的飞机，通常班机是使用客货混合型飞机。一些大的航空公司也有开辟定期全货机航班的。班机因有定时、定航线、定站等特点，因此适用于运送急需物品、鲜活商品以及节令性商品。

2. 包机运输（Chartered Carrier Transport）

包机是指包租整架飞机或由几个发货人（或航空货运代理公司）联合包租一架飞机来运送货物。因此，包机又分为整包机和部分包机两种形式，前者适用于运送数量较大的商品，后者适用于多个发货人，但货物到达站又是同一地点的货物运输。

3. 集中托运（Consolidation Transport）

集中托运是指航空货运公司把若干单独发运的货物（每一货主货物要出具一份航空运单）组成一整批货物，用一份总运单（附分运单）整批发运到预定目的地，由航空货运公司在那里的代理人收货、报关、分拨后交给实际收货人。集中托运的运价比国际空运协会公布的班机运价低 7%～10%。因此发货人比较愿意将货物交给航空货运公司安排。

4. 航空快递（Air Courier Service）

航空快递是指具有独立法人资格的企业将进出境货物或物品人发件人（consignor）所在地通过自身或代理运送到收件人（consignee）的一种快速航空运输方式。

（二）航空运输的特点

航空运输是利用飞机进行货物运输的一种方式，包括国内航空运输和国际航空运输。其特点主要有：①运货速度快，交货时间短，对于鲜活、易腐商品的运输，具有独特的优势。②安全准时，货损货差率非常低。③可节省包装和储藏等费用。

（三）航空运输的承运人

1. 航空运输公司

航空运输公司是航空货物运输业务中的实际承运人，负责办理从起运机场到目的机场的运输，并对全程负责。

我国国际航空运输公司主要有国内航空公司、国外航空公司和包机运输公司，如中国东方航空公司（MU）、德国汉莎航空公司（LH）、英国航空公司（BA）、美国西北航空公司（NW）、日本航空公司（JL）等 40 多家。

2. 航空货运代理公司

航空货运代理公司负责办理航空货物运输的定舱，在始发机场和目的机场办理交接

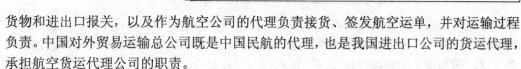

货物和进出口报关，以及作为航空公司的代理负责接货、签发航空运单，并对运输过程负责。中国对外贸易运输总公司既是中国民航的代理，也是我国进出口公司的货运代理，承担航空货运代理公司的职责。

（四）航空货运单

1. 航空货运单的主要内容

航空货运单（Air Waybill）是承运人和托运人之间签订的运输契约，也是承运人或其代理人签发的货运收据。

航空货运单的正面载有航线、日期、货物名称、数量、包装、价值、收货人名称与地址、发货人名称与地址、运杂费等项目，背面则印有托运人和承运人双方各自的责任、权利与义务等内容的条款。

航空货运单一般有一式十二联，其中分正本三联、副本六联和额外副本三联。正本第一联注明"Original-for the Shipper"交托运人；正本第二联注明"Original-for the Issuing Carrier"由航空公司留存；正本第三联注明"Original-for the Consignee"由航空公司随机代交收货人。其余副本由航空公司按规定和需要进行分发，作为报关、结算、国外代理中转分拨等用途分别使用。航空货运单样式如样例 3-7 所示。

2. 航空货运单的种类

航空货运单依签发人的不同，可分为总运单（Master Air Waybill）和分运单（House Air Waybill）两种形式。总运单是由航空公司签发给集中托运商（航空货运代理公司）的单据。分运单则是由航空货运代理公司签发给托运人的单据，在内容上基本相同，并具有同样的法律效力。

应注意的是，航空运单不是物权凭证，收货人提货不凭航空运单，而是凭航空公司的提货通知单。因此，航空货运单不能背书转让，在航空货运单的收货人栏内，不能做成指示性抬头，必须详细填写收货人的全称和地址。

三、铁路货物运输方式

铁路货物运输是指利用铁路进行货物运输的一种方式，在领土相邻国家间的国际贸易中，占有重要的地位。铁路货物运输不受气候条件的影响能进行正常的运输，具有速度快、运量大、风险较小的特点。

（一）国际铁路运输的运营方式

我国对外贸易铁路运输的运营方式有国际铁路货物联运和国内铁路运输。

1. 国际铁路货物联运

国际铁路货物联运（International Railway Through Transport），是指在两个或两个以上国家的铁路运送中，使用一份运送票据，并以连带责任办理货物的全程运送，在由一国铁路向另一国铁路移交货物时，无需收、发货人参与的一种铁路运输方式。在国际铁路联运中，货主只需把货物交给铁路部门装车后，始发站的外运机构代为办理进出口报关手续，国与国之间铁路交接运送由铁路部门全程负责。

 样例 3-7

航空运单实样

目前，国际铁路货物联运有两种方式：

（1）"货协国"之间的运输

这是指签署了《国际铁路货物联运协定》（以下简称《国际货协》）成员国之间的货物运输。《国际货协》是 1951 年签订的，当时参加的国家有苏联、民主德国、捷克斯洛伐克、阿尔巴尼亚、保加尼亚、波兰、罗马尼亚、匈牙利、中国、朝鲜、蒙古、越南。尽管"货协"中的东欧、苏联相继解体，但铁路货物联运并未终止，原"货协"之间的运作仍然沿用。

（2）"货协国"与《货约国》之间的运输

这是指参加《国际货协》的国家与参加《国际铁路货物运送公约》（以下简称《国际货约》）的国家之间的货物运输。1890 年，欧洲各国在瑞士首都伯尔尼举行的各国铁路代表大会上制定了《国际铁路货物运送规则》，1938 年修改为《国际铁路货物运输公约》。参加的国家有德国、奥地利、比利时、丹麦、西班牙、法兰西、希腊、意大利、列支敦士登、卢森堡、挪威、荷兰、葡萄牙、英国、瑞士、瑞典、土耳其和南斯拉夫共 18 国。

"货协国"与"货约国"之间运输的具体做法是：从"货协国"发货，使用国际铁路货协的联运单据，在货物运到最后一个"货协国"国境时，由铁路边境站负责改换适当的联运票据继续转至终点站。

2. 国内铁路运输

国内铁路运输是指仅在本国范围内按《国内铁路货物运输规程》的规定办理的货物运输。我国出口货物经铁路运至港口装船及进口货物卸船后经铁路运往各地，均属国内铁路运输的范畴。供应港、澳地区的物资经铁路运往香港、九龙，也属于国内铁路运输的范围，不过，这种运输同一般经铁路运到港口装船出口有所区别，它由内地铁路段运输和港段运输两段组成，由中国对外贸易运输公司在各地的分支机构和香港中国旅行社联合组织。

内地到香港铁路货物运输的基本做法如下：首先发货人要按照《国内铁路货物运输规程》的规定，把货物从始发站托运到深圳北站，交由设在深圳北站的中外运分公司接货（不卸车），然后由设在深圳的中外运机构作为各外贸企业的代理，向铁路局办理货物运输单据交换和货运手续，并办理货物的出口报关手续，将货物转至香港段铁路九龙站后，由香港中国旅行社卸交给香港收货人（买方）。

出口到澳门的货物，先将货物运至广州南站再转船运至澳门。

（二）铁路货物运输单据

铁路货物运输分为国际铁路联运和国内铁路运输两种方式，前者使用国际铁路联运运单，后者使用承运货物收据。

1. 国际铁路联运运单

国际铁路联运运单是参加联运的发送国铁路与发货人之间订立运输契约的证明，规定了参加联运的各国铁路和收、发货人的权利与义务。当发货人向始发站提交全部货物，并付清有关的一切费用，经始发站在运单和运单副本上加盖始发站承运戳记、证明货物已被接受承运后，运输合同即生效。国际铁路联运运单不是物权凭证，不能转让。

国际铁路货物联运分快运和慢运两种，在运单及副本上有不同的标记。快运货物运单及其副本的正反两面的上边和下边印有红线，慢运货物则不加红线。

2. 承运货物收据

承运货物收据是承运人出具的货物收据，是承运人与托运人签订的运输契约，也是收货人凭以提货的凭证。我国内地通过铁路运往港澳地区的出口货物，一般多委托中国对外贸易运输公司承办。当出口货物装车发运后，对外贸易运输公司即签发一份承运货物收据给托运人，作为对外办理结汇的凭证。

承运货物收据的格式及内容和海运提单基本相同，主要区别是它只有第一联为正本。在该正本的反面印有"承运简章"，载明承运人的责任范围。

承运货物收据样式如样例 3-8 所示。

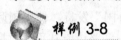 样例 3-8

承运货物收据

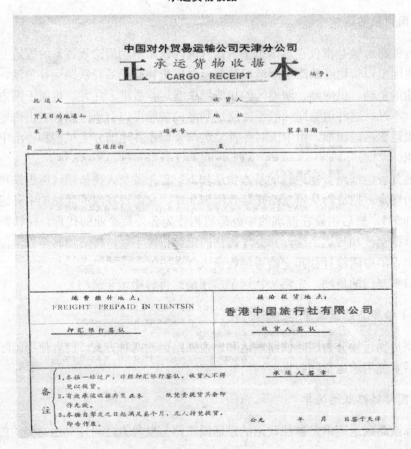

四、国际多式联运方式

国际多式联运是在集装箱运输的基础上产生和发展起来的一种综合性的连贯运输方式，是以集装箱为媒介，把海、陆、空各种传统的单一运输方式有机结合起来，组成国际间的连贯运输。

（一）国际多式联运应具备的条件及特点

1. 国际多式联运应具备的条件

国际多式联运（International Multimodal Transport），是指按照多式联运合同，以至少两种不同的运输方式，由多式联运经营人将货物从一国境内接管货物的地点运至另一国境内指定交付货物地点的运输方式。

根据《联合国国际货物多式联运公约》的规定，进行多式联运必须具备下列条件：

1）必须有一份多式联运合同，明确多式联运经营人与托运人之间的权利、义务、责任和豁免。

2）必须是国际间两种或两种以上不同运输方式组合的连贯货物运输。

3）必须使用一份包括全程的多式联运运输单据，并由多式联运经营人对全程运输负责。

4）必须实行全程单一的运费率。

多式联运经营人是国际多式联运的当事人，是整个运输的总承运人和多式联运合同的履行者，承担从接收货物开始一直到交付货物为止的全程运输责任。

事实上，国际多式联运极少由一个经营人承担全部运输。往往是接受了货主的委托后，联运经营人自己承担一部分运输工作，而将其余各段运输工作再委托其他的承运人。但这又不同于单一的运输方式，那些接受多式联运经营人转托的承运人，只是依照运输合同关系对联运经营人负责，与货主不发生任何关系。

2. 国际多式联运的特点

国际多式联运的特点，主要有以下三个方面。

（1）具有集装箱货物运输的安全性和高效性

国际多式联运的货物是集装箱或集装化的货物，这使得国际多式联运具有集装箱运输的高效率、高质量和高技术的特点。

（2）具有简单性、统一性

国际多式联运是实行一票到底全程单一费率的运输，发货人只办理一次托运、一次付费、一次保险，通过一份运输单据就可实现从起运地到目的地的全程连贯的货物运输。

（3）能降低运输成本

国际多式联运经营人可以通过货物运输路线、运输方式和对各区段实际承运人的选择，来提高运输速度，而且还可以降低运输成本。

（二）国际多式联运应注意的问题

开展国际多式联运是实现"门到门"运输的有效途径，它简化了手续，减少了中间环节，加快了货运速度，降低了运输成本，并提高了货运质量。为了更有效地开展以集装箱为媒介的国际多式联运，还需注意下列事项：

1）考虑货价和货物性质是否适宜装集装箱。

2）注意装运港和目的港有无集装箱航线，有无装卸及搬运集装箱的机械设备，铁路、公路沿途桥梁、隧道、涵洞的负荷能力如何。

3）装箱点和起运点能否办理海关手续。

（三）国际多式联运单据

1. 国际多式联运单据的作用

国际多式联运单据是指多式联运经营人接受货物签发的收据和凭此交付货物的凭证，是多式联运合同的证明。根据发货人的要求，多式联运单据可以做成可转让的，也可以做成不可转让的。多式联运单据如签发一份以上的正本单据，应注明份数，其中一份完成交货后，其余各份正本即失效。副本单据没有法律效力。

2. 国际多式联运单据与联运提单的区别

国际多式联运单据与联运提单的区别主要表现如下：

（1）责任范围不同

国际多式联运单据的多式联运经营人对全程负责；联运提单的联运经营人只对第一程负责。

（2）单据签发的对象不同

国际多式联运单据是由国际多式联运经营人签发；联运提单则由承运人、船长或承运人的代理人签发。

（3）联运组成的方式不同

国际多式联运单据的运输可以由任何两种或两种以上的方式组成；联运提单的运输仅指海运和其他运输方式的组合，且海运必须为联运中的第一程运输。

（4）单据记载的事项不同

国际多式联运单据可以不表明货物已装船，也无须载明具体的运输工具；联运提单必须表明货物已装船并载明具体装船的船名和装船日期。

五、集装箱运输方式

集装箱（container）是用钢板等材料制成的长方形容器，是货物运输的一种辅助设备，又称货柜。根据国际标准化组织的规定，集装箱的规格有三个系列 13 种之多。在国际货运上使用的主要为 20 英尺和 40 英尺两种，即 1A 型 8'×8'×20' 和 1C 型 8'×8'×40'。在集装箱运输中，通常以 20' 集装箱作为标准箱，它同时也是港口计算吞吐量和船舶大小的一个重要的度量单位，一般以 TEU（Twenty Foot Equivalent Unit）表示，意即"相当于 20 英尺箱单位"。在统计不同型号的集装箱时，应按集装箱的长度换算成 20' 标准箱加以计算。

（一）集装箱运输的作用

集装箱运输（Container Transport）是以集装箱作为运输单位进行货物运输的一种现代化运输方式，其作为组合化运输中的高级运输形态，适用于海洋运输、铁路运输和国际多式联运，其中集装箱海运已成为国际主要班轮航线的主要运输方式。它的作用主要如下。

1. 提高运输效率

由于集装箱采取专用的装卸设备，有利于提高装卸效率，扩大了港口的吞吐量，加速船舶的周转，从而缩短了货运时间。

2. 保障货物的安全

由于集装箱的结构坚固，可以防止盗窃和挤压，减少货损货差。同时，集装箱是根据运输货物的特性进行了科学设计，能有效地保护货物的品质，有利于提高货运质量。

3. 降低货运成本

降低货运成本主要表现为：①采用集装箱运输可以降低对外包装的要求，节省相应的包装用料和包装费用；②各班轮公司承运集装箱货物的运费比非集装箱货物的运费约低 10 %；③保险公司对集装箱货运的保险费率比普通货运保险费率约低 10%；④集装箱运输中间环节的减少可以节省一些杂项费用，如货物中途的免检费等。

（二）集装箱运输的装箱方式

集装箱运输有整箱货（Full Container Load，FCL）和拼箱货（Less Than Container Load，LCL）之分。凡装货量达到每个集装箱容积之 75%的或达到每个集装箱负荷量之 95%的即为 FCL，由货主或货代自行装箱后以箱为单位向承运人进行托运；凡货量达不到上述整箱标准的，则要拼箱托运，即由货主或货代将货物送交集装箱货运站（CFS），货运站收货后，按货物的性质、目的地分类整理，然后将去同一目的地的货物拼装成整箱后再发运。两者的货物交接方式也有区别：

整箱货由货方在工厂或仓库进行装箱，货物装箱后直接运交集装箱堆场（Container Yard，CY）等待装运。货到目的港（地）后，收货人可以直接从目的港（地）的集装箱堆场提走，即"场到场"的方式。

拼箱货是指由于货量不足一整箱，需要由承运人在集装箱货运站（Container Freight Station）负责将不同发货人的货物拼在一个集装箱内，货到目的港（地）后，再由承运人拆箱分拨给各收货人，即"站到站"的方式。

集装箱的交接方式应在运输单据上予以说明。国际上通用的表示方式如下：

1. FCL/FCL，即"整箱交/整箱收"

在这种交接方式下，集装箱的具体交接地点有以下几种：

1）door to door，即"门到门"——指在发货人的工厂或仓库整箱交货，承运人负责运至收货人的工厂或仓库整箱交收货人。

2）cy to cy，即"场到场"——指发货人在起运地或装箱港的集装箱堆场整箱交货，承运人负责运至目的地或目的港的集装箱堆场整箱交收货人。

3）door to cy，即"门到场"——指发货人的工厂或仓库整箱交货，承运人负责运至目的地或目的港的集装箱堆场整箱交收货人。

4）cy to door，既"场到门"——指发货人在起运地或装箱港的集装箱堆场整箱交货，承运人负责运至收货人的工厂或仓库整箱交收货人。

2. LCL/LCL，即"拼箱交/拆箱收"

在这种交接方式下，集装箱的具体交接地点只有一种，为 CFS to CFS，即"站到站"。这是指发货人将货物运往起运地或装箱港的集装箱货运站，货运站将货物拼装后交承运人，承运人负责运至目的地或目的港的集装箱货运站进行拆箱，当地货运站按件拨交各个有关收货人。

3. FCL/LCL，即"整箱交/拆箱收"

在这种交接方式下，集装箱的具体交接地点有以下两种：

1）door to CFS，即"门到站"——指在发货人的工厂或仓库整箱交货，承运人负责运至目的地或目的港的集装箱的货运站，货运站拆箱按件拨交各有关收货人。

2）cy to CFS，即"场到站"——指发货人在起运地或装箱港的集装箱堆场整箱交货，承运人负责运至目的地或目的港的集装箱的货运站，货运站负责拆箱拨交各有关收货人。

4. LCL/FCL，即"拼箱交/整箱收"

在这种交接方式下，集装箱的具体交接地点也有以下两种：

1）CFS to door，即"站到门"——指发货人在起运地或装箱港的集装箱货运站按件交货，货运站将货物进行拼箱，然后由承运人负责运至目的地收货人的工厂或仓库整箱交货。

2）CFS to cy，即"站到场"——指发货人在起运地或装箱港的集装箱货运站按件交货，货运站将货物进行拼箱，然后由承运人负责运至目的地或目的港的集装箱堆场，整箱交收货人。

需要说明的是，集装箱上都印有固定的编号，装箱后在用来封闭箱门的钢绳铅封上印有号码。集装箱号码和封印号码可以取代运输标志，显示在主要出口单据上，成为运输中的识别标志和货物特定化的记号。

（三）集装箱海运运费的计费方法

集装箱海运运费是由船舶运费和一些有关的杂费组成。目前，有下列两种计算方法：

（1）按件杂货基本费率加附加费计算

这种按件杂货的计算方法，以每运费吨为计算单位，再加收一定的附加费。

（2）按包箱费率计算

这种方法以每个集装箱为计费单位，但各船公司的包箱费率是有所不同的。

六、贸易合同海运装运条款的拟定

（一）装运条款的主要内容

在国际货物买卖合同中，装运条款主要包括对装运时间、装运港、目的港、分批装运、转运和装运通知等内容做出具体的规定。明确合理地规定装运条款，是保证贸易合同顺利履行的重要条件。

1. 装运时间

装运时间（Time of Shipment）又称装运期，是指卖方将合同规定的货物装上运输工具或交给承运人的期限。这是贸易合同的主要条款，卖方必须严格按规定时间交付货物，不得任意提前和延迟。否则，买方有权拒收货物，解除合同，并要求损害赔偿。装运时间的规定方法如下：

（1）明确规定具体的装运时间

一般有两种规定方法：一是规定一段时间，如"5月装运"、"5/6/7月装运"；二是规定最迟期限，如"装运期不迟于5月31日"。其特点是期限具体，含义明确，既可使卖方有一定时间进行备货和安排运输，又可避免买卖双方的争议，实际业务中使用较为普遍。

（2）规定收到信用证后若干天装运

该方法可避免合同签订后，买方因申请不到进口许可证或因货物市场对买方不利等情况不开信用证所带来的损失。为了避免买方故意拖延开证，还应注明"买方最迟于某月某日之前将信用证开抵卖方"。

在国际贸易中，装运时间与交货时间（Time of Delivery）是两种不同的概念。在使用FOB、CFR、CIF等象征性交货贸易术语签订的买卖合同中，交货和装运的概念是一致的，装运时间与交货时间可以当作同义语。如采用DES（目的港船上交货）、DEQ（目的港码头交货）等实际性交货贸易术语达成交易时，交货和装运是完全不同的概念。装运时间是指卖方在装运港将货物装上船或其他运输工具的时间；交货时间是指货物运到目的港交给买方的时间。

2. 装运港和目的港

装运港（Port of Loading）是指货物起始装运的港口。目的港（Port of Destination）是指最终卸货的港口。在国际贸易中，装运港一般由卖方提出，经买方同意后确认。目的港一般由买方提出，经卖方同意后确认。其规定方法如下：

1）通常只规定一个装运港和一个目的港，且明确港口的具体名称。如"装运港：青岛（Port of Loading：Qingdao）；目的港：伦敦（Port of Destination：London）"。

2）根据业务的需要可规定两个或两个以上的装运港和目的港，并明确规定港口名称。如"装运港：伦敦/利物浦；目的港：青岛/大连"。

3）笼统规定某一航区为装运港或目的港。如在交易磋商时，难以明确规定装运港和目的港时，可以采用该方法，如"装运港：中国港口；目的港：地中海主要港口"。

3. 分批装运和转船

所谓分批装运（partial shipment）是指一笔成交的货物，分若干批装运。根据《跟单信用证统一惯例》规定，同一船只、同一航次中多次装运货物，即使提单表示不同的装船日期及（或）不同装货港口，也不作为分批装运论处。在大宗货物交易中，买卖双方根据交货数量、运输条件和市场销售需要等因素，可在合同中规定分批装运条款。

如货物没有直达船或一时无合适的船舶运输，而需通过中途港转运的称为转船（Transhipment），买卖双方可以在合同中商订"允许转船"（Transhipment to be allowed）的条款。

分批装运和转船条款，直接关系到买卖双方的利益，因此，能否分批装运和转船，应在买卖合同中订明。一般来说，允许分批装运和转船，对卖方来说比较主动。

根据国际商会《跟单信用证统一惯例》规定，除非信用证有相反规定，可准许分批装运和转船。但买卖合同如对分批装运、转船不作规定，按国外合同法，则不等于可以分批装运和转船。因此，为了避免不必要的争议，争取早出口、早收汇，防止交货时发生困难，除非买方坚持不允许分批装运和转船，原则上应明确在出口合同中订入"允许分批装运和转船"为好。

如合同和信用证中明确规定了分批数量，例如"3~6月分4批每月平均装运"（Shipment during March/June in four equal monthly lots），以及类似的限批、限时、限量的条件，则卖方应严格履行约定的分批装运条款，只要其中任何一批没有按时、按量装运，就可作违反合同论处。按《跟单信用证统一惯例》规定，任何一批未按规定装运，则本批及以后各批均告失效。

4. 装运通知

为了互相配合，明确双方的责任，共同做好车、船、货的衔接工作，买卖双方都要承担互相通知的义务。因此，装运通知（Advice of Shipment）也是装运条款中的一项重要内容。

按照国际贸易的惯例，在FOB条件成交时，卖方应在约定的装运期开始以前，向买方发出货物备妥通知，以便买方及时派船接货；买方接到卖方通知后，应按约定的时间，将船名、航次、船舶到港日期等通知卖方，以便卖方及时安排货物出运和准备装船。

若按CIF、CFR、FOB条件成交时，卖方应于货物装船后，立即将合同号、货物名称、数量、重量、发票金额与号码、船名及预计到港、离港日期等项内容电告买方，以便买方做好各项准备工作。

（二）拟定装运条款应注意的问题

1. 关于装运时间的规定

1）应考虑货源和船源的实际情况。卖方在签订合同时，必须考虑到货源的具体情况，避免造成有船无货或有货无船的现象。

2）装运时间的规定要有合理性。对装运时间的规定既要明确，又不能规定太死，应当适度。在信用证支付条件下，要考虑装运时间和开证日期的衔接。

3）要避免使用一些不确定的装运术语。根据国际商会《跟单信用证统一惯例》（600号出版物）规定："除非在单据中要求使用该类词语，否则对诸如'迅速'、'立即'、'尽快'等用词将不予理会。"

4）应注意商品的性质、特点及交货的季节性。如夏季不宜装运易霉烂的商品，避免某些国家或地区的冰冻期等。

2. 关于装运港和目的港的规定

1）不应接受我国政府不允许往来的目的港口。

2）在出口业务中，对国内装运港的规定一般以接近货源地的对外贸易港口为宜，并要考虑港口的运输条件和费用等情况。

3）对目的港的规定应明确具体。世界各国港口重名的很多，如维多利亚港在世界上有12个之多；也不宜接受外商对目的港的笼统规定，如"欧洲主要港口"。因为欧洲的港口很多，且各港口的条件不同，远近不同，运费和附加费的差别也很大，如果确实需要，则应规定选择目的港所增加的运费和附加费由买方承担。

4）要考虑目的港的具体条件，有无直达班轮航线，港口的装卸情况和有无冰封期等。对内陆国家的贸易，要选择离内陆城市最近的港口为宜。

【操作示范 6】
拟定贸易合同海运装运的条款，见样例 3-9。

 样例 3-9

诚通贸易公司
CHENG TONG TRADE COMPANY
1405 BAIZHANG EAST ROAD NINGBO CHINA

Tel：（86-574）85788877	销 售 确 认 书	S/C NO.：RXT26
Fax：（86-574）85788876	Sales Confirmation	DATE：Apr.10, 2011

To Messrs:

TKARMRA CORPORATION 1-5．KAWARA MACH OSAKA JAPAN

谨启者：兹确认售予你方下列货品，其成交条款如下：

Dear Sirs，

We hereby confirm having sold to you the following goods on terms and conditions as specified below:

唛头 SHIPPING MARK	货物描述及包装 DESCRIPTIONS OFGOODS, PACKING	数量 QUANTITY	单价 UNIT PRICE	总值 TOTAL AMOUNT
T.C RXT26 OSAKA C/NO.1-UP	100% COTTON COLOUR WEAVE T-SHIRT RM111 RM222 RM333 RM444 PACKED IN ONE CARTON 30 PCS OF EACH	2000 PCS 2000 PCS 1000 PCS 1000 PCS	CIF OSAKA USD 11.00 USD 10.00 USD 9.50 USD 8.50	USD 22000.00 USD 20000.00 USD 9500.00 USD 8500.00

装运港：

LOADING PORT：SHANGHAI PORT

目的港：

PORT OF DESTINATION：OSAKA PORT

装运期限：

LATEST DATE OF SHIPMENT： 090630

分批装运：

PARTIAL SHIPMENT：PROHIBITED

转船：

TRANSSHIPMENT：PROHIBITED

装运条款

第二项条款的拟定 货物运输保险条款

一、保险的基本原则

（一）保险利益原则

保险利益（Insurable Interest），是指投保人对保险标的在法律上应当具有的利益。如果投保人对保险标的不享有保险利益的，该保险合同无效，这就是保险利益原则。

国际货运保险同其他保险一样，要求被保险人必须对保险标的具有保险利益，但国际货运保险又不像有的保险（如人身保险）那样要求被保险人在投保时便具有保险利益，它仅要求在保险标的发生损失时必须具有保险利益。

（二）最大诚信原则

最大诚信原则（Principle of Utmost Good Faith），是指投保人和保险人在签订保险合同以及在合同有效期内，必须保持最大限度的诚意，双方都应恪守信用，互不欺骗隐瞒。对被保险人来说，最大诚信原则主要有两方面的要求：一是重要事实的申报；二是保证。

（三）补偿原则

保险的补偿原则（Principle of Indemnity），又称损害赔偿原则，是指当保险标的遭受保险责任范围内的损失时，保险人应当依照保险合同的约定履行赔偿义务。但保险人的赔偿金额不得超过保险单上的保险金额或被保险人遭受的实际损失。保险人的赔偿不应使被保险人因保险赔偿而获得额外利益。

（四）近因原则

近因原则（Principle of Proximate Cause），是指保险人只对承保风险与保险标的之间有直接因果关系的损失负赔偿责任，而对保险责任范围外的风险造成的保险标的的损失，不承担赔偿责任。

二、我国海洋货物运输保险

在我国的保险业务中，国际货物运输保险通常是由被保险人按照中国保险条款（China Insurance Clause，C.I.C）向保险人进行投保。中国保险条款是中国人民保险公司根据我国保险业务的实际需要，并参照国际惯例制定的，其根据运输方式分为《海洋货物运输保险条款》、《陆运货物运输保险条款》、《航空货物运输保险条款》和《邮包货物运输保险条款》。

1981年1月1日修订的《海洋货物运输保险条款》，对承保的范围、险别、保险人和被保险人的权利、义务等内容作了如下明确具体的规定。

（一）海洋货物运输保险承保的范围

由于货物在海上运输或海陆交接过程中，可能会遭受各种各样的风险和损失，对此《海洋货物运输保险条款》对承保的范围以及赔偿责任都作了明确规定。

1. 保险人承保的风险

海洋货物运输的保险人所承保的风险，分为海上风险和外来风险。

（1）海上风险

海上风险（Perils Of the Sea）又称海难，一般是指船舶或货物在海上运输过程中发生的或随附海上运输所发生的风险，包括自然灾害和意外事故。自然灾害（Natural Calamities）是指由于自然界力量造成的灾害，但在海运保险中，它并不是泛指一切由于自然力量造成的灾害，而是仅指恶劣气候、雷电、洪水、流冰、地震、海啸等人力不可抗拒的自然力量造成的灾害。意外事故（Fortuitous Aceidents）是指由于偶然的、非意料的原因所造成的事故。海上意外事故不同于一般的意外事故，其主要是指船舶搁浅、触礁、碰撞、爆炸、火灾、沉没、船舶失踪或其他类似事故。

（2）外来风险

外来风险（Extraneous Risks），通常是指由于海上风险以外的其他外来原因引起的风险。外来风险可分为两种形式：①一般外来风险（General Extraneous Risks），是指被保险货物在运输途中由于一般外来原因造成的损失，如偷窃、雨淋、短量、沾污、渗漏、破碎、串味、受潮、锈损、钩损等；②特殊外来风险（Special Extraneous Risks），是由于国家的政策、法令、行政措施、军事等特殊外来原因所造成的风险与损失，如因战争、罢工等原因导致交货不到或出口货物被有关当局拒绝进口而引起的损失。

2. 保险人承保的损失

保险人承保的损失是海损（Average），即被保险货物在海洋运输中因海上风险包括与海陆连接的陆上和内河运输中所发生的损坏或灭失。按照货物的损失程度，海损可分为全部损失和部分损失。

（1）全部损失

全部损失（Total Loss），简称全损，是指在运输中的整批货物，或不可分割的一批货物的全部损失。全损又有实际全损和推定全损两种。

实际全损（Actual Total Loss），是指被保险货物在运输途中完全损毁和灭失。主要包括下列几种情况：

1）被保险货物完全灭失。如：整船货物沉入海底。

2）被保险货物完全遭受严重损害已丧失原有用途，已不具有任何使用价值。如：水泥遭水泡后结成硬块，茶叶串味后不能饮用。

3）被保险货物丧失已无法挽回。如：船、货被海盗劫去或被敌对国扣押，虽然船、货并未遭到损失，但被保障人已失去这些财产。

4）船舶失踪，达到一定时期（一般为6个月），仍无音讯。

推定全损（Constructive Total Loss），是指被保险货物在海运途中遭遇承保风险后，实际全损已不可避免，或为了避免发生实际全损所需支付的费用与继续运至目的地的费用之和将超过保险价值。当发生推定全损时，被保险人可以要求保险人按部分损失赔偿或全部损失赔偿。如按全部损失赔偿，被保险人必须向保险人发出委付通知。

所谓委付（Abandonment），是指被保险人表示愿意将保险标的的一切权利和义务移交给保险人，并要求保险人按全部损失赔偿的一种做法。委付必须经保险人同意后，方能生效。如被保险人不办理委付，保险人将给予部分损失的赔偿。

（2）部分损失

部分损失（Partial Loss）是指被保险货物没有达到全损程度的损失。按照部分损失的性质，可分为共同海损和单独海损。

1）共同海损（General Average）在海洋运输途中，船舶、货物或其他财产遭遇共同危险，为了解除共同危险，有意采取合理的救难措施，所直接造成的特殊牺牲和支付的特殊费用。共同海损的成立必须具备三个条件：①风险必须是实际存在或不可避免的，

且危及船、货共同安全；②所采取的措施必须是主动的、合理的；③所做出的牺牲是特殊性质的，支出的费用是额外的，且必须是有效的。

例如，载货船舶在航程中遭遇风暴，船体严重倾斜，船长为了避免翻船，命令船员将舱内部分货物抛入海中保持平衡，被抛入的货物即为共同海损牺牲。又如，载货船舶在航行中遭遇搁浅，船长雇用拖轮牵引脱险，由其产生的费用是共同海损费用。

共同海损的牺牲和费用应由船方、货方和运费方以最后获救的价值按比例分摊，这就是共同海损的分摊（General Average Contribution）。

2）单独海损（Particular Average）是指除共同海损以外的，仅涉及船舶或货物所有人单方面的利益的损失。

共同海损和单独海损虽然都属于部分损失，但两者有着明显的区别。具体表现如下：

1）造成海损的原因不同。单独海损是承保风险直接导致的货物损失，而共同海损则是为了解除或减轻船、货、运费三方的共同风险，采取主动行为所造成的损失。

2）损失构成的内容有异。单独海损通常是指货物本身的损失，而共同海损既包括货物牺牲，又包括因采取必要措施而引起的费用损失。

3）损失承担的方式有别。单独海损由受损方独自承担，而共同海损则应由各受益方按受益大小的比例分摊损失。

3. 保险人承保的费用

保险公司除对货物损失进行经济赔偿外，还要支付由于损失而产生的费用。主要包括施救费用和救助费用。

1）施救费用（Sue and Labor Expenses），是指被保险的货物在遭受承保责任范围内的灾害、事故时，被保险人或其代理人与受让人为了避免或减少损失，采取了各种抢救或防护措施所支付的合理费用。

2）救助费用（Salvage Charges），是指被保险货物在遭受了承保责任范围内的灾害事故时，由保险人和被保险人以外的第三者采取了有效的救助措施，在救助成功后，由被救方付给救助人的一种报酬。

（二）海洋货物运输保险的险别

险别是保险人的承保责任和被保险人缴纳保险费的依据。我国海洋货物运输保险的险别分为基本险和附加险，基本险可单独投保，附加险须在投保基本险的基础上才能加保。

1. 基本险

按照中国人民保险公司 1981 年 1 月 1 日修订的《海洋货物运输保险条款》规定，海洋运输保险的基本险别分为平安险（Free From Particular Avetage，FPA）、水渍险（With Particular Avetage，WPA）和一切险（All Risks，AR）三种。

（1）平安险

保险公司对平安险的承保范围如下：

1）被保险货物在运输途中由于恶劣气候、雷电、海啸、地震、洪水等自然灾害造成整批货物的实际全损或推定全损。

2）由于运输工具遭受搁浅、沉没、触礁、互撞、与流冰或其他物体碰撞以及失火、爆炸等意外事故造成货物的全部或部分损失。

3）在运输工具已经发生搁浅、触礁、沉没、焚毁等意外事故的情况下，货物在此前后又在海上遭受恶劣气候、雷电、海啸所造成的部分损失。

4）在装卸或转运时，被保险货物一件或数件甚至整批落海所造成的全部或部分损失。

5）被保险人对遭受承保责任内的危险货物采取抢救、防止或减少货损的措施而支付的合理费用，但以不超过该批被损毁货物价值为限。

6）运输工具遭遇海难后，在避难港由于卸货所引起的损失及在中途港或避难港因卸货、存仓和运送货物所产生的特殊费用。

7）共同海损所引起的牺牲、分摊和救助费用。

8）如果运输契约订有"船舶互撞条款"，则根据该条款规定应由货方偿还船方的损失。

平安险是承保责任范围最小、保险费率最低的一种基本险别。平安险通常适用于大宗、低值粗糙的包装货物，如：废钢材、木材、矿沙等。

（2）水渍险

水渍险包括平安险的各项责任，还承保被保险货物由于恶劣气候、雷电、海啸、地震、洪水等自然灾害造成的部分损失。因此，水渍险比平安险的责任范围大，保险费率亦比平安险要高。水渍险通常适用于不易损坏或易生锈但不影响使用的货物，如：五金板、钢管、线材、旧机床、旧汽车等。

（3）一切险

一切险包括水渍险的各项责任，还承保被保险货物在海运途中因一般外来原因所造成的全部损失或部分损失。因此，在三种基本险中，一切险的责任范围最大、保险费率最高。一切险比较适宜于价值较高、可能遭受损失因素较多的货物投保。

我国基本险别的承保责任起讫采用国际保险业通用的"仓至仓"条款（Warehouse to Warehouse Clause，W/W），即保险人的承保责任从被保险货物运离保险单所载明的起运地发货人仓库开始，直至该项货物被运抵保险单所载明的目的地收货人仓库为止。

但仓至仓责任不是绝对的，要受某些条件的限制：①当货物从目的港卸离海轮时起算满 60 天，不论货物是否进入收货人仓库，保险责任均告终止。②如上述保险期限内被保险货物需要转交到非保险单所载明的目的地时，保险责任则以该项货物开始转交时终止。③被保险货物在运至保险单所载明的目的港或目的地以后，在某一仓库发生分组、分派的情况，则该仓库就作为被保险人的最后仓库，保险责任也从货物运抵该仓库时终止。④被保险人可以要求扩展保险期限。如对某些内陆国家的出口货物，内陆运输距离长、时间长，在港口卸货后，无法在保险条款规定的期限内运至目的地（60 天），可以向保险人申请扩展，经保险公司同意后出立凭证予以延长，每日加收一定的保险费。⑤当发生非正常运输情况，如运输迟延、绕道、被迫卸货、航程变更等，被保险人及时通知保险人，加交保险费，可按扩展条款办理。

2. 附加险

我国海洋货物运输保险条款的附加险有一般附加险和特殊附加险两种。

（1）一般附加险

一般附加险（General Additional Risk）承保因一般外来风险所造成的全部或部分损失。其险别如下：

1）偷窃、提货不着险（Theft，Pilferage and Non-delivery，TPND），指承保被保险货物因偷窃行为所致的损失和整件提货不着等损失，负责按保险价值赔偿。

2）淡水雨淋险（Fresh Water and/or Rain Damage），指保险公司对被保险货物因遭受雨淋、雪融或其他原因的淡水所致的损失，给予赔偿。

3）短量险（Risk of Shortage），指保险公司承保被保险货物的数量和实际重量短缺的损失。

4）混杂、沾污险（Risk of Intermixture and Contamination），指保险公司承保货物在运输过程中，因混进杂质所造成的损失，或因与其他物质接触而被沾污所造成的损失。

5）渗漏险（Risk of Leakage），指保险公司对承保的液体物质和油类物质，如在运输过程中因容器损坏而引起的渗漏损失，或用液体储藏的货物因液体的渗漏而引起货物的腐败、变质等损失，给予赔偿。

6）碰损、破碎险（Risk of Clash and Breakage），指保险公司对机械设备或易碎性物质等承保货物，在运输途中因颠簸、挤压、装卸野蛮造成货物本身的碰损和破碎的损失，给予赔偿。

7）串味险（Risk of Odour），指承保的被保险货物因与其他异味货物混装，致使其品质受损，由保险公司负责赔偿。例如，茶叶、香料、药材等在运输途中受到一起堆储的皮革、樟脑等异味的影响而使品质受到损失。

8）受热、受潮险（Damage Caused by Sweating and/or Heating），指承保货物在运输过程中，因气温突变或因船上通风设备失灵致使船舱水气凝结、发潮、发热所造成的损失。

9）钩损险（Hook Damage），指保险公司承保货物在装卸过程中，因使用手钩、吊钩等工具所造成的损失，并对包装进行修补或调换所支付的费用负责赔偿。

10）包装破裂险（Loss and/or Damage Caused By Breakage of Packing），指承保货物在运输过程中，因装运或装卸不慎致使包装破裂所造成的损失。

11）锈损险（Risk of Rust），指承保货物在运输过程中，由于生锈所造成的损失。如原装时就已生锈，保险公司不负责任。

（2）特殊附加险

特殊附加险（Special Additional Risk）是承保由于特殊外来风险所造成的全部或部分损失。主要有下列八种：

1）交货不到险（Failure to Delivery Risks）。不论何种原因，从被保险货物装上船时开始，在6个月内不能运到原定目的地交货的，负责按全损赔偿。

2）进口关税险（Import Duty Risk）当货物遭受保险责任范围内的损失，而仍须按完好货物价值完税时，保险公司对损失部分货物的进口关税负责赔偿。

3）舱面险（On Deck Risk）。当货物置于船舶甲板上时，保险公司除按保单所载条款负责外，还赔偿被抛弃或浪击落海的损失。

4）黄曲霉素险（Aflatoxin Risk）。花生、谷物等易产生黄曲霉素，对黄曲霉素含量超过进口国限制标准而被拒绝进口、没收或强制改变用途所遭受的损失负责赔偿。

5）拒收险（Rejection Risk）。对被保险货物在进口港被进口国政府或有关当局拒绝进口或没收按货物的保险价值负责赔偿。

6）出口货物到香港（包括九龙在内）或澳门存仓火险责任扩展条款（Fire Risk Extension Clause for Storage of Cargo at Destination HongKong, Including Kowloon, or Macao，F.R.E.C）。这是一种扩展存仓火险责任的保险，是指出口货物到达香港（包括九龙在内）或澳门等目的地，在卸离运输工具后，如直接存放在保险单所载明的过户银行所指定的仓库，保险责任自运输责任终止时开始，至银行收回押款解除货物的权益为止；或自运输责任终止时起，满 30 天为止。在此期间，对发生了火灾所造成的损失，保险公司负责赔偿。

7）战争险（War Risk）。是特殊附加险的主要险别之一，它虽然不能独立投保，但对其他附加险而言又有很强的独立性，其内容包括责任范围、除外责任、责任起讫等。

战争险的责任范围包括：直接由于战争、类似战争行为、敌对行为、武装冲突或海盗等所造成运输货物的损失；由于上述原因所引起的捕获、拘留、扣留、禁制、扣押等所造成的运输货物的损失；各种常规武器，包括水雷、炸弹等所造成的运输货物的损失；由本险责任范围所引起的共同海损牺牲、分摊和救助费用。

战争险的除外责任：由于敌对行为使用原子或热核制造的武器导致被保险货物的损失和费用不负责赔偿。

战争险的责任起讫：战争险的责任起讫与基本险所采用的"仓至仓条款"不同，而是以"水上危险"为限，是指保险人的承保责任自货物装上保险单所载明的起运港的海轮或驳船开始，到卸离保险单所载明的目的港的海轮或驳船为止。如果货物不卸离海轮或驳船，则从海轮到达目的港当日午夜起算满 15 日之后责任自行终止。如果中途转船，不论货物在当地卸货与否，保险责任以海轮到达该港可卸货地点的当日午夜起算满 15 天为止，等再装上续运海轮时，保险责任才继续有效。

8）罢工险（Strikes Risk）。对被保险货物由于罢工、工人被迫停工或参加工潮、暴动等因人员行动或任何人的恶意行为所造成的直接损失，和上述行动或行为所引起的共同海损的牺牲、分摊和救助费用负责赔偿。但对在罢工期间由于劳动力短缺或不能使用劳动力所造成的被保险货物的损失，包括因罢工而引起的动力或燃料缺乏使冷藏机停止工作所造成的冷藏货物的损失，以及无劳动力搬运货物，使货物堆积在码头淋湿受损，不负赔偿责任。其除外责任与战争险相同。对保险责任起讫的规定与其他海运货物保险险别一样，采取"仓至仓"条款。按国际保险业惯例，已投保战争险后另加保罢工险，不另增收保险费。如仅要求加保罢工险，则按战争险费率收费。

上述八种险别，只能在投保了平安险、水渍险或一切险的基础上加保。

（三）保险的除外责任

除外责任是指保险人不承担赔偿的范围。其主要内容有：①被保险人的故意行为或过失所造成的损失；②属于发货人责任所引起的损失；③在保险责任开始前，被保险货物已存在的品质不良或数量短差的损失；④被保险货物的自然损耗、本质缺陷、特性，以及市价跌落、运输延迟引起的损失或费用；⑤海洋货物运输战争险和罢工险所规定的除外责任。

三、我国其他货物运输保险

（一）航空货物运输保险

航空货物运输保险是在海洋运输货物保险基础上发展起来的，由于航空运输方式与海运具有不同的特点，因此在承保的险别与责任范围都有所不同。

1. 航空货物运输保险的险别

根据航空货物运输保险条款的规定，航空货物运输保险有航空运输险和航空运输一切险两种基本险别。此外，还有航空运输货物战争险等附加险。

（1）航空运输险

航空运输险（Air Transportation Risks），是指保险公司对承保货物在运输途中遭受雷电、水灾、爆炸，或由于飞机遭受恶劣气候，或其他危难事故所造成的全部或部分损失，并包括对保险责任范围内的货所采取的抢救而支付的合理费用，但以不超过被救货物的保险金额为限。本险别的承保责任范围与海洋货物运输保险中的"水渍险"大致相同。

（2）航空运输一切险

航空运输一切险（Air Transportation All Risks）除包括航空运输险的全部责任外，对被保险货物在运输途中由于一般外来原因所造成的全部或部分损失，由保险公司承担赔偿责任。

航空运输险和航空运输一切险的责任起讫也采用"仓至仓"条款。但与海洋货物运输保险"仓至仓"责任条款不同的是：如果货物运达目的地而未运抵收货人仓库或储存处，则以被保险货物在最后卸载地卸离飞机后满 30 天，保险责任即告终止。如在上述 30 天内转运非保险单载明的目的地时，则以该转运起终止。

（3）航空运输货物战争险

航空运输货物战争险（Air Transportation Cargo War Risks），是由保险公司负责赔偿因战争、类似战争行为、敌对行为或武装冲突，以及各种常规武器和炸弹所造成的货物损失。

航空运输货物战争险是一种附加险，其他附加险还有罢工险，其责任范围与海洋运输罢工险的责任范围相同。投保人在投保了航空运输险或航空运输一切险的基础上，才可加保附加险。

航空运输货物战争险的责任起讫，从被保险货物在起运地装上飞机时开始，直到到达目的地卸离飞机时为止。如果货物不卸离飞机，则以飞机抵达目的地当日午夜起算满15天为止。

2. 航空货物运输保险的除外责任

航空运输险和航空运输一切险的除外责任与海洋运输货物基本险的除外责任大致相同。航空运输货物战争险不包括原子弹或热核武器所导致的损失。

（二）陆上运输货物保险

1. 陆运货物保险的险别

根据陆运货物保险条款的规定，陆运货物保险的基本险别有陆运险和陆运一切险两种。此外，还有陆上运输冷藏货物险的专门险，以及陆上运输货物战争险（火车）等附加险。

（1）陆运险

陆运险（Overland Transportation Risks），指承保货物在运输途中遭受暴风、雷电、洪水、地震等自然灾害，或由于陆上运输工具遭受碰撞、倾覆、出轨，或在驳运过程中因驳运工具遭受搁浅、触礁、沉没、碰撞，或由于隧道坍塌、崖崩、火灾、爆炸等意外事故所造成的全部或部分损失，并包括被保险人对遭受承保责任范围内风险的货物采取抢救措施而支付的合理费用，由保险公司负责赔偿，但以不超过该批被救货物的保险金额为限。陆运险的承保责任范围大致与海运货物保险中的"水渍险"相同。

（2）陆运一切险

陆运一切险（Overland Transportation All Risks），除承担陆运险的赔偿责任外，保险公司还负责赔偿被保险货物在运输途中因外来原因所造成的短量、偷窃、渗漏、碰损、破碎、钩损、雨淋、生锈、受潮、受热、发霉、串味、沾污等全部或部分损失。陆运一切险的承保责任范围与海上运输货物保险条款中的"一切险"相似。

陆运险和陆运一切险的责任起讫也采用"仓至仓"条款。如果被保险货物在运抵最后卸载的车站满60天后，仍未进入收货人的最后仓库，则保险责任即告终止。

（3）陆上运输冷藏货物险

陆上运输冷藏货物险（Overland Transportation Insurance Frozen Products Risks），除陆运险的承保范围之外，保险公司还负责赔偿由于冷藏机器或隔温设备在运输途中损坏所造成的被保险货物解冻而腐坏的损失。陆上运输冷藏货物险是陆上运输货物险中的专项保险，具有基本险的性质。

陆上运输冷藏货物险的责任起讫：从起运地冷藏库装入运输工具开始运输时生效，直到货物到达目的地收货人仓库为止。但最长保险责任的有效期限以被保险货物到达目的地车站后10天为限。

（4）陆上运输货物战争险（火车）

陆上运输货物战争险（火车）（Overland Transportation Cargo War Risks "by Train"），是陆运货物保险的附加险。该险承保在火车运输途中，因战争、类似战争和敌对行为、武装冲突所致的损失，以及各种常规武器所致的货物损失。

陆上运输货物战争险的责任起讫：自被保险货物装上保险单所载起运地火车时开始，到卸离保险单所载目的地火车时为止。若被保险货物不卸离火车，则以火车到达目的地的当日午夜起算，满 48 小时为止。

　　陆上运输货物保险的附加险还有罢工险，其承保范围与海洋运输货物罢工险的责任范围相同。

　　2. 陆运货物保险的除外责任

　　陆运险和陆运一切险的责任范围仅以火车和汽车运输为限。其除外责任与海洋运输货物保险的除外责任相同。陆上运输冷藏货物险因战争、罢工、运输延迟，或在保险责任开始时，因包装不妥、冷冻不合格导致承保货物的腐坏或损失，保险公司不予以负责。

　　陆上运输货物战争险（火车）承保责任范围不包括敌对行为使用原子弹或热核武器所造成的损失。

　　（三）邮政运输货物保险

　　1. 邮包运输保险的险别

　　根据邮包保险条款的规定，邮包运输保险的基本险别分为邮包险和邮包一切险两种。此外，还有邮包战争险等附加险。由于邮包运输可能通过海、陆、空三种运输方式，因此保险责任兼顾了海、陆、空三种运输工具特征。

　　（1）邮包险

　　邮包险（Parcel Post Risks），是指被保险邮包在运输途中，由于遭受恶劣气候、雷电、海啸、地震、洪水等自然灾害，或由于运输工具搁浅、触礁、沉没、碰撞、出轨、坠落、失踪，或由于失火和爆炸等意外事故所造成的全部或部分损失，保险公司负责理赔，并包括对遭受承保责任内风险的邮包所采取的抢救措施而支付的合理费用，但以不超过该批邮包的保险金额为限。

　　（2）邮包一切险

　　邮包一切险（Parcel Post All Risks），除包括邮包险的全部责任外，保险公司还负责赔偿被保险的邮包在运输途中因外来原因造成的全部或部分损失。

　　邮包险和邮包一切险的保险责任起讫：自被保险邮包离开保险单所载明的起运地点、寄件人的处所运往邮局时开始生效，直至该项邮包运达保险单所载明的目的地邮局，自邮局发出通知书给收货人当日午夜起算满 15 天为止，如在期限内邮包已经递交至收件人的处所起，保险责任即告终止。

　　（3）邮包战争险

　　邮包战争险（Parcel Post War Risks），是指保险公司承保在邮包运输途中，因战争、类似战争和敌对行为、武装冲突所致的损失，以及各种常规武器所致的货物损失。

　　邮包附加险除战争险外，还有罢工险，其责任范围与海运罢工险的责任范围相同。

　　邮包战争险的保险责任起讫：自被保险邮包经邮局收讫后自储存处所开始运送时生效，直至该项邮包运达保险单所载明的目的地邮局送交收件人为止。

2. 邮包运输保险的除外责任

邮包险和邮包一切险的除外责任范围：对因战争、敌对行为、武装冲突和罢工所致的损失，以及由于运输延迟导致货物缺陷，或由被保险人的故意、过失所造成的损失不负责赔偿。邮包战争险不负责赔偿使用原子弹或热核武器所造成的损失和费用。

四、英国伦敦保险协会海运货物保险条款

英国伦敦保险协会是国际上有较大影响的保险机构，其货物保险条款（Institute Cargo Clauses）在国际上广为采用，于 1983 年 4 月 1 日起实施的伦敦保险协会货物新条款规定了以下六种险别：

1）协会货物条款（A）（Institute Cargo Clause A）。

2）协会货物条款（B）（Institute Cargo Clause B）。

3）协会货物条款（C）（Institute Cargo Clause C）。

4）协会战争险条款（货物）（Institute War Clause-Cargo）。

5）协会罢工险条款（货物）（Institute Strikes Clause-Cargo）。

6）恶意损坏条款（Malicious Damage Clause）。

以上六种险别中 A、B、C 三种险别是基本险，类似于我国《海洋运输货物保险条款》中的一切险、水渍险和平安险。战争险、罢工险及恶意损害险是附加险别。但是，协会的战争险和罢工险在需要时能单独投保，而恶意损害险则不能单独投保。由于恶意损害险的承保责任范围已被列（A）险的承保风险，所以只有在投保（B）险和（C）险的情况下，才在需要时加保。

（一）条款（A）的承保风险与除外责任

条款（A）的承保责任范围是三种险别中最广的，不便把全部承保风险一一列出，因此对承保风险的规定采用"一切风险减除外责任"的方式。条款（A）的除外责任有：

1）一般除外责任。如因包装或准备不足或不当所造成的损失；使用原子或热核武器所造成的损失和费用。

2）不适航、不适货除外责任。主要是指被保险人在被保险货物装船时已知船舶不适航，以及船舶、运输工具、集装箱等不适货引起的损失。

3）战争除外责任。

4）罢工除外责任。

（二）条款（B）的承保风险和除外责任

1. 条款（B）的承保风险

条款（B）的承保风险是采用"列明风险"的方式，其承保风险是：

1）归因于火灾、爆炸所造成的灭失和损失。

2）归因于船舶或驳船触礁、搁浅、沉没或倾覆所造成的灭失和损害。

3）归因于运输工具倾覆或出轨所造成的灭失和损害。

4）归因于船舶、驳船或运输工具同任何外界物体碰撞所造成的灭失和损害。

5）归因于在避难港卸货所造成的灭失和损害。

6）归因于地震、火山爆发或雷电所造成的灭失和损害。

7）共同海损的牺牲引起保险标的损失。

8）由于抛货或浪击入海引起保险标的损失。

9）由于海水、湖水或河水进入船舶、驳船、运输工具、集装箱、大型海运箱或储存处所引起的保险标的损失。

10）货物在装卸时落海或跌落造成整件的全损。

2. 条款（B）的除外责任

条款（B）的除外责任是在条款（A）的除外责任基础上，再加上条款（A）承保的"海盗行为"与"恶意损害险"。

（三）条款（C）的承保风险和除外责任

1. 条款（C）的承保风险

条款（C）的承保风险比条款（B）少，它只承保"重大意外事故"的风险，而不承保条款（B）中的自然灾害（如地震、火山爆发、雷电等）和非重大意外事故（如装卸过程的整件灭失等）。

2. 条款（C）的除外责任

条款（C）的除外责任与条款（B）相同。

（四）协会货物保险主要险别的保险期限

保险期限（Period of Insurance）亦称保险有效期，是指保险人承担保险责任的起止期限。英国伦敦保险协会海运货物条款（A）、（B）、（C）与我国海运货物保险的"仓至仓"条款大致相同。

五、贸易合同货物运输保险条款的拟定

在国际货物买卖合同中，保险条款是买卖合同中的一项重要组成部分，直接关系到买卖双方的经济利益。对此，买卖双方必须明确做出具体的合理规定。

（一）保险条款的主要内容

保险条款所涉及的内容，一般有投保金额、投保险别、保险费、保险单证和保险适用的条款等。买卖双方在磋商和签订合同时，应予以明确规定。

由于合同中的保险条款与贸易条件有着必然的联系，采用不同的贸易条件，则保险条款的内容也不尽相同。分别介绍如下：

1. FOB、FCA、CFR、CPT 贸易条件下的保险条款

如果按 FOB、FCA、CFR、CPT 贸易条件签订买卖合同，由买方办理保险手续，并支付保险费。在此情况下，合同中的保险条款比较简单，只需明确保险责任。

例如，"保险由买方负责办理（Insurance To be Covered by the Buyers）"。

如果买方委托卖方代为投保，在买卖合同中就要订明。

例如，"由买方委托卖方按发票金额 110%代为投保××险和××险，保险费用由买方负担，按 1981 年 1 月 1 日中国人民保险公司海洋运输货物保险条款负责。"（Insurance to be covered by the Sellers on behalf of the Buyers for××% of total invoice value against×× &×× as per Ocean Marine Cargo Clauses of the People's Insurance Company of China dated Jan.1, 1981.，premiums to be for Buyers' account.）

2. CIF、CIP 贸易条件下的保险条款

如果按 CIF 或 CIP 贸易条件签订买卖合同，应由卖方负责办理货运保险并缴纳保险费。此时，保险涉及买卖双方的利益，买卖合同中的保险条款应订得明确具体，一般包括投保责任、保险金额、投保险别和适用的条款等内容。

例如，"保险由卖方按发票金额××%投保××险和××险，按 1981 年 1 月 1 日中国人民保险公司海洋运输货物保险条款负责。"（Insurance is to be Covered by Sellers for ××% of total invoice value against ××and××，as per Ocean Marine Cargo Clauses of The People's Insurance Company of China，dated 1/1/1981.）

（二）拟定保险条款应注意的问题

订立买卖合同中的保险条款，应注意的事项主要有：①应确定按中国保险条款，或英国伦敦保险协会的货物保险条款（Institute Cargo Clauses，I.C.C）进行投保；②应根据货物的性质和特点选择不同的基本险，如需另加保一种或几种附加险也应同时写明；③要确定投保加成率，如超过按发票金额 10%的加成，要说明由此而产生的保险费由买方负担；④保险单所采用的币种通常应与发票币种一致。

【操作示范 7】

拟定贸易合同海洋货物运输保险的条款，见样例 3-10。

 样例 3-10

诚通贸易公司
CHENG TONG TRADE COMPANY
1405 BAIZHANG EAST ROAD NINGBO CHINA

Tel：（86-574）85788877　　销 售 确 认 书　　S/C NO.：RXT26

Fax：（86-574）85788876　　Sales Confirmation　　DATE：Apr.10, 2011

To Messrs:

TKARMRA CORPORATION 1-5. KAWARA MACH OSAKA JAPAN

谨启者：兹确认售予你方下列货品，其成交条款如下：

Dear Sirs，

We hereby confirm having sold to you the following goods on terms and conditions as specified below：

唛头 SHIPPING MARK	货物描述及包装 DESCRIPTIONS OFGOODS, PACKING	数量 QUANTITY	单价 UNIT PRICE	总值 TOTAL AMOUNT
T.C RXT26 OSAKA C/NO.1-UP	100% COTTON COLOUR WEAVE T-SHIRT RM111 RM222 RM333 RM444 PACKED IN ONE CARTON 30 PCS OF EACH	 2000 PCS 2000 PCS 1000 PCS 1000 PCS 6000 PCS	CIF OSAKA USD 11.00/PC USD 10.00/PC USD 9.50/PC USD 8.50/PC	 USD 22,000.00 USD 20,000.00 USD 9,500.00 USD 8,500.00 USD 60,000.00

保险：

INSURANCE: FOR 110 PERCENT OF THE INVOICE VALUE COVERING ALL RISKS AND WAR RISK AS PER PICC DATED 1981/1/1.

付款条件：

TERMS OF PAYMENT：L/C AT SIGHT.

买方须于2011年5月20日前开出本批交易的信用证(或通知售方进口许可证号码)，否则，售方有权不经过通知取消本确认书，或向买方提出索赔。

The buyer shall establish the covering Letter of Credit （or notify the Import License Number） before May. 20, 2011，failing which the seller reserves the right to rescind without further notice，or to accept whole or any part of this Sales Confirmation non-fulfilled by the buyer，or，to lodge claim for direct losses sustained，if any.

凡以 CIF 条件成交的业务，保额为发票价的 110%，投保险别以售货确认书中所开列的为限，买方如果要求增加保额或保险范围，应于装船前经卖方同意，因此而增加的保险费由买方负责。

For transactions conclude on C.I.F basis，it is understood that the insurance amount will be for 110% of the invoice value against the risks specified in Sales Confirmation. If additional insurance amount or coverage is required，the buyer must have consent of the seller before shipment，and the additional premium is to be borne by the buyer.

Part III　国际贸易支付条款的订立

第一项条款的拟定 汇付支付方式条款

一、汇付的种类

根据不同的汇款方式，汇付有电汇、信汇和票汇三种。

（一）电汇

电汇（Telegraphic Transfer，T/T）是由汇款人委托汇出行用电报、电传、环球银行间金融电讯网络（SWIFT）等电讯手段发出付款委托通知书给收款人所在地的汇入行，委托它将款项解付给指定的收款人。汇出行在发给汇入行的电报上须加注密押，以便汇入行核对证实电报的真伪。汇入行收到电报，核对密押无误后，缮制电汇通知书，通知收款人领款。

在实际业务中，电汇有两种形式：①前 T/T（Payment in Advance），是指进口商在交货前全款电汇，然后卖方按合同规定将货物发给买方的一种结算方法。②后 T/T（Deferred Payment）是指出口商按照合同的规定先发货，买方见到提单传真件或收到提单后再全款电汇。

电汇方式付款速度最快，便于出口方迅速收汇结汇，但银行收取的费用较高。

（二）信汇

信汇（Mail Transfer，M/T），是指汇出行应汇款人的申请，将信汇委托书邮寄给汇入行，授权解付一定金额给收款人的一种汇款方式。

汇入行在收到汇出行邮寄来的信汇委托书，需核对汇出行的签字或印鉴，证实无误后才能向收款人解付汇款。

信汇方式在付款速度上较电汇慢，较票汇快，银行费用相对低廉。

（三）票汇

票汇（Demand Draft，D/D）是汇出行应汇款人的申请，开立以汇入行为付款人的银行即期汇票，列明收款人姓名、汇款金额等，交汇款人自行寄交或代交收款人，由收款人凭该票向汇入行取款的一种汇款方式。

在我国进出口业务中，当收到国外进口商寄来票据后，如付款银行在国外，我方均需委托当地银行通过付款地的国外代理行，向付款银行代为收款。当收到国外代收行的收妥通知，方可据以结汇。

电汇、信汇和票汇所使用的结算工具（如委托书通知、票汇）的传送方向与资金的流向相同，因此，称为顺汇法。

超级链接

汇　票

　　汇票（Bill of Exchange/Postal Order/Draft）是由出票人签发的，要求付款人在见票时或在一定期限内，向收款人或持票人无条件支付一定款项的票据。汇票是国际结算中使用最广泛的一种信用工具。

　　汇票根据出票人不同，可分为银行汇票和商业汇票。银行汇票是指出票人和付款人都是银行的汇票；商业汇票是指出票人是工商企业或个人，付款人可以是企业、个人或银行的汇票。

BANK OF CHINA　　　　　　　　号码:
本汇票有效期为一年　　　　　　　No.
This draft is valid for one　　　金额
year from the date of issue　　　AMOUNT

中　　致:
国　　To
银　　请付
行　　PAY TO
　　　金额
　　　THE SUM OF

　　请凭汇票付款划我行账户
　　PAY AGAINST THIS DRAFT TO THE DEBIT OF OUR ACCOUNT
　　　　　　　　中国银行宁波分行
　　　　　　　　BANK OF CHINA NINGBO

二、汇付的业务程序

（一）汇付基本当事人

1）汇款人（Remitter）即付款人，在国际贸易结算中，通常是进口方。

2）汇出行（Remitting Bank），是指接受汇款人的委托，汇出款项的银行，通常是在进口地的银行。

3）汇入行（Receiving Bank），是指汇出行委托支付汇款的银行，一般是收款人的账户银行。

4）收款人（Payee）为收取款项的人，在国际贸易结算中，通常是出口方。

（二）电汇与信汇的业务程序

电汇与信汇的业务流程如图 3-6 所示。

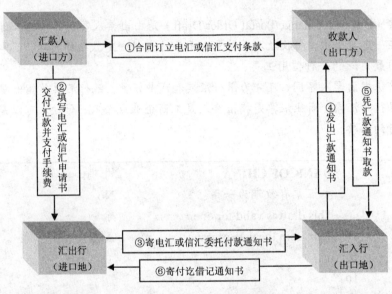

图 3-6　电汇与信汇业务流程

（三）票汇的业务程序

票汇的业务流程如图 3-7 所示。

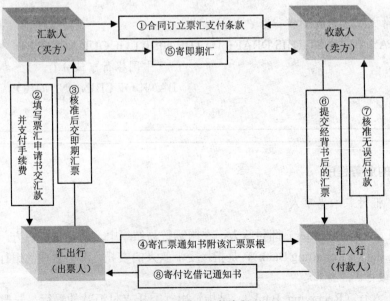

图 3-7　票汇业务流程

资料来源：童宏祥，《国际贸易实务》，2008 年 8 月版。

三、贸易合同汇付支付条款的拟定

（一）汇付支付条款的主要内容

贸易合同汇付支付条款的内容应包括货款收付的具体方式、付款时间和付款金额等。汇付通常用于预付货款和赊账交易，在贸易合同中应明确规定汇付的时间、具体的汇付方式和金额等内容。

【例 3-2】　进口方应于 2009 年 10 月 31 日前，将全部货款用电汇方式预付给出口方。

The importer shall pay the total value to the exporter in advance by T/T not later than Oct.31,2009.

【例 3-3】　进口方采用前 T/T 支付方式将全部货款付给出口方。

The importer shall pay the total value to the exporter in advance by T/T before shipment.

（二）采用汇付支付方式应注意的问题

在国际贸易中，汇付方式通常用于预付货款、交货后付款、赊账、订金、分期付款、佣金和货款尾数等费用的支付。在预付货款的交易中，进口方为了减少预付风险，往往要求"凭单付汇"（Remittance against Documents）。凭单付汇是指进口方先通过汇出行将货款以信汇或电汇方式汇给汇入行，并指示汇入行凭出口方提供的指定单据（如海运提单、商业发票和保险单等）付款给出口方。出口方只有在向汇入行提交了指定单据后，方可拿到货款。但需要注意的是，汇款在尚未被收款人支取前，可随时撤销。因此，出口方在接到汇入行的汇款通知书后，应尽快发运货物，从速办理交单取款。

【操作示范 8】

拟定贸易合同的汇付支付条款，见样例 3-11。

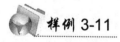 样例 3-11

诚通贸易公司
CHENG TONG TRADE COMPANY
1405 BAIZHANG EAST ROAD NINGBO CHINA

TEL：（86-574）85788877　　**销 售 确 认 书**　　S/C NO.：RXT26

Fax：（86-574）85788876　　Sales Confirmation　　DATE：Apr.10, 2011

To Messrs，

　　　　PT.　TRADE CORPORATION
　　　　313 VITRA MONTREAL CANADA

Dear Sirs，

We hereby confirm having sold to you the following goods on terms and conditions as specified below：

SHIPPING MARK	NAME OF COMMODITY AND SPECIFICATIONS, PACKING	QUANTITY	UNIT PRICE	TOTAL AMMOUNT
PT TXT06081 MONTREAL C / NO.1-UP	NINGBO COUNTRY BICYCLE 　　ART　SW38INCH 　　ART　SW39INCH	 300 PCS 400 PCS	FCA MONTREAL USD 100.00 USD 80.00	 USD　30,000.00 USD　32,000.00

AIRPORT OF DEPARTURE：LISHE AIRPORT CHINA

AIRPORT OF DESTINATION：MONTREAL AIRPORT CANADA

LATEST DATE OF SHIPMENT：LATEST DATE OF SHIPMENT 090531

PACKING：PACKED IN 1 CARTON OF 10 SETS EACH

TERMS OF PAYMENT：BY 50% T/T IN ADVANCE BEFORE SHIPMENT, THE BALANCE SHOULD BE PAID AGAINST THE FAX COPY OF B/L.

第二项条款的拟定 托收支付方式条款

一、托收的定义和种类

托收（Collection） 是出口人在货物装运后，开具以进口方为付款人的汇票，委托出口地银行通过其在进口地的分行或代理行代出口人收取货款的一种结算方式。托收属于商业信用，采用的是逆汇法。托收根据金融单据（如汇票）是否附有商业单据，可分为光票托收和跟单托收。

（一）光票托收

光票托收（Clean Collection），是指出口方以光票向进口方索款的托收方式。通常用于货款尾数、小额货款、贸易从属费用和索赔款的收取。

（二）跟单托收

跟单托收（Documentary Collection），是指出口方以跟单汇票向进口方索款的托收方式。在国际贸易的货款结算中，通常采用跟单托收。

跟单托收根据交单的条件不同，可区分为付款交单和承兑交单两种形式。

1. 付款交单

付款交单（Documents against Payment，D/P），是指代收行向进口方提示跟单汇票时，进口方付清货款后，方可获得货运单等全套单据。根据付款时间的不同，付款交单又可分为即期付款交单和远期付款交单。

超级链接

光票与跟单汇票

光票（Clean Bill）是指出具的汇票不附有任何单据。

跟单汇票（Documentary Bill）又称信用汇票、押汇汇票，是需要附带提单、仓单、保险单、装箱单、商业发票等单据才能进行付款的汇票，商业汇票多为跟单汇票，在国际贸易中经常使用。

超级链接

即期汇票与远期汇票

即期汇票（Sight Bill，Demand Bill）即见票即付的汇票，包括载明即期付款、见票即付或提示付款以及未载明付款日的汇票。逾期后再经承兑或背书的汇票，对该种承兑人或背书人而言，应视为即期汇票。即期汇票一般以提示日为到期日，持票人持票到银行或其他委托付款人处，后者见票必须付款的一种汇票，这种汇票的持票人可以随时行使自己的票据权利，在此之前无须提前通知付款人准备履行义务。

远期汇票（Time Bill or Usance Bill），是指在一定期限或特定日期须付款的汇票。其主要有四种规定办法：①见票后若干天付款，如见票后 30 天付款；②出票后若干天付款，如出票后 60 天付款；③提单签发日后若干天付款，如提单签发日后 30 天付款；④指定日期付款，如 2009 年 5 月 31 日付款。

1）即期付款交单（Documents against Payment at Sight，D/P at Sight），是指出口方按照合同的规定发运货物后，开出即期汇票，连同货运单等全套单据通过托收行寄交代收行向进口方提示付款，进口方审单无误后付清全部货款，方可获得全部的单据。

2）远期付款交单（Documents against Payment after Sight，D/P after Sight），是由出口方按照合同的规定发运货物后，开具远期汇票，连同货运单等全套单据通过代收行向进口方提示承兑，进口方审单无误后在汇票上承兑，于汇票付款到期日进行付款赎单。

2. 承兑交单

承兑交单（Documents against Acceptance，D/A），是出口方按照合同的规定发运货物后，开具远期汇票，连同货运单等全套单据通过代收行向进口方提示承兑，进口方审单无误后在汇票上承兑，代收行才予以交单，于付款到期日再进行付款。

（三）付款交单业务程序

1. 即期付款交单业务程序

即期付款交单业务程序如图 3-8 所示。

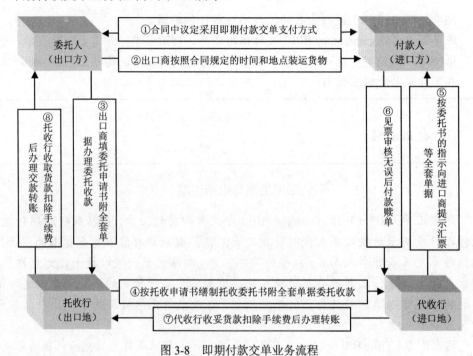

图 3-8　即期付款交单业务流程

说明：

① 买卖双方在合同中议定采用即期付款交单的支付方式。

② 出口商按照合同的规定装运货物后，缮制即期汇票。

③ 出口商填写委托申请书，随附发票、装箱单和货运单等全套单据交托收行，办理委托收款手续。

④ 托收行接受委托后，根据托收申请书缮制托收委托书，连同汇票和货运单等全套单据寄交进口地代收行委托代收货款。

⑤ 托收行根据委托书的指示向进口商提示汇票与货运单等全套单据。

⑥ 进口商见票审核无误后付款。

⑦ 代收行收款后交单，并办理转账事宜。

⑧ 托收行收取货款后向出口商转账交款。

2. 远期付款交单业务程序

远期付款交单业务程序如图 3-9 所示。

（四）承兑交单业务程序

承兑交单业务程序如图 3-10 所示。

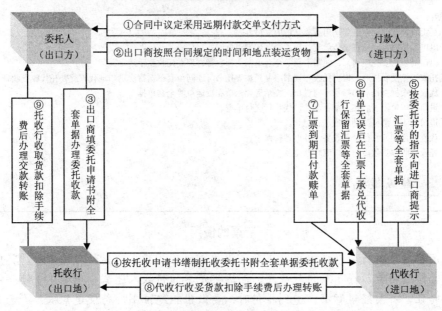

图 3-9 远期付款交单业务流程

说明:
① 买卖双方在合同中议定采用远期付款交单的支付方式。
② 出口商按照合同的规定装运货物后,缮制远期汇票。
③ 出口商填写委托申请书,随附汇票、货运单据等全套单据交托收行,办理委托收款手续。
④ 托收行接受委托后,根据托收申请书缮制托收委托书,连同全套单据寄交进口地代收行委托代收货款。
⑤ 代收行根据委托书的指示,向进口商提示远期汇票与货运单等全套单据。
⑥ 进口商审单无误后在汇票上承兑,代收行保留汇票与货运单等全套单据。
⑦ 进口商于汇票付款到期日进行付款,代收行收妥货款后交单。
⑧ 代收行通知托收行货款收妥,并办理转账事宜。
⑨ 托收行收取货款后向出口商转账交款。

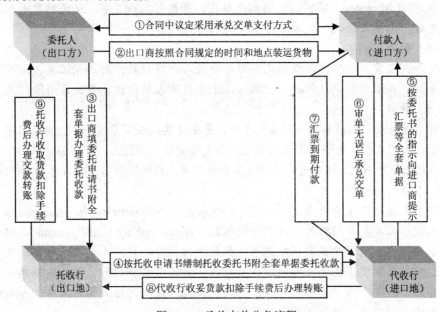

图 3-10 承兑交单业务流程

说明：

① 买卖双方在合同中议定采用承兑交单的支付方式。

② 出口商按照合同的规定装运货物后，缮制远期跟单汇票。

③ 出口商填写委托申请书，随附汇票等全套单据交托收行办理委托收款手续。

④ 托收行接受委托后，根据托收申请书缮制托收委托书，连同全套单据寄交进口地代收行委托代收货款。

⑤ 代收行根据委托书的指示，向进口商提示远期汇票和货运单等全套单据。

⑥ 进口商审单无误后在汇票上承兑，代收行交付单据。

⑦ 进口商于汇票付款到期日进行付款。

⑧ 代收行通知托收行货款收妥，并办理转账事宜。

⑨ 托收行收取货款后向出口商转账交款。

 **超级链接**

汇票的使用

汇票的票据行为包括出票、提示、承兑、付款、背书、拒付与追索等，其中即期汇票经过出票、提示和付款程序，而远期汇票的付款人还需办理承兑手续。汇票需要转让，并要经过背书。遭到拒付时，要做出拒绝证书，行使追索权。

（1）出票

出票是指出票人签发汇票并将其交付给收款人的行为。出票由两个行为组成：一是出票人填写汇票并签字，二是出票人将汇票交付给收款人，只有经过交付的汇票才有效。

（2）提示

提示是指持票人将汇票提交给付款人要求付款或承兑的行为。

（3）承兑

承兑是指付款人对远期汇票表示承担到期付款责任的行为。付款人在汇票上写明"承兑"（Accepted）字样，注明承兑日期，并由付款人签字，交还持票人。汇票经承兑后，承兑人替代付款人成为第一付款责任人。

（4）付款

对即期汇票，在持票人提示汇票时，付款人即应付款；对远期汇票，付款人经过承兑的，在汇票到期日付款。付款后，汇票当事人的债权债务关系消除。

（5）背书

背书是转让汇票权利的一种法定手续，是由持票人在汇票背面签上自己名字，或加上受让人的名字，注明背书日期并把汇票交给受让人的行为。汇票经背书后，收款权利转让给被背书人。汇票背书主要有限制性背书、指示性背书、空白背书三种方式。

（6）拒付与追索

持票人提示汇票要求承兑时，遭到拒绝承兑（Dishonour by Non-Acceptance）或持票人提示汇票要求付款时，遭到拒绝付款（Disyonour by Non-Payment），均称拒付，也称退票。除了明确表示拒绝承兑和拒绝付款外，付款人逃匿、死亡或宣告破产，以致付款事实上已不可能时，也称拒付。当汇票被拒付时，最后的持票人有权向所有的"前手"直至出票人追索。为此，持票人应及时作成拒付证书（Protest），以作为向其"前手"进行追索的法律依据。

二、贸易合同托收支付条款的拟定

（一）托收支付条款的主要内容

采用托收支付方式应在贸易合同中明确规定凭出口方开立的汇票或提交的单据付款、交单条件和支付时间等内容。

【例3-4】 即期付款交单。

进口方应凭出口方开具的即期跟单汇票于见票时立即付款，付款后交单。

Upon first presentation the importer shall pay against documentary draft drawn by the exporter at sight. The shipping documents are to be delivered against payment only.

【例3-5】 远期付款交单。

进口方对出口方开具的见票后 90 天付款的跟单汇票，于提示时应即予承兑，并应于汇票到期日即予付款，付款后交单。

The importer shall duly accept the documents draft drawn by the exporter at 90 days sight upon first presentation and make payment on its maturity. The shipping documents are to be delivered against payment only.

【例3-6】 承兑交单。

进口方对出口方开具的见票后 60 天付款的跟单汇票，于提示时应即予承兑，并应于汇票到期日即予付款，承兑后交单。

The importer shall duly accept the documents draft drawn by the exporter at 60 days sight upon first presentation and make payment on its maturity. The shipping documents are to be delivered against acceptance.

（二）采用托收支付方式应注意的问题

托收业务对进口方而言，的确是一个很好的结算方式。在付款交单条件下，既不承担风险，也不需要预垫资金；在承兑交单条件下，还可利用出口方的资金进行无本买卖。对出口方来说，托收经常被用作一种非价格竞争的手段，来提高出口商品的国际竞争力，扩大出口商品的规模。

托收是商业信用，也应看到采用托收结算方式对出口方有着一定的风险，不能按时收汇或不能全部收回货款，甚至货款完全落空的情况也屡见不鲜。因为银行只以委托人的代理人行事，既无保证付款人必定付款的责任，也无检查审核货运单据是否齐全、是否符合买卖合同规定的义务。当发生进口方拒绝付款赎单的情况后，除非事先取得代收银行的同意，否则也无代为提货、办理进口手续和存仓保管的义务。例如，在付款交单条件下，出口方按照合同规定发运货物后，如果进口方因市场有变而拒绝付款赎单，虽然货物所有权仍在出口方，可将货物另行处理或装运回来，这都会使出口方面临降价损失和增加额外费用等风险。在承兑交单条件下，进口方只要在汇票上办理了承兑手续，即可取得货运单据，提走货物。倘若进口方到期不付款，虽然出口方有权依法向其追偿，但实际操作却有很大难度。即使可以向进口方追回货款，出口方也会因此投入更多的财力和人力，得不偿失。如果进口方此时已宣告破产或倒闭，出口方更是落得钱货两空的结局。

为了确保安全收汇，并充分发挥托收支付方式对扩大出口贸易规模的促进作用，应注意的事项有：①认真调查和考虑进口方的资信情况和经营作风，成交金额应妥善掌握，不宜超过其信用额度。②国外代收行一般不能由进口方指定，如确有必要，应事先征得托收行同意。③在交易条件上，应采用 CIF 或 CIP 贸易术语，由出口方办理保险。否则，应投保"卖方利益险"。④对承兑交单和授权代收行凭进口方出具信托收据借单的做法，应谨慎行事。⑤对于贸易管制和外汇管制较严的国家，一般不宜做托收。⑥填写运输单据时应做指示抬头并加空白背书，如需以代收行为抬头，必须得到该银行的认可。⑦严格按照合同的规定装运货物，制作单据，以防进口方寻找借口拒付货款。⑧对托收业务要制定健全的管理制度，定期检查，做好催收工作，发现问题应及时采取措施，尽可能避免或减少损失。

 超级链接

《托收统一规则》简介

国际商会为了统一托收业务的做法，减少托收业务各有关当事人可能产生的矛盾和纠纷，曾于 1958 年草拟《商业单据托收统一规则》（The Uniform Rules for Collection，ICC Publication No.322）；1995 年再次修订，称为《托收统一规则》国际商会第 522 号出版物（简称《URC522》），1996 年 1 月 1 日实施。《托收统一规则》自公布实施以来，被各国银行所采用，已成为托收业务的国际惯例。

需要注意的是，该规则本身不是法律，因而对一般当事人没有约束力。只有在有关当事人事先约定的条件下，才受该惯例的约束。

《托收统一规则》（URC522）共 7 部分，共 26 条包括总则及定义、托收的形式和结构、提示方式、义务与责任、付款、利息、手续费及其他费用，其他规定。根据《托收统一规则》规定托收意指银行根据所收的指示，处理金融单据和/或商业单据，目的在于取得付款和/或承兑，凭付款和/或承兑交单，或按其他条款及条件交单。上述定义中所涉及的金融单据是指汇票、本票、支票或其他用于付款或款项的类似凭证；商业单据是指发票、运输单据、物权单据或其他类似单据，或除金融单据之外的任何其他单据。

【操作示范 9】
拟定贸易合同托收支付的条款，见样例 3-12。

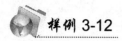

样例 3-12

诚通贸易公司

CHENG TONG TRADE COMPANY

1405 BAIZHANG EAST ROAD SHANGHAI CHINA

Tel：（86-574）85788877   **销 售 合 同**   S/C NO.：RXT26

Fax：（86-574）85788876   Sales Contract   DATE：Apr.10, 2011

To Messrs，

　　YIYANG TRADING CORPORAT10N

　　88 MARAHALL AVE

　　DONCASTER VIC 3108 MONTREAL CANADA

Dear Sirs，

　　We hereby confirm having sold to you the following goods on terms and conditions as specified below：

NAME OF COMMODITY AND SPECIFICATIONS，PACKING	QUANTITY	UNIT PRICE	TOTAL AMOUNT
COTTON TOWELS		CIF MONTREAL	
10"×10"	16,000 DOZS	USD 1.31/DOZ	USD 20,960.00
20"×20"	6,000 DOZS	USD 2.51/DOZ	USD 15,060.00
30"×30"	11,000 DOZS	USD 4.70/DOZ	USD 51,700.00
PACKING IN 300 CARTONS			

装运港／目的港：

LOADING PORT & DESTINATION：FROM SHANGHAI TO MONTREAL

装运期限：

TIME OF SHIPMENT：NOT LATER THAN SEP. 30, 2011

分批：

PARTIAL SHIPMENT：NOT ALLOWED

转船：

TRANSSHIPMENT：NOT ALLOWED

保险：

INSURANCE：FOR 110 PERCENT OF INVOICE VALUE COVERING ALL RISKS AS PER OCEAN MARINE CARGO CLAUSES OF PICC DATED 1/1/1981.

付款条件：

TERMS OF PAYMENT：DOCUMENTS AGAINST PAYMENT AT SIGHT

即期付款交单支付条款

第三项条款的拟定　信用证支付方式条款

一、信用证业务概述

信用证是指开证行应开证申请人的请求和指示，开给受益人在其履行信用证条件时付款的承诺文件。

（一）信用证的基本当事人

信用证业务要涉及以下当事人：

1）开证申请人（Applicant），是指向银行申请开立信用证的人，即进口人或实际买主，在信用证中往往又称开证人（Opener）。如由银行自己主动开立信用证，则没有开证申请人。

2）开证银行（Opening Bank，Issuing Bank），是指接受开证申请人的委托，开立信用证的银行。它承担保证付款的责任，开证行一般是进口人所在地银行。

3）通知银行（Advising Bank，Notifying Bank），是指受开证行的委托，将信用证转交出口人的银行。它只证明信用证的真实性，并不承担其他义务。通知银行一般是出口人所在地银行。

4）受益人（Beneficiary），是指信用证上指定的有权使用该证的人，即出口人或实际供货人。

5）议付银行（Negotiating Bank），是指愿意买入受益人交来的跟单汇票的银行。议付银行可以是指定的银行，也可以是非指定的银行，由信用证的条款来规定。

6）付款银行（Paying Bank，Drawee Bank），是指信用证上指定的付款银行。它一般是开证行，也可以是指定的另一家银行，根据信用证的条款的规定来决定。

由于银行业务关系，还可能涉及偿付行和保兑行。

偿付行（Reimbursing Bank）是接受开证行委托或授权向议付行或付款行偿付货款的银行。偿付行只负责付款而不受理单据、不审单。如果开证行在见单后发现单证不符时，可直接向议付行或付款行追回货款。如果偿付行未能偿付，开证行仍应承担付款责任。

保兑行（Confirming Bank）是根据开证行的请求，在信用证上加具保兑的银行。保兑行通常为通知行，也可以是第三家银行。保兑行对受益人承担首先付款责任，一经付款，就无权向受益人追索。

（二）信用证业务的基本程序

采用信用证支付方式结算货款，其具体程序会因信用证种类不同而有所差异，但从一般原理来分析，信用证的收付程序有几个基本环节，如图 3-11 所示。

二、信用证的特点与作用

（一）信用证的特点

信用证的性质是银行信用。根据《跟单信用证统一惯例》的规定，信用证具有三个主要特点。

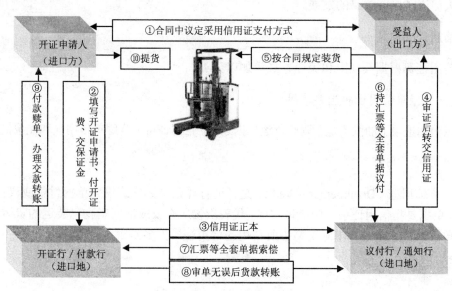

图 3-11　信用证的收付程序

说明:

① 进出口双方在贸易合同中明确以信用证方式结算货款,并确定信用证的种类、金额、到期日和开证日期等。

② 进口方在合同规定的时限内向当地银行申请开证,依照合同各项有关规定,填写开证申请书,并交付押金或其他保证金。

③ 开证行根据申请书的内容,开立以出口方为受益人的信用证,并寄交通知行。

④ 通知行收到信用证,即核对开证行的签字与密押,审核无误后,转交出口方。

⑤ 出口方审证,如发现与合同条款不符或其他错误,即通知进口方修改信用证。如审核无误,则按时装运货物取得货运单据。

⑥ 出口方在信用证有效期和交单期内,缮制汇票及信用证规定的各种单据,提交议付行办理议付。议付行审核单证无误后,根据汇票金额扣除利息,将货款垫付给出口方。

⑦ 议付行将汇票和全套单据寄交开证行或其指定付款行索偿。

⑧ 开证行或付款行审核单据无误后,付款给议付行。

⑨ 开证行通知进口方付款赎单。进口方审核单据无误后,办理付款手续,获取全套单据。

⑩ 进口方凭货运单据向承运人提货。

资料来源:童宏祥. 2010. 外贸单证实务. 上海:上海财经大学出版社.

1)开证银行负首要付款责任。信用证是一项约定,按此约定,在提交的单据符合信用证条件的情况下,即使开证申请人在开证后失去付款能力,开证银行仍必须向受益人或其指定人进行付款、承兑或议付。开证银行承担的是第一性的付款责任。信用证付款的性质属于银行信用。

2)信用证是一种自足文件。信用证虽以贸易合同为基础,但信用证一经开出就成为独立于合同以外的另一种契约。开证银行只受信用证的约束而与该合同完全无关。

3)信用证是纯单据业务。银行处理的只是单据,不问货物、服务或其他行为,而且只强调从表面上确定其是否与信用证条款相符,以决定是否承担付款的责任。

(二)信用证支付方式的作用

采用信用证支付方式对出口商安全收汇较有保障,同时对进口商来说,由于货款的支付是以取得符合信用证规定的单据为条件,避免了预付货款的风险。因此,采用信用证支付方式,在很大程度上解决了出口商和进口商双方在付款与交货问题上的矛盾,从而大大促进了国际贸易的发展。

三、信用证的种类

信用证可根据其期限和流通方式等加以分类。

(一)跟单信用证和光票信用证

以信用证项下的汇票是否附有货运单据划分,信用证可分为跟单信用证和光票信用证。

1. 跟单信用证

跟单信用证(Documentary Credit)是开证行凭跟单汇票或仅凭单据付款或议付的信用证。单据是指信用证条款中所规定的,代表货物所有权或证明货物已装运的货运单据,如提单、航空运单等。国际贸易中所使用的信用证,大多是跟单信用证。

2. 光票信用证

光票信用证(Clean Credit)是开证行仅凭出口方开具的汇票,无需附带货运单据付款的信用证。有的信用证要求汇票附有发票、收据、垫款清单等非货运单据,也属光票信用证。光票信用证仅用于从属费用的清算和总公司与分公司之间货款的清偿。

(二)即期信用证和远期信用证

根据付款的时间不同,信用证可分为即期信用证和远期信用证。

1. 即期信用证

即期信用证(Sight Credit),是指开证行或付款行收到符合信用证条款的单据后,立即履行付款义务的信用证。这种信用证的特点是出口方收汇迅速安全,有利于资金周转。

在即期信用证中,有时还加列电汇索偿条款(T/T Reimbursement Clause)。这是指开证行允许议付行用电传等快捷方式通知开证行或指定付款行,说明各种单据与信用证要求相符,要求其用电汇方式将货款拨交议付行。

2. 远期信用证

远期信用证(Usance Letter of Credit),是指开证行或付款行收到符合信用证条款的单据后,在规定的期限内保证付款的信用证。远期信用证又可分为下列两种:

1)承兑信用证(Banker's Acceptance Credit),是指付款行在收到符合信用证规定的远期汇票和全套单据时,先在汇票上履行承兑手续,然后于汇票付款到期日再进行付款的信用证。

承兑信用证一般用于远期付款的交易,有时进口方为了融资方便或利用银行较低的贴现率,在与出口方签订即期付款合同后,却要求开证行开立远期承兑信用证,并在信用证中规定"远期汇票可即期付款,所有贴现和承兑费用由买方负担"。由于该信用证的贴现费由进口方承担,故称"买方远期信用证",我国习惯称"假远期信用证"。使用这种信用证,受益人能即期回收全额货款,但开证行一旦遭进口方拒付,可向出口方实施追索。

2)延期付款信用证(Deferred Payment Credit),是指开证行在信用证中规定货物装船后若干天付款,或开证行收单后若干天付款的信用证。延期付款信用证不要求出口方开立汇票,因此不能贴现。在国际贸易中,多用于成交金额较大、付款期限较长的资本货物交易。

（三）议付信用证和付款信用证

根据付款的方式不同,信用证可分为议付信用证和付款信用证。

1. 议付信用证

议付信用证(Negotiation Credit),是指开证行允许受益人向某一指定银行或任何银行交单议付的信用证。议付信用证又可分为公开议付信用证和限制议付信用证。公开议付信用证是指任何银行均可按信用证条款自由议付的信用证;限制议付信用证是开证行指定某一银行进行议付的信用证。

2. 付款信用证

付款信用证(Payment Credit),是受益人只能直接向开证行或其指定的付款行交单索偿的信用证。付款信用证一般不要求受益人开具汇票,仅凭受益人提交的单据付款。

议付信用证与付款信用证的主要区别是:前者当议付行议付货款后,如因单据与信用证条款不符等原因未能向开证行收回款项时,可向受益人追索;后者当付款行一经付款,无权以任何理由向受益人追索。

（四）保兑信用证和不保兑信用证

根据是否由另一家银行进行保兑,信用证可分为保兑信用证和不保兑信用证。

1. 保兑信用证

保兑信用证(Confirmed Letter of Credit)是指另一家银行(保兑行)应开证行请求,对其所开信用证加以保证兑付的信用证。保兑行(Confirming Bank)通常由通知行担任,也可以是其他银行。

信用证一经保兑,受益人可直接向保兑行交单索偿,保兑行对受益人负第一性付款或议付的责任。只要在信用证有效期内,保兑行不能撤销其保兑责任,即使议付后发生开证行倒闭或拒付,保兑行不能向受益人追索。

2. 不保兑信用证

不保兑信用证(Unconfirmed Letter of Credit),是指未经其他银行保兑的信用证,即一般的不可撤销信用证。

（五）可转让信用证和不可转让信用证

根据信用证是否可转让，可分为可转让信用证和不可转让信用证。

1. 可转让信用证

可转让信用证（Transferable Credit），是指开证行授权有关银行在受益人的要求下，可将信用证的全部或一部分金额转让给第三者的信用证。

可转让信用证必须由开证行在证中注明"可转让"字样，否则不得转让。可转让信用证只限转让一次。如信用证允许分批装运，在总和不超过信用证金额的前提下，可分别转让给几个第二受益人；如果信用证不准分批装运，则限转让给一个第二受益人。进口方开立可转让信用证，意味着他同意出口人将交货、交单义务由出口方指定的其他人来履行。但买卖合同并未转让，如果发生第二受益人不能交货或交货不符合合同规定或单据不符合买卖合同的要求时，原出口方仍要承担买卖合同规定的卖方责任。

可转让信用证主要适用于中间商贸易。中间商（即第一受益人）为了赚取利润差额，通常要求开立可转让信用证转让给实际供货人（即第二受益人），由供货人办理出运手续。

2. 不可转让信用证

不可转让信用证（Untransferable Credit），是指受益人无权转让给其他人使用的信用证。根据 UCP600 的规定，凡信用证未注明"可转让"字样，均为不可转让信用证，仅限于受益人本人使用。

（六）循环信用证

循环信用证（Revolving Credit），是指受益人在信用证有效期内交货提款后，信用证金额又自动恢复到原金额，可再次使用此信用证，直至达到信用证规定的使用次数或总金额为止。循环信用证一般适用于定期分批、均衡供应、分批结汇的长期合同，既可以减少进口方的开证费用和押金，又可以避免多次审证或催证手续。

循环信用证的循环方式有以下三种。

1. 自动循环

自动循环（Automatic Revolving），即信用证金额在每次议付后，不必等待开证行通知即可自动恢复到原金额。

2. 半自动循环

半自动循环（Semi-automatic Revolving），即信用证金额在每次议付后若干天内，未接到开证行停止恢复原金额的通知，方可自动循环。

3. 非自动循环

非自动循环（Non-automatic Revolving），即信用证金额在每次议付后，须经开证行通知才能恢复原金额的使用。

（七）对开信用证

对开信用证（Reciprocal Credit），是指两张信用证的开证申请人互以对方为受益人而开立的信用证。对开信用证多用于易货贸易、来料来件加工和补偿贸易。在来料来件加工装配业务中，为避免垫付外汇，通常我方进口原料或配件先开立远期信用证，返销成品由对方开立即期信用证，用该货款支付到期原料或配件货款，其余额就是加工利润。

对开信用证的特点是：①第一张信用证的受益人和开证申请人就是第二张信用证的开证申请人和受益人；②第一张信用证的开证行是第二张信用证的通知行，第二张信用证的开证行也是第一张信用证的通知行；③两证金额可相等或不等，两证可同时生效，也可先后生效。

（八）对背信用证

对背信用证（Back to Back Credit），是指受益人要求原证的通知行或其他银行以原证为基础，另开一张内容相似的新信用证。对背信用证的内容除开证人、受益人、金额、单价、装运期和到期日等可作变动外，关于货物描述的条款一般与原证相同。

对背信用证的开证人通常是以原证项下收得的款项来偿付对背信用证开证行已垫付的资金。所以，对背信用证的开证行除了要以原证作为开新证的抵押外，一般还要求开证人缴纳一定数额的押金或担保品。由于受原证的约束，对背信用证的受益人如要求修改内容须征得原证开证人和开证行的同意。

对背信用证通常是由中间商为转售他人货物谋利，或两国不能直接进行交易须通过第三国商人开立此证开展贸易。

（九）预支信用证

预支信用证（Anticipatory Credit），是指开证行授权代付行向受益人预付信用证金额的全部或一部分，由开证行保证偿还并负担利息。预支信用证的特点是开证人付款在先，受益人交单在后。预支信用证凭出口方的光票付款，或在预支条款中加列受益人须提供银行保函或备用信用证，以保证受益人不履约时退还已预支的款项。一旦出口方事后不交单，开证行和代付行不承担责任。为引人注目，这种预支货款的条款，常用红字打出，故俗称"红条款信用证"（Red Clause Credit）。如今预支条款并非红色表示，但效力相同。

（十）备用信用证

备用信用证（Standby L/C），是指开证行根据开证申请人的请求，对受益人开立承诺负责某项义务的凭证，故又称担保信用证（Guarantee L/C）。即开证行保证在开证申请人未能履约时，受益人只要凭备用信用证的规定向开证行开具汇票（或不开汇票），并提交开证申请人未履约的证明文件，即可取得开证行的偿付。备用信用证属于银行信用，其作为一方违约补偿之用，如正常履约，该证就备而不用。

备用信用证是在有些国家禁止银行开立保证书的情况下，为适应对外经济发展的需要而产生的，因此，它的用途与银行保证书几乎相同。

（十一）信开信用证和电开信用证

根据信用证开立的方式，可分为信开信用证和电开信用证。

1. 信开信用证

信开信用证（Mail Credit），是开证行用书信格式缮制，并通过航空邮寄送达通知行的信用证。目前，这种开证方式已较少使用。

2. 电开信用证

电开信用证（Teletransmission Credit），是用电讯方式开立和通知的信用证，其中采用 SWIFT 形式开证的居多。SWIFT 是环球银行金融电讯协会（Society for Worldwide Interbank Financial Telecommunication）的简称，通过 SWIFT 开立或通知的信用证称为 SWIFT 信用证，其具有标准化、固定化和格式化的特性。由于 SWIFT 信用证传递速度快、成本低，因此银行多用此方式开立。

电开信用证有全电本和简电本两类。全电本是以电文形式开出的完整信用证，可凭此交单议付。在 SWIFT 中，通常采用 MT700/MT701 格式；简电本是将信用证金额、有效期等主要内容用电文预先通知受益人，并注明"随寄证实书"，即信开信用证，目的是让受益人早日备货。在 SWIFT 中，通常采用 MT705 格式。如果遇到信用证修改，则采用 MT707 格式。

四、贸易合同信用证支付条款拟定

（一）信用证支付条款的主要内容

采用信用证支付方式，应在贸易合同的支付条款中就开证日期、开证银行、受益人、信用证的种类和金额等做出明确规定。

【例 3-7】 即期信用证：

买方应于装运月份前××天通过卖方可接受的银行开立并送达卖方不可撤销的即期信用证，有效期至装运月份后 15 天在中国议付。

The Buyers shall open through a bank acceptable to the Sellers an Irrevocable Sight Letter of Credit to reach the Sellers ×× days before the month of shipment, valid for negotiation in China until the 15th day after the month of shipment.

【例 3-8】 远期信用证：

买方应通过卖方所接受的银行于 2009 年 9 月前开立不可撤销见票后 30 天付款的信

用证并送达卖方，有效至装运月份后第 15 天在上海议付。

The buyer shall open through a bank acceptable to the seller a letter of credit at 30 days' sight to reach the seller before September,2009, valid for the negotiation in shanghai until the 15th day after the month of shipment.

（二）信用证支付方式应注意的问题

采用信用证支付方式，应要求开证申请人严格按照贸易合同和 UCP600 的规定及时开证。UCP600 已被世界各国银行所采用，成为公认的、最重要的国际贸易惯例之一。但是，UCP600 不是法律，只有开证行在信用证中明确注明根据 UCP600 开立的文字，才受其约束。为此，我国银行开立的信用证也都注明遵照此惯例。

【操作示范10】

拟定贸易合同信用证支付的条款，见样例 3-12。

诚通贸易公司

CHENG TONG TRADE COMPANY

1405 BAIZHANG EAST ROAD NINGBO CHINA

TEL：（86-574）85788877　　销 售 确 认 书　　S/C NO.：RXT26

Fax：（86-574）85788876　　Sales Confirmation　　DATE：Apr.10, 2011

To Messrs:

TKARMRA CORPORATION 1-5．KAWARA MACH OSAKA JAPAN

谨启者：兹确认售予你方下列货品，其成交条款如下：

Dear Sirs,

We hereby confirm having sold to you the following goods on terms and conditions as specified below:

唛头 SHIPPING MARK	货物描述及包装 DESCRIPTIONS OF GOODS，PACKING	数量 QUANTITY	单价 UNIT PRICE	总值 TOTAL AMOUNT
T.C RXT26 OSAKA C/NO.1-UP	100% COTTON COLOUR WEAVE T-SHIRT 　　　　RM111 　　　　RM222 　　　　RM333 　　　　RM444 PACKED IN ONE CARTON 30 PCS OF EACH	 2000 PCS 2000 PCS 1000 PCS 1000 PCS	CIF OSAKA USD 11.00/PC USD 10.00/PC USD 9.50/PC USD 8.50/PC	 USD 22,000.00 USD 20,000.00 USD 9,500.00 USD 8,500.00

INSURANCE:

付款条件：

TERMS OF PAYMENT：L/C AT SIGHT 信用证支付条款

买方须于 2011 年 5 月 20 日前开出本批交易的信用证（或通知售方进口许可证号码），否则，售方有权不经过通知取消本确认书，或向买方提出索赔。

The Buyer shall establish the covering Letter of Credit(or notify the Import License Number) before May. 20, 2011, failing which the Seller reserves the right to rescind without further notice, or to accept whole or any part of this Sales Confirmation non-fulfilled by the Buyer, or, to lodge claim for direct losses sustained, if any.

 Part Ⅳ　争议预防和处理条款的订立

第一项条款的拟定　商品检验检疫条款

一、检验检疫的机构和职责

（一）商品检验检疫制度

商品检验检疫（Commodity Inspection and Quarantine），是指在国际贸易过程中，对卖方交付合同规定的货物进行品质、数（重）量和包装等方面的鉴定，并根据一国法律的规定进行安全、卫生、环境保护和动植物病虫害等进行检验检疫。

我国为了更好地开展商检工作先后制定了一系列法规。1984 年国务院颁布了《中华人民共和国进出口商品检验条例》，规定国家商检局是统一监督管理全国进出口商品检验工作的主管机关，明确了商检机构的检验范围、检验内容、检验制度以及对违法行为的行政处罚等。1989 年 2 月通过了《中华人民共和国进出口商品检验法》（以下简称《商检法》），以法律的形式明确了商检机构对进出口商品实行法定检验，办理进出口商品鉴定业务以及监督管理进出口商品检验工作等基本职责，规定了法定检验的内容、标准及相应的法律责任。1992 年 10 月国家商检局制定了《中华人民共和国进出口商品检验法实施条例》（以下简称《商检法实施条例》），作为《商检法》的配套法规，进一步阐明了商品检验检疫局工作的法律地位，规定了法定检验、鉴定业务的范围和监督管理的各项制度。《商检法》与《商检法实施条例》，对于维护国家利益、国际信誉，促进外贸发展具有重大的作用。

（二）检验检疫机构

在国际货物买卖中，商品检验工作通常都由专业的检验机构负责办理。各国的检验机构，从组织性质来分，有官方的，有同业公会、协会或私人设立的，也有半官方的；从经营的业务来分，有综合性的，也有只限于检验特定商品的，比较著名的有美国食品药物管理局（FDA）、日本通产省检查所。国际贸易中的商品检验主要由民间机构来承担，民间商检机构具有公证机构的法律地位，如瑞士日内瓦通用鉴定公司（SGS）、法国船级社（B.V.）以及香港天祥公证化验行等。

在具体交易中，确定检验机构时，应考虑有关国家的法律法规、商品的性质、交易条件和交易习惯。检验机构的选定还与检验时间、地点有一定的关系。一般来讲，规定在出口国检验时，应由出口国的检验机构进行检验；在进口国检验时，则由进口国的检验机构负责。但是，在某些情况下，双方也可以约定由买方派出检验人员到产地或出口地验货，或者约定由双方派员进行联合检验。

（三）检验检疫机构的职责

根据我国《商检法》规定，中华人民共和国出入境商品检验检疫局主管全国进出口商品检验检疫工作，并在省、自治区、直辖市以及进出口商品的口岸、集散地设立其分支机构，管理该地区的进出口商品检验检疫工作。具体工作职责如下。

1. 实施法定检验

法定检验检疫的目的是为了保证进出口商品、动植物（或产品）及其运输设备的安全、卫生符合国家有关法律法规规定和国际上的有关规定，防止次劣有害商品、动植物（或产品）以及危害人类和环境的病虫害及传染病源输入或输出，保障生产建设安全和人民健康。

法定的检验商品未经检验检疫，不准销售、使用和出口。对进出口商品实施法定检验检疫的范围主包括：

1）对列入《商检机构实施检验的进出口商品种类表》的进出口商品的检验；

2）对出口食品的卫生检验；

3）对出口危险货物包装容器的性能鉴定和使用鉴定；

4）对装运出口易腐烂变质食品、冷冻品的船舱、集装箱等运载工具的适载检验；

5）对有关国际条约规定须经商检机构检验的进出口商品的检验；

6）对其他法律、行政法规规定须经商检机构检验的进出口商品的检验。

另外，《商检法》规定，凡列入法定检验的进出口商品和其他法律、法规规定的检验检疫商品，经申请并报国家商品检验检疫局批准，可免予检验。申请人申请免验，应当具备以下条件：

1）在国际上获得质量奖的商品；

2）经商品检验检疫机构多次检验，或经国家商品检验检疫局认可的外国有关组织实施质量认证的进出口商品；

3）连续3年经商品检验检疫机构检验，合格率为100%并在3年内没有发现质量异议的出口商品；

4）一定数量限额内的非贸易性进出口商品；

5）进出口的样品、礼品、非销售展品和其他非贸易性物品。

2. 办理公证鉴定业务

进出口商品鉴定业务是指根据国际贸易当事人的申请或外国检验机构的委托，以第三者公证人的身份对进出口商品或运载技术条件等进行检验鉴定，签发鉴定证书，作为有关各方当事人维护其利益的有效法律文件。

进出口商品鉴定业务主要包括：进出口商品的质量、数量、重量包装鉴定、积载鉴定、残损鉴定、海损鉴定、集装箱及集装箱货物鉴定、签发价值证书及其他进出口商品的鉴定业务。鉴定业务是凭申请办理的，不是依据法律强制性的检验，与法定检验有着本质的区别。

3. 实施监督管理

监督管理是指商品检验检疫机构依据国家的法律与行政法规，运用行政管理手段对进出口商品的收货人、发货人及生产、经营、储运单位以及国家商品检验检疫局指定认可的检验机构和认可的检验人员的检验工作实施监督管理，以保证进出口商品的检验检疫质量，维护国家的经济利益和信誉。

二、检验的时间与地点

在国际贸易中，都允许买方在接受商品前有权检验商品，但在何时何地对商品进行检验，各国法律都无统一的规定。由于商品检验的时间和地点直接关系到交易双方的经济利益，因此买卖双方必须在合同中予以明确的约定，其方法如下。

（一）出口国检验

出口国检验是指卖方在出口国装船前，向商品检验检疫机构申请对出口商品进行检验，以其出具的品质或重量等检验证书作为该项条件的最后依据。采用这种做法，将最终检验权归属于卖方，买方无复验权。

（二）进口国检验

进口国检验是指商品在进口国卸货后，由当地的检验机构进行检验，以其出具的检验证书作为最后依据，如买方发现商品的品质、数量等与合同规定不符，可凭检验证书向卖方提出索赔。除非造成上述情况的原因是承运人或保险人的责任以外，卖方不得拒绝理赔。

（三）出口国检验与进口国复验

出口国检验与进口国复验是指商品在出口国装船前进行检验并取得检验证书，但该检验证书并不是最后的依据，而是作为卖方向银行议付货款的一种凭证，买方仍有权对进口商品进行复验，向卖方及有关当事人对商品货损、短缺提出索赔。这种做法既承认卖方提供的检验证书是有效的文件，又承认买方具有检验货物的权利，比较合理，目前是国际贸易中普遍采用的做法。

三、商品检验证书

（一）商检证书的种类

商品检验证书是指进出口商品经商品检验检疫机构检验、鉴定后出具的证明检验结果的书面文件。

商品检验证书的种类很多，在实际进出口商品交易中，应在检验条款中规定检验证书的类别及商品检验检疫的要求。包括品质检验证书、重量检验证书、数量检验证书、兽医检验证书、卫生健康检验证书、熏蒸/消毒检验证明书、产地检验证书、价值检验证书、残损检验证书、温度检验证书以及船舱检验证书。

（二）商检证书的作用

商品检验检疫证书所证明的商品检验检疫结果，直接关系到贸易当事人各方的责任和经济权益。其作用主要体现在：①是进出口商品报关的有效证件；②是证明卖方所交货物的品质、数（重）量、包装及卫生条件等符合合同规定的合法证件；③是证明买方对货物的品质、数（重）量、包装及卫生条件等提出异议、拒收货物的法律证书；④是卖方向银行议付货款的主要单证；⑤是买卖双方进行仲裁或诉讼的有效证据。

四、贸易合同检验检疫条款的拟定

（一）检验检疫条款的主要内容

商品检验检疫条款的主要内容有：商品的检验检疫机构、检验检疫的时间与地点、商品检验证书的名称和索赔的时效。

（二）订立检验检疫条款应注意的问题

1）明确买卖双方对进出口商品进行检验检疫的机构，以示确立其合法性。

2）确定须出具的检验检疫证书的名称和份数，以满足不同部门的需要。

3）出口食品和动物产品的卫生检验检疫，一般均按我国标准及有关法令规定办理。如外商提出特殊要求或按国外法规有关标准进行检验检疫，应要求对方提供有关的资料，经出入境检验检疫机构和有关部门研究后，才能接受。

4）订明买方对货物的品质、数（重）量等进行复验的时间、地点和复验方法。复验地点一般为目的港，机器设备可在目的地。复验时间不宜过长，通常视商品性质而定，为货到目的港后 30～180 天不等。

【操作示范 11】

拟定贸易合同检验检疫的条款，见样例 3-13。

 样例 3-13

诚通贸易公司
CHENG TONG TRADE COMPANY
1405 BAIZHANG ROAD NINGBO CHINA

Tel：（86-574）85788877	销 售 确 认 书	S/C NO.：RXT26
Fax：（86-574）85788876	Sales Confirmation	DATE：Apr.10, 2011

To Messrs：

TKARMRA CORPORATION1-5．KAWARA MACH OSAKA JAPAN

谨启者：兹确认售予你方下列货品，其成交条款如下：

Dear Sirs，

We hereby confirm having sold to you the following goods on terms and conditions as specified below:

唛头 SHIPPING MARK	货物描述及包装 DESCRIPTIONS OF GOODS，PACKING	数量 QUANTITY	单价 UNIT PRICE	总值 TOTAL AMOUNT
	100% COTTON COLOUR WEAVE T-SHIRT		CIF OSAKA	
T.C	RM111	2000 PCS	USD 11.00/PC	USD 22,000.00
RXT26	RM222	2000 PCS	USD 10.00/PC	USD 20,000.00
OSAKA	RM333	1000 PCS	USD 9.50/PC	USD 9,500.00
C/NO.1-UP	RM444	1000 PCS	USD 8.50/PC	USD 8,500.00
	PACKED IN ONE CARTON　30 PCS OF EACH			

　　买卖双方同意以装运港中国出入境检验检疫局签发的质量证书作为信用证项下议付所提交的单据的一部分，买方有权对货物的质量和重量进行复验，复验费由买方担负。若发现质量与合同规定不符时，买方有权向卖方索赔，并提交经卖方同意的公证机构出具的检验报告。索赔期限为货物到达目的港（地）后90天内。

It's mutually agreed that the Certificate of Quality issued by the China Exit and Entry Inspection and Quarantine Bureau at the port of shipment shall be part of the documents to be presented for negotiation under the relevant L/C. The buyers shall have the right to reinspect the quality of the cargo.The reinspection fee shall be borne by the buyers. Should the quality be not in conformity with of the contract, the Buyers are entitled to lodge with the Sellers a claim which should be supported by survey repays issued by a recognized surveyor approved by the Sellers.The claim, if any, shall be lodged within 90 days after arrival of the goods at the port of destination.

检验检疫条款

第二项条款的拟定　不可抗力条款

一、不可抗力的认定

　　不可抗力（Force Majeure），是指买卖合同签订后，不是由于当事人一方的过失或故意，发生了当事人在订立合同时不能预见，对其发生和后果不能避免并且不能克服的事件，以致不能履行合同或不能如期履行合同。遭受不可抗力事件的一方可以据此免除履行合同的责任或推迟履行合同，对方无权要求赔偿。

不可抗力条款是指在合同中订明如当事人一方因不可抗力事件而不能履行合同的全部或部分义务的，免除其责任，另一方当事人不得对此要求损害赔偿。

（一）引起不可抗力事件的原因

引起不可抗力事件的原因很多，一般归纳为两种情况：①自然原因引起的，如洪水、火灾、暴风雨、大雪、地震等自然灾害；②社会原因引起的，如战争、罢工、政府禁令等社会异常事件。值得注意的是，并非所有的自然原因和社会原因引起的事件都属于不可抗力。

（二）构成不可抗力事件的条件

构成不可抗力事件的主要条件是：①事件是在签订合同后发生的；②事件的发生不是由于任何一方当事人的故意或过失所造成的；③事件的发生及其造成的结果是当事人无法预见、无法预防、无法避免和无法克服的。

二、不可抗力事件的处理

不可抗力事件的处理，主要有下列两种方法。

（一）变更合同

变更合同是指对原订立的合同条款做部分的变更，使遭受不可抗力事件的当事人免除履行部分合同责任，或延期履行合同责任。

（二）解除合同

解除合同是指当事人在发生不可抗力事件后，合同无法履行时，可以解除合同，不承担其责任。

在国际贸易合同履行的过程中，如果发生了不可抗力事件致使合同无法得到全部或部分履行，有关当事人可依据法律或合同的规定，免除其相应的责任，即解除合同或变更合同。但发生不可抗力的一方必须采取合理的措施，减轻给对方造成的损失，及时通知对方，提出处理意见，并向对方提供不可抗力的证明。在我国出具证明的机构，一般是中国国际贸易促进委员会。在国外则由当地的商会或登记注册的公证行出具。

在不可抗力事件发生后，接到关于不可抗力事件的通知或证明文件的一方，无论同意与否，都必须立即予以答复，否则按有些国家的法律规定，将被视作默认。

三、贸易合同不可抗力条款拟定

（一）不可抗力条款的主要内容

不可抗力条款的主要内容有：规定不可抗力的范围；提出事件的处理原则和方法；明确不可抗力事件的通知期限、通知方式和出具证明的机构等。

（二）订立不可抗力条款应注意的问题

在订立合同时，应明确不可抗力的认定条件，避免因理解不同而产生争议。明确规定不可抗力事件证明的出证机构，并规定遭受不可抗力事件一方享有免责的权利。

【操作示范 12】

拟定贸易合同不可抗力的条款，见样例 3-14。

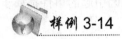 样例 3-14

诚通贸易公司
CHENG TONG TRADE COMPANY
1405 BAIZHANG EAST ROAD NINGBO CHINA

TEL：（86-574）85788877	销 售 确 认 书	S / C NO.：RXT26
Fax：（86-574）85788876	Sales Confirmation	DATE：Apr.10, 2011

To Messrs:

TKARMRA CORPORATION 1-5．KAWARA MACH OSAKA JAPAN

谨启者：兹确认售予你方下列货品，其成交条款如下：

Dear Sirs,

We hereby confirm having sold to you the following goods on terms and conditions as specified below:

唛头 SHIPPING MARK	货物描述及包装 DESCRIPTIONS OF GOODS，PACKING	数量 QUANTITY	单价 UNIT PRICE	总值 TOTAL AMOUNT
	100% COTTON COLOUR WEAVE T-SHIRT		CIF OSAKA	
T.C	RM111	2000 PCS	USD 11.00/PC	USD 22,000.00
RXT26	RM222	2000 PCS	USD 10.00/PC	USD 20,000.00
OSAKA	RM333	1000 PCS	USD 9.50/PC	USD 9,500.00
C/NO.1-UP	RM444	1000 PCS	USD 8.50/PC	USD 8,500.00
	PACKED IN ONE CARTON 30 PCS OF EACH			

如由于战争、地震或其他不可抗力的原因致使卖方对合同项下的货物不能装运或迟延装运，卖方对此不负任何责任，但卖方应立即通知买方并于 15 天内以航空挂号函件寄给卖方，由中国国际贸易促进委员会出具证明书，以证明该不可抗力事件的发生。

If the shipment of the contracted goods is prevented or delayed in whole or in part by reason of war, earthquake or other causes of Force Majeure, the Seller shall not be liable. However, the Seller shall notify the Buyer immediately and furnish the letter by registered airmail with a certificate issued by the China Council for the Promotion of International Trade attesting such event or events.

不可抗力条款

第三项条款的拟定　异议与索赔条款

一、争议与违约

（一）争议

所谓争议（Disputes），是指交易的一方认为对方未能部分或全部履行合同规定的责任和义务而引起的纠纷。交易中引起争议的原因一般有三种：①出口方违约。如出口方不能按时、按质、按量交货，致使进口方受损。②进口方违约。如进口方不按合同规定日期开信用证或不开证，及不按期接货或无理拒付货款，致使出口方受损。③进出口双方都有某些违约行为。如合同条款订立不明确，致使双方的理解产生分歧，从而引起一方或双方都有违约行为。

（二）违约

所谓违约（Breach of Contract），是指交易双方中的任何一方违反合同义务的行为。我国《合同法》第107条规定，违约是指"当事人一方不履行合同义务或者履行合同义务不符合约定的"。违约的性质一般有三种：①一方当事人的故意行为导致违约；②一方当事人的疏忽、过失或业务不熟而导致违约；③对合同义务不重视或玩忽职守而导致违约。

在国际贸易合同履行中，构成违约的一方在法律上要承担违约责任，受损方有权根据合同或有关法律的规定提出损害赔偿要求，这是国际贸易中普遍遵循的原则。但对不同性质的违约行为应承担的法律责任，各国法律有不同的解释。

1. 英国法将违约分为"违反要件"和"违反担保"

违反要件（Breach of Condition），是指违反合同的主要条款，即违反与商品有关的品名、质量、数量、交货期等要件，在合同的一方当事人违反要件的情况下，另一方当事人即受损方有权解除合同，并有权提出损害赔偿。

违反担保（Breach of Warranty），是指违反合同的次要条款，在违反担保的情况下，受损方只能提出损害赔偿，而不能解除合同。至于在每份具体合同中，哪个属于要件，哪个属于担保，该法并无明确具体的解释，只是根据"合同所作的解释进行判断"。这样，在解释和处理违约案例时，难免带有不确定性和随意性。

2.《联合国国际货物销售合同公约》将违约分为"根本性违约"和"非根本性违约"

根本性违约（Fundamental Breach），是指一方当事人违反合同，致使另一方当事人被剥夺了其根据合同规定有权期待得到的东西。这时，受损方可宣告合同无效，并可向违约方要求损害赔偿。

非根本性违约（Non-Fundamental Breach），是指违约未达到根本性违约的程度，对此受损方只能要求损害赔偿而不能解除合同。

我国《合同法》规定合同当事人一方违约后，另一方当事人可以要求违约方承担"继续履行、采取补救措施或者赔偿损失等违约责任",也可以提出"解除合同"。其中违约方承担的违约责任可分为继续履行、补救措施、违约金、赔偿损失和定金五种形式,各类责任有各自适用的条件。

由于各国法律和国际公约对违约行为的区分有不同的方法,对于不同的违约行为应承担的责任有不同的法律规定,因此,为维护我方的权益,要订好合同中的索赔条款。

二、索赔和理赔

索赔(Claim),是指交易一方不履行合同义务或不完全履行合同义务,致使另一方遭受损失时,受损方向违约方提出要求给予损害赔偿的行为。

理赔(Settlement),是指违约方对受损方所提出的赔偿要求进行处理的行为。

索赔和理赔是一个问题的两个方面,对受损方而言是索赔,对违约方而言是理赔。

三、贸易合同异议与索赔条款拟定

(一)异议与索赔条款的主要内容

异议与索赔条款一般是针对出口方交货品质、数量或包装不符合合同规定而订立的,其内容一般包括索赔依据、索赔期限以及索赔的处理方法。

(二)订立异议与索赔条款应注意的问题

1. 索赔对象

在国际贸易中,根据损失的原因和责任的不同,可以向以下三种对象索赔:①凡属承保范围内的货物损失,向保险公司索赔;②如系承运人的责任所造成的货物损失,向承运人索赔;③如系合同当事人的责任造成的损失,则向责任方提出索赔。

2. 索赔依据

索赔必须要有充分的法律依据和事实依据。法律依据是指相关法律规定和当事人签订的国际贸易合同;事实依据是指违约的事实和符合法律规定的书面证明。如果索赔时证据不足或出具证明的机构不符合要求等,都可拒赔。

3. 索赔期限

索赔期限是指受损方有权向违约方提出索赔的时效。按照各国法律和国际贸易惯例的规定,受损方只能在一定的索赔期限内提出索赔,否则丧失索赔权。索赔期限有约定和法定之分。约定的索赔期限是指贸易双方在合同中明确规定的索赔期限,其长短须视交易的具体内容而定;法定索赔期限是指根据有关法律规定受损方有权向违约方要求损害赔偿的期限,一般自买方实际收到货物之日起两年之内。但约定索赔期限的法律效力优于法定索赔期限,在贸易合同中,只有未约定索赔期限时,法定索赔期限才起作用。

在索赔条款中,索赔期限的起算时间的规定方法有:①货物到达目的港后××天起算；②货物到达目的港卸离海轮后××天起算；③货物到达营业处所或用户处所后××天起算；④货物经检验后××天起算。

4. 索赔金额

如果贸易合同中规定了损害赔偿金额或损害赔偿金额的计算方法，通常按其规定提出索赔。如果合同中未作具体规定，则根据以下原则确定索赔金额：

1）赔偿金额应与因违约而遭受的包括利润在内的损失额相等；

2）赔偿金额应以违约方在订立合同时可预料到的合理损失为限；

3）由于受损方未采取合理措施使有可能减轻而未减轻的损失，应在赔偿金额中扣除。

【操作示范 13】

拟定贸易合同异议与索赔的条款，见样例 3-15。

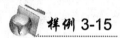 样例 3-15

诚通贸易公司

CHENG TONG TRADE COMPANY

1405 BAIZHANG EAST ROAD NINGBO CHINA

TEL：（86-574）85788877　　**销 售 确 认 书**　　S/C NO.：RXT26

Fax：（86-574）85788876　　Sales Confirmation　　DATE：Apr.10, 2011

To Messrs：

TKARMRA CORPORATION1-5. KAWARA MACH OSAKA JAPAN

谨启者：兹确认售予你方下列货品，其成交条款如下：

Dear Sirs，

We hereby confirm having sold to you the following goods on terms and conditions as specified below：

唛头 SHIPPING MARK	货物描述及包装 DESCRIPTIONS OF GOODS，PACKING	数量 QUANTITY	单价 UNIT PRICE	总值 TOTAL AMOUNT
T.C RXT26 OSAKA C/NO.1-UP	100% COTTON COLOUR WEAVE T-SHIRT RM111 RM222 RM333 RM444 PACKED IN ONE CARTON 30 PCS　OF EACH	2000 PCS 2000 PCS 1000 PCS 1000 PCS	CIF OSAKA USD 11.00 USD 10.00 USD 9.50 USD 8.50	USD 22,000.00 USD 20,000.00 USD 9,500.00 USD 8,500.00

如买方提出索赔，凡属品质异议须于货到目的口岸之后 30 日内提出，凡属数量异议须于货到目的口岸后 60 日内提出，对所装货物所提任何异议属于保险公司、轮船公司等其他有关运输或邮递机构卖方不负任何责任。

In case of quality discrepancy, claim should be filed by the Buyer within 30 days after the arrival of the goods at port of destination; while for quantity discrepancy, claim should be filed by the Buyer within 60 days after the arrival of the goods at port of destination.It is understood that the seller shall not be liable for any discrepancy of the goods shipped due to causes for which the Insurance Company, Shipping Company,other transportation organization/or Post Office are liable.

第四项条款的拟定 仲裁条款　　　异议与索赔条款

一、仲裁协议

仲裁（Arbitration）又称公断，是指买卖双方在争议发生之前或发生之后，签订书面协议，自愿将争议提交双方所同意的第三者予以裁决（Award），以解决争议的一种方式。由于仲裁是依照法律所允许的仲裁程度裁定争议，因而裁决具有法律约束力，具有终局性，当事人双方必须遵照执行。

（一）仲裁协议的形式

仲裁协议必须是书面的，有两种形式：

1. 仲裁条款

仲裁条款（Arbitration Clause），是指争议尚未发生，交易双方在签订贸易合同时，就将可能发生的争议采取仲裁解决的内容以合同条款的形式表示出来。

2. 仲裁协议

仲裁协议（Submission）是指争议发生后，双方当事人订立同意把争议提交仲裁解决的协议。

（二）仲裁协议的作用

1. 表明双方自愿以仲裁方式解决争议

当争议发生后，双方当事人如协商调解不成时，只能以仲裁方式解决，不得向法院起诉。

2. 排除法院对争议的管辖权

除世界上除极少数国家以外，一般国家的法律都规定法院不受理争议双方订有仲裁协议的争议案件。如果一方违背仲裁协议，自行向法院起诉，另一方可根据仲裁协议要求法院不予受理。

3. 仲裁机构受理争议案件的依据

任何仲裁机构都不得受理没有仲裁协议的争议案件。

二、仲裁程序

（一）仲裁的特点

在国际贸易中，仲裁是解决争议的主要方法。其特点如下：

1）仲裁机构是属于社会性民间团体所设立的组织，不是国家政权机关，不具有强制管辖权，对争议案件的受理，以当事人自愿为基础。

2）当事人双方通过仲裁解决争议时，必先签订仲裁协议；双方均有在仲裁机构中推选仲裁员以裁定争议的自由。

3）仲裁比诉讼的程序简单，处理问题比较迅速及时，而且费用也较为低廉，同时仲裁比诉讼的专业权威性更强。

4）仲裁机构之间互不隶属，各自独立，实行一裁终局，所以仲裁机构的裁决一般是终局性的，已生效的仲裁裁决对双方当事人均有约束力。

（二）仲裁程序

仲裁程序主要包括仲裁申请、仲裁员的指定、仲裁审理和仲裁裁决等内容。

1. 仲裁申请

仲裁机构要求申请人提交双方当事人签订的仲裁协议和一方当事人的申诉书。申请人提交申请书时还要附上事实依据和证明文件。如合同、来往函电等正本或副本，并预交规定的仲裁费，即受理立案。

仲裁机构立案后，立即向被申请人发出仲裁通知。被申请人收到仲裁通知后，在规定时间内向仲裁机构提交答辩书及有关的证明文件，也可在规定时间内提出反请求书。

2. 仲裁员的指定

根据国际惯例，双方当事人可以在仲裁协议中规定仲裁员的人数和指定方式组成仲裁庭。如协议无规定，则按有关国家的仲裁法或仲裁机构的程序规则组成仲裁庭。如我国《仲裁法》规定，仲裁庭可以由 3 名或 1 名仲裁员组成。由 3 名仲裁员组成的，设首席仲裁员。

3. 仲裁审理

仲裁审理的过程一般包括开庭、收集和审查证据或询问证人，如有必要还要采取"保全措施"，即对有关当事人的财产采用扣押等临时性强制措施。

仲裁庭审理案件的方式有书面审理和开庭审理两种。在我国一般用开庭审理的方式，即由仲裁庭召集全体仲裁员、双方当事人和有关人士听取当事人申诉、辩论，调查案件事实并进行调解，直至做出裁决。

4. 仲裁裁决

仲裁庭经过审理后对争议案件做出处理，裁决做出后，审理程序即告结束。

三、贸易合同仲裁条款的拟定

仲裁条款的主要内容如下：

（一）仲裁地点

仲裁地点是进行仲裁的所在地，是仲裁条款中最重要的内容之一。因为多数国家的法律规定，在哪个国家仲裁，就使用哪个国家的仲裁法规。由于采用了审判地法律，对双方当事人的权利、义务的解释会有差异，从而直接导致仲裁结果的不同。为此，买卖双方都会力争在自己国家或比较了解和信任的地方仲裁。

（二）仲裁机构

国际贸易仲裁机构有临时机构和常设机构两种。临时仲裁机构是为了解决特定的争议而组织的仲裁庭，争议处理完毕，临时仲裁庭即告解散。如果选择临时仲裁庭进行仲裁，双方当事人必须在仲裁条款或仲裁协议中明确规定指定仲裁员的办法、人数、组成仲裁庭的成员，是否需要设首席仲裁员等内容。

常设仲裁机构有国际性的和全国性的，如国际商会仲裁院、英国伦敦仲裁院、英国仲裁协会、美国仲裁协会、瑞典斯德哥尔摩商会仲裁院、瑞士苏黎世商会仲裁院、日本国际商会仲裁协会等。我国常设仲裁机构是中国国际贸易委员会附设的对外经济贸易仲裁委员会。也有特设在特定行业组织之内的专业性仲裁机构，如伦敦谷物商业协会。

（三）裁决的效力

仲裁裁决的效力为终局性的，且具有法律效力，对双方当事人都有约束力。但是，有些国家的法律允许当事人对明显违背法律的裁决向法院上诉。

（四）裁决费用的负担

裁决费用一般规定由败诉方负担，也可由仲裁庭决定。

【操作示范 14】

拟定贸易合同仲裁的条款，见样例 3-16。

 样例 3-16

诚通贸易公司

CHENG TONG TRADE COMPANY

1405 BAIZHANG ROAD NINGBO CHINA

TEL：（86-574）85788877	销 售 确 认 书	S/C NO.：RXT26
Fax：（86-574）85788876	Sales Confirmation	DATE：Apr.10, 2011

To Messrs：

TKARMRA CORPORATION1-5．KAWARA MACH OSAKA JAPAN

谨启者：兹确认售予你方下列货品，其成交条款如下：

Dear Sirs，

We hereby confirm having sold to you the following goods on terms and conditions as specified below：

唛头 SHIPPING MARK	货物描述及包装 DESCRIPTIONS OF GOODS，PACKING	数量 QUANTITY	单价 UNIT PRICE	总值 TOTAL AMOUNT
T.C RXT26 OSAKA C/NO.1-UP	100% COTTON COLOUR WEAVE T-SHIRT		CIF OSAKA	
	RM111	2000 PCS	USD 11.00/PC	USD 22,000.00
	RM222	2000 PCS	USD 10.00/PC	USD 20,000.00
	RM333	1000 PCS	USD 9.50/PC	USD 9,500.00
	RM444	1000 PCS	USD 8.50/PC	USD 8,500.00
	PACKED IN ONE CARTON 30 PCS OF EACH			

凡因执行本合同所发生的或与本合同有关的一切争议，双方应通过友好协商解决；如果协商不能解决，应提交上海中国国际经济贸易仲裁委员会，根据该会的仲裁规则进行仲裁。仲裁裁决是终局的，对双方都有约束力。仲裁费用除仲裁庭另有规定外，均由败诉方负担。

All disputes in connection with this contract or arising from the execution of there,shall be amicably settled through negotiation in case no settlement can be reached between the two parties,the case under disputes shall be submitted to China International Economic and Trade Arbitration Commission,Shanghai,for arbitration in accordance with its rules of arbitration.The arbitral award is final and binding upon both parties.The arbitration fee shall be borne by the losing party unless otherwise awarded by the arbitration court.

仲裁条款

任务二 出口合同签订

【操作步骤】

1）Sammi 收到 Kevin 用快递方式寄来的经过其所在公司会签后的 Sales Confirmation。

2）Sammi 根据公司规定，按照 Sales Confirmation 的相关内容缮制正式的销售合同

（Sales Contract），并以函电的方式在征得 Kevin 的同意后，将缮制好的销售合同寄交给 Kevin 要求其会签。

3）Sammi 最终收到了经过 Kevin 所在公司会签后的正式的 Sales Contract，完成了出口合同的签订。

【操作分析】

一、Sammi 从计算机中提出了电子版空白的 Sales Contract。见如下样本

<table>
<tr><td colspan="2">
宁波银翔进出口贸易有限公司
NINGBO YINXIANG
IMPORT&EXPORT TRADING CO.,LTD.

宁波市鄞州区姜山镇茅山工业区
Maoshan Industrial Zone,Jiangshan Town,Yinzhou District,Ningbo
</td><td>
正本

（ORIGINAL）
</td></tr>
</table>

买　方：
The Buyers:

合同
CONTRACT

日　期：
Date：

合同号码
Contract No.

传　真：
FAX：+86-574-87305008 87305028

电传号：
Telex number：

兹经买卖双方同意，由买方购进，卖方出售下列货物，并按下列条款签订本合同：

This Contract is made by and between the Buyers and the Sellers; whereby the Buyers agree to buy and the Sellers agree to sell the undermentioned goods on the terms and conditions stated below:

（1）货物名称、规格、包装及唛头 Name of Commodity, Specifications, Packing Terms and Shipping Marks	（2）数量 Quantity	（3）单价 Unit Price	（4）总值 Total Amount	（5）装运期限 Time of Shippment

（6）装运口岸：
Port of Loading：

（7）目的口岸：
Port of Destination：

（8）付款条件：买方在收到卖方关于预计装船日期及准备装船的数量的通知后，应于装运前 20 天，通过宁波中国银行开立以卖方为受益人的不可撤销的信用证。该信用证凭即期汇票及本合同第（9）条规定的单据在开证行付款。

Terms of Payment: Upon receipt from the Sellers of the advice as to the time and quantify expected ready for shipment, the Buyers shall open, 20 days before shipment, with the Bank of China ,Ningbo an irrevocable Letter of Credit in favour of the Sellers payable by the opening bank against sight draft accompanied by the documents as stipulated in Clause （9） of this Contract.

（9）单据：各项单据均须使用与本合同相一致的文字，以便买方审核查对：

Documents：To facilitate the Buyers to cheek up, all documents should be made in a version identical to that used in this Contract.

填写通知目的口岸对外贸易运输公司的空白抬头、空白背书的全套已装船的清洁提单。（如本合同为 FOB 价格条件时，提单应注明"运费到付"或"运费按租船合同办理"字样；如本合同为 CFR 价格条件时，提单应注明"运费已付"字样）

Complete set of Clean On Board Shipped Bill of Lading made out to order, blank endorsed, notifying the China National Foreign Trade Transportation Corporation ZHONGWAIYUN at the port of destination. （if the prise in this Contract is Based on FOB, marked "freight to collect" or "freight as per charter party"; if the price in this Contract is Based on CFR, marked "freight prepaid".）

B. 发票：注明合同号、唛头、载货船名及信用证号，如果分批装运，须注明分批号。

Invoice：Indicating Contract Number, shipping marks, name of carrying vessel, number of the Letter of Credit and shipment number in case of partial shipments.

C. 装箱单及/或重量单：注明合同号及唛头，并逐件列明毛重、净重。

Packing List and/or Weight Memo: Indicating Contract Number, shipping marks, gross and net weights of each package.

D. 制造工厂的品质及数量、重量证明书。

Certificates of Quality and Quantity/Weight of the contracted goods issued by the manufactures.

品质证明书内应列入根据合同规定的标准进行化学成分、机械性能及其他各种试验结果。

Quality Certificate to show actual results of tests to be made, on chemical compositions, mechanical properties and all other tests called for by the Standard stipulated heron.

E. 按本合同第（11）条规定的装运通知电报抄本。

Copy of telegram advising shipment according to Clause （11） of this Contract.

F. 按本合同第（10）条规定的航行证明书。（如本合同为 CFR 价格条件时，需要此项证明书；如本合同为 FOB 价格条件时，则不需此项证明书）

Vessel's itinerary certificate as per Clause （10） of this Contract. （required if the price in this Contract is based on CFR；not required if the price in this Contract is based on FOB）

份数 Number of copies required 寄送 To be distribute	单证 Documents	A	B	C	D	E	F
送交议付银行（正本） to the negotiating bank （original）			3	4	3	3	1
送交议付银行（副本） to the negotiating bank （duplicate）		1					
空邮目的口岸外运公司（副本） to ZHONGWAIYUN at the port of destination by airmail （duplicate）		2	3	2	2		

（10）装运条件

Terms of Shipment ：

A. 离岸价条款 Terms of FOB Delivery:

a) 装运本合同货物的船只，由买方或买方运输代理人中国租船公司租订舱位。卖方负担货物的一切费用风险到货物装到船面为止。

For the goods ordered in this Contract, the carrying vessel shall be arranged by the Buyers or the Buyers' Shipping Agent China National Chartering Corporation. The Sellers shall bear all the charges and risks until the goods are effectively loaded on board the carrying vessel.

b) 卖方必须在合同规定的交货期限 30 天前，将合同号码、货物名称、数量、装运口岸及预计货物运达装运口岸日期，以电报通知买方以便买方安排舱位。并同时通知买方在装港的船代理。倘在规定期内买方未接到前述通知，即视为卖方同意在合同规定期内任何日期交货，并由买方主动租订舱位。

The Sellers shall advise the Buyers by cable, and simultaneously advise the Buyers' shipping agent at the loading port, 30 days before the contracted time of shipment, of the contract number, name of commodity, quantity, loading port and expected date of arrival of the goods at the loading port, enabling the Buyers to arrange for shipping space. Absence of such advice within the time specified above shall be considered as Sellers' readiness to deliver the goods during the time of shipment contracted and the Buyers shall arrange for shipping space accordingly.

c) 买方应在船只受载期 12 天前将船名、预计受载日期、装载数量、合同号码、船舶代理人，以电报通知卖方。卖方应联系船舶代理人配合船期备货装船。如买方因故需要变更船只或更改船期时，买方或船舶代理人应及时通知卖方。

The Buyers shall advise the Sellers by cable, 12 days before the expected loading date, of the estimated laydays, contract number, name of vessel, quantity, to be loaded and shipping agent. The Sellers shall then arrange with the shipping agent for loading accordingly. In case of necessity for substitution of vessel or alteration of shipping schedule, the Buyers or the shipping agent shall duly advise the Sellers to the same effect.

d) 买方所租船只按期到达装运口岸后，如卖方不能按时备货装船，买方因此而遭受的一切损失包括空舱费、延期费及/或罚款等由卖方负担。如船只不能于船舶代理人所确定的受载期内到达，在港口免费堆存期满后第 16 天起发生的仓库租费、保险费由买方负担，但卖方仍负有载货船只到达装运口岸后立即将货物装船之义务并负担费用及风险。前述各种损失均凭原始单据核实支付。

In the event of the Sellers' failure in effecting shipment upon arrival of the vessel at the loading port, all losses, including dead freight, demurrage fines etc. thus incurred shall be for Sellers' account. If the vessel fails to arrive at the loading port within the laydays. previously declared by the shipping agent, the storage charges and insurance premium from the 16th day after expiration of the free storage time at the port shall be borne by the Buyers. However, the Sellers shall be still under the obligation to load the goods on board the carrying vessel immediately after her arrival at the loading port, at their own expenses and risks. The expenses and losses mentioned above shall be reimbursed against original receipts or invoices.

B. 成本加运费价条款 Terms of CFR Delivery:

卖方负责将本合同所列货物由装运口岸装直达班轮到目的口岸，中途不得转船。货物不得用悬挂买方不能接受的国家的旗帜的船只装运。

The Sellers undertake to ship the contracted goods from the port of loading to the port of destination on adirect liner, with no transhipment allowed. The Contracted goods shall not be carried by a vessel flying the flag of the countries which the Buyers can not accept.

（11）装运通知：卖方在货物装船后，立即将合同号、品名、件数、毛重、净重、发票金额、载货船名及装船日期以电报通知买方。

Advice of Shipment：The Sellers shall upon competition of loading, advise immediately the Buyers by cable of the contract number, name of commodity, number of packages, gross and net weights, invoice value, name of vessel and loading date.

（12）保　险：自装船起由买方自理，但卖方应按本合同第（11）条通知买方。如卖方未能按此办理，买方因而遭受的一切损失全由卖方负担。

Insurance：To be covered by the Buyers from shipment, for this purpose the Sellers shall advise the Buyers by cable of the particulars as called for in Clause（11）of this Contract. In the event of the Buyers being unable to arrange for insurance in consequence of the Sellers' failure to send the above advice, the Sellers shall be held responsible for all the losses thus sustained by the Buyers.

（13）检验和索赔：货卸目的口岸，买方有权申请中华人民共和国国家质量监督检验检疫总局进行检验。如发现货物的品质及/或数量/重量与合同或发票不符，除属于保险公司及/或船公司的责任外，买方有权在货卸目的口岸后90天内，根据中华人民共和国国家质量监督检验检疫总局出具的证明书向卖方提出索赔，因索赔所发生的一切费用（包括检验费用）均有卖方负担。FOB价格条件时，如重量短缺，买方有权同时索赔短重部分的运费。

Inspection and Claim：The Buyers shall have the right to apply to the General Administration of Quanlity Supervision, Inspection and Quarantine of the People's Republic of China（AQSIQ）for inspection after discharge of the goods at the port of destination. Should the quality and/or quantity/weight be found not in conformity with the contract or invoice the Buyers shall be entitled to lodge claims with the Sellers on the basis of AQSIQ's Survey Report, within 90 days after discharge of the goods at the port of destination , with the exception, however, of those claims for which the shipping company and/or the insurance company are to be held responsible. All expenses incurred on the claim including the inspection fee as per the AQSIQ inspection certificate are to be borne by the Sellers. In case of FOB terms, the buyers shall also be entitled to claim freight for short weight if any.

（14）不可抗力：由于人力不可抗拒事故，使卖方不能在合同规定期限内交货或者不能交货，卖方不负责任。但卖方必须立即通知买方，并以挂号函向买方提出有关政府机关或者商会所出具的证明，以证明事故的存在。由于人力不可抗拒事故致使交货期限延期一个月以上时，买方有权撤销合同。卖方不能取得出口许可证不得作为不可抗力。

Force Majeure：In case of Force Majeure the Sellers shall not held responsible for delay in delivery or non-delivery of the goods but shall notify immediately the Buyers and deliver to the Buyers by registered mail a certificate issued by government authorities or Chamber of Commerce as evidence thereof. If the shipment is delayed over one month as the consequence of the said Force Majeure, the Buyers shall have the right to cancel this Contract. Sellers' inability in obtaining export licence shall not be considered as Force Majeure.

（15）延期交货及罚款：除本合同第（14）条人力不可抗拒原因外，如卖方不能如期交货，买方有权撤销该部分的合同，或经买方同意在卖方缴纳罚款的条件下延期交货。买方可同意给予卖方15天优惠期。罚款率为每 10 天按货款总额的 1%。不足 10 天者按 10 天计算。罚款自第 16 天起计算。最多不超过延期货款总额的 5%。

Delayed Delivery and Penalty: Should the Sellers fail to effect delivery on time as stipulated in this Contract owing to causes other than Force Majeure as provided for in Clause （14） of this Contract, the Buyers shall have the right to cancel the relative quantity of the contract, or altenatively, the Sellers may, with the Buyers' consent, postpone delivery on payment of penalty to the Buyers. The Buyers may agree to grant the Sellers a grace period of 15 days. Penalty shall be calculated from the 16th day and shall not exceed 5% of the total value of the goods involved.

（16）仲裁：一切因执行本合同或与本合同有关的争执，应由双方通过友好方式协商解决。如经协商不能得到解决时，应提交中国国际贸易促进委员会对外经济贸易仲裁委员会。按照中国国际贸易促进委员会对外经济贸易仲裁委员会仲裁程序暂行规定进行仲裁。仲裁委员会的裁决为终局裁决，对双方均有约束力。仲裁费用除非仲裁委员会另有决定外，由败诉一方负担。

Arbitration: All disputes in connection with this Contract or the execution thereof shall be friendly negotiation. If no settlement can be reached, the case in dispute shall then be submitted for arbitration to the Foreign Economic and Trade Arbitration Commission of the China Council for the Promotion of International Trade in accordance with the Provisional Rules of Procedure of the Foreign Economic and Trade Arbitration Commission of the China Council for the Promotion of International Trade. The Award made by the Commission shall be accepted as final and binding upon both parties. The fees for arbitration shall be borne by the losing party unless otherwise awarded by the Commission.

（17）附加条款：以上任何条款如与以下附加条款有抵触时，以以下附加条款为准。

Additional Clause ：If any of the above-mentioned Clauses is inconsistent with the following Additional Clause（s）, the latter to be taken as authentic.

买 方　　　　　　　　　　　　　　　　　卖 方

The Buyers:　　　　　　　　　　　　　　The Sellers:

二、Sammi 按照经过双方签署的 Sales Confirmation 的内容缮制了电子版的 Sales Contract 并进行了细致审核。具体见如下合同内容

宁波银翔进出口贸易有限公司 **NINGBO YINXIANG** **IMPORT&EXPORT TRADING CO.,LTD.**	正本

宁波市鄞州区姜山镇茅山工业区　　　　　　　　　（**ORIGINAL**）

Maoshan Industrial Zone,Jiangshan Town,Yinzhou District,Ningbo

合同号码

Contract No.YX-2009189

买　方：　　　　　　　合同　　　　　　日　期：2011 年 4 月 12 日

The Buyers:　　　　　**CONTRACT**　　　Date：12 APR., 2011

传　真：

FAX：+86-574-87305068/ 87305028

电 传 号：
Telex number：

兹经买卖双方同意，由买方购进，卖方出售下列货物，并按下列条款签订本合同：

This CONTRACT is made by and between the Buyers and the Sellers；whereby the Buyers agree to buy and the Sellers agree to sell the undermentioned goods on the terms and conditions stated below：

（1）货物名称、规格、包装及唛头 Name of Commodity, Specifications, Packing Terms and Shipping Marks	（2）数量 Quantity	（3）单价 Unit Price	（4）总值 Total Amount	（5）装运期限 Time of Shippment
HIGH-QUALITY BALL VALVE DN32	1200PCS	USD35.00/PC	FOB NINGBO USD42,000.00	WITHIN 20 DAYS AFTER THE
CANTONESE-STYLE CAST STEEL				SELLER RECEIVES THE
FLANGED BALL VALVE DN15	1000PCS	USD13.85/PC	USD13,500.00	APPROVAL OF THE BUYER
CAST STEEL BALL VALVE DN40	1000PCS	USD30.00/PC	USD30,000.00	TO AGREE WITH PRODUCTION
202MAGNETIC LOCK VALVE DN50	2000PCS	USD16.00/PC	USD32,000.00	
COPPER VALVE DN25	2500PCS	USD3.00/PC	USD7,500.00	
TOTAL	7700PCS		USD125,000.00	

SAY U.S.DOLLARS ONE HUNDRED AND TWENTY FIVE THOUSAND ONLY.

（6）装 运 口 岸：宁波

Port of Loading：NINGBO

（7）目 的 口 岸：波士顿

Port of Destination：BOSTON

（8）买方在收到卖方关于预计装船日期及准备装船的数量的通知后，应于装运前 20 天，通过上海中国银行开立以卖方为受益人的不可撤销的信用证。该信用证凭即期汇票及本合同第（9）条规定的单据在开证行付款。

Terms of Payment：Upon receipt from the Sellers of the advice as to the time and quantify expected ready for shipment, the Buyers shall open, 20days before shipment, with the Bank of China ,Shanghai, an irrevocable Letter of Credit in favour of the Sellers payable by the opening bank against sight draft accompanied by the documents as stipulated in Clause （9） of this Contract.

（9）单 据：各项单据均须使用与本合同相一致的文字，以便买方审核查对：

Documents：To facilitate the Buyers to cheek up, all documents should be made in a version identical to that used in this contract.

填写通知目的口岸对外贸易运输公司的空白抬头、空白背书的全套已装船的清洁提单。（如本合同为 FOB 价格条件时，提单应注明"运费到付"或"运费按租船合同办理"字样；如本合同为 CFR 价格条件时，提单应注明"运费已付"字样）

Complete set of Clean On Board Shipped Bill of Lading made out to order, blank endorsed, notifying the China National Foreign Trade Transportation Corporation ZHONGWAIYUN at the port of destination. （if the prise in this Contract is Based on FOB, marked "freight to collect" or "freight as per charter party"; if the price in this Contract is Based on CFR, marked "freight prepaid".）

A. 发　票：注明合同号、唛头、载货船名及信用证号，如果分批装运，须注明分批号。

Invoice：Indicating Contract Number, shipping marks, name of carrying vessel, number of the Letter of Credit and shipment number in case of partial shipments.

B. 装箱单及或重量单：注明合同号及唛头，并逐件列明毛重、净重。

Packing List and/or Weight Memo：Indicating Contract Number, shipping marks, gross and net weights of each package.

C. 制造工厂的品质及数量、重量证明书。

Certificates of Quality and Quantity/Weight of the contracted goods issued by the manufactures.

品质证明书内应列入根据合同规定的标准进行化学成分、机械性能及其他各种试验结果。

Quality Certificate to show actual results of tests to be made, on chemical compositions, mechanical properties and all other tests called for by the Standard stipulated heron.

D. 按本合同第（11）条规定的装运通知电报抄本。

Copy of telegram advising shipment according to Clause （11） of this Contract.

E. 按本合同第（10）条规定的航行证明书。（如本合同为 CFR 价格条件时，需要此项证明书，如本合同为 FOB 价格条件时，则不需此项证明书。）

Vessel's itinerary certificate as per Clause （10） of this Contract, （required if the price in this Contract is based on CFR；not required if the price in this Contract is based on FOB.）

（10）装运条件

Terms of Shipment：Within 20 days after the seller receives the 30% payment by T/T.

A. 离岸价条款 Terms of FOB Delivery：Within two month after the seller receives the approval of the buyer to agree with　production.

a）装运本合同货物的船只，由买方或买方运输代理人中国租船公司租订舱位。卖方负担货物的一切费用风险到货物装到船面为止。

For the goods ordered in this Contract, the carrying vessel shall be arranged by the Buyers or the Buyers' Shipping Agent China National Chartering Corporation. The Sellers shall bear all the charges and risks until the goods are effectively loaded on board the carrying vessel.

b）卖方必须在合同规定的交货期限 30 天前，将合同号码、货物名称、数量、装运口岸及预计货物运达装运口岸日期，以电报通知买方以便买方安排舱位，并同时通知买方在装港的船代理。倘在规定期内买方未接到前述通知，即作为卖方同意在合同规定期内任何日期交货，并由买方主动租订舱位。

The Sellers shall advise the Buyers by cable, and simultaneously advise the Buyers' shipping agent at the loading port, 30 days before the contracted time of shipment, of the contract number, name of commodity, quantity, loading port and expected date of arrival of the goods at the loading port, enabling the Buyers to arrange for shipping space. Absence of such advice within the time specified above shall be considered as Sellers' readiness to deliver the goods during the time of shipment contracted and the Buyers shall arrange for shipping space accordingly.

c）买方应在船只受载期 12 天前将船名、预计受载日期、装载数量、合同号码、船舶代理人，以电报通知卖方。卖方应联系船舶代理人配合船期备货装船。如买方因故需要变更船只或更改船期时，买方或船舶代理人应及时通知卖方。

The Buyers shall advise the Sellers by cable, 12 days before the expected loading date, of the estimated laydays, contract number, name of vessel, quantity, to be loaded and shipping agent. The Sellers shall then arrange with the shipping agent for loading accordingly. In case of necessity for substitution of vessel or alteration of shipping schedule, the Buyers or the shipping agent shall duly advise the Sellers to the same effect.

d）买方所租船只按期到达装运口岸后，如卖方不能按时备货装船，买方因而遭受的一切损失包括空舱费、延期费及/或罚款等由卖方负担。如船只不能于船舶代理人所确定的受载期内到达，在港口免费堆存期满后第16天起发生的仓库租费，保险费由买方负担，但卖方仍负有载货船只到达装运口岸后立即将货物装船之义务并负担费用及风险。前述各种损失均凭原始单据核实支付。

In the event of the Sellers' failure in effecting shipment upon arrival of the vessel at the loading port, all losses, including dead freight, demurrage fines etc. thus incurred shall be for Sellers' account. If the vessel fails to arrive at the loading port within the laydays. previously declared by the shipping agent, the storage charges and insurance premium from the 16th day after expiration of the free storage time at the port shall be borne by the Buyers. However, the Sellers shall be still under the obligation to load the goods on board the carrying vessel immediately after her arrival at the loading port, at their own expenses and risks. The expenses and losses mentioned above shall be reimbursed against original receipts or invoices.

B. 成本加运费价条款

卖方负责将本合同所列货物由装运口岸装直达班轮到目的口岸，中途不得转船。货物不得用悬挂买方不能接受的国家的旗帜的船只装运。

Terms of CFR Delivery：The Sellers undertake to ship the Contracted goods from the port of loading to the port of destination on a direct liner, with no transhipment allowed. The Contracted goods shall not be carried by a vessel flying the flag of the countries which the Buyers can not accept.

（11）装运通知：卖方在货物装船后，立即将合同号、品名、件数、毛重、净重、发票金额、载货船名及装船日期以电报通知买方。

Advice of Shipment：The Sellers shall upon competition of loading, advise immediately the Buyers by cable of the contract number, name of commodity, number of packages, gross and net weights, invoice value, name of vessel and loading date.

（12）保 险：自装船起由买方自理，但卖方应按本合同第（11）条通知买方。如卖方未能按此办理，买方因而遭受的一切损失全由卖方负担。

Insurance：To be covered by the Buyers from shipment, for this purpose the Sellers shall advise the Buyers by cable of the particulars as called for in Clause（11） of this Contract, In the event of the Buyers being unable to arrange for insurance in consequence of the Sellers' failure to send the above advice, the Sellers shall be held responsible for all the losses thus sustained by the Buyers.

（13）检验和索赔：货卸目的口岸，买方有权申请中华人民共和国国家质量监督检验检疫总局进行检验。如发现货物的品质及/或数量/重量与合同或发票不符：除属于保险公司及/或船公司的责任外，买方有权在货卸目的口岸后90天内，根据中华人民共和国国家质量监督检验检疫总局出具的证明书向卖方提出索赔，因索赔所发生的一切费用（包括检验费用）均有卖方负担。FOB价格条件时，如重量短缺，买方有权同时索赔短重部分的运费。

Inspection and Claim: The Buyers shall have the right to apply to the General Administration of Quanlity Supervision, Inspection and Quarantine of the People's Republic of China（AQSIQ）for inspection after discharge of the goods at the port of destination. Should the quality and/or quantity/weight be found not in conformity with the contract or invoice the Buyers shall be entitled to lodge claims with the Sellers on the basis of AQSIQ 's Survey Report, within 90 days after discharge of the goods at the port of destination , with the exception, however, of those claims for which the shipping company and/or the insurance company are to be held responsible. All expenses incurred on the claim including the inspection fee as per the AQSIQ inspection certificate are to be borne by the Sellers. In case of FOB terms, the buyers shall also be entitled to claim freight for short weight if any.

（14）不可抗力：由于人力不可抗拒事故，使卖方不能在合同规定期限内交货或者不能交货，卖方不负责任。但卖方必须立即通知买方，并以挂号函向买方提出有关政府机关或者商会所出具的证明，以证明事故的存在。由于人力不可抗拒事故致使交货期限延期一个月以上时，买方有权撤销合同。卖方不能取得出口许可证不得作为不可抗力。

Force Majeure: In case of Force Majeure the Sellers shall not held responsible for delay in delivery or non-delivery of the goods but shall notify immediately the Buyers and deliver to the Buyers by registered mail a certificate issued by government authorities or Chamber of Commerce as evidence thereof. If the shipment is delayed over one month as the consequence of the said Force Majeure, the Buyers shall have the right to cancel this Contract. Sellers' inability in obtaining export licence shall not be considered as Force Majeure.

（15）延期交货及罚款：除本合同第（14）条人力不可抗拒原因外，如卖方不能如期交货，买方有权撤销该部分的合同，或经买方同意在卖方缴纳罚款的条件下延期交货。买方可同意给予卖方 15 天优惠期。罚款率为每 10 天按货款总额的 1%。不足 10 天者按 10 计算。罚款自第 16 天起计算。最多不超过延期货款总额的 5%。

Delayed Delivery and Penalty: Should the Sellers fail to effect delivery on time as stipulated in this Contract owing to causes other than Force Majeure as provided for in Clause （14） of this Contract, the Buyers shall have the right to cancel the relative quantity of the contract, Or altenatively, the Sellers may, with the Buyers' consent, postpone delivery on payment of penalty to the Buyers. The Buyers may agree to grant the Sellers a grace period of 15 days. Penalty shall be calculated from the 16th day and shall not exceed 5% of the total value of the goods involved.

（16）仲裁：一切因执行本合同或与本合同有关的争执，应由双方通过友好方式协商解决。如经协商不能得到解决时，应提交北京中国国际贸易促进委员会对外经济贸易仲裁委员会。按照中国国际贸易促进委员会对外经济贸易仲裁委员会仲裁程序暂行规定进行仲裁。仲裁委员会的裁决为终局裁决，对双方均有约束力。仲裁费用除非仲裁委员会另有决定外，由败诉一方负担。

Arbitration: All disputes in connection with this Contract or the execution thereof shall be friendly negotiation. If no settlement can be reached, the case in dispute shall then be submitted for arbitration to the Foreign Economic and Trade Arbitration Commission of the China Council for the Promotion of International Trade in accordance with the Provisional Rules of Procedure of the Foreign Economic and Trade Arbitration Commission of the China Council for the Promotion of International Trade. The Award made by the Commission shall be accepted as final and binding upon both parties. The fees for arbitration shall be borne by the losing party unless otherwise awarded by the Commission.

（17）附加条款：以上任何条款如与以下附加条款有抵触时，以以下附加条款为准。

Additional Clause：If any of the above-mentioned Clauses is inconsistent with the following Additional Clause（s），the latter to be taken as authentic.

买　方
The Buyers：

卖　方
The Sellers：

三、Sammi 将已经缮制好的电子版 Sales Contract 用 A8 纸打印装订好，交部门经理签章，见以上的卖方签署栏

　自我评价

评价项目 完成情况及得分	很好（5）	良好（4）	一般（3）	较差（2）	很差（1）	分项得分
PO 条款审查准确率						
各种条款掌握的程度						
以 Sammi 身份拟定销售确认书的准确率						

　能力迁移

一、根据所给业务背景和其他操作资料填制销售确认书

（一）业务背景

诚通贸易公司业务员王伟与法国 LEARA TRADE CO.，LTD.业务经理 WIN 先生就男式衬衫进行了贸易磋商，双方就出口货物的检验检疫、不可抗力和索赔等条件达成一致。

（二）操作资料

检验检疫与索赔：买卖双方同意以装运港中国出入境检验检疫局签发的质量证书作为信用证项下议付所提交的单据的一部分，买方有权对货物的质量和重量进行复验，复验费由买方负担。但若发现质量与合同规定不符时，买方有权向卖方索赔，并提供经卖方同意的公证机构出具的检验报告。索赔期限为货物到达目的港（地）后 180 天内。

　　不可抗力规定：如由于战争、地震或其他不可抗力的原因致使卖方对本合同项下的货物不能装运或迟延装运，卖方对此不负任何责任。但卖方应立即通知买方并于 15 天内通过航空挂号函件寄给买方由中国国际贸易促进委员会出具的证明书，以证明该不可抗力事件的发生。

　　异议与索赔：凡属品质异议须于货到目的口岸之 60 日内提出，凡属数量异议须于货到目的口岸之 30 日内提出，对所装货物所提任何异议属于保险公司、轮船公司等其他有关运输或邮递机构的责任范畴，卖方不负任何责任。

　　（三）操作要求

　　请你以诚通贸易公司业务员王伟的身份，根据上述资料用英语拟定销售确认书中的相关项目。

诚通贸易公司

CHENG TONG TRADE COMPANY

1405 BAIZHANG EAST ROAD NINGBO CHINA

Tel：（86-574）85788877　　　　**销　售　确　认　书**　　　　S/C No.：

Fax：（86-574）85788876　　　　**SALES　CONFIRMATION**　　　　DATE：

To Messrs:

谨启者：兹确认售予你方下列货品，其成交条款如下：

Dear Sirs，

　　We hereby confirm having sold to you the following goods on terms and conditions as specified below:

唛头 SHIPPING MARK	货物描述及包装 DESCRIPTIONS OF GOODS, PACKING	数量 QUANTITY	单价 UNIT PRICE	总值 TOTAL AMOUNT

装运港：

LOADING PORT：

目的港：

PORT OF DESTINATION：

装运期限：

TIME OF SHIPMENT：

分批装运：

PARTIAL SHIPMENT：

转船：

TRANSSHIPMENT：

保险：

INSURANCE：

付款条件：

TERMS OF PAYMENT：

买方须于＿＿年＿＿月＿＿日前开出本批交易的信用证（或通知售方进口许可证号码），否则，售方有权不经过通知取消本确认书，或向买方提出索赔。

The Buyer shall establish the covering Letter of Credit（or notify the Import License Number）before＿＿, falling Which the Seller reserves the right to rescind without further notice，or to accept whole or any part of this Sales Confirmation non-fulfilled by the Buyer,or, to lodge claim for direct losses sustained, if any.

凡以 CIF 条件成交的业务，保额为发票价的＿＿ %，投保险别以销售确认书中所开列的为限，买方如果要求增加保额或保险范围，应于装船前经卖方同意，因此而增加的保险费由买方负责。

For transactions conclude on C.I.F basis，it is understood that the insurance amount will be for＿＿%of the invoice value against the risks specified in Sales Confirmation. If additional insurance amount or coverage is required, the buyer must have consent of the Seller before Shipment, and the additional premium is to be borne by the Buyer.

买卖双方同意以装运港中国出入境检验检疫局签发的质量证书作为信用证项下议付所提交的单据的一部分，买方有权对货物的质量和重量进行复验，复验费由买方负担。但若发现质量与合同规定不符时，买方有权向卖方索赔，并提供经卖方同意的公证机构出具的检验报告。索赔期限为货物到达目的港（地）后＿＿天内。

It's mutually agreed that the Certificate of Quality issued by the China Exit and Entry Inspection and Quarantine Bureau at the port of shipment shall be part of the documents to be presented for negotiation under the relevant L / C. The buyers shall have the right to reinspect the quality of the cargo. The reinspection fee shall be borne by the Buyers. Should the quality be found not in conformity with of the contract，the Buyers are entitled to lodge with the Sellers a claim which should be supported by survey reports issued by a recogni zed surveyor approved by the Sellers. The Claim, if any, shall be lodged within＿＿days after arrival of the goods at the port of destination.

如由于战争、地震或其他不可抗力的原因致使卖方对本合同项下的货物不能装运或迟延装运，卖方对此不负任何责任。但卖方应立即通知买方并于＿＿天内航空挂号函件寄给买方由中国国际贸易促进委员会出具的证明书，以证明该不可抗力事件的发生。

If the shipment of the contracted goods is prevented or delayed in whole or in part by reason of war，earthquake or other causes of Force Majeure, the Seller shall not be liable. However, the Seller shall notify the Buyer immediately and furnish the letter by registered airmail with a certificate issued by the China Council for the Promotion of International Trade attesting such event or events within＿＿＿days.

如买方提出索赔，凡属品质异议须于货到目的口岸之＿＿＿＿日内提出，凡属数量异议须于货到目的口岸之＿＿＿日内提出，对所装货物所提任何异议属于保险公司、轮船公司等其他有关运输或邮递机构的责任范畴，卖方不负任何责任。

In case of quality discrepancy, Claim should be filed by the Buyer within＿＿＿days after the arrival of the goods at port of destination; while for quantity discrepancy, claim should be filed by the Buyer within＿＿＿days after the arrival of the goods at port of destination. It is understood that the seller shall not be liable for any discrepancy of the goods shipped due to causes for which the Insurance Company, Shipped Company other transportation organization or Post Office are liable.

二、根据往来电文草拟合同

经理与一家日本商社谈判两周，终于达成交易，现在请你根据以下函电往来，制订售货合同。

Incoming Dec. 8	GBW32 BASKETBALL GBW322 FOOTBALL GBW400 VOLLEYBALL PLS CABLE PRESENT PRICE AND AVAILABLE QUANTITY FOR JAN SHPMT
Outgoing Dec. 10	YC 8TH REF. PRICE CIF OSAKA TRAIN BRAND GBW32 BASKETBALL USD 2.25 GBW322 FOOTBALL 2.80 GBW400 VOLLEYBALL 1.50 IN CARTONS OF 50 PCS 3000 PCS EACH FOR FEB SHPMT
Incoming Dec. 11	YC 10TH INTERESTED 3000 PCS EACH JAN SHPMT PLS OFFER FIRM
Outgoing Dec. 15	YOURS 11TH OFFER 2000 PCS GBW32 USD2.25 2000 PCS GBW322 2.80 3000 PCS GBW400 1.50 JAN SHPMT LC SIGHT
Incoming Dec. 17	YC 15TH USD 2.10 2.50 1.40 7000 PCS JAN PLUS 1000 PCS GBW32 GBW322 EACH FEB LC 30 DAYS SIGHT
Outgoing Dec. 19	YOURS 17TH 3000 PCS EACH GBW32 2.12 GBW322 2.55 GBW400 1.43 JAN/FEB SHIPMENT INSURANCE AMOUNT 120 PERCENT INVOICE VALUE AGAINST ALL RISKS WAR RISKS OTHERS SAME AS OURS 15TH
Incoming Dec. 22	ACCEPT GBW32 GBW400 PLS FORWARD SC

SALES CONFIRMATION

S/C No.: 201RM11

Date:

The Seller: Yueda Sports Trading Co.,Ltd.

Address: 783 Nanjing（w）Road ShangHai , China

The Buyer: Lengend International Company

Address: 1-Chumani , Nakime Osaka, Japan

Art. No.	commodity & Specifications	Unit	Quantity	Unit Price （US$）	Amount （US$）

TOTAL CONTRACT VALUE:

PACKING:

TERMS OF SHIPMENT:

TERMS OF PAYMENT:

TERMS OF INSURANCE:

Confirmed by:

THE SELLER   THE BUYER

（signature）   （signature）

 课后训练

训练一 包装条款翻译

1. 每 20 件装一盒子，10 盒子装一纸箱，共 500 纸箱。

2. 经磋商，买卖双方同意：货物将以适合远洋运输的纸箱包装，每箱装 10 打，共计 560 箱。卖方应在纸箱上刷有货号、毛重、净重、货物原产地以及信用证规定的运输标记。

那么，合同中的英文包装条款应为：

PACKING：

3. 经磋商，买卖双方同意：以适合长途海运的木箱包装，每箱装 30 只，共计 400 箱。卖方应在木箱上刷有货号、毛重、净重及信用证规定的运输标记。

那么，合同中的英文包装条款可拟定为：

Packing：

训练二 装运条款翻译

1. 2011 年 12 月 31 日前从上海港运至纽约港，不允许分批和转运。

2. 在 2011 年 7 月，8 月和 9 月从大连港分三批平均装运，目的港为伦敦，允许分批和转运。

3. 经协商，买卖双方同意：装船口岸暂定为上海，目的口岸暂定为大阪，经买卖双方同意时可作变更；2011 年 5、6、7 月按月分三批等量出运。

那么，合同的装运条款可订立为：

Shipment：

4. Shipment within 30 days after receipt of L/C which must reach the seller not later than the end of June 2011 failing which the Seller reserves the right to cancel this without further notice.

5. Shipment to be effected on or before（not later than, latest on）July 31, 2011 from Shanghai to London with partial shipments and transshipment permitted.

训练三 保险条款翻译

1. 由卖方以发票金额的 110%投保一切险和战争险，根据中国人民保险公司 1981 年 1 月 1 日的海洋运输货物保险条款为准。

2. 保险由卖方按发票金额的 110%投保伦敦货物协会险 A 险，按伦敦保险业协会 1982 年 1 月 1 日货物（A）险条款。

3. 经协商，买卖双方同意由卖方按发票金额加一成投保一切险和战争险。

那么，销售合同中的保险条款可拟定为：

Insurance：

4. Seller shall cover—as per the People's Insurance Company of China (the risks are

several types such as From Particular Average, With Particular Average and All Risks).

5. The amount insured of all transactions on the basis of CIF is 110% of the invoice. The risk is decided by the stipulations in the sales contract. If buyer require adding the amount insured or the covering range, the consent shall be got from the seller before the shipment and the extra premium shall be born by the buyer.

6. For transactions concluded on CIF basis, it is understood that the insurance amount will be 110% of the invoice value against the risks specified in the S/C. If additional insurance amount or coverage is required, the extra premium is to be borne by the Buyer.

训练四　支付条款翻译

1. 买方应于 2011 年 12 月 15 日之前将 100% 的货款用电汇预付给卖方。

2. 买方凭卖方的即期汇票见票即付，付款后交单。

3. 买方对卖方开具的见票后 30 天付款的汇票，于提示时即予承兑，并于汇票到期日付款，付款后交单。

4. 买方应通过为卖方可接受的银行开立于装运月份前 30 天寄至卖方的不可撤销即期信用证，有效至装运日后 15 天在中国议付，但在信用证有效期之内。

5. 经协商，买卖双方同意付款方式为：不可撤销、可转让的即期跟单信用证，凭卖方根据 95% 发票金额开立的汇票支付。

若此时卖方有现货供应，则销售合同中完整的支付条款应订为：

PAYMENT：

6. 经磋商，买卖双方同意 10% 的货款在合同签字之日起 10 日内电汇预付，剩余部分凭不可撤销即期议付信用证支付，信用证须在本月底开到。

那么，合同的支付条款可拟定为：

PAYMENT：

7. The buyer shall pay in advance（after signing of this Contract）100% of the sales proceeds by T/T（M/T; a banker's demand draft）to reach the seller on or before Nov. 20th, 2009.

8. The buyers shall duly accept the documentary draft drawn by the sellers at 30 days after date of B/L upon first presentation and make payment on its maturity. The shipping documents are to be delivered against payment（acceptance）only.

项目四　信用证业务操作

项目导入

　　宁波银翔进出口贸易有限公司收到中国银行宁波分行的通知，该通知告知该公司有一份来自 PR Valves, LLC 开出的信用证，要求该公司在一定期限内到中行宁波分行取证。该公司派遣本公司的单证员小郑到银行去领取信用证。

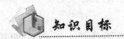

知识目标

　　1．掌握信用证业务流程。
　　2．掌握信用证内容的翻译方法。
　　3．掌握信用证审核的要点。

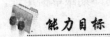

能力目标

　　1．能够准确掌握信用证业务的流程及操作技能。
　　2．能够准确翻译信用证内容。
　　3．能够对收到的信用证进行细致审核。

任务分解

任务一　熟悉信用证业务流程

【操作步骤】

　　1．小郑从中行宁波分行领来了 PR Valves，LLC 通过纽约银行开立的不可撤销的信用证。
　　2．Sammi 是业务员不懂信用证业务，因此此交易是 Sammi 第一次接触信用证支付方式，Sammi 向小郑咨询信用证业务的流程。
　　3．小郑用画图的方式告知 Sammi 信用证业务的每个环节。

【操作分析】

一、跟单信用证的操作流程

买方通知当地银行（开证行）开立以卖方为受益人的信用证。开证行请求另一银行通知或保兑信用证。通知行收到信用证后通知卖方，信用证已开立，并会收取 200 元左右的通知费。卖方收到信用证，进行信用证审核，在确保其能履行信用证规定的条件后，开始准备出口相关事宜。卖方将信用证规定或指定的单据向议付银行提交。议付银行可能是开证行，或是信用证内指定的付款、承兑或议付银行。通常建议卖方使用与自己有业务往来的银行议付，一般来说这些银行都可以操作议付工作。议付行通行的方式是审核无误后将单据直交开证行。开证行审核单据无误后，通知买方确认单据，并给予大约 7～10 天的支付期限，到期未拒付将直接划转信用证款项。如果买家拒付，单据将被退回。如果买方付款，买方则可以获得单据，凭单取货。具体流程如下。

（一）信用证的开立

1. 开证申请

进出口双方同意用跟单信用证支付后，进口商便有责任开证。首先是填写开证申请表，此表使开证申请人与开证行建立了法律关系，因此，开证申请表是开证的最重要的文件。

2. 开证要求

信用证申请的要求在统一惯例中有明确规定，进口商必须确切地将其告之银行。信用证开立的指示必须完整和明确，申请人必须时刻铭记跟单信用证交易是一种单据交易，而不是货物交易。银行不是商家，因此申请人不能依赖银行工作人员去充分了解每一笔交易中的专业术语。即使将销售合同中的所有条款都写入信用证中，如果受益人想要欺诈，申请人也无法得到完全的保护。这就需要银行与申请人共同努力，运用常识来避免开列对各方均显累赘的信用证。银行也应该劝阻在开立信用证时其内容套用过去已开立的信用证（套证）。

3. 开证的安全性

银行接到开证申请人完整的指示后，必须立即按该指示开立信用证。另一方面，银行也有权要求申请人交出一定数额的资金或以其财产的其他形式作为银行执行其指示的保证。国内保证金比例从 0 到 30%到 100%都有，此比例与企业信誉有关。

按现行规定，中国地方、部门及企业均执行收结汇政策，如果某些单位需要通过信用证进口货物或技术，银行将设立保证金账户，根据信誉情况冻结其账户中相当于信用证金额的资金，作为开证保证金。

如果申请人在开证行没有账号，开证行在开立信用证之前很可能要求申请人在其银行存入一笔相当于全部信用证金额的资金。这种担保可以通过抵押或典押实现（例如股票），但银行也有可能通过用于交易的货物作为担保提供融资。开证行首先要对该笔货物的适销性进行调查，如果货物易销，银行凭信用证给客户提供的融资额度比滞销商品要高得多。目前，无信誉企业开立信用证可能性比较小，需要提前准备。

4. 申请人与开证行的义务和责任

申请人对开证行承担三项主要义务：

1）申请人必须偿付开证行为取得单据代向受益人支付的贷款。在申请人付款前，作为物权凭证的单据仍属于银行。

2）如果单据与信用证条款相一致而申请人拒绝"赎单"，则其作为担保的存款或账户上已被冻结的资金将由银行自动划转。

3）申请人有向开证行提供开证所需的全部费用的责任。一般费用比例在 5‰左右，最低在 250 元左右。

开证行对申请人所承担的责任：首先，开证行一旦收到开证的详尽指示，有责任尽快开证。其次，开证行一旦接受开证申请，就必须严格按照申请人的指示行事。

（二）信用证的通知

1. 通知行的责任

在大多数情况下，信用证不是由开证行直接通知受益人，而是通过其在受益人国家或地区的代理行，即通知行，进行转递的。通知行通知受益人的最大优点就是安全。通知行的责任是应合理谨慎地审核其所通知信用证的真实性。

2. 信用证的传递方式

信用证可以通过空邮、电报或电传进行传递。设在布鲁塞尔的 SWIFT 在许多个国家的银行间传递信息。大多数银行，包括中国的银行都加入了这一组织。

3. 有效信用证的指示

当开证行用任何有效的电讯传递方式指示通知行，通知信用证或信用证的修改，该电讯将被认为是有效信用证文件或有效修改书，并且不需要再发出邮寄证实书。一般国内银行会选择有密押协议书的银行信用证，不在此类的银行信用证被认为是风险信用证，需要第三方担保。

（三）受益人的审证

受益人在收到信用证以后，应立即作如下的审核：

1）买卖双方公司的名称和地址是否与发票上打印的公司名称和地址一致。

2）信用证中的付款保证是否符合受益人的要求。

3）信用证的款项是否正确。信用证的金额应与合同相一致并包括该合同的全部应付费用。

4）付款的条件是否符合要求。除非对某些特定的国家或某些特定的进口商，出口商通常要求即期付款。在远期信用证条件下，汇票的期限应与合同中所规定的一致。

5）信用证中的贸易条款是否符合受益人的要求。

6）是否可以在有效期和货运单据限期内把各项单据送交银行。

7）是否可以提供所需的货运单据。

8）有关保险的规定是否与销售合同条款一致。

9）投保金额。绝大多数信用证要求按 CIF 发票金额的 110%投保。

10）货物说明（包括免费附送的物品）、数量和其他各项是否正确。

如果检查上述各项内容的时候发现有任何遗漏或差错，应就下列问题立即作出决定，采取必要的措施：①能否更改计划或单据内容来相应配合；②是否应该要求买方修改信用证，修改费用应由哪方支付；③若有疑问，可向本单位的联系银行或通知行咨询。

（四）信用证的履行

1. 单据的提交

在跟单信用证业务中，单据的提交起着非常重要的作用，因为这是信用证能否顺利结算的关键。受益人向银行提交单据后能否得到货款，在很大程度上取决于单据是否齐备且符合信用证要求。

2. 交单时间的限制

提交单据的期限由以下三种因素决定：
1）信用证的失效日期。
2）装运日期后指定的交单日期。
3）银行在其营业时间外，无接受提交单据的义务。

信用中有关装运的任何日期或期限中的"止"、"至"、"直至"、"自从"和类似词语，都可理解为包括所述日期。"以后"一词理解为不包括所述日期。

"上半月"、"下半月"理解为该月一日至十五日和十六日至该月的最后一日，首尾两天均包括在内。"月初"、"月中"或"月末"理解为该月一日至十日、十一日至二十日、二十一日至该月最后一日，首尾两天均包括在内。

3. 交单地点的限制

所有信用证都必须规定付款、承兑的交单地点。在议付信用证的情况下须规定交单议付的地点，但自由议付信用证除外。正如提交单据的期限一样，信用证的到期地点也会影响受益人的结汇。如果开证行将信用证的到期地点定在其本国或自己的营业柜台，而不是受益人国家，这对受益人极为不利，因为受益人必须保证于信用证的有效期内在开证银行营业柜台前提交单据。

（五）银行审核单据

受益人向银行提交单据后，银行有义务认真审核单据，以确保符合"单证一致、单单一致"。

1. 审单准则

银行必须合理谨慎地审核信用证项下的所有单据，以确定其表面上是否与信用证条款相符。规定的单据在表面上是否与信用证条款相符合是由国际标准银行实务来确定的。单据表面上互不相符，应视为表面上与信用证条款不相符。上述"表面"一词的含义是：银行不需审核单据的真伪、已装运货物的真伪、已装运货物是否已装运，以及单据签发后是否失效。除非银行明确得知所进行的交易是欺诈行为，否则以上发生的实际情况与银行无关。因而，如受益人制造表面上与信用证规定相符的假单据，也能得到货款。但是如受益人已经以适当的方式装运了所规定的货物，在制作单据时未能达到信用证所规定的一些条件，银行将拒绝接受单据，受益人将不能得到货款。银行不审核信用证中未规定的单据，如果银行收到此类单据，将退还提交人或予以转交，并对此不负责任。

2. 单据有效性的免责

银行对任何单据的形式、完整性、准确性、真实性或法律效力，或单据中载明、附加的一般及/或特殊条件概不负责。银行对单据所代表货物的描述、数量、重量、品质、状况、包装、交货、金额或存在与否，以及对货物发货人、承运人、货运代理人、收货人，或货物保险人及其他任何人的诚信、行为及/或疏忽、清偿能力、行为能力或资信状况概不负责。

3. 审核单据的期限

《跟单信用证统一惯例》（以下简称《统一惯例》）第 13 条 b 款对银行审核卖方提交的单据并通知卖方是否完备的时间有明确规定：开证行、保兑行（如已保兑）或代表他们的被指定银行各自应有一个合理的时间，即不超过收到单据后的五个银行营业日，审核单据，决定是否接受或拒收单据，并通知从其处收到单据的当事人。

4. 不符单据与通知

如开证行授权另一家银行凭表面上符合信用证条款的单据付款、承担延期付款责任、承兑汇票或议付，则开证行和保兑行（如已保兑）有义务接受单据；并对已付款、承担延期付款责任、承兑汇票或议付的被指定银行进行偿付。

收到单据后，开证行及/或保兑行（如已保兑）或代表他们的被指定银行必须以单据为唯一依据，审核其表面上是否与信用证条款相符。如果单据表面上与信用证不符，银行可拒收单据。如果开证行确定单据表面上与信用证条款不符，可以完全根据自己的决定与申请人联系，请其撤除不符点。

如果开证行及/或保兑行（如已保兑）或代表他们的被指定银行决定拒收单据，则其必须在不迟于自收到单据次日起第五个银行营业日结束前，不延误地以电讯或其他快捷方式发出通知。该通知应发至从其处收到单据的银行，如直接从受益人处收到单据，则将通知发至受益人。通知必须说明拒收单据的所有不符点，还必须说明银行是否留存单据听候处理，或已将单据退还交单人。开证行或保兑行有权向寄单行索还已经给予的任何偿付款项和利息。

如开证行或保兑行未能按这些规定办理，或未能留存单据等待处理，未将单据退还交单人，开证行或保兑行则无权宣称单据不符合信用证条款。如寄单行向开证行或保兑行提出应注意的单据中的任何不符点，其以保留方式或根据赔偿书付款，承担延期付款责任承兑汇票或议付时，开证行或保兑行并不因之而解除其任何义务。

（六）信用证的结算

当银行审单结束后，信用证即进入结算阶段。《统一惯例》第 10 条指出："所有信用证都必须清楚地表明该证是否适用即期付款、延期付款、承兑或议付。"

1. 即期付款

受益人将单据送交付款行。银行审核单据与信用证条款，相符后付款给受益人。该银行若不是开证行，以事先议定的方式将单据寄交开证行索偿。

2. 延期付款

受益人把单据送交承担延期付款的银行。银行审核单据与信用证条款相符后，依据信用证所能确定的到期日付款。该银行若不是开证行，则以事先议定的方式将单据寄交开证行索偿。

3. 承兑汇票

受益人把单据和向银行出具的远期汇票送交承兑行。银行审核单据与信用证条件相符后，承兑汇票并将其退还给受益人。

4. 议付

受益人按信用证规定，将单据连同向信用证规定的付款人开出的即期或远期汇票送交议付银行。议付银行审核单据与信用证规定相符后，可买入单据和汇票。该议付银行若非开证行，则以事先议定的形式将单据和汇票交开证行索偿。

提交单据要早做准备，及时和银行国际部沟通，切勿耽误时间。对于商检、订舱、产地证申领也必须提前准备。

二、绘制一份详细的信用证业务流程图

申请开立信用证的流程图见图 4-1。

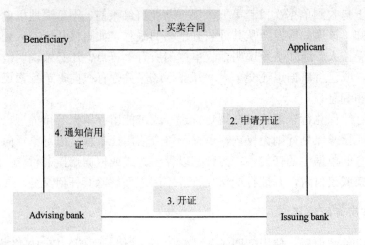

图 4-1　申请开立信用证流程

任务二　信用证翻译

【操作步骤】

1. 小郑与 Sammi 联系，要求 Sammi 提供本业务的相关合同；

2. Sammi 携合同复印件到单证部小郑处与其共同翻译该信用证。

【操作分析】

Sammi 与小郑一起翻译信用证的内容：

BNY MELLON

Phone: （212）495-1784
Telex: 45429 MSHQCM EM
Fax: 2233546 / 2230554
SWIFT: BOMLAEAD

BNY

BANK OF NEW YORK U.S.A. （纽约银行）

IRREVOCABLE DOCUMENTARY CREDIT （不可撤销的跟单信用证）

CREDIT NO. （信用证号码）	**EXPIRY DATE** （有效期限）	**PLACE OF EXPIRY** （到期地点）

IE40316　　　　30 JUL, 2011　　2011 年 7 月 30 日　**IN THE BENEFICIARY'S**
COUNTRY
（在受益人国家）

DATE OF ISSUE　　　（开立信用证的时间）
26 MAY, 2011
（2011 年 5 月 26 日）

ADVISING BANK :通知行　　BANK OF CHINA NINGBO BRANCH　（139 YAO HANG
STREET, NINGBO, CHINA）中国银行宁波支行

APPLICANT:开证申请人　　　　　**BENEFICIARY:** 受益人
NINGBO YINXIANG IMPORT&EXPORT TRADING
PR VALVES LLC.　　　　　　　　CO.,LTD.
Maoshan Industrial Zone,Jiangshan Town,Yinzhou
1313 Missouri St. South　　　District,Ningbo
 Houston, TX 77587,USA、　　　TEL：+86-574-27780626/27882700
TEL：713-947-8044　　　　　FAX：+86-574-87305068/ 87305028
FAX：713-947-8842

　　　　　　　　　　USD 125,000.00 (U.S. DOLLAR ONE HUNDRED AND TWENTY
AMOUNT:　金额　　　　FIVE THOUSAND ONLY

AVAILABLE WITH:　　BANK OF CHINA NINGBO BRANCH　（139 YAO HANG
获取金额的方式　　　　STREET, NINGBO, CHINA) BY NEGOTIATION
　　　　　　　　　　通过中国银行宁波分行议付

DRAFT AT: 汇票期限　30 DAYS AFTER B/L DATE　　　　提单日后 30 天付款
DRAWN ON: 受票人　BNY　　　　　　　　　　　开证行
AND MARKED DRAWN UNDER BNY PSC CREDIT NO. IE40316
并在汇票上标注开证行为纽约银行且信用证号码为 IE40316

PARTIAL SHIPMENTS ARE
ALLOWED　　　　　　　　允许分批装运
TRANSHIPMENTS ARE
PROHIBITED　　　　　　　不允许转运
TRANSPORTATION FROM:
货物发自　　　　　　　NINGBOI　　　宁波

TO：货物运至　　　　　BOSTON　BY SEA　　　海运至波士顿
NOT LATER THAN: 不迟于　15 JUL, 2011　　　　2011 年 7 月 15 日

COVERING:货物

VALVES　AS PER S/C NO. YX-2009189　　　阀门按照合同编号为 YX-2009189

TERMS:　FOB NINGBO CHINA　　　　　价格条件 FOB 宁波

DOCUMENTS REQUIRED:　　　要求提供的单据

****FULL SET OF CLEAN "SHIPPED　ON　BOARD" OCEAN BILLS OF LADING MADE OUT TO THE ORDER OF BNY, MARKED "FREIGHT PAYABLE AT DESTINATION", NOTIFY APPLICANT（GIVING NAME AND FULL ADDRESS）SHOWING THE ABOVE LC NO., NAME, ADDRESS, TELEPHONE AND FAX NOS. OF THE VESSEL'S AGENT AT THE PORT OF DESTINATION.

全套清洁已装船的海运提单，抬头开成"凭纽约银行指示"，标注"运费到目的港支付"，通知开证申请人（给出名称和详细地址）显示以上的信用证号码、在目的港的船代的名称、地址、电话和传真号码。

****INSURANCE COVERED BY APPLICANT. SHIPMENT ADVICE QUOTING THE ABOVE LC NUMBER AND REFERRING TO THEIR　POLICY　NO.64/MCO/2000/50475/000 TO BE FAXED TO NASCO KARAOG, P.O. BOX 7108, SOUTH HOUSTONI, U.S.A. FAX:　009714-3520544 WITHIN ONE DAY FROM SHIPMENT DATE BY FAX AND A COPY OF SUCH ADVICE WITH RELATIVE FAX REPORT TO ACCOMPANY THE DOCUMENTS.

保险由开证申请人办理。装运通知要引用以上信用证号码和保险单号码为 NO.64/MCO/2000/50475/000，装运通知要在装运日期后的一天内以传真方式发送给 NASCO KARAOG, P.O. BOX 7108, SOUTH HOUSTONI, U.S.A.，传真号码：009714-3520544，此外该装运通知的副本及相关的传真回执要与其他的单据一起提交银行。

****CERTIFICATE OF ORIGIN IN ENGLISH STATING THAT THE GOODS ARE OF CHINESE ORIGIN, SHOWING FULL NAME AND ADDRESS OF THE MANUFACTURER/PRODUCER ISSUED IN ORIGINAL BY CHINA COUNCIL FOR THE PROMOTION OF INTERNATIONAL TRADE.

英文的原产地证明要说明：货物原产自中国，显示生产商或制造商的全称和地址，该产地证明要由贸促会签发。

****PACKING LIST IN ORIGINAL PLUS TWO COPIES DULY SIGNED BY BENEFICIARY

装箱单一份正本加两份副本要经过受益人签章。

****SIGNED INVOICE IN ORIGINAL PLUS TWO COPIES SHOWING THE NAME AND ADDRESS OF MANUFACTURER / PRODUCER / PROCESSOR AND CERTIFYING THAT GOODS AND ALL OTHER DETAILS ARE AS PER PROFORMA INVOICE NO. JX2011YN DATED 19.03.2011.

经过签署的发票一份正本加两份副本，显示生产商或制造商或加工商的名称和地址，并证明货物和所有其他的细节与编号为 JX2011YN、日期为 2011.03.19 的形式发票相符。

SPECIAL CONDITIONS:

特殊条件

1) THIRD PARTY AS SHIPPER IS NOT ACCEPTABLE　　　不允许第三方作为托运人

2) REIMBURSEMENT UNDER THIS CREDIT ARE SUBJECT TO THE UNIFORM RULES FOR BANK TO BANK REIMBURSEMENTS UNDER DOCUMENTARY CREDITS, ICC

PUBLICATION NO. 525.

此信用证项下的索偿按照《银行与银行跟单信用证下的索偿统一惯例》，ICC525 执行。

3) ALL DOCUMENTS CALLED FOR IN THIS CREDIT SHOULD BE DATED AND ANY DOCUMENT DATED PRIOR TO L/C ISSUANCE DATE NOT ACCEPTABLE.

该信用证下所有要求提供的单据应注明日期而且早于信用证开证日期的单据不能接受。

4) 10 PERCENT MORE OR LESS IN AMOUNT IS ALLOWED.

允许 10%的金额浮动。

INSTRUCTION TO NEGOTIATING BANK:

给议付行的指示（略）

ALL DOCUMENTS ARE TO BE DESPATCHED IN ONE SET BY COURIER SERVICE TO BNY PSC, FOREIGN TRADE CENTRE, OFFICE TOWER SUITE NO. 736/739, AL GHURAIR CENTRE, P.O.BOX 9271, DEIRA,NEW YORK, U.S.A. COVERING SCHEDULE MUST CERTIFY THAT THE DOCUMENTS HAVE BEEN NEGOTIATED STRICTLY IN CONFORMITY WITH THE TERMS OF THE CREDIT.

DOCUMENTS TO BE PRESENTED WITHIN 15 DAYS AFTER THE ISSUANCE OF THE SHIPPING DOCUMENTS BUT WITHIN THE VALIDITY OF THE CREDIT.

ALL BANK CHARGES, （EXCEPT OPENING CHARGES） RECORDING FEE AND COMMISSIONS OUTSIDE U.S.A. ARE TO BE BORNE BY BENEFICIARY.

THIS CREDIT IS SUBJECT TO THE UNIFORM CUSTOMS AND PRACTICE FOR DOCUMENTARY CREDITS 1993 （REVISION） ICC PUBLICATION 600.

THANK YOU.

YOURS FAITHFULLY
BNY PSC

一、信用证的格式及开立形式

1. 信用证的格式

国际商会于 1970 年制定了《开立跟单信用证标准格式》（Standard Form for the Issuing of Documentary Credit）：

1）开立不可撤销跟单信用证标准格式——致受益人（The Standard Form for the Issuing of Documentary Letter of Credit-Advice for the Beneficiary）。

2）开立不可撤销跟单信用证标准格式——致通知行（The Standard Form for the Issuing of Documentary Letter of Credit-Advice for the Advising Bank）。

3）不可撤销跟单信用证通知书标准格式（The Standard Form for the Notification of Documentary Letter of Credit）。

4）跟单信用证修改书标准格式（The Standard Form for the Amendment to Documentary Letter of Credit）。

2. 信用证的开立形式

1）信开本（To open by airmail）：开证银行采用印就的信函格式的信用证，开证后以航空邮寄送通知行。

2）电开本（To open by cable）：开证银行使用电传、传真、SWIFT 等各种电讯方法将信用证条款传达给通知行。

① 简电本（Brief cable）：开证银行只通知已经开证，将信用证的主要内容预先告通知行，详细条款将另航邮寄通知行。简电本在法律上是无效的，不能作为交单议付的依据。

② 全电本（Full cable）：开证银行以电讯方式开证，把信用证全部条款传达给通知行。全电本是交单议付的依据。

二、信用证的 SWIFT 电文格式

1. SWIFT 介绍

SWIFT 又称环球同业银行金融电讯协会，是国际银行同业间的国际合作组织，成立于 1973 年，目前全球大多数国家大多数银行已使用 SWIFT 系统。SWIFT 的使用，为银行的结算提供了安全、可靠、快捷、标准化、自动化的通信业务，从而大大提高了银行的结算速度。

2. SWIFT 特点

1）SWIFT 需要会员资格。我国的大多数专业银行都是其成员。

2）SWIFT 的费用较低。同样多的内容，SWIFT 的费用只有 Telex（电传）的 18%

左右，只有 Cable（电报）的 2.5%左右。

3）SWIFT 的安全性较高。SWIFT 的密押比电传的密押可靠性强、保密性高，且具有较高的自动化。

4）SWIFT 的格式具有标准化。对于 SWIFT 电文，SWIFT 组织有着统一的要求和格式。

3. SWIFT 电文表示方式

（1）项目表示方式

SWIFT 由项目（FIELD）组成，如 59 BENEFICIARY（受益人）就是一个项目，59 是项目的代号，可以用两位数字表示，也可以用两位数字加上字母来表示，如 51a APPLICANT（申请人）。不同的代号，表示不同的含义。项目还规定了一定的格式，各种 SWIFT 电文都必须按照这种格式表示。

在 SWIFT 电文中，一些项目是必选项目（MANDATORY FIELD），一些项目是可选项目（OPTIONAL FIELD），必选项目是必须要具备的，如：31D DATE AND PLACE OF EXPIRY（信用证有效期），可选项目是另外增加的项目，并不一定每个信用证都有，如：39B MAXIMUM CREDIT AMOUNT（信用证最大限制金额）。

（2）日期表示方式

SWIFT 电文的日期表示为：YYMMDD（年月日）。

　　如：1999 年 5 月 12 日表示为 990512；

　　　　2000 年 3 月 15 日表示为 000315；

　　　　2009 年 12 月 9 日表示为 091209。

（3）数字表示方式

在 SWIFT 电文中，数字不使用分隔号，小数点用逗号","来表示。

　　如：5152286.36 表示为 5152286，36；

　　　　4/5 表示为 0，8；

　　　　5%表示为 5 PERCENT

（4）货币表示方式

澳大利亚元：AUD；奥地利元：ATS；比利时法郎：BEF；加拿大元：CAD；人民币元：CNY；丹麦克朗：DKK；德国马克：DEM；荷兰盾：NLG；芬兰马克：FIM；法国法郎：FRF；港元：HKD；意大利里拉：ITL；日元：JPY；挪威克朗：NOK；英镑：GBP；瑞典克朗：SEK；美元：USD。

任务三　信用证审核

【操作步骤】

1. 小郑与 Sammi 先仔细参看合同条款。

2. 两人参照合同条款审核信用证条款。

3. 将不符合合同的条款通知买方修改。

【操作分析】

1. 小郑与 Sammi 参照合同条款逐条审核信用证的内容。
2. 小郑与 Sammi 发现信用证内容符合合同条款。

一、出口商审核信用证

1. 审核信用证的业务流程

审核信用证的业务流程如图 4-2 所示。

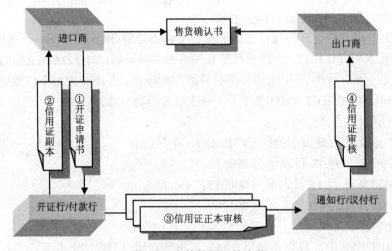

图 4-2　审核信用证的流程

说明：
① 进口方要按合同规定的开证时间和相关内容填写开证申请书。
② 开证行根据开证申请书开立信用证，正本寄送通知行，副本交进口方。
③ 通知行收到信用证后立即审核开证行的资信能力、付款责任和索汇路线，并鉴别其真伪。
④ 出口方收到通知行寄来的信用证后即进行审核。

资料来源：童宏祥. 2010. 外贸单证实务. 上海：上海财经大学出版社.

2. 审证的依据与内容

（1）审证的主要依据

审核信用证的主要依据是买卖双方签订的贸易合同、国际贸易惯例、UCP600 和进口国有关法规的规定。

（2）审证的重点项目

1）信用证的类别。如为保兑信用证，检查其有无"保兑"字样（Confirmed）、保兑行行名和保兑行的保兑条款，缺少其中任何一项，都应要求改证；如为不可撤销可转让信用证，视其有无"可转让"字样（Transferable）和自由议付信用证下的经开证行特别授权作为转让行的银行名称，缺其一则要求改证。如为循环信用证，须注明"循环"

（Revolving）字样，以及恢复信用证循环的条件，否则要求修改信用证。目前，根据 UCP600 的规定，所有银行开立的信用证均为不可撤销信用证。

2）开证申请人与受益人的名称与地址。在实际业务中，因注册地与实际租用场所会有不同，如开证申请人与受益人的名称与地址有误，应及时改证，以免影响收汇。

3）信用证有效期、装运期、交单期的相关性。装运期必须与合同规定的时间相一致，如因来证太晚或发生意外情况而不能按时装运，应及时电请买方延展装运期限。如来证仅规定有效期而未规定装运期时，信用证的有效期可视为装运期，来证的有效期和装运期是同一个时期，即为"双到期"的信用证，按我方能否按时装运来决定是否让对方修改有效期。信用证的有效期与装运期一般有一定的合理时间间隔，以便装船发运货物后有充足的时间办理制单和结汇工作。信用证一般规定交单期，如未规定，则为装船后21天内交单。

4）信用证的到期地点。到期地点一般都要求在我国境内，如规定到期地点在国外，因不好掌握寄单时间，一般不轻易接受。

5）货物与金额的描述。货物描述、数量、单价、总金额、货币名称、价格条件必须与合同一致；总金额不能超过合同总价，如有"溢短装"条款，注意数量与总金额的增减幅度是否一致。

6）对信用证规定单据的审核。对信用证中所要求提供的单据种类、填写内容、文字说明、文件份数、填写方法等都要认真审核。凡是信用证中要求的单据与我国政策相抵触或根本办不到的，应及时与对方联系修改。

7）保险条款。投保加成、投保险别必须与合同约定一致，如投保加成超过一成以上，不仅要注明增加的保费由进口商承担，且应征得保险公司同意后才能接受；如来证指定保险勘察代理人（Survey Agent），应要求改证，保险勘察代理人必须由保险公司选定。

8）运输条款。如为集装箱运输，应注意出口货物的适宜性，货量与箱容要匹配。对港澳地区的陆运一般采用中外运出具的承运货物收据。

9）"软条款"。"软条款"的实质是进口商单方面掌握单证一致的主动权，如信用证要求提供一份开证申请人或其指定的人签发的商检证，或待进口商取得有关进口文件后，再以信用证修改形式通知信用证生效；或出运日期由进口商通知开证行，开证行再以信用证修改形式通知受益人；或货物运抵目的港后，由进口地检验检疫部门对进口商品检验并出具相关合格证书后才履行付款责任。对此，出口商必须提出改证。

10）开证行的保证条款。信用证条款中应注明"本证受跟单信用证统一惯例 UCP600 约束"文句（SWIFT 信用证除外），否则受益人应提出改证。

二、信用证常见不符点介绍

① 信用证过期；② 信用证装运日期过期；③ 受益人交单过期；④ 运输单据不清洁；⑤ 运输单据类别不可接受；⑥ 没有"货物已装船"证明或注明"货装舱面"；⑦ 运费由受益人承担，但运输单据上没有"运费付讫"字样；⑧ 起运港、目的港或转运港

与信用证的规定不符；⑨ 汇票上面付款人的名称、地址等不符；⑩ 汇票上面的出票日期不明；⑪ 货物短装或超装；⑫ 发票上面的货物描述与信用证不符；⑬ 发票抬头的名称、地址等与信用证不符；⑭ 保险金额不足，保险比例与信用证不符；⑮ 保险单据的签发日期迟于运输单据的签发日期（不合理）；⑯ 投保的险种与信用证不符；⑰ 各种单据的类别与信用证不符；⑱ 各种单据中的币别不一致；⑲ 汇票、发票或保险单据金额的大小写不一致；⑳ 汇票、运输单据和保险单据的背书错误或应有但未作背书；㉑ 单据没有必要签字或有效印章；㉒ 单据的份数与信用证不一致；㉓ 各种单据上面的"Shipping Marks"不一致；㉔ 各种单据上面的货物的数量和重量描述不一致。

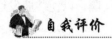 自我评价

完成情况及得分 / 评价项目	很好（5）	良好（4）	一般（3）	较差（2）	很差（1）	分项得分
绘制信用证业务流程图的正确率						
信用证翻译准确率						
信用证审核准确率						

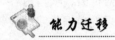 能力迁移

一、请根据简式合同的条款（见合同 1），审核下页的信用证，列举信用证存在的问题，并提出修改意见。（请将修改意见列明在信用证的下方）

合同 1

SALES CONFIRMATION

S/C No.: FO-AL20001

Date: 03-Jun-09

The Seller: FORCEMAN INTERNATIONAL TRADING （SHANGHAI） CO., LTD.
Address: NO.1, LANE 170, YUEYANG ROAD, SHANGHAI 200031, P.R.C.

The Buyer: ALPHA TIRE IMPORTATION
Address: SERESFORD HOUSEBELLOZANNE ROAD ST. HELIER, JERSEY JE2 3JW CHANNEL ISLANDS, U.S.A.

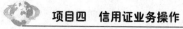

Item No.	Commodity	Unit	Quantity	Unit Price （US$）	Amount （US$）
	PNEUMATIC RUBBER TIRES	PC	31 12	CIFC3 NEW YORK	
				47.70	148442.40

大写合同金额：合计拾肆万捌千肆佰肆拾贰美元肆拾美分

PACKING: 每箱 8 件，共计 389 纸箱

SHIPMENT: 不晚于 2009 年 7 月 25 日   自上海海运至纽约
                        允许分批装运，允许转运

PAYMENT: 不可撤销即期信用证，2009 年 6 月 15 日之前开到

INSURANCE: 加成 10%投保一切险与战争险

Confirmed by:

THE SELLER   THE BUYER
FORCEMAN INTERNATIONAL
TRADING （SHANGHAI） CO. LTD.ALPHA TIRE IMPORTATION

          赵建国   JAMES WHITE

        MANAGER   MANAGER

DBABANK

FORM OF DOC, CREDIT	*40 A	:	IRREVOCABLE
DOC. CREDIT NUMBER	*20	:	N3 AMOLO00284
DATE OF ISSUE	31 C	:	20090610
EXPIRY	*31 D	:	DATE 20090810 PLACE U.S.A.
APPLICANT	*50	:	ALPHA TIRE IMPORTATION
			SERESFORD HOUSEBELLOZANNE ROAD

			ST. HELIER, JERSEY JE2 3JW
			CHANNEL ISLANDS, U.S.A.
BENEFICIARY	*59	:	FORCEMAN INTERNATIONAL TRADING (SHANGHAI) CO. LTD.,
			NO.1, LANE 170, YUYAN ROAD,
			SHANGHAI 200031, P.R.C.
AMOUNT	*32 B	:	CURRENCY USD AMOUNT148,442.40
			（SAY US DOLLARS ONE HUNDRED AND
			FORTY EIGHT THOUSAND FOUR HUNDRED AND TWO AND 40/100）
AVAILABLE WITH/BY	*41 D	:	ANY BANK
			BY NEGOTIATION
DRAFTS AT…	*42 C	:	DRAFTS AT SIGHT FOR FULL INVOICE VALUE
DRAWEE	*42 A	:	DBA BANK, NEW YORK, U.S.A.
PARTIAL SHIPMENTS	43 P	:	PROHIBITED
TRANSSHIPMENT	43 T	:	PERMITTED
LOADING IN CHARGE	44 A	:	SHANGHAI
FOR TRANSPORT TO	44 B	:	NEW YORK
LATEST DATE OF SHIP	44 C	:	20090715
DESCRIPT. OF GOODS	45 A	:	3121 PCS OF PNEUMATIC RUBBER TIRES CIFC5 NEW YORK
DETAILS OF CHARGES	71 B	:	ALL CHARGES OUTSIDE THE USA ARE FOR ACCOUNT OF BENEFICIARY.
PRESENTATION PERIOD	48	:	WITHIN 2 DAYS AFTER SHIPMENT, BUT IN ANY EVENT WITHIN THE VALIDITY OF THE CREDIT.

Documents   78
required   B :   + 2/3 SET OF BILL OF LADING CLEAN ON BOARD TO ORDER
              OF SHIPPER BLANK ENDORSED AND MARKED FREIGHT
              PREPAID AND 1/3 ORIGINAL BILL OF LADING SENT TO THE
              APPLICANT + INSURANCE POLICY OR CERTIFICATE COVERING
              ALL RISKS AND WAR RISK AS PER ICC DATED 1/1/1982+
              COMMERCIAL INVOICE IN 4 COPIES+ PACKING LIST

Trailer   (Order is <AUT:> <ENC:> <CHK:> <TNG:> <PDE:>...)
              MAC:1CBB6271
              CHK:76AF95AE1F59

二、请根据简式合同的条款（见合同 2），审核下页的信用证，列举信用证存在的问题并提出修改意见。（请将修改意见列明在信用证的下方）

合同 2

SALES CONFIRMATION

S/C No.:　__SH-IT20001__

Date:　__03-Jun-09__

The Seller:
SHANGHAI TEXTILES IMP AND EXP CORPORATION.
Address:　27 ZHONGSHAN ROAD，SHANGHAI, CHINA

The Buyer:
ITOCHU CORPORATION, OSAKA SECTION
Address:　3-3-1, BUZENDA-CHO, SHIMONOSEKI OSAKA, JAPAN

Item No.	Commodity	Unit	Quantity	Unit Price (US$)	Amount (US$)
1	CHINESE TOY PRODUCTS REVOLVING BEAUTY SALON TWD001	PIECE	1000	CIF OSAKA 10.08	10080.00
2	LOVELY CLOWNS TWD003	PIECE	800	8.70	6960.00
					17040.00

大写合同金额：合计美元壹万柒仟零肆拾元整

PACKING:　TWD001 十件装一纸箱, TWD003 八件装一纸箱
　　　　　共 200 箱
SHIPMENT:　不晚于 2009 年 7 月 30 日
　　　　　自上海海运至大阪
　　　　　不允许分批装运，允许转运
PAYMENT:　不可撤销即期信用证，2009 年 6 月 15 日之前开到
INSURANCE:　加成 10%投保一切险与战争险

Confirmed by:

THE SELLER	THE BUYER
SHANGHAI TEXTILES IMP.	**ITOCHU CORPORATION**
AND EXP. CORPORATION.	
陈建	HAXIMODO
MANAGER	MANAGER

KYOWA ASITAMA BANK, LTD.

FORM OF DOC, CREDIT   *40   : IRREVOCABLE

DOC, CREDIT NUMBER   *20   : LC-410-392216

DATE OF ISSUE   *31 C   20090610

EXIPRY   *31 D   :DATE 20090815 PLACE OSAKA

APPLICANT   *50   : ITOCHN CORPORATION, OSAKA SECTION
3-3-1, BUZENDA-CHO, SHIMONOSEKI, OSAKA,
JAPAN

BENEFICIARY   *59   : SHANGHAI TEXTILES IMP AND EXP
CORPORATION.
27 ZHONGSHAN ROAD
SHANGHAI, CHINA

AMOUNT   *32 B   : CURRENCY USD AMOUNT 17040.00

AVAILABLE WITH/BY   *41 D   : ANY BANK BY NEGOTIATION

DRAFTS AT ...   *42 C   : DRAFTS AT 30 DAYS SIGHT FOR FULL
INVOICE VALUE

DRAWEE   *42 A   : OPENING BANK

PARTIAL SHIPMENTS   *43 P   : PERMITTED

TRANSSHIPMENT   *43 T   : PROHIBITED

LOADING IN CHARGE   *44 A   : SHIPMENT FROM CHINESE PORT(S)

FOR TRANSPORT TO ...   *44 B   : TO KOBE, JAPAN

LATEST DATE OF SHIP.   *44 C   :20090730

DESCRIPT. OF GOODS   *45 A   :1800 PIECES OF CHINESE TOY PRODUCTS

ART NO.	QUANTITY	UNIT PRICE
TWD001	1000	10.08
TWD003	800	8.90

PRICE TERM : CIF OSAKA

DOCUMENTS REQUIRED *46 A:

1. COMMERCIAL INVOICE IN TRIPLICATE.

2. FULL SET OF CLEAN ON BOARD OCEAN BILLS OF LADING MADE OUT TO ORDER MARKED FREIGHT TO BE COLLECTED AND NOTIFY APPLICANT

3. INSURANCE POLICY OR CERTIFICATE IN DUPLICATE ENDORSED IN BLANK COVERING ALL RISKS WAR RISK FOR 140 PERCENT OF INVOICE VALUE SUBJECT TO C.I.C.DATED 1/1/1981

4. CERTIFICATE OF INSPECTION ISSUED BY THE APPLICANT

5. PACKING LISTS IN DUPLICATE.

TRAILER : ORDER IS <MAC:> <PAC:> <ENC:> <CHK:> <TNG:>　　<PDE:>

MAC: 3CDFF763

 课后训练

训练一　信用证语句分析

1. 下面是 KEPPEL BANK 开来的一封信用证开首的一句话：

WE HEREBY ISSUE AN IRREVOCABLE DOCUMENTARY CREDIT IN FAVOUR OF THE ABOVE BENEFICIARY FOR TWENTY SIX THOUSAND SEVEN HUNDRED FORTY U.S. DOLLAR ONLY.

（1）请问这是一份什么信用证？（　　　）

　　A. 不可转让跟单信用证　　　　　B. 不可撤销跟单信用证

　　C. 可撤销跟单信用证　　　　　　D. 不可撤销可转让信用证

（2）美元与人民币汇价为 1:8.29，那么受益人根据这份信用证可获得_____人民币。

（3）如果信用证中规定成交商品数量时有这样一句："5 PERCENT MORE OR LESS"，那么受益人可能因此获得的收益范围是 _____。

2. CREDIT AVAILABLE WITH THE ADVISING/NOMINATED BANK BY NEGOTIATION AGAINST YOUR DRAFT（S）DRAWN ON US AT SIGHT ACCOMPANIED BY THE GOODS WILL BE READY FOR SHIPMENT. 这句话表明受益人应向_____议付汇票。

3. PACKING LIST MUST SHOW：DESCRIPTION OF GOODS，NUMBER OF PACK，KIND OF PACKAGE，CONTENTS FOR PACKAGE，GROSS WEIGHT AND NET WEIGHT.

这是信用证对_____单所载内容的要求，它要求该单证必须详细记载_____。

4. IN REIMBURSEMENT OF DRAWINGS WITHIN THE CREDIT ITEMS PLEASE DRAW ON：BANK OF NEW YORK，48 WALL STR.，NEW YORK NY 10286.

这里的 BANK OF NEW YORK 是 _____。

A. 议付行　　B. 开证行　　C. 偿付行　　D. 承兑行

5. THIS CREDIT SHALL REMAIN IN FORCE UNTIL THE END OF JANUARY OF 2009 IN CHINA。

这份信用证的到期日期是_____，到期地点是_____。

若该份信用证中规定不迟于 1 月 6 日必须提交整套海运提单，那么这份信用证实际上的最迟有效期是_____。

6. —SHIPMENT TO BE EFFECTED FROM CHINA TO KUWAIT VIA HONGKONG.
　　—CERTIFICATE OF ORIGIN ISSUED BY C.C.P.I.T. IS ACCEPTABLE.

请问一般原产地证书由什么机构签发的？

请翻译"Shipment to be ...via Hongkong"。

训练二　信用证条款的翻译

一、汇票条款

1．Drafts in duplicate at sight bearing the clauses "Drawn under xx Bank Credit No. ".

2．Drafts to be drawn at 30 days' sight on us for 100% of invoice value.

3．Bill of Exchange must be negotiated within 15 days from the date of Bill of Lading but not later than ×××.

4．Drafts drawn under this credit must be negotiated in China on or before August 12, 2009 after which date this credit expires.

5. Documents to accompany drafts are listed below and must be presented for negotiation within 10 days of date of Bill of Lading or other document evidencing dispatch of goods.

二、商业发票

1．Beneficiary's original signed commercial invoices in quintuplicate indication the merchandise names, country of origin and other relevant information.

2．Signed commercial invoice in 6 copies, original of which must be certified by the Chamber of Commerce.

3．Commercial Invoice in 8 copies price CIF Bangkok showing FOB value, freight charges and insurance premium separately.

4．We hereby certify that the contents of invoice herein are true and correct.

5．It is hereby certified that this invoice shows the actual price of the goods described, that no other invoice has been or will be issued and that all particulars are true and correct.

三、提单装运条款

1．Full set of 3/3 originals plus 3 non-negotiable copies clean on board ocean B/L,consigned to order and blank endorsed. Marked "Freight Prepaid" showing shipping agency at destination. Notify Applicant and evidence the goods have been shipped by full container load.

2．Full set 3/3 of clean on board bill of lading established to order and blank endorsed notify buyer, mentioning: "Freight Prepaid" CIF Genoa in transit to Switzerland.

3．Shipment from Chinese Port to London / Rotterdam / Hamburg in buyers option.

4．Shipment must be effected in three equal lots by separate steamers with an interval of at least 30 days between shipments. Documents must be separately negotiated.

5．Third party as consigner B/L documents are not acceptable.

四、保单条款

1．Insurance Policy covered for 110% of total invoice value against All Risks and War Risk as per and subject to the relevant Ocean Marine Cargo Clause of the People's Insurance Company of China dated 1/1/1981.

2．Insurance Policy covered for 110% of total invoice value against Institute Cargo Clauses (A) and Institute War Clauses (Cargo).

3．Policy of Insurance in duplicate issued or endorsed to the order of ABC Co. Ltd., in the currency of the credit for the CIF value of the shipment plus 10 percent covering all risks with extended cover war clause of the People's Insurance Company of China.

4．Insurance Policy/Certificate in 2 fold issued for 110% of the invoice value, covering Institute Cargo Clause A and War Clause, stating claims payable in Holland by claims paying agent.

项目五 出口合同履行及出口单据制作

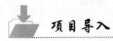

项目导入

宁波银翔贸易公司收到 PR VALVES, LLC 开出的信用证后，立即审证，无异议。Sammi 开始与工厂联系进行备货，同时，根据合同和信用证的规定缮制商业发票、装箱单和订舱委托书，向国际货运代理公司办理出口货物托运手续，受 PR VALVES, LLC 的委托向保险公司办理出口货物运输保险，并按代理报关委托书与委托报关协议，委托货运代理公司代办报检和报关手续。货物装船后获取提单，在信用证有效期内和交单期限内缮制商业汇票，并随附全套结汇单据向指定银行进行议付。

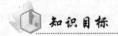

知识目标

1. 掌握办理货物托运的手续及所需单据的缮制技巧。
2. 掌握办理报检的程序及所需单据的缮制技巧。
3. 掌握办理出口报关的程序及所需单据的缮制技巧。
4. 掌握办理投保的手续及所需单据的缮制技巧。
5. 掌握办理电放业务的程序及操作过程中的注意事项。
6. 掌握办理托收业务的流程及注意事项。

能力目标

1. 能够独立办理货物的托运手续并提供所需单据。
2. 能够办理出口货物报检及提供所需单据。
3. 能够办理出口报关及提供所需单据。
4. 能够为货物办理投保手续及提供所需单据。
5. 能够熟练办理电放业务。
6. 能够办理托收业务。

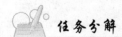

任务分解

任务一 备货与托运

【操作步骤】

1. Sammi 在与部门主管沟通后向生产部门下达工作联系单。

2．Sammi 负责监督货物的生产，包括品质、数量、包装、交货时间等。

3．Sammi 与本公司的跟单员联系，要求其按照合同及信用证的要求，对货物进行清点及核对。

4．Sammi 与货运代理公司联系托运事宜。

【操作分析】

一、Sammi 按照合同和信用证的要求下达了生产联系单和唛头通知书

1）请以 Sammi 的身份拟定一份生产联系单（或通知单），生产联系单（或通知单的）内容与格式见样例 5-1 和样例 5-2。

生产联系单

样例 5-1

制单编号：02110
款号：09-406-004

款式图：男装圆领毛衣
布类：100%丝光羊毛
克重：550克

落单：1　　厂名：
载数：　　回货数：

总重量：
用量：

制单日期：2011.1.10
落货日期：2011.5.19

FOB：
售价：

颜色 号型	S 165/100	M 170/105	L 175/110	XL 180/115	XXL 180/120
比例	2	4	3	1	
A版	120	240	180	60	
宝蓝 8100	2055	1935	1995	2115	
枣红 8100	2055	1935	1995	2115	
咖啡红 8100	2055	1935	1995	2115	
黑色 8100	2055	1935	1995	2115	
总 32400 件	8220	7740	7980	8460	

英寸 号型	S 165/100	M 170/105	L 175/110	XL 180/115
衫长（胸头度）	25 1/2	26 1/2	27 1/2	28 1/2
胸阔（夹下 1/2）	21	21 3/4	22 1/2	23 1/4
脚阔	17 3/4	18 1/2	19 1/4	20
袖长（后中度）	31 7/8	32 4/3	33 5/8	34 1/2
脾阔	7 1/4	7 3/4	8 1/4	8 3/4
袖口阔	4	4	4 1/2	4 1/2
领阔（骨至骨）	7	7	7 3/4	7 3/4
前领深			2	
领高			1 1/4	
袖口、衫脚高			1	

（1）请接布或接裁片后（二十四小时内）做一件办回公司，本公司批办后方可大货生产

（2）请接布或接裁片后（三十六小时内）做齐色办各 1 件（男装 L 码，女装 M 码）和生产部存办 1 件（M 码）回本公司

（3）注意领窝尺寸，偏差不得超过±1/4，要保证过头

 样例 5-2

生产通知单

编号：FH-11-02　　　　A版　　　　　　　　　　　　　　　　　NO.：

需方单位名称		合同号		需方联系人		电话	
序号	制造产品名称	规格型号	数量	技术标准、质量要求			
1							
2							
3							
4							
5							
6							
7							
8							
技术说明							
交货时间	年　月　日	交货地点					
		包装格式		运输方式		生产班组	
通知任务时间	年　月　日	通知人姓名					
生产批准时间	年　月　日	批准人					
接单时间	年　月　日	生产主管经理					

填表：　　　　　　　　　　　　　　　　　　　　　　　　　　　审核：

注释：

1. 本通知壹式肆份，分别由通知人、批准人、生产主管经理及生产班组存备，相关人员必须按规定要求认真填写并检查执行，不得有误。

2. 本通知单产品：技术标准，产品规格型号、数量已清，生产部门必须按通知时间优质完成。

3. 本通知制造产品及技术标准由生产主管经理交由生产车间安排工班制造，并通知质管部随时配合检查生产质量。

2）请以 Sammi 的身份拟定一份唛头通知书，唛头通知书的内容与格式见样例 5-3。

 样例 5-3

诚 通 贸 易 有 限 公 司

CHENG TONG TRADE COMPANY

1405 BAIZHANG EAST ROAD NINGBO 315005, CHINA

TEL: 0086-574-85788877 FAX: 0086-574-85788876

To：生产部一部　　王科长

合同号为 ASO2011003 项下，1700 箱彩织 T 恤如下：

1．外包装种类：五层瓦楞纸箱
2．外包装规格：2 层 X24 件
3．唛头：
ROSE BRAND
178/1700
RIYADH
4．纸箱的一长边印阿拉伯文纸箱图案，另一长边印英文纸箱图案；一短边印唛头，字体为黑色，另一短边空白。

如下图所示：

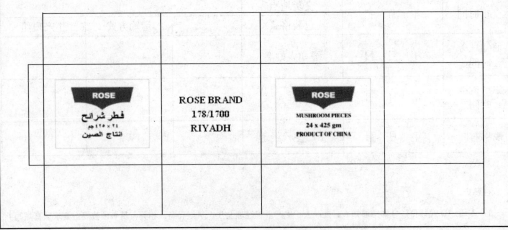

二、Sammi 与跟单员一起落实备货

1）Sammi 跟进生产进度。

2）Sammi 跟进出口包装。

3）Sammi 与跟单员一起清点将要出口的货物。

三、Sammi 与小郑办理订舱及相关单证的缮制

1）Sammi 及时与一家国际货运代理公司联系。

2）小郑按照合同和信用证的要求缮制商业发票、装箱单和订舱委托书。

3）Sammi 向该国际货运代理公司办理托运手续。

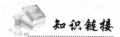 知识链接

一、生产进度跟进的要求

生产进度跟进的基本要求是使生产企业能按订单及时交货。及时交货就必须使生产进度与订单交货期相吻合，尽量做到不提前交货，也不延误交货。生产进度跟进的流程是：下达生产通知单、制定生产计划及跟踪生产进度。

（一）按时交货跟进要点

1）加强与生产管理人员的联系，明确生产、交货的权责。

2）减少或消除临时、随意的变更，规范设计、技术变更要求。

3）掌握生产进度，督促生产企业按进度生产。

4）加强产品质量、不合格产品、外协产品的管理。

5）妥善处理生产异常事务等。

（二）生产企业不能及时交货的主要原因

1）企业内部管理不当。如紧急订单插入，生产安排仓促，导致料件供应混乱，延误生产交货。

2）计划安排不合理或漏排。原材料供应计划不周全、不及时，停工待料，在产品生产加工各工序转移过程中不顺畅，导致下道工序料件供应延误。

3）产品设计与工艺变化过多。图纸不全或一直在变动，使车间生产无所适从，导致生产延误。

4）生产设备跟不上。设备维护保养欠缺，设备故障多，影响生产效率提高。

5）产品质量控制不好。不合格产品增多，产品合格率下降，影响成品交货数量。

6）产能不足，且外协计划调度不当或外协厂商选择不当，生产分配失误等。

二、下达生产通知单

外贸业务员在国内收购合同或订单签订后，需要及时将合同落实到具体生产企业进

行生产，更要监督生产企业下达生产通知单。

（一）落实生产通知单的各项内容

业务员接到订单后，应将其转化为生产任务的生产通知单，在转化时应明确客户所订产品的名称、规格型号、数量、包装、出货时间等要求。业务员需与生产企业或本企业有关负责人对订单内容逐一进行分解，转化为生产企业的生产通知单内容，在对外交货时间不变的前提下，对本通知单内涉及的料号、规格、标准、损耗等逐一与生产部门衔接。不能出现一方或双方含糊不清或任务下达不明确的问题。

（二）协调生产通知单遇到的问题

有时会发生生产通知单受到生产车间具体生产操作上的技术、原材料供应等问题而不能顺利生产。业务员需要进一步与车间或有关部门协调解决具体问题，及时了解生产通知单具体下达到车间后，在执行时遇到的问题。对于生产车间不能解决的技术问题或生产出来的产品无法达到客户要求的情况，业务员应及时与有关部门衔接，在技术问题无法解决前，不能生产。

（三）做好生产通知后的应急事件处理

许多生产厂家为接订单，有时会出现抢单情况。即生产企业为保证企业生产开工，对于一些自认为可以生产的产品，在生产工艺、技术设备还达不到要求的情况下，冒险对外承诺，冒险对外接单。一旦订单下达，企业内部具体安排生产时，受到生产车间技术、设备、工艺等达不到要求的影响，一时又无法解决外协的可能。在这种情况下，会给按时、按质、按量完成交货带来严重的影响。业务员需要反复核实，并做好多种应急事件处理的准备工作，或及时调整生产通知单个别内容，或及时调整生产厂家另行下达生产通知。

三、出口企业备货过程

（一）出口方签订加工合同

出口商按照合同和信用证的规定，需要按时、按质和按量准备好交付的货物，要向生产该商品的厂家订货，签订加工合同，委托厂家按合同或信用证要求进行生产和包装，并将运输标志清晰地刷在外包装的两端。

（二）备货工作应注意的问题

备货是指卖方按出口合同和信用证的规定，向生产或供货单位下达联系单（或加工通知单），安排生产或采购货物，由外贸公司对货物进行验收。

出口备货是卖方履行交货的物质基础，必须做好出口备货工作。在出口备货工作中，应注意的事项主要有：①交付货物的品质、规格一定要符合合同和信用证的规定，既不能偏高，也不能偏低，更不能以次充好；②备货的数量应比合同规定的稍多一些，如果发现货物短缺或损坏时，能及时补足或更换；③交付货物的包装必须符合合同和信用证的规定，包装材料和包装方法必须适合运输方式，唛头要字迹清晰，位置醒目；④备货的时间应按照合同和信用证规定的交货期限并结合船期安排，尽可能做到船货衔接，严防脱节；⑤若货物比较特殊，不易转售，出口方最好在收到信用证并审核无误后，再开始备货，以免对方不开证而给自己造成损失；⑥交付的货物必须是第三方不能提出任何权利或请求的，如侵犯他人的知识产权等。

【操作示范 1】

诚通贸易公司与苏州服装厂签订加工合同，如样例 5-4 所示。

 样例 5-4

加 工 合 同

编号：RXT26

甲方：苏州服装厂　　　　　　　　　　乙方：诚通贸易公司

地址：苏州市人民路 11 号　　　　　　地址：中国宁波市百丈东路 1405 号

电话：（0512）8836420　　　　　　　电话：（86-574）85788877

　　双方为开展来料加工业务，经友好协商，特订立本合同。

　　第一条　加工内容

　　乙方向甲方提供加工全棉色织 T 恤衫 6 000 件，灰色 2 000 件（M、L、XL）、绿色 2 000 件（M、L、XL）、蓝色 2 000 件（M、L、XL）所需的原材料，甲方将乙方提供的原材料加工成产品后交付乙方。

　　第二条　交货

　　乙方在 2011 年 5 月 22 日向甲方提供 12 600 米原材料，并负责运至苏州车站交付甲方；甲方在收到原材料后，在 2011 年 6 月 12 日前将加工好的成品 6 000 件负责运至吴淞港口交付乙方。

　　第三条　来料数量与质量

　　乙方提供的原材料须含 2%的备损率，并符合工艺单的规格标准。如乙方未能按时、按质、按量提供给甲方应交付的原材料，甲方除对无法履行本合同不负责外，还得向乙方索取停工待料的损失。

　　第四条　加工数量与质量

　　甲方如未能按时、按质、按量交付加工产品，应赔偿乙方所受的损失。

　　第五条　加工费与付款方式

　　甲方为乙方进行加工的费用，每套人民币 20 元。乙方结汇后 45 天内向甲方支付全部加工费。

　　第六条　运输

　　乙方将成品运交甲方指定的地点，运费由乙方负责。

　　第七条　不可抗力

　　由于战争和严重的自然灾害以及双方同意的其他不可抗力引起的事故，致使一方不能履约时，该方应尽快将事故通知对方，并与对方协商延长履行合同的期限。由此而引起的损失，对方不得提出赔偿要求。

第八条　仲裁

本合同在执行期间，如发生争议，双方应本着友好方式协商解决。如未能协商解决，提请中国上海仲裁机构进行仲裁。

第九条　合同有效期

本合同自签字之日起生效。本合同正本一式2份，甲乙双方各执一份。

本合同如有未尽事宜，或遇特殊情况需要补充、变更内容，须经双方协商一致。

甲方：（盖章）苏州服装厂　　　　　　　　乙方：（盖章）诚通贸易公司

委托代理人：王芳　　　　　　　　　　　　委托代理人：诚通

2011年5月15日　　　　　　　　　　　　2011年5月15日

四、订舱业务程序

订舱业务流程如图5-1所示。

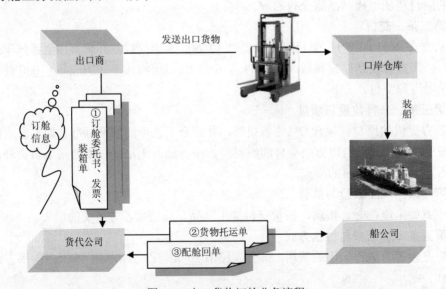

图5-1　出口货物订舱业务流程

注释：

① 出口方缮制商业发票、装箱单和订舱委托书，委托货代向船运公司办理订舱手续。

② 货代向船运公司递交货物托运单，代办订舱。

③ 船运公司确认后，向货代签发配舱回单。

④ 货代将订舱信息告知出口方，通知其送货时间与指定的地点。

⑤ 货代或出口方将出口货物送到码头指定仓库。

资料来源：童宏祥. 2010. 外贸单证实务. 上海：上海财经大学出版社.

（一）托运订舱的一般程序

1）外运公司根据各口岸提出的要船计划，会同交通部门安排船位，制定月度海运出口船期表（内列航线、船名、船期、重量吨和装卸港），分发给各外贸企业，各外贸企业可据此进行备货、催证等有关工作。

2）外贸企业在审核信用证符合要求和备妥货物后，即可办理托运。一般是委托货代公司代为办理。外贸公司要认真填写托运单（见委托书样例 5-7），并及时交外运公司，作为订舱的依据。

3）外运公司收到托运单后，审核托运单，并会同外轮代理公司，在确定装运船舶后，将托运单的配舱回单退回，并将全套装货单交给外贸企业填制，填制好后交还外运公司，然后由外运公司代表外贸公司作为托运人向外轮代理公司办理货物托运手续。

4）外运公司根据船期代各外贸企业在仓库提货后送进码头，凭装货单装船。

5）货物装船前，托运人必须向海关申请报关。

6）货物装船完毕后，由船长或大副签发"收货单"（又称大副收据，Mate's Receipt）。

7）发货人持大副收据到外轮代理公司换取正式提单。

（二）集装箱运输出口操作程序

1）订舱（即订箱）。货代填制托运单，办理订箱手续。

2）接受托运并出具手续。船公司或其代理接受订舱后应在托运单上加填制船名、航次和编号（该编号应与事后签发的提单号一致），同时还应在装货单上加盖船公司或其代理的图章以示确认，然后将有关各联退还发货人，或供货代办理报关、装船和换取提单之用。

3）发送空箱。整箱货所需货箱由船公司或其代理运交，或由发货人领取；拼箱货所需箱数由货运站领取。

4）整箱货的装箱与交货。发货人收到空箱后，应在装箱前（不晚于 24 小时）向海关报关，并在海关监督下装箱，装毕，由海关在箱门处施加铅封，铅封上的号码称为"封志"（seal），然后发货人或货代应及时将重箱和场站收据一并送往堆场，堆场点收货箱无误后，代表船方在场站收据上签字并将该收据退还来人，证明已收到所托运的货物，并开始承担责任。

5）拼箱货的装箱与交货。发货人亦应先行报关，然后将货物递交货运站，但也可委托货运站办理报关，如属这种情况，则发货人应将"报关委托书"（见委托书样例 5-9）及报关所需单证连同货物一并交货运站。货运站收货后进行拼装。这时最好派人去现场监装，以防短装、漏装、错装。货运站点收货物或在拼箱完毕后代表船方在场站收据上签字并将该收据退交发货人，证明收到托运货物并开始承担责任。

6）货物进港。发货人或货运站接到装船通知后于船舶开装前 5 天将重箱运进指定港区备货，通常在船舶吊装前 24 小时截止货箱进港。

7）换取提单。场站收据是承运人或货运站收货的凭证，也是发货人凭以换取提单的唯一凭证。

8）货箱装船。集装箱船在码头靠泊后，便由港口货公司的理货人员按照积载计划进行装船。

9）寄送资料。船公司或其代理应于船舶开航前 2 小时向船方提供提单副本、仓单、装箱单、积载图、特种集装箱清单、危险货物说明书、冷藏集装箱清单等随船资料，并于起航后（近洋 24 小时内，远洋 48 小时内）以电告或邮寄方式向卸货港或中转港发出卸船的必要资料。

五、商业发票的缮制方法

商业发票（Commercial Invoice）是卖方向买方签发的载明货物的品质、数量、包装和价格，并凭以索取货物的凭证。

商业发票的作用：①发票是买卖双方收付货款和记账的依据；②发票是买卖双方办理报关、纳税和计算佣金的依据；③如信用证中不要求提供汇票，发票可代替其作为付款的依据；④发票是全套结汇单据的核心，是缮制其他出口单据的主要依据。

商业发票由出口企业自行拟制，无统一格式，但基本内容和缮制方法大致相同。

1）出票人的名称与地址（Exporter's Name and Address）。出票人的名称、地址应与合同的卖方或信用证的受益人的名称、地址相同。

2）发票名称（Name of Document）。发票名称应用英文粗体标出"Commercial Invoice"或"Invoice"字样。如果信用证指定"Detailed Invoice"或"Receipted Invoice"等发票名称时，应照办。

3）发票编号（No.）。发票编号由出口方根据本公司的实际情况自行编制，是全套结汇单据的中心编号。

4）发票日期（Date）。发票日期应晚于合同和信用证的签发日期，在结汇单据中发票是最早签发的单据。

5）信用证编号（L/C No.）。信用证项下的发票必须填信用证号码，其他支付方式下可不填。

6）合同编号（Contract No.）。合同编号应与信用证中列明的编号一致，信用证未规定合同编号，可不填。其他支付方式下，必须填入。

7）收货人（Messrs）。信用证方式下须按信用证规定的填制，收货人一般是开证申请人。托收方式下，收货人通常是买方。填写时，名称和地址不应同行放置，应分行表明。

8）航线（from…to…）。填写货物实际的起运港（地）、目的港（地），如货物需经转运，应把转运港（地）的名称表示出来。例如，From Shanghai to London W/T Rotterdam；From Guangzhou to Piraeus W/T Hongkong by steamer。如货物运至目的港后再转运内陆城市，可在目的港下方打 In transit to…to…或 In transit 字样。

9）唛头及件号（Marks and Numbers）。发票唛头应按信用证或合同规定的填制，通常包括收货人简称、参考号码、目的地和货物总件数。如未作具体的规定，则填写 N/M。

10）货物描述（Description of Goods）。货物描述一般包括品名、品质、数量和包装等内容。信用证方式下必须与信用证的描述一致，省略或增加货名的任何字或句，都会造成单证不符。如为其他支付方式，应与合同规定的内容相符。

11）单价及价格术语（Unit Price and Trade Terms）。完整的单价应包括计价货币、单位价格、计量单位和贸易术语四部分内容。例如，USD200.00 Per DOZ CIF London。价格术语关系到买卖双方风险和费用的划分，也是海关征税的依据，必须正确表述。

12）总值（Total Amount）。发票总额不能超过信用证金额，对于佣金和折扣应按信用证的规定处理。如果来证要求分别列出运费、保险费和 FOB 价格，必须照办；如果来证要求分别扣除佣金和折扣后列出净价格，也必须照办。

13）声明文句及其他内容（Declaration and other Contents）。根据信用证的规定或特别需要在发票上注明的内容，例如进口许可证号码和证明文句等。

14）出票人签章（Signature）。通常出票人签章，是在发票的右下角打上出口方公司的名称，并由经办人签名或盖章。如信用证规定手签（Manually Signed），则必须按规定照办。对墨西哥、阿根廷的出口，无论信用证是否规定，都必须手签。

发 票 种 类

发票根据作用的不同，可分为商业发票（Commercial Invoice）、海关发票（Customs Invoice）、形式发票（Profoma Invoice）、领事发票（Consular Invoice）、厂商发票（Manufacturer's Invoice）、联合发票（Combined Invoice）和证实发票（Certified Invoice）等，其中商业发票是出口业务结汇中最重要的单据之一，是单证工作中的核心单据。

六、装箱单的缮制方法

装箱单（Packing List or Packing Specification）又称包装单、码单，是用以说明货物包装细节的清单。装箱单的作用主要是补充发票内容，详细记载包装方式、包装材料、包装件数、货物规格、数量、重量等内容，便于进口方和海关等对货物的核准。

装箱单无统一格式，各出口企业制作的装箱单大致相同。其主要内容和缮制方法如下：

1）出口企业的名称和地址（Exporter's Name and Address）。出口企业的名称、地址应与发票同项内容一致，缮制方法相同。

2）单据名称（Name of Document）。单据名称通常用英文粗体标出。常见的英文名称有：Packing List（Note），Packing Specifications，Specifications。实际使用中，应与信用证要求的名称相符，倘若信用证未作规定，可自行选择。

3）装箱单编号（No.）。装箱单编号一般填发票号码，也可填合同号。

4）出单日期（Date）。出单日期填发票签发日，不得早于发票日期，但可晚于发票日期 1～2 天。

5）唛头（Shipping Marks）。唛头制作要符合信用证的规定，并与发票的唛头相一致。

6）品名和规格（Name of Commodity and Specifications）。品名和规格必须与信用证的描述相符。规格包括商品规格和包装规格，例如，Packed in polythene bags of 6kgs each, and then in inner box, 20boxes to a carton（每 6 千克装一塑料袋，每袋装一盒，20 盒装

一纸箱）。

7）数量（Quantity）。数量填写实际件数，如品质规格不同，应分别列出，并累计其总数。

8）单位（Unit）。指外包装的包装单位，如箱、包、桶等。

9）毛重（Gross Weight）。毛重填外包装每件重量，规格不同要分别列出，并累计其总量。

10）净重（Net weight）。净重填写每件货物的实际重量，并累计其总量。

11）尺码（Measurement）。尺码填写每件包装的体积，并表明总尺码。

12）签章（Signature）。出单人签章应与商业发票相符，如果信用证规定中性包装，此栏可不填。

七、订舱委托书的缮制方法

订舱委托书无统一格式，但各货运代理公司制作的内容大致相同。其主要缮制方法如下：

1）经营单位。通常填写出口方名称，并与发票同项内容一致。

2）编号。订舱委托书编号由货运代理公司提供，并由其填写。

3）发货人。填写实际发货人的名称。

4）收货人。应根据信用证的规定填写。

5）通知人。通常填写进口方公司的名称，并注明地址和通信号码。

6）海洋运费。CIF 和 CFR 选择预付，FOB 选择到付。

7）毛重。填写本批货物总的毛重数量。

8）尺码。填写本批货物总的体积数。

【操作示范2】

1．诚通先生缮制商业发票

诚通先生缮制的商业发票，如样例 5-5 所示。

 样例 5-5

诚 通 贸 易 公 司

CHENG TONG TRADE COMPANY

1405 BAIZHANG EAST ROAD NINGBO CHINA

COMMERCIAL INVOICE

TEL：86-574-85788877

FAX：86-574-85788876

TO：

INV. NO.：RX0522

DATE：JUN.10,2011

S/C NO.：RXT26

L/C NO.：XT173

TKARMRA CORPORATION 1-5，KAWARA MACH OSAKA JAPAN

FROM ____NINGBO PORT____ TO ____OSAKA PORT____

MARKS&NO.	DESCRIPTIONS OF GOODS	QUANTITY	U / PRICE	AMOUNT
T. C	100%COTTON		CIF OSAKA	
RXT26 OSAKA	COLOUR WEAVE T-SHIRT			
C / NO. 1-300	RM111	2,000PCS	USD 11.00	USD22,000.00
	RM222	2,000PCS	USD 10.00	USD20,000.00
	RM333	1,000PCS	USD 9.50	USD9,500.00
	RM444	1,000PCS	USD 8.50	USD8,500.00
				USD60,000.00
	PACKED IN ONE CARTON OF 20 PIECES EACH			

TOTAL AMOUNT：SAY US DOLLARS SIX THOUSAND ONLY.

WE HEREBY CERTIFY THAT THE CONTENTS OF INVOICE HEREIN ARE TRUE AND CORRECT

CHENG TONG TRADE COMPANY

诚通贸易公司

CHENGTONG

注释:

① 发票是单证业务中的核心单据，是其他单据缮制的依据。

② 发票是收付货款和记账的凭证。

③ 发票的总金额应用大小写来表示，以避免篡改。

④ 商品的规格、数量、单价和金额应横竖对齐，简明整洁。

2. 诚通先生缮制装箱单

诚通先生缮制的装箱单，如样例 5-6 所示。

 样例 5-6

诚 通 贸 易 公 司

CHENG TONG TRADE COMPANY

1405 BAIZHANG EAST ROAD NINGBO CHINA

PACKING　LIST

TEL：86-574-85788877

FAX：86-574-65788876

INV. NO.：RX0522

DATE：JUN. 10，2011

S/C NO.：RXT26

			MARKS & NOS
TO:			T．C
TKARMRA CORPORATION			RXT26
1-5，KAWARA MACH OSAKS			OSAKA
JAPAN			C/NOS．1～300

C/NOS	GOODS SESCRIPTION & PACKING	QTY （PCS）	G．W （KGS）	N．W （KGS）	MEAS （M³）
	100%COTTON COLOUR WEAVE T-SHIRT				
1~100	RM111	2000	11/1100	10/1000	0.22/22
101~200	RM222	2000	11/1100	10/1000	0.22/22
201~250	RM333	1000	11/550	10/500	0.22/11
251~300	RM444	1000	11/550	10/500	0.22/11
	PACKED IN ONE CARTON OF 20 PIECES EACH				
TOTAL		6000	3300	3000	66

SAY TOTAL THREE HUNDRED CARTONS ONLY

CHENG TONG TRADE COMPANY

诚通

注释：

① 装箱单的编号、日期通常采用发票号码和日期，便于业务管理。

② 商品的规格、数量、包装数量、毛重、净重和体积等应层次分明，横竖整齐，简洁美观。

③ 总包装数量应用英文大写表示，比较规范。

④ 装箱单是办理订舱手续的随附单据，是进口地海关和收货人核对货物的依据。

3．诚通先生缮制定舱委托书

诚通先生缮制的订舱委托书，如样例 5-7 所示。

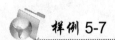 样例 5-7

宁运货运订舱委托书

经营单位 （托运人）	诚通贸易公司	金　发 编　号	JF0388811
	发货人： Shipper：CHENG TONG TRADE COMPANY		

提单 B/L 项目要求	收货人： Consignee：TO ORDER OF SHIPPER						
	通知人： Notify Party：TKARMRA CORPORATION1-5．KAWARA MACH OSAKA　JAPAN						

海洋运费（√） Sea freight	预付（√）或到付（） Prepaid or Collect		提单份数	3	提单寄送地址	宁波市百丈东路 1405 号	
起运港	NINGBO	目的港	OSAKA	可否转船	不允许	可否分批	不允许
集装箱预配数		20'×40'×1		装运期限	2011.6.30	有效期限	2011.6.30

标记唛码	包装件数	中英文货号 Description of goods	毛重（千克）	尺码（立方米）	成交条件（总价）
T．C RXT26 OSAKA C／NO．1—300	300 箱	10%COTTON COLOUR WEAVE T-SHIRT 全棉色织 T 恤衫	3300	66	USD 60 000.00

内装箱（CFS）地址	宁波市宁横路 2960 号三号门 电话：8820682×215	特种货物 □冷藏货 □危险品	重件：每件重量
门对门装箱地址	上海市中山路 1321 号		大件 （长×宽×高）
		特种集装箱：（　）	
外币结算账号	THY6684321337	物资备妥日期	2011 年 6 月 16 日
		物资进栈：自送（√）或金发派送（　）	

声明事项	人民币结算单位账号	SZR80066686
	托运人签章	
	电话	85788877
	传真	85788876
	联系人	诚通
	地址	宁波市百丈东路 1405 号
	制单日期：2011 年 6 月 11 日	

注释：
① 订舱委托书是托运人委托货运代理公司办理订舱的协议书。
② 订舱委托书是货运代理公司向船公司办理订舱和缮制运输单据的依据。
③ 订舱委托书中的发货人、收货人和通知人应按照信用证或合同的规定填写。

任务二 出口货物报检与报关

【操作步骤】

1. 小郑在货物装运前委托货运代理公司代办报检和报关手续，填写报检委托书和报关委托书，并随附商业发票、装箱单、合同等有关单据。

2. 货运代理公司填写出境货物报检单，向出入境检验检疫局办理报检手续。

3. 货运代理公司办妥报检手续后，携报关单并随附商业发票、装箱单、合同和通关单或检验检疫证书等有关单据，向当地的海关办理出口货物报关手续。

4. 海关核准无误后，收讫关税，在报关单和装货单上盖放行章。

5. 港口凭盖有放行章的装货单作为装船的依据，并进行装船。

6. 船运公司凭收货单或通过货运代理公司向出口方签发海运提单。

【操作分析】

小郑向货运代理公司办理委托报检与报关的手续。

1. 小郑填写报检委托书，报检委托书的样本见样例5-8。

2. 小郑填写报关委托书，报关委托书的样本见样例5-9。

3. 小郑准备报检与报关所需的单证向货运代理公司办理代办手续。

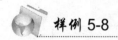 样例 5-8

报检委托书

出入境检验检疫局：

本委托人声明，保证遵守《中华人民共和国进出口商品检验法》、《中华人民共和国进出境动植物检疫法》、《中华人民共和国国境卫生检疫法》、《中华人民共和国食品卫生检疫法》等有关法律、法规的规定和检验检疫机构制定的各项规章制度。如有违法行为，自愿接受检验检疫机构的处罚并负法律责任。

本委托人所委托受委托人向检验检疫机构提交的"报检单"和随附各种单据所列内容是真实无讹的。具体委托情况如下：

本单位将于　　　年　　月间进口/出口如下货物：

品　　名：　　　　　　　　信用证号：

数（重）量：　　　　　　　提单号：

合　同　号：　　　　　　　船名/航次：

特委托　　　　　　　　（地址：　　　　　　　　），代表本公司办理所有检验检疫事宜，其间产生的一切相关的法律责任由本公司承担。请贵局按有关法律规定予以办理。

委托方名称：

单位地址：

邮政编码：

法人代表：

联系电话：

企业性质：

本委托书有效期至 　　　年　月　日

委托方印章：

年　月　日

 样例 5-9

代 理 报 关 委 托 书

编号：0000000000000

我单位现（A逐票、B长期）委托贵公司代理等　　通关事宜。（A、报关查验 B、垫缴税款 C、办理海关证明联 D、审批手册 E、核销手册 F、申办减免税手续 G、其他）详见《委托报关协议》。

我单位保证遵守《海关法》和国家有关法规，保证所提供的情况真实、完整、单货相符。否则，愿承担相关法律责任。

本委托书有效期自签字之日起至　　　年　　月　　日止。

委托方（盖章）

法定代表人或其授权签署《代理报关委托书》的人：　　　　　　（签字）

年　月　日

委 托 报 关 协 议

为明确委托报关具体事项和各自责任，双方经平等协商签订协议如下：

委托方		被委托方		
主要货物名称		*报关单编码	No.	
HS编码	□□□□□□□□□□	收到单证日期	年　月　日	
进出口日期	年　　月	收到单证情况	合同□	发票□
提单号			装箱清单□	提（运）单□
贸易方式			加工贸易手册□	许可证件□
原产地/货源地			其他	
传真电话		报关收费	人民币：　　　　　元	
其他要求：		承诺说明：		

背面所列通用条款是本协议不可分割的一部分，对本协议的签署构成了对背面通用条款的同意。	背面所列通用条款是本协议不可分割的一部分，对本协议的签署构成了对背面通用条款的同意。
委托方业务签章：	委托方业务签章：
经办人签章：	经办报关员签
联系电话： 年 月	联系电话： 年 月

（白联：海关留存，黄联：被委托方留存，红联：委托方留存）   中国报关协会监制

资料来源：童宏祥. 2010. 外贸单证实务. 上海：上海财经大学出版社.

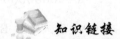 知识链接

一、进出口货物的报检知识

作为企业的报检员，首先需要了解出口商品的报检范围，其中有一部分是国家规定出口要检验检疫的，称为法定检验的报检。另一部分是企业根据外贸合同或自身的需要，向出入境检验检疫机构申请报检的，称为非法定检验的报检。

（一）法定检验的报检

我国现行的法律、行政法规或国际条约、协议规定，有一部分进出口商品及其运输工具必须经过商检机构的检验，对于这类商品及其运输工具的检验称为法定检验。法定检验检疫的出口货物的发货人或其代理人应当在检验检疫机构规定的地点和期限内向出入境检验检疫机构报检，未经检验合格的，不准出口。输出动植物、动植物产品和其他检疫物，经检疫合格或者除害处理合格的，准予出境；检疫不合格又缺乏有效方法作除害处理的，不准出境。目前，我国出口商品及其运载工具法定检验报验的范围主要有以下几种：

1）列入《出入境检验检疫机构实施检验的进出口商品目录》的出口商品；

2）出口食品的卫生检验；

3）贸易性出口动物产品的检疫；

4）出口危险物品和《进出口商品检验种类表》内商品包装容器的性能检验和使用鉴定；

5）装运易腐烂变质食品出口的船舱和集装箱；

6）有关国际条约、协议规定须经商检机构检验的出口商品；

7）其他法律、行政法规规定须经商检机构检验的出口商品。

（二）非法定检验或鉴定业务申请报检

非法定检验或鉴定业务申请报检是根据《商检法》及其《商检法实施条例》的规定，

根据有关合同的约定或自身的需要，对外经济贸易关系人或者外国检验机构可以申请委托第三方检验机构办理进出口商品鉴定业务，签发鉴定证书。比如，某些出口商品未列入法定检验范围，但是在合同中约定须凭检验检疫机构签发的证书（如品质检验证书、重量或数量检验证书、熏蒸证书）才能要求买方支付价款的，须经由检验检疫机构检验，颁布证书，才能进行对外交货，银行结汇和国外海关通关验放。

（三）报检的时限与地点

商品检验要严格注意报检的时限和地点。被列入法定检验范围的出口商品，最迟应该在出口报关或装运前 7 天向检验检疫机构报验。属于法定检验范围以外的出口商品，如果对外经济贸易合同约定由检验检疫机构检验的，也应该在出口报关和装运前 7 天报检。法定检验范围的出口商品除活动物需由口岸检验检疫机构检疫外，原则上出口商品应在产地检验。如果涉及以下情况，报检的时限有特殊要求。

1）属于在产地检验后需要在口岸换证出口的商品，发货人应在商检机构所规定的期限内向口岸商检机构报请查验换证。

2）盛装危险货物出口的包装容器，以及属于法定检验范围内的出口商品包装容器，包装生产企业应在将包装容器交付有关商品生产企业使用之前，向商检机构申报性能检验；在装货出口前，出口经营单位应向商检机构申报使用鉴定。

3）对装运出口易腐烂变质的食品、冷冻品的船舱、集装箱等运载工具，承运人、装箱单位或代理人必须在装运前向商检机构申请清洁、卫生、冷藏、密固等适载检验。

4）经商检机构检验合格的出口商品或其运载工具，逾期报运出口的，发货人或承运人必须向商检机构报验。

二、缮制报检委托书

报检委托书是委托人与受托人进行代理报检业务的协议。报检单位是指经检验检疫机构注册登记，依法接受有关关系人委托，为有关关系人办理报检／申报业务，在工商行政管理部门注册登记的境内企业法人。其主要有专业代理报检单位、国际货物运输代理报检单位、国际船务运输代理报检单位。报检委托书的内容与缮制方法如下：

1）出入境检验检疫局的名称。填写出境口岸出入境检验检疫局的名称。

2）出口货物的时间。填写该票货物的出口日期。

3）品名。填写该票货物的名称，并与发票上的货名一致。

4）H.S.编码。按海关规定的商品分类编码规则填写该出口货物的商品编号。

5）数（重）量。填写该票货物的数量或重量，并与其他单据的同项内容一致。

6）合同号。填写该票货物的编号。

7）信用证号。填写该票货物的信用证编号。

8）审批文件。根据有关法律法规的规定，将该出口货物报检时必须提供的文件名称填入此栏。

9）其他特殊要求。委托人在报检中必须达到的要求，在此注明。

10）受托单位。填写受理该报检业务单位的名称。

11）代理内容。选择代理报检业务事宜，在相关事宜前的"□"内打"√"。

12）委托人签章。委托人签名盖章，并注明日期。

13）受托人签章。受托人签名盖章，并注明日期。

三、报检所需提供的资料

1）出境货物报检单。（空白报检单的样本如样例5-10）

2）外贸合同（销售确认书或订单）、商业发票、装箱单、以信用证结汇的提供信用证（信用证有特殊要求，应注明）。

3）厂检结果单（出境纺织制成品需提供标识查验记录）。

4）出境货物运输包装性能检验结果单。

5）不具备自营进出口权的企业办理报检，提供出入境检验检疫报检委托书。

6）进/来料加工提供加工贸易备案手册。

7）实施质量许可、卫生注册的提供注册编号或许可证编号，预包装食品提供《进出口食品标签审核证书》或《标签审核受理决定书》。

8）出境特殊物品的，根据法律法规规定应提供的有关审批文件。

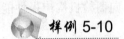 样例 5-10

空白报检单样本

中华人民共和国出入境检验检疫

出境货物报检单

报检单位（加盖公章）：　　　　　　　　　　　　　　*编　　号＿＿＿＿＿＿＿＿

报检单位登记号：　　　　　联系人：　　　电话：　　　报检日期：　年　月　日

发货人	（中文）	
	（外文）	

收货人	（中文）	
	（外文）	

货物名称（中/外文）	H.S.编码	产地	数/重量	货物总值	包装种类及数量

运输工具名称号码		贸易方式		货物存放地点	
合同号		信用证号		用途	
发货日期		输往国家（地区）		许可证/审批号	
起运地		到达口岸		生产单位注册号	

续表

集装箱规格、数量及号码		
合同、信用证订立的检验检疫条款 或特殊要求	标 记 及 号 码	随附单据（划"✓"或补填）

		随附单据（划"✓"或补填）	
		□合同	□包装性能结果单
		□信用证	□许可/审批文件
		□发票	□
		□换证凭单	□
		□装箱单	□
		□厂检单	□

需要证单名称（划"✓"或补填）				*检验检疫费
□品质证书	__正__副	□植物检疫证书	__正__副	总金额
□重量证书	__正__副	□熏蒸/消毒证书	__正__副	（人民币元）
□数量证书	__正__副	□出境货物换证凭单	__正__副	
□兽医卫生证书	__正__副	□		计费人
□健康证书	__正__副	□		
□卫生证书	__正__副	□		收费人
□动物卫生证书	__正__副	□		

报检人郑重声明： 1. 本人被授权报检。 2. 上列填写内容正确属实，货物无伪造或冒用他人的厂名、标志、认证标志，并承担货物质量责任。 　　　　　　　　　　　　　签名：	领 取 证 单	
	日期	
	签名	

注：有"*"号栏由出入境检验检疫机关填写　　　　　　　　◆国家出入境检验检疫局制

1-2（2000.1.1）

四、报关及其程序

报关是指进出境的运输工具的负责人、货物的收发货人及其代理人、物品的所有人、向海关申请办理进出口货物的进出口手续，海关对其呈交的单证和申请进出口的货物依法进行审核、查验、征缴税费、批准进口或者出口的全过程。一般来说，进出口货物的报关可分为四个基本环节，即申报、查验、征税及放行。加工贸易进出口货物，经海关批准的减免税或缓期交纳进出口税费的进口货物，以及其他在放行后一定期限内仍须接受海关监管的货物的报关，可以分为五个基本环节，即申报、查验、征税、放行及结关。

五、缮制代理报关委托书与委托报关协议

自 2005 年 5 月 1 日起在全国正式启用"代理报关委托书／委托报关协议"，明确了委托双方的法律地位和各自责任。其由中国报关协会负责向企业提供，也可由企业按照规范格式在 A4 空白纸上打印自用。其主要缮制方法如下：

1）代理报关委托书编号。编号事先已印制。

2）委托对象。由委托方填写受理该业务的报关公司或国际货运代理公司的名称。

3）委托方式。由委托方根据本公司业务情况选择逐票或长期委托，在空白处注明方式。

4）委托内容。由委托方根据业务在 A、B、C、D、E、F、G、H 中选择委托代理报

关项目，并在空白处注明。

5）委托书有效期。由委托方根据逐票或长期的委托方式进行决定。

6）委托方（盖章）。由委托方法定代表人或其授权人签字盖章，并注明日期。

7）委托方。由委托方填写经营单位的名称。

8）主要货物的名称。由委托方填写该票货物的名称，并与发票上的货名一致。

9）H.S.编码。由委托方按海关规定的商品分类编码规则填写该出口货物的商品编号。

10）货物总价。由委托方填写该票货物的总额，并与发票上的总金额一致。

11）进出口日期。由委托方填写该票货物的进出口日期。

12）提单号。由委托方填写该票货物的提单编号，即配舱回单的编号。

13）贸易方式。由委托方根据实际情况填写相应的贸易方式，通常为一般贸易。

14）原产地／货源地。由委托方填写该票货物的实际生产地名称，如"宁波"。

15）其他要求。委托方如对代理业务有其他要求，可在此注明。

16）委托方业务签章。由委托方在此栏盖本公司法人章。

17）经办人签章。由委托方的具体经办人在此签章。

18）被委托方。由被委托方填写受理该代理业务的报关公司或国际货运代理公司的名称。

19）报关单编码。此栏留空。

20）收到单证的日期。由被委托方填写具体收到单证的日期。

21）收到单证的情况。由被委托方根据收到单据的名称，在其前的"□"内打"√"。

22）报关收费。由被委托方按约定费用填写。

23）承诺说明。由被委托方在此栏填写保证文句。

24）被委托方业务签章。由被委托方在此栏盖本公司法人章。

25）经办报关员签章。由被委托方的报关员在此栏签章。

六、出口货物报关单缮制的基本要求

1）报关单的填报必须真实，不得出现差错，不能伪报、瞒报及虚报。要做到单证相符及单货相符。单证相符指报关单与合同、发票、装箱单等相符；单货相符指报关单中所报的内容与实际进出口货物情况相符。

2）不同合同、不同运输工具名称、不同征免性质、不同许可证号的货物，不能填报在同一份报关单上。

3）同一报关单上最多只能填报五项海关统计商品编号的货物。

4）不同贸易方式的货物，需用不同颜色的报关单填报。

5）进料加工、来料加工的料件及加工的成品经批准转内销或作为以产顶进的，按相关的进口料件，填写进口货物报关单。

6）报关单填报要准确、齐全、字迹工整，如有改动必须加盖校对章。

7）为实现报关自动化的需要，申报单位除填写报关单上的有关项目外，还应填上有关项目的代码。

8）电脑预录入的报关单，其内容必须与原始报关单完全一致。

9）向海关申报的进出口货物报关单，事后由于种种原因，出现所报内容与实际进出口货物不符的，需立即向海关办理更正手续。

10）对于海关放行后的出口货物，由于运输工具配载等原因，全部或部分未能装载上原申报的运输工具的，出口货物发货人应向海关递交《出口货物报关单更改申请》。

报关单的空白样本如图 5-2 所示：

JG02

中华人民共和国海关出口货物报关单

２０６１２６８６４

预录入编号：		海关编号：		
出口口岸	备案号		出口日期	申报日期
经营单位	运输方式	运输工具名称		提运单号
发货单位	贸易方式		征免性质	结汇方式
许可证号	运抵国(地区)		指运港	境内货源地
批准文号	成交方式	运费	保费	杂费
合同协议号	件数	包装种类	毛重(公斤)	净重(公斤)
集装箱号	随附单据			生产厂家
标记唛码及备注				

项号	商品编号	商品名称、规格型号	数量及单位	最终目的国(地区)	单价	总价	币制	征免

税费征收情况

录入员	录入单位	兹声明以上申报无讹并承担法律责任	海关审单批注及放行日期(签章)	
报关员			审单	审价
单位地址		申报单位(签章)	征税	统计
邮编	电话	填制日期	查验	放行

第二联：主管海关存查

图 5-2　空白报关单样本

七、报关需提交的单证

出口货物报关单证主要指报关单和随附单证。按性质和用途不同，可分为基本单证、货运单证、法定单证和备用单证四大类。

1）基本单证：①出口货物报关单；②出口货物报关委托书；③出口收汇核销单；④商业发票；⑤装箱单。

2）货运单证：①海运装货单；②空运总运单或分运单；③铁路运单；④汽运载货清单。

3）法定单证：①法定商检通关单；②来料、进料加工手册；③出口许可证（海关联）；④其他海关监管的法定单证。

4）备用单证：①贸易合同或出口代理协议；②出口货物保险单。

【操作示范1】

缮制报检委托书

诚通先生缮制的报检委托书，如样例5-11所示。

 样例 5-11

报检委托书

  宁波市   出入境检验检疫局：

    本委托人郑重声明，保证遵守出入境检验检疫法律、法规的规定。如有违法行为，自愿接受检验检疫机构的处罚并负法律责任。

    本委托人委托受委托人向检验检疫机构提交"报检申请单"和各种随附单据。具体委托情况如下：

    本单位将 2011 年 6 月间出口如下货物：

品名	全棉色织 T 恤衫	H.S.编码	5210.4100
数（重）量	300 箱	合同号	RXT26
信用证号	XTl73	审批文件	
其他特殊要求			

    特委托 宁运国际货运代理公司   （单位／注册登记号），代理本公司办理下列出入境检验检疫事宜：

☑ 1. 办理代理报检手续；

☑ 2. 代缴检验检疫费；

☑ 3. 负责与检验检疫机构联系和验货；

☑ 4. 领取检验检疫证书；

☐ 5. 其他与报检有关的相关事宜。

请贵局按有关法律法规的规定予以办理。

委托人（公章）：诚通贸易公司   受委托人（公章）：

        诚通   王莉

  2011 年 6 月 11 日   2011 年 6 月 11 日

注释：

　① 报检委托书是委托人与受委托人之间的一份协议，规定了双方的义务。

　② 委托人填写报检委托书各项栏目的内容必须真实，且不得有误。

　③ 报检委托书必须由双方签章，否则不能生效。

【操作示范 2】

缮制报关委托书及委托报关协议

诚通先生缮制的代理报关委托书与委托报关协议，如样例 5-12 和样例 5-13 所示。

样例 5-12

代 理 报 关 委 托 书

编号：22000D4510

　　宁运国际货运代理公司 　　：

　　我单位现　A（A. 逐票　B. 长期）委托贵公司代理　A　E 等通关事宜（A. 报关查验　B. 垫缴税款　C. 办理海关证明联　D. 审批手册　E. 核销手册　F. 申办减免税手续　G. 其他），详见"委托报关协议"。

　　我单位保证遵守《海关法》和国家有关法规，保证所提供的情况真实、完整、单货相符。否则，愿承担相关法律责任。

　　本委托书有效期自签字之日起至 2011 年 6 月 30 日止。

委托方（盖章）：　　　　　　　　　　　诚通贸易公司

法定代表人或其授权签署"代理报关委托书"的人（签字）：　　　　诚通

2011 年 6 月 11 日

样例 5-13

委 托 报 关 协 议

为明确委托报关具体事项和各自责任，双方经平等协商，签订如下协议：

委托方	诚通贸易公司	被委托方	宁运国际货运代理公司	
主要货物名称	全棉色织 T 恤衫	*报关单编号	NO.	
H.S.编码	5210.4100	收到单证日期	2011 年 6 月 11 日	
进出口日期	2011 年 6 月 25 日	收到单证情况	合同 ✓	发票 ✓
提单号			装箱清单 ✓	提（运）单 □
贸易方式	一般贸易		加工贸易手册 □	许可证件 □
原产地 / 货源地	宁波		其他	

传真号码	85788876	报关收费	人民币:　元
其他要求:		承诺说明:	

背面所列通用条款是本协议不可分割的一部分,对本协议的签署构成了对背面条款的同意。	背面所列通用条款是本协议不可分割的一部分,对本协议的签署构成了对背面条款的同意。
委托方业务签章: 诚通贸易公司 经办人签章:诚通 2011 年 6 月 11 日	被委托方业务签章: 宁运国际货运代理公司 业务专用章 经办报关员签章:王莉 2011 年 6 月 11 日
联系电话:85788877	联系电话:86987452

(白联:海关留存;黄联:被委托方留存;红联:委托方留存)　　中国报关协会监制

注释:

① 代理报关委托书和委托报关协议由中国报关协会负责统一印制,也可由企业按规范格式打印自用。
② 代理报关委托书和委托报关协议是委托人与受委托人之间的一份合同,规定了双方的权利与义务。
③ 委托人填写代理报关委托书和委托报关协议各项栏目的内容必须真实,且不得有误。
④ 委托人根据业务需要在 A、B、C、D、E、F、G、H 中,选择委托代理报关项目。
⑤ 代理报关委托书和委托报关协议必须由双方签字盖章,否则不能生效。

七、安排货物出仓及进仓

1)货代向 Sammi 发送了订舱的相关信息及出仓通知。

2)Sammi 委托小郑向工厂发进仓通知。出仓通知的格式见样例 5-14、进仓通知的格式见样例 5-15。

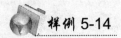 **样例 5-14**

出仓通知

TO:仓库

FM:

兹有我司货物,进仓编号为:　　　　　;送货工厂为:　　　　　;总件数为:　　　　,(以上内容必须填写完整并准确)货物要求出仓,由此产生的责任均由本公司承担,所产生的费用向出仓提货人收取。请予以安排!

货代:(盖章)

日期:

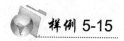 样例 5-15

***********************公司

进仓通知单（国柜物流）

TO:

ATTN.: 王小姐

进仓编号：**CCLNGB0801001**

==

我司地址：　　　　　　　　　　　　　　　　　　　　　邮编：

我司联系人：　　　　　　　　　电话：　　　　　　　　传真：

订舱信息

船名/航次：　　　　　　　　提单号：　　　　　　　开航日：

总件数：　　　　　　　　　　毛重：　　　　　　　　体积：

货物最晚送抵仓库时间：

送货单位：　　　　　　　　　　　　　　　　　　　　联系方式：

送货车号：　　　　　　　　　　　　　　　　　　　　司机电话：

品名	H.S.编码	件数	毛重	体积	唛头

报关资料最晚寄至我司的时间：

（熏蒸、植检货需提前 3 个工作日，熏蒸货提前 2 个工作日，商检换单提前 1 个工作日）

注释：

① 仓库收货时间：7:30～23:30，送货人凭右上角的进仓编号送货入仓。

② 上述缺省栏内容，由发货人在进仓前填写完整，内容空白则仓库有权拒收货物。

③ 唛头无法辨识的货物，或外包装变形、湿损的货物仓库有权拒收或暂收。

④ 发货人送货时，如果每车有多种唛头款号的货物，请按照一定次序装车并提供相应说明。如果装车次序错乱而导致卸货时需要仓库分唛，仓库将收取 RMB1 元/箱的分唛费，并以送货司机在回单上的签字为准。

⑤ 所送货物如在卸货、仓储、装箱时有特殊要求的，如食品、展览品、易碎品、高价值货请在备注栏内注明，食品、易碎品凭保函进仓。

国柜物流仓库地址：宁波市北仑区进港中路（骆亚线）688 号（松花江路向北到底左转弯）

联系电话：86995706，86995732　　　　　　　　　传真：86995700

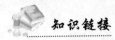

当报关所有手续办完之后，凭海关的出口货物放行单和船公司的装货单装船。货物装船完毕，由船长或大副签发"大副收据"或"场站收据"，载明收到货物的详细情况。出口商凭上述收据向船公司换取提单。装货单样本见图 5-3、正本提单样本见图 5-4。

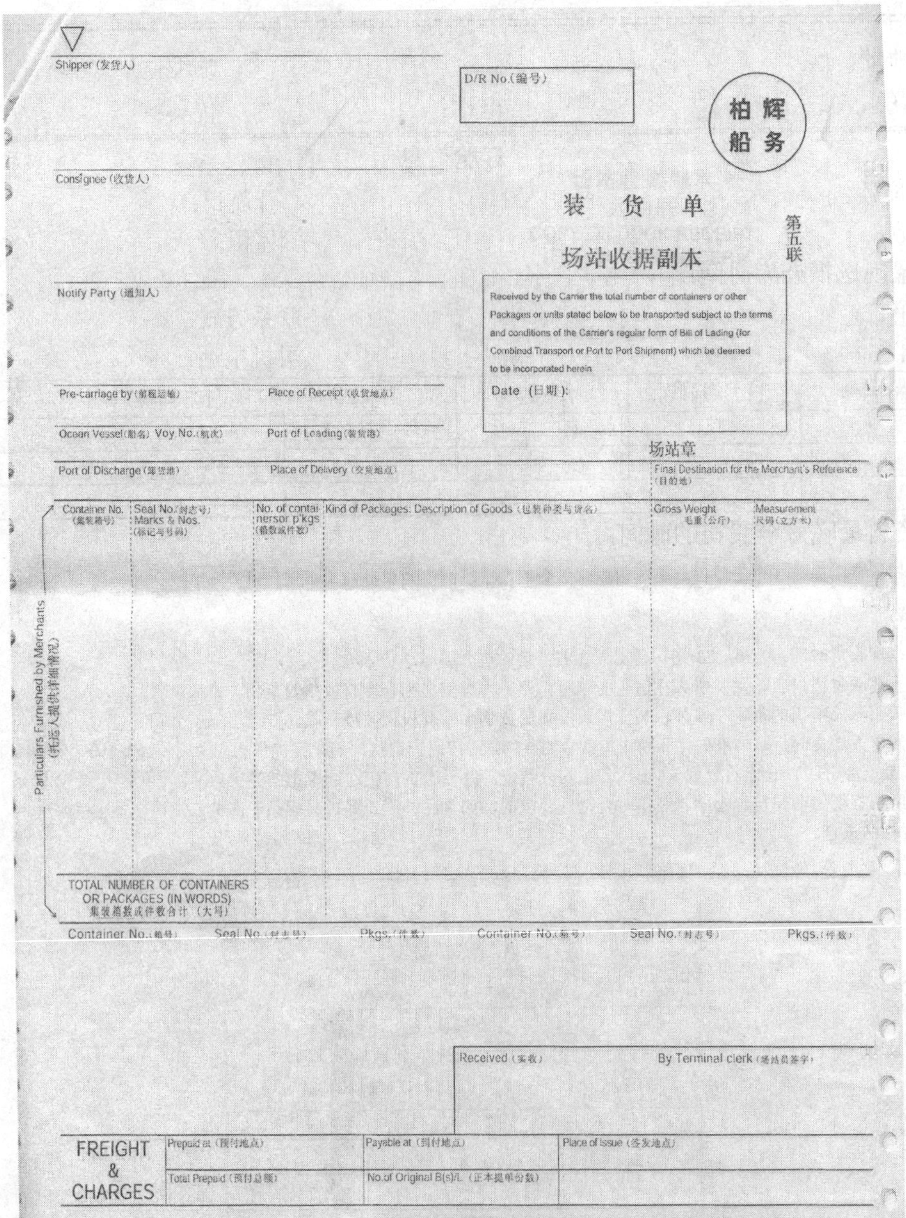

图 5-3　装货单样本

资料来源：柏辉船务代理公司提供。

货物装船后，出口商即可向进口商发出装船通知，以便对方准备付款、赎单、办理收货。集装箱整箱出口货运流程图见图 5-5、集装箱拼箱出口货运流程图见图 5-6。

Shipper 托运人		EAS	B/L No.
Consignee or order 收货人或指示		**EAS LINE** 大通航运有限公司 **EAS EXPRESS SHIPPING LTD.** 联　运　提　单 COMBINED TRANSPORT BILL OF LADING	
Notify party 通知地址		RECEIVED the goods in apparent good order and condition as specified below unless otherwise stated herein. The carrier in accordance with the provisions contained in this document, 　1) undertakes to perform or to procure the performance of the entire transport from the place at which the goods are taken in charge to the place designated for delivery in this document, and 　2) assumes liability as prescribed in this document for such transport. One of the Bills of Lading must be surrendered duly indorsed in exchange for the goods or delivery order.	
Pre-carriage by 首段运输	Place of receipt 收货地点		
Ocean vessel 海运船舶	Port of loading 装货港		
Port of discharge 卸货港	Place of delivery 交货地点	Freight payable at 运费支付地	Number of original Bs/L 正本提单份数
Marks and Nos. 标志和号码	Number and Kind of packages 件数和包装种类	Description of goods 货名	Gross weight (kgs.) 毛重(公斤)	Measurement (m³) 尺码(立方米)

以上网目由托运人提供
ABOVE PARTICULARS FURNISHED BY SHIPPER

Freight and charges 运费和费用	IN WITNESS whereof the number of original Bills of Lading stated above have been signed, one of which being accomplished, the other (s) to be void.
	Place and date of issue 装单地点和日期
	Signed for or on behalf of the carrier 代表承运人签字

图 5-4　正本提单样本

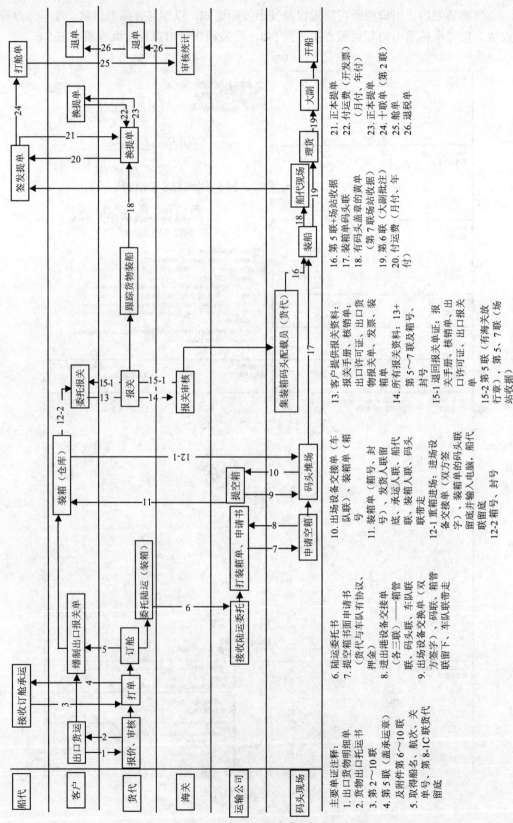

图 5-5 集装箱整箱出口货运流程图

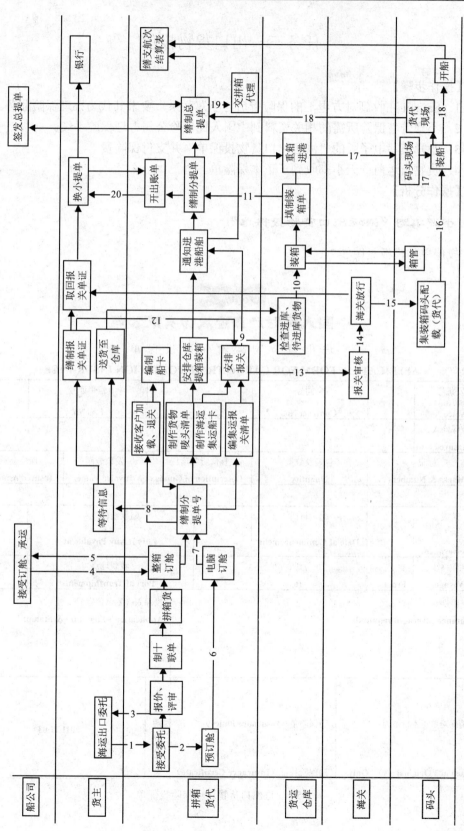

图 5-6　集装箱拼箱出口流程图

任务三　出口货物投保

【操作步骤】

1. Sammi 在收到对方电汇的保险费后与小郑联系，要求其代为办理保险业务。
2. 小郑带着保险所需的相关资料到中国人民保险公司办理保险手续。
3. 小郑填写电子版的"海运出口货物投保单"并支付保险费。
4. 货物出运前一天小郑收到了正本保险单。

【操作分析】

一、小郑填写"海运出口货物投保单"

投保单的模板见图 5-7。

中国人民财产保险股份有限公司

进 出 口 货 物 运 输 保 险 投 保 单

APPLICATION FORM FOR CARGO TRANSPORTATION INSURANCE

发票号 **Invoice No.**		合同号 **Contract No.**			信用证号 **L/C No.**	
被保险人 **Insured**						
标记 **Marks & Numbers**		包装及数量 **Quantity**	保险货物项目 **Description of Goods**	发票金额 **Invoice Value**	保险金额 **Insured Amount**	
装载 运输工具 **Conveyance**		起运日期 **Date of Commencement**		赔款偿付地点 **Loss If Any Payable at**		
运输路线 **Voyage**	自 **From**	到 **To**		转载地点 **Port of Transhipment**		
投保险别 **Insurance coveraged required:**				投保人（签名盖章） **Application's Signature & Stamp:**		
申请保险单正本份数为：3 **Issued in 3 Original（s）Only.**	□保险单（Insurance Policy） □保险凭证（Insurance Certificate）		投 保 日 期 **DATE**	2011.11.03		

图 5-7　进出口货物运输保险投保单

二、小郑核对拿到的正本保险单。正本保险单样本见样例 5-16

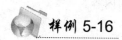

样例 5-16

中国人民保险公司 天津市分公司
The People's Insurance Company of China, Tianjin Branch
总公司设于北京 一九四九年创立
Head Office Beijing Established in 1949

货物运输保险单
CARGO TRANSPORTATION INSURANCE POLICY

发票号 (INVOICE NO.) INV.20/533
合同号 (CONTRACT NO.)
信用证号 (L/C NO.)
保单号次 POLICY NO. TT03/1201071100402253

被保险人
Insured: TIANJIN NATIVE PRODUCE IMPORT & EXPORT GROUP CORPORATION LIMITED

中国人民保险公司(以下简称本公司)根据被保险人的要求,由被保险人向本公司缴付约定的保险费,按照本保险单承保险别和背面所列条款与下列特款承保下述货物运输保险,特立本保险单。
THIS POLICY OF INSURANCE WITNESSES THAT THE PEOPLE'S INSURANCE COMPANY OF CHINA(HEREINAFTER CALLED "THE COMPANY") AT THE REQUEST OF THE INSURED AND IN CONSIDERATION OF THE AGREED PREMIUM PAID TO THE COMPANY BY THE INSURED UNDERTAKES TO INSURED THE UNDERMENTIONED GOODS IN TRANSPORTATION SUBJECT TO THE CONDITIONS OF THIS POLICY AS PER THE CLAUSES PRINTED OVERLEAF AND OTHER SPECIAL CLAUSES ATTACHED HEREON.

标 记 MARKS & NOS.	包装及数量 QUANTITY	保险货物项目 DESCRIPTION OF GOODS	保险金额 AMOUNT INSURED
As per Invoice No. INV.20/533	15 CTNS	SWEATER	USD3,960.00

总保险金额
TOTAL AMOUNT INSURED U.S.Dollars Three Thousand Nine Hundred and Sixty Only

保费 PREMIUM AS ARRANGED
起运日期 DATE OF COMMENCEMENT as per B/L
载载运输工具 PER CONVEYANCE TRADE ETERNITY V.029W

自 FROM TIANJIN 经 VIA 至 TO PRAGUE

承保险别 CONDITIONS:
COVERING ALL RISKS AND WAR RISKS AS PER OCEAN MARINE CARGO CLAUSES AND WAR RISKS CLAUSES (1/1/1981) OF THE PEOPLE'S INSURANCE COMPANY OF CHINA (ABBREVIATED AS C.I.C.-ALL RISKS & WAR RISKS). WAREHOUSE TO WAREHOUSE CLAUSE IS INCLUDED.
INCL. YEAR 2000 PROBLEM EXCLUSION CLAUSE ATTACHED.

所保货物,如发生保险单项下可能引起索赔的损失或损坏,应立即通知本公司下述代理人查勘,如有索赔,应向本公司提交保单正本(保险单共有 2 份正本)及有关文件。如一份正本已用于索赔,其余正本自动失效。
IN THE EVENT OF LOSS OR DAMAGE WHICH MAY RESULT IN A CLAIM UNDER THIS POLICY,IMMEDIATE NOTICE MUST BE GIVEN TO THE COMPANY'S AGENT AS MENTIONED HEREUNDER. CLAIMS, IF ANY, ONE OF THE ORIGINAL POLICY WHICH HAS BEEN ISSUED IN 2 ORIGINAL TOGETHER WITH THE RELEVENT DOCUMENTS SHALL BE SURRENDERED TO THE COMPANY.IF ONE OF THE ORIGINAL POLICY HAS BEEN ACCOMPLISHED,THE OTHERS TO BE VOID.

FOREING INSURANCE AND REINSURANCE MANAGEMENT
SPALENA 14, 114 00 PRAHA 1 CZECH REPUBLIK
TB.0042-2-296133, 0042-2-214833
FAX:0042-2-299

中国人民保险公司天津市分公司
The People's Insurance Company of China
Tianjin Branch

赔款偿付地点 CLAIM PAYABLE AT PRAGUE IN USD

出单日期 ISSUING DATE 3RD NOV. 2000

Authorized signature

地址:中国天津和平区曲阜道2号
ADD: No.2 Qu Fu Road, Heping District, Tianjin, China.
邮编(POST CODE):300042

电话(TEL):(86) (22) 23317855, 23315367
传真(FAX):(86) (22) 23301297

保单顺序号:PICC Nº 0037462

知识链接

货物在运输过程中往往会发生风险并导致损失,为了在货物发生损失后能得到补偿，需要对货物进行保险。因此，以 CIF 条件成交时，卖方应及时地办理出口货物的保险手续。保险涉及到保险险别的选择、保险金额的确定等相关的内容。

一、出口货物的投保手续

按照规定，凡买卖合同规定由我方办理保险时，各公司应按规定向保险公司办理保险手续。具体程序如下：

1）投保人根据合同或信用证的规定，在备妥货物并确定装运日期后，出口公司应在货物装船前向保险公司填制一份"海运出口货物投保单"，递交保险公司投保，这是保险公司接受投保、出具保单的依据。

2）保险公司接到投保单后，以此为依据，出具保险单。

3）投保人在保险公司出具保险单后，如需更改相关内容如险别、保险金额、投保期限、航程或运输工具等，需向保险公司提出申请，保险公司开立批单，附在保险单上作为保险单的组成部分。批单的法律效力优于保险单。

4）投保人缴纳保险费。

二、海运出口货物投保单的缮制说明

1）保险人：填写承保此批货物的保险公司的名称。一般就印在投保单的上方。

2）被保险人：保险单的受益人。除非信用证另有规定，CIF 交易中被保险人一般为信用证的受益人，即出口公司。

3）标记：即指"唛头"。根据信用证或 S/C 或订舱回单填写，如内容较多，也可以简单填写 "AS PER INVOICE NO.XXX"。

4）包装及数量：填写商品外包装的数量及种类。

5）填写保险货物的项目商品的名称。可以填写与货物性质不相矛盾的商品统称。

6）保险金额：按信用证规定的金额加一定的加成率投保。如信用证对此未做具体规定，则按 CIF 或 CIP 或发票金额的 110%/投保。注意保险金额没有辅币，因此如果算出来的保险金额为小数，应进位，不能四舍五入，否则会造成保险金额不足，而导致银行拒付。如经计算保险金额为 USD65879.2，则在投保单上保险金额应填 USD65880。

7）总保险金额：本栏填写保险金额的大写数字，注意与小写一致。

8）运输工具：按实际情况填写运输工具的名称及航次。

9）装运港：根据信用证或合同规定填写。

10）目的港：根据信用证或合同规定填写。

11）货物起运日期：填写船公司配舱资料上的货物装船日期。

12）投保险别：填写信用证规定的投保险别，包括险种和相应的保险条款等。

13）赔款地点：根据信用证的规定填写，一般在进口国目的港。

14）保险代理：由保险公司填写。

15）保单号次：由保险公司提供。

16）投保人盖章及日期：本栏由出口公司盖章并由经办人员签字，日期为投保日期。

三、货物运输保险实务

在国际货物买卖中，由哪一方负责投保，由价格条件确定。如按 FOB 条件和 CFR 条件成交，保险由买方办理。办理货运保险的一般程序如下。

（一）确定投保金额与计算保险费

（1）按 CIF 条件成交

$$保险费＝CIF 货值×（1＋加成率）×保险费率$$

（2）按 CFR 条件成交

$$保险费＝CFR/[1－保险费率×（1＋加成率）]×（1＋加成率）×保险费率$$

（3）按 FOB 条件成交

$$保险费＝（FOB＋运费）/[1－保险费率×（1＋加成率）×（1＋加成率）×保险费率$$

（二）填写投保单

投保单的填写主要包括被保险人的姓名，被保险货物的品名、标记、数量及包装，保险金额，运输工具名称，开航日期及起讫地点，投保险别，投保日期及签章等。

关于投保险别应按合同规定办理。如果合同上没有明确规定投保险别，则应参考货物性质、包装、用途、运输工具、运输路线、运输季节、货物残损规律等因素加以确定。

（三）支付保险费，取得保险单

保险费按投保险别的保险费率计算，分为"一般货物费率"和"指明货物加费费率"两种。前者是一般商品的费率，后者系指特别列明的货物（如某些易碎、易损商品）在一般费率的基础上另行加收的费率。

海运险的一般货物费率按照平安险、水渍险和一切险计算。陆运、空运和邮运险的附加险的费率计收办法与海运险相同。战争险不论海运、空运、陆运、邮运，其费率都相同，而且一般无国别港口差异。

指明货物加费费率系按出口商品分类分别规定对需要加费货物的加费幅度。

交付保险费后，投保人取得保险单。保险单是保险人与被保险人之间订立保险合同的法定文件，是保险公司出具的承保证明，也是被保险人凭以向保险公司索赔的法定依据。目前，我国进出口贸易中常用的保险单证有下列两种。

1. 保险单

保险单（Insurance Policy）又称大保单，是保险人签发的正式凭证，是保险契约成立的重要证明。其基本内容有：被保险人名称、保险货物名称、数量、包装及标志、运输工具名称、投保险别、保险起讫地点、开航日期等。除此之外，保险单背面印就保险条款，包括保险人的责任范围和除外责任，以及保险人与被保险人各自的权利、义务等详细内容。

2. 保险凭证

保险凭证（Insurance Certificate）又称小保单，是表示保险公司已接受承保的一种证明文件，是一种略式保险单。保险凭证仅载明被保险人名称、被保险货物的名称、数量、包装及标志、船名、航程、开船日期、投保险别、保险期限和保险金额等基本内容。而对保险人与被保险人的权利、义务则予以省略，但仍以保险单的保险条款为准，法律效力与保险单相当。

保险单或其他保险凭证是出口方向银行议付货款所必备的单证之一。在国际贸易中，可通过背书将投保人在保险单下的一切权益转移给被背书人。保险单证的背书有空白背书和指示背书两种，究竟采取哪一种，应视买卖合同或信用证的具体要求而定。

在保险人出立保险单之后，被保险人如果需要更改险别、运输工具的名称、航程和保险金额等，应向保险人或其授权的代理人提出申请。保险人或其授权的代理人如接受这项申请，应立即出立批单（Endorsement），作为保险单的组成部分。此后，保险人应对批单的内容负责。

（四）提出索赔手续

按《INCOTERMS 2000》D 组包含的五种价格条件成交的合同，则视情况由买方或卖方办理索赔。索赔应当在保险有效期内提出并办理，否则保险公司可以不予办理。

被保险人在向保险人提出索赔时，应注意的事项：

1. 要分清责任

被保险人发现承保货物遭受损失后，首先应分清责任，并向责任方提出索赔。如货物短缺或包装破裂，除向保险公司报损外，还应向承运人、港务当局等索取货损证明，及时向有关责任方提出索赔，并保留其追索权。

2. 备妥有关索赔单证

被保险人向保险人提出索赔时，应备妥并提交索赔单证。通常有保险单证、运输单据、发票、装箱单、重量单、检验报告、货损货差证明、索赔清单和向第三责任方追偿的有关文件等。

3. 要了解是否有免赔率的规定

对易碎和易短量的货物应了解是否有免赔率的规定。免赔率（Franchise）是指保险人对于被保险货物在运输途中发生的货损货差，在一定比率内不承担赔偿责任。这是因为有些货物由于商品本身的特点或在装运作业中，必然会发生正常耗损，如瓷器和玻璃器皿等。免赔率分"绝对免赔率"和"相对免赔率"两种。两者异同点是：如果损失数额超过免赔率，前者扣除免赔率，只赔偿超过的部分；后者则不予以扣除，全部给予赔偿。中国人民保险公司采取的是绝对免赔率，如果损失数额不超过免赔率，两者均不予以赔偿。

4. 应及时提出索赔

中国保险条款的索赔时效为两年，如果超过期限，保险公司就不再受理。因此，被保险人一旦获悉或发现货物受损时，应立即通知保险公司，不得延误时机。

5. 要及时采取合理的补救措施

被保险人发现承保货物遭受损失后，应及时采取合理的补救措施，以防止损失进一步扩大。对于由此产生的施救费用，可向保险公司进行索赔，但以不超过该批货物的保险金额为限。

保险合同是一种补偿合同，被保险人不得因保险赔偿而获双份利益。因此，当被保险货物发生的损失，既属于保险责任，又属于第三者负有经济赔偿责任时，只要保险人已经支付了保险赔偿，保险人就有权取得代位权。

代位权（The Right of Subrogation）又称代位追偿权，是指保险人在赔偿保险损失之后，有权取代被保险人的地位，以获得被保险人对此项损失所持有的一切权益，并以保险人的名义对第三者追偿或收取共同海损的分摊价款，但代位的金额不得超过保险人原来的赔偿金额。

进出口货物在运输途中遭受损失，被保险人（投保人或保险单受让人）可向保险公司提出索赔。保险公司按保险条款所承担的责任进行理赔。索赔主要程序如下：

1）损失通知：被保险人获悉货损后，应立即通知保险公司或保险单上指明的代理人。保险代理人接到损失通知后应立即采取相应的措施，如检验损失，提出施救意见，确定保险责任和签发检验报告等。

2）向承运人等有关方面提出索赔。被保险人除向保险公司报损外，还应向承运人及有关责任方（如海关、理货公司等）索取货损货差证明，如系承运人等方面责任的，应及时以书面方式提出索赔。

3）采取合理的施救、整理措施。被保险人应采取必要的措施以防止损失的扩大，保险公司对此提出处理意见的，应按保险公司的要求办理。所支出的费用可由保险公司负责，但以与理赔金额之和不超过该批货物的保险金额为限。

4）备妥索赔单证，提出索赔要求。索赔单证除正式的索赔函以外，还应包括保险单证、运输单据、发票，以及检验报告、货损货差证明等。保险索赔的时效一般为两年。

【操作示范 1】

1. 诚通先生缮制投保单

诚通先生缮制的投保单，如样例 5-17 所示。

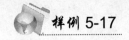 样例 5-17

中保财产保险有限公司宁波市分公司

The People's Insurance（Property）Company of China，Ltd. Ningbo Branch

进出口货物运输保险投保单

Application From form I / E Marine Cargo Insurance

被保险人：Assured's Name：CHENG TONG TRADE COMPANY			
发票号码（出口用）或合同号码（进口用）Invoice No. or Contract No.	包装数量 Quantity	保险货物项目 Description of Goods	保险金额 Amount Insured
INVOICE NO. RX0522	300 CARTONS	100%COTTON COLOUR WEAVE T-SHIRT	USD66,000.00

装载运输工具 TIANHE Per Conveyance	航次、航班或车号 V.503 Voy. No.	开航日期 JUN. 25，2011 Slg. Date
自 NINGBO 至 OSAKA From To	转运地_____ W / Tat	赔款地 OSAKA Claim Payable at

承保险别：FOR 110% OF THE INVOICE VALUE COVERING ALL RISKS AS PER PICC DATE 1/1/1981
Condition& / or Special Coverage

投保人签章及公司名称、电话、地址：

Applicant'S Signature and Co.'s Name，Add. and Tel.

1405 BAIZHANG EAST ROAD NINGBO

0574-85788877

投保日期：2011.06.14

Date

备注：

Remarks

注释：

① 如果进口方要求加保超过 10%，出口方也可接受，但须经保险公司同意，由此增加的保险费也应由进口方承担。

② 承保险别必须按信用证规定填写，尽量用信用证有关原句。

③ 保险费金额严格按信用证要求计算，不得有误，小数点后尾数要取整数。

2. 保险公司签发保险单

保险公司签发的保险单，如样例 5-18 所示。

 **样例 5-18**

中保财产保险有限公司

The People's Insurance（Property）Company of China，Ltd.

发票号码	保险单号次
Invoice No. X0522	Policy No. SW043101980

海 洋 货 物 运 输 保 险 单

MARINE CARGO TRANSPORATION INSURANCE POLICY

被保险人

Insured: CHENG TONG TRADE COMPANY

中保财产保险有限公司（以下简称本公司）根据被保险人的要求，及其所缴付约定的保险费，按照本保险单承担的险别和背面所载条款与下列特别条款承保下列货物运输保险，特签发本保险单。

This policy of Insurance witnesses that The People's Insurance（Property）Company of China，Ltd.（hereinafter called "The Company"），at the request of the Insured and consideration of the premium paid by the Insures，undertakes to insure the under-mentioned goods in transportation subject to the condition of this Policy as per the Clauses printed overleaf and other special clauses attached hereon.

保险货物项目 Descriptions of Goods	包装 单位 数量 Packing Unit Quantity	保险金额 Amount Insured
100%COTTON COLOUR WEAVE T-SHIRT	300CARTONS	USD66,000.00

承保险别 FOR 110% OF THE INVOICE VALUE COVERING 货物标记 AS PER INVOICE NO. RX0522

Condition ALL RISKS AS PER PICC DATE 1/1/1981 Marks of Goods

总 保 险 金 额：

Total Amount Insured: SAY US DOLLARS SIXTY SIX THOUSAND ONLY

保费 As arranged 运输工具 开航日期：

Premium Per conveyance S.S TIANHE V. 503 Slg. On or about JUN, 25. 2011

起运港 目的港

From NINGBO To OSAKA

所保货物，如发生本保险单项下可能引起索赔的损失或损坏，应立即通知本公司下述代理人查勘。如有索赔，应向本公司提交保险单正本（本保险单共有 2 份正本）及有关文件。如一份正本已用于索赔，其余正本则自动失效。

In the event of loss or damage which may result in a claim under this Pol icy，immediate notice must be given to the Company's Agent as mentioned hereunder. Claims，if any，one of the Original Policy which has been issued in TWO Original(s) together with the relevant documents shall be surrendered to the Company，If one of the Original Policy has been accomplished，the others to be void.

THE PEOPLE'S INSURANCE（PROPERTY）COMPANY OF CHINA，LTD. OSAKA BRANCH
98 LSKL MACH 0SAKA JAPAN
TEL：028-54365788 中保财产保险有限公司

THE PEOPLE'S INSURANCE（PROPERTY）COMPANY OF CHINA，LTD.

赔款偿付地点
Claim payable at OSAKA IN USD
日期
Date JUN. 15，2011 at NINGBO General Manager：刘丽
地址：
Address：

The People's Insurance（Property）Company of China

注释：
保险单一般由保险公司审单员根据投保人提供的投保单等材料进行缮制，但也有个别保险公司由投保人代其填制保险单的相关栏目内容，再由保险公司填制剩余栏目，签章后生效。

保险单是出口商向银行议付货款所必备的单证之一，可通过背书转让。保险单的背书有空白背书和指示背书两种，究竟采取哪一种，应视信用证的具体要求而定。

任务四　电放业务办理

【任务导入】
Sammi 与 Kevin 所在公司进行履行合同的同时，Sammi 一个负责日韩业务的同事 Lilly 也在和另外一个日本的客户履行一份合同。Lilly 的这个客户要求电放提单，而 Sammi 对于听到的电放业务毫不知情，因此，她向 Lilly 请教有关电放业务办理的问题。

【操作步骤】
1. Lilly 先向客户以 T/T 的方式收取全部货款。
2. Lilly 向货运代理公司提出办理电放业务。
3. Lilly 向货运代理公司出具电放保函及缴费。

【操作分析】
1. Lilly 收到正本提单背书后向货代公司申请电放业务。
2. 出口公司向货运代理公司提交电放保函或电放申请书（见样例 5-19 和样例 5-20）

并缴费后船公司在提单上盖电放印。

3. Lilly 将带有电放印签的提单 COPY 件传真给客户, 由客户拿此传真件提货。

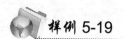 样例 5-19

电放保函样本

××××CO.,LTD.

ADD: NO.--

ZHEJIANG PROVINCE,CHINA

TEL: 0086－574－******** FAX: 0086－574－********

电放保函

致: ××物流有限公司

船名/航次:　　HAN YANG 642E

提单号:　　　MXPSE06100076I

件数: ××××　　　　毛重: ××KGS　　　　体积: ××CBM

现应客户要求, 需电放给以下　　××××TEX INTERNATIONAL

收货人:　　　　　　　　　　CO.,LTD.

　　　　　　　　　　　　　#1012-4F DASDN-DONG　　　　　收货人的

　　　　　　　　　　　　　CHUNG-GU　　　　　　　　　　　名称/地址

　　　　　　　　　　　　　DESDAGU CITY,KOREA

　　　　　　　　　　　　　TEL: +82-53-********

　　　　　　　　　　　　　FAX: +82-53-********

电放产生的一切后果均由我司承担。

谢谢合作!

我司全称: 浙江××××有限公司

地址:　　　浙江 NINGBO ------------

电话:　　　0574－********

传真:　　　0573－********

　　　　　　　　　　　　　　　　　　　　　　签章:

　　　　　　　　　　　　　　　　　　日期: 2011 年 10 月 20 日

资料来源: 福步外贸论坛.

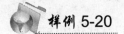

样例 5-20

电放申请书

B/L No. : _____

Vessel/Voyage : _____

Sailing Date : _____

Destination : _____

We are the Shipper of the Captioned shipment and we hereby request to release cargo to below mentioned consignee without presentation of any original bill of lading.

Name of Consignee:_____

_____

_____

In consideration of your complying with our above request, we have duly endorsed the full set（3/3）of the relative original bills of lading which we return to you herewith and we hereby agree to indemnify you, your principals, their and your servants and/or agents and to hold you harmless in respect of any liability, loss or whatsoever nature which you, your servants and/or agents may sustain by reason of the delivery of the goods in accordance with our above request. We take all the responsibility on release cargo to above mentioned consignee.

（Company chop and sign）

资料来源：福步外贸论坛.

知识链接

一、电放的含义

电放（Telex Release），有的简写为 TLX，少部分人简写为 T/R，是指应签发或已签发正本 B/L 的货运代理公司或船公司，根据托运人或货运代理的要求，在装运港不签发正本 B/L 或收回已签发的正本 B/L，以 E-mail 或 Fax 或 Telex、Telegram 等方式通知货运代理将货放给 B/L 上的收货人或托运人指定的收货人（to order B/L 下）。一般在货物先于单据到达进口方的情况下，进口方为不因货物产生滞港费用而先行提货，而要求卖方致电船公司，办理电放业务，先行提货。

二、电放业务程序

1）托运人向货运代理提出电放提单，并出具电放保函，表明电放产生的一切后果和责任都由托运人承担。

2）货运代理向船公司申请电放，并交电放保函。

3）船公司接受电放申请和保函后，向目的港船代发电放通知，允许该票货物可以用盖章后的电放提单换提货单。

4）装船后，船公司向货运代理签发 Master 电放提单。（Master 提单是由船公司或船长签发的提单，又称总提单，简称 M B/L）

5）货运代理再向托运人签发 House 提单（是由货运代理签发的提单，又称分提单，简称 H B/L）。

6）装货港货运代理将 House 提单传真给目的港货运代理。

三、电放的种类

1. 不签发任何提单资料

客户和货运代理都需要做提单的补充资料，注明"做电放"后，由货运代理以 B/L 样本方式将有关情况告知承运人，Carrier 出单 M B/L 复件，再由货运代理传 M B/L 复件给客户，客户确认后，客户要将电放申请书传给货运代理，货运代理再将电放申请书传给承运人。若承运人同意电放，通常于货装船后，承运人传电放信或给电放号给托运人，托运人再传电放信或给电放号给收货人，货抵目的港后，收货人凭电放信或报出电放号，找承运人在目的港的代理提货。此种情况多见于目的港在东南亚地区时，因为电放快而 B/L 流转（邮寄）慢。

2. 对 M B/L 电放，由货运代理签发正本 H B/L

对 M B/L 电放即意味着以电放信代替 M B/L 之功能，承运人不签发 M B/L。货运代理给其客户签正本 H B/L，H B/L 上的托运人填发货人公司名称，收货人填目的港真正的收货人。承运人给货运代理的 M B/L（或 MEMO）复件上，托运人填货运代理，收货人填货运代理在目的港的代理。

上述操作方式也根据不同船公司和货代公司而有所差异。货运代理与发货人核对好提单后，将发货人回传给货运代理的 H B/L 上的托运人一栏，由发货人名称改为货运代理公司名称，将收货人栏由真正的收货人改为货运代理的代理，其他内容不变（其他内容指品名、包装、件数、POL、POD、Delivery Agent、Gross Weight，Measurement、Seal

No.、Marks & Nos（唛头及唛码）、Notify、Place of Receipt、Place of Delivery Vessel & Voy No.、Shipping on board Date 等）。改完此两栏后将此单传给承运人。以上操作中货运代理传给承运人的单子上，将自己改成了 H B/L 的托运人。

电放信的流转：承运人→货代→货代的代理→承运人。即货代的代理交出电放信或报出电放号后即从承运人处取得 D/O（Delivery Order：提货单的简称）。

H B/L 流程为：货代→发货人（起运港）→收货人（目的港）→货运代理的代理。即目的港客户交出 H B/L 从货运代理的代理处取得 D/O。注：若为到付运费货代必须指示目的港代理收妥运费后才放货。此种情况除要给货代的代理一笔代理费外还需给船公司电放费。

3. 对 H B/L 电放，签发正本 M B/L

M B/L 的流转：承运人→货代→货代目的港的代理。货代目的港的代理凭正本 M B/L 换取 D/O，电放信流程：货代→发货人（起运地）→收货人（目的港）→货代的代理。目的港收货人凭电放信（或电放号）从货代代理处换得 D/O。

4. 双电放

不签正本 H B/L 与 M B/L。承运人将其制定的电放号告知货代，由货代再将电放号告知其在目的港的代理，货代的代理再将此电放号告知目的港的承运人，另一方面，货代将其制定的另一电放号告知托运人，由托运人再告知目的港的收货人，最后由收货人将电放号告知货代的代理，进而在目的港提货。

在电放过程中需要注意的事项：①电放方式下，有的船公司要求收货人除交出电放信（号）外，还要交出 B/L 的传真件（预先由货代将此传真件给托运人，由托运人再将此传真件传给收货人）。有些船公司规定收货人于电放信上盖上其公章后才可去代理处换 D/O。②对 H B/L 或 M B/L 电放时，并非不签发提单，而通常要出提单复件，将复件传真给相关各方。③客户提出电放申请后，货代或承运人于电放申请书上盖上"电放章"及"提单章"传真给发货人，这样可简化操作。④通常货代也会给其代理人传一份电放单并在提单上面写明有关情况。⑤若向承运人申请电放，有的货代公司要向承运人追要电放电报，明确表示承运人是否同意电放及其他有关情况。⑥对 M B/L 电放下，可让承运人出具一份 Memo-B/L 给货代；对 H B/L 电放下货代可给发货人出 Memo-B/L。

【操作示范 2】

诚通先生填写的电放保函，如样例 5-21 所示。

 样例 5-21

CHENGTONG TRADE COMPANY

ADD: 1405 BAIZHANG EAST ROAD

NINGBO,CHINA

TEL: 0086-574-85788877　FAX: 0086-574-85788876

电放保函

致：鹏宇物流有限公司

船名/航次：　　TIANHE　V.503

提单号：　　　MXPSE06100076I

件数：300CTNS　　　毛重：3300KGS　　　体积：66CBM

现应客户要求，需电放给以下

收货人：

TKARMRA

CORPORATION

1-5.　KAWARA MACH

OSAKA JAPAN

TEL:+82-53-019344

FAX:+82-53-019345

} 收货人的
名称/地址

电放产生的一切后果均由我司承担。

谢谢合作!

我司全称：诚通贸易公司

地址：　　宁波百丈东路 1405 号

电话：　　0574-85788877　　传真：　　　0574-85788876

诚通贸易公司

签章：

日期：2011 年 6 月 20 日

任务五 托收业务办理

【任务导入】

Sammi 与 Kevin 的这笔交易使用的是信用证，但是由于提单上出现了与信用证严重不符的条款，所以通过该信用证已经无法收款，于是在与 Kevin 所在公司协商后，双方决定采用托收方式来结算货款。

【操作步骤】

1．Sammi 委托小郑到中行去办理托收业务。

2．小郑填写一份托收申请书并缴费后，中行承办此业务。

3．小郑向中行递交了全套出口单据和汇票。

4．中行在小郑办理了托收业务后的 30 天告知已收到全部货款。

【操作分析】

一、小郑填写中行的托收申请书。申请书（或委托书）的样本见样例 5-22 和样例 5-23

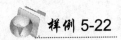 样例 5-22

托 收 委 托 书
COLLECTION ORDER

致：×××银行＿＿＿＿＿＿＿　　　　　　　　日期：＿＿＿＿＿＿＿＿＿＿

托收行 （Remitting Bank）：	代收行 （Collecting Bank）： 名称： 地址：
委托人 （Principal）：	付款人（Drawee）： 名称： 地址： 电话：

付款交单 D/P （　）承兑交单 D/A （　） 无偿交单 FREE OF PAYMENT （　）	期限/到期日：
发票号码/票据编号：	国外费用承担人：☐ 付款人☐ 委托人
金额：	国内费用承担人：☐ 付款人☐ 委托人

单据种类	汇票	发票	提单	空运单	保险单	装箱单	重量单	产地证	FORM A	检验证	公司证明	船证明			
份数	2	3	3		4										

特别指示：

1. 邮寄方式： □ 快邮 □ 普邮

2. 托收如遇拒付，是否须代收行作成拒绝证书（PROTEST）： □ 是 □ 否

3. 货物抵港时是否代办存仓保险： □ 是 □ 否

4. 如付款人拒付费用及/或利息，是否可以放弃： □ 是 □ 否

5. _____

6. _____

付款指示： 核销单编号： _____

请将收汇款原币（ ） 人民币（ ）划入我司下列账上：

开户行：_____ 账号：_____

联系人姓名：_____ 公司名称：_____

电话：_____ 单位公章：_____

传真：_____ 法定代表人或有权人签字：_____

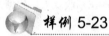 样例 5-23

中国银行 托收申请书

BANK OF CHINA

APPLICATION FOR COLLECTION

致：中国银行宁波分行

To: BANK OF CHINA NINGBO BRANCH

兹附上下述票据委托代收。收妥票款请按以下打 "×" 条款解付：

I/we enclose herewith the under mentioned bill(s) for collection. Please effect the proceeds when collected in accordance with following instructions marked "×":

票据类别 Kind of bill（s）		出票日期 Issuing date		票据号码 No(s) of Bill(s)	
出票人 Drawer					备注 Remarks:
付款人 Drawn on					
收款人 Payee					

票面金额 Amount		

**For company
公司专用**

请划收本单位在贵行第_____号账户。

Please credit our A/C No._____ with your bank.

托收费用请划付本单位在贵行第_____号账户。

For your charges debit our A/C No_____ with your bank.

如有费用请扣除后，划收本人/本单位在贵行第_____号账户。

After deducting your charges if any, please credit my/our A/C No._____

with your bank.

于_____天后，由本人/代办人凭收据在贵行第_____号柜台商洽取款。

After _____ days, at your bank's counter No（s）_____ Contact for drawing funds against the receipt.

本人（等）/本公司特此声明，日后如上述票据遭受退票或有其他情况发生致贵行受损，贵行可无需征求本人（等）/本公司同意，立即有权由本人（等）/本公司账户内扣回上述票据及有关费用（包括外汇买卖差价和利息）。若账户存款不足扣付，本人（等）/本公司自当立即如数清还。

I/We understand and agree that you are authorized to debit my/our account without obtaining my/our confirmation with the above amount together with any expenses or loss（including exchange and interest）that you may suffer in the event of the above being returned or in any way dealt with at any time. I/We undertake to repay you on demand any unpaid portion in case the balance remaining on my/our account is insufficient to meet the refund of payment.

申请人签章（印章）

Signature of the applicant:

_____

核对 Verified

个人委托收款注意事项
NOTE FOR PERSONAL BUSINESS

个人办理托收业务时（包括申请、取款/取存款单），应出示收款人本人身份证件，如由他人代办，需同时出示收款人、代领人身份证件。

Please show payee's personal identification, when applying and drawing at our counter. Anyone who is entrusted to take the funds must show us both the payee's and entrustee's identifications. Thanks.

二、小郑提交了全套的出口单据及汇票

汇票的样本见样例 5-24。

 样例 5-24

空白汇票样本

 知识链接

　　出口方在信用证有效和交单期限内缮制商业汇票，并随附商业发票、装箱单、普惠制产地证书、非木质包装证明、保险单、提单和装运通知等全套议付单据，向指定银行提交符合信用证条款规定的单据。银行在收到单据后立即按照信用证条款的规定进行审核，确认无误后在收到单据次日起不超过 5 个银行工作日办理出口结汇，并按当日外汇买入价购入，结算成人民币支付给出口商。

一、交单结汇业务程序

　　交单结汇业务程序如下：

　　1）出口商缮制商业汇票并持信用证规定的全套单据送至议付行进行议付，结算货款是交易的目的。因此，必须做到单证一致、单单一致和单同一致。

　　2）议付行对议付单据进行审核，核准无误后给予议付，如有不符点必须修正。

　　3）付款行对议付单据进行审核，核准无误后按照信用证规定的索偿路线进行付款转账，如有不符点可拒付。

　　4）进口方审核单据无误后付款赎单。然后，办理进口货物报检、报关及提货手续。

小知识

信用证的结汇方式

　　1. 收妥结汇，又称"先收后结"是指出口地银行对受益人提交的单据进行审核无误后，将单据寄给付款行索偿。当付款行收到货款并划给出口地银行后，由出口地

银行按当日外汇牌价结算成人民币贷记受益人账户或交付受益人。

2. 定期结汇，是指出口地银行对受益人提交的单据进行审核无误后，将单据寄给付款行索偿，从交单日至事先规定的期限内，将货款按当日外汇牌价结算成人民币，贷记受益人账户或交付受益人。

3. 买单结汇，又称"出口押汇"或议付。其指议付行对受益人提交的单据进行审核无误后，按有关规定，买入受益人的汇票或单据，按照票面金额扣除从议付日至收款日的利息，按当日外汇牌价结算成人民币贷记受益人账户或交付受益人。

二、缮制汇票

（一）汇票的必要项目

汇票（Bill of Exchange/Draft/Bill）是出票人签发的，委托付款人在见票时或者在指定日期无条件支付确定金额给收款人或者持票人的票据。汇票是一种要式证券，必须载明必要的法定事项，符合票据法的规定。我国的《票据法》明确规定，汇票必须记载下列事项：

1. 表明"汇票"的字样

用英文单词 Bill of Exchange、Draft 或 Bill 表示，主要是为了区别其他的支付工具，如本票和支票等。

2. 应有无条件支付命令

汇票是出票人指定付款人支付给收款人的无条件支付命令书，如果汇票上附有其他条件，如"卖方须交付符合合同规定的货物后，支付其金额 10,000 美元"，则该汇票无效。

3. 确定的金额

汇票票面所记载的金额必须确定，并用文字大写和数字小写分别表明，两者必须一致，否则票据无效。

4. 付款人名称

付款人（Drawee）通常是进口人或其指定的银行，其名称和地址应详细书写在"To"后。

5. 收款人名称

收款人（Payee）又称抬头，是受领汇票金额的人，通常是出口人或其指定的银行。其写法有三种：

1）限制性抬头。如"仅付给德蒙（Pay to Damon only）"，或"付给德蒙，不准转让（Pay to Damon not transferable）"，这种汇票不能作背书转让。

2）指示性抬头。如"付给德蒙或其指定的人（Pay to Damon or order）"，这种汇票可经背书转让。

3）持票人或来人抬头。即在汇票上不指定收款人名称，只写"付给持有人（Pay to holder）"或"付给来人（Pay to bearer）"字样。这种汇票可凭交付汇票进行转让，无须背书。我国《票据法》规定，凡签发持票人或来人抬头的汇票无效。

6. 出票日期

汇票记载出票日期的作用主要有：决定汇票的有效起算日，决定出票后定期付款的到期日，决定出票人的行为能力。

7. 出票人签字

出票人（Drawer）只有在票据上签字后，才承担付款或承兑责任。

如未记载上述规定事项之一的汇票，则无效。在实际业务中，汇票通常还需列明付款日期、付款地点和出票地点等内容。我国《票据法》规定："汇票上记载付款日期、付款地、出票地等事项的，应当清楚、明确。汇票上未记载付款日期的，为见票即付。汇票上未记载付款地的，付款人的营业场所、住所或者经常居住地为付款地。汇票上未记载出票地的，出票人的营业场所、住所或者经常居住地为出票地。"此外，汇票还可以记载一些票据法允许的其他内容，如汇票编号、付一不付二和出票条款等。

（二）缮制汇票的方法

汇票是一种代替现金的支付工具，一般有两张正本（即 First Exchange 和 Second Exchange），具有同等效力，付款人付一不付二，付二不付一，先到先付，后到无效。汇票有银行汇票和商业汇票两种形式，在信用证和托收方式业务中，多使用出口方出具的商业汇票。

信用证项下汇票的主要内容和缮制方法如下：

1. 编号（No.）

汇票编号填本套单据的发票号码。

2. 出票日期与地点（Date and Place of Issue）

信用证项下的出票日期是议付日期，出票地点是议付地或出票人所在地，通常由出口方委托议付行在办理议付时代填。值得注意的是，汇票出票不得早于其他单据日期，也不得晚于信用证有效期和提单日期后第 21 天。

3. 汇票金额（Amount）

汇票金额用数字小写和英文大写分别表明，大小写金额与币制必须相符。小写金额位于 Exchange for 后，可保留 2 位小数，由货币名称缩写和阿拉伯数字组成，如 USDI,550.20；大写金额位于 the sum of 后，习惯上句首加"SAY"，意指"计"，句尾由"ONLY"示意为"整"，小数点用 POINT 或 CENTS 表示。例如，SAY U.S. DOLLARS ONE

THOUSAND FIVE HUNDRED AND FIFTY POINT TWO ONLY。通常汇票金额和发票金额一致，不得超过信用证金额，除非信用证另有规定。

4. 付款期限（Tenor）

付款期限必须按信用证的规定填写。

1）即期付款在 At 与 sight 之间填上 "*" 符号，变成 At*****sight，表示见票即付。

2）远期付款主要有见票后若干天付款、出票日后若干天付款、提单日后若干天付款和定日付款。例如，信用证规定见票后 90 天付款（Available against your drafts drawn on us at 90 days after sight），在 At 与 sight 之间填入 90 days after，意为从承兑日后第 90 天为付款期；信用证规定出票日后 90 天付款（Available against presentation of the documents detailed herein and of your drafts at 90 days after date of issue），则在 at 后填入 90 days after date of issue，将汇票上印就的 "sight" 划掉，意为汇票出票日后 90 天付款；信用证规定提单日后 60 天付款（Available by beneficiary's drafts at 60 days after on board B/L date），则在 at 后填入 60 days after date of B/L，删去 sight，意为提单日后第 60 天付款。

远期汇票付款时间的计算采用算尾不算头，如见票日为 6 月 10 日，付款期限为见票日后 30 天，则应从 6 月 11 起算 30 天，到期付款日为 7 月 10 日。如以月为单位计算付款期限，则不考虑每月的具体天数，都以相应月份的同一天为到期日，如见票后 2 个月付款，见票日为 6 月 10 日，到期付款日应为 7 月 10 日。如无对应日期，则以该月底后一天代替。如到期日恰逢周末或节假日，则顺延后一个工作日。

另有一种远期汇票，即在信用证汇票条款中规定远期汇票（例如，Available by your drafts at 90 days after sight on us…），在特殊条款中又规定受益人可即期收款（例如，The negotiating bank is authorized to negotiate the insurance drafts on sight basis，as acceptance commission，discount charges and interest are for account of buyer），仍按远期（90 days after）填制，但可向议付行即期收款，其贴息由开证人负担。

5. 受款人（Payee）

汇票受款人又称抬头人或收款人，是指接受票款的当事人。汇票常见的抬头表示方式有：

1）指示性抬头。即在受款人栏目中填写 Pay to the order of…，意为付给……人指定的人。我国实际业务中多以中国银行等议付行为受款人，如 Pay to Bank of China。以议付行为收款人，议付行要在汇票背面进行背书。

2）限制性抬头。即在受款人栏目中填写 Pay to…only 或 Pay to…not transferable，意为仅付……人或限付给……人，不许转让。使用这种方式多是付款人不愿将本债务和债权关系转移到第三者。

3）持票人抬头。又称来人式抬头，即在受款人栏目中填写 Pay to bearer，意为付给持票人。这种方式不用背书就可转让，风险较大，现极少使用。

6. 出票条款（Drawn Clause）

出票条款必须按信用证的描述填于 Drawn under 后，如信用证没有出票条款，其分别填写开证行名称、地址、信用证编号和开证日期。

信用证如有利息条款，例如，"Payable with interest at 5 percent annum from date hereof to approximate date of arrival of covering goods in Tokyo"，或信用证要求汇票注明"Documents against payment"（D/P），必须在出票条款后将其列出。

7. 付款人（Drawee）

汇票付款人即受票人，包括付款人名称和地址，在汇票中以 To...（致……）表示。付款人必须按信用证规定填制，通常为开证行。如果信用证规定"Draft drawn on applicant"或"drawn on US"或未规定付款人时，在 to 后都打上开证行名称和地址。

如果信用证规定以开证申请人为付款人，银行将视该汇票为一份附加的票据。

8. 出票人签章（Signature of the Drawer）

出票人为信用证受益人，也就是出口方。通常在右下角空白处打上出口方全称，由经办人签名，该汇票才正式生效。如果信用证规定汇票必须手签，应照办。

【操作示范 1】

诚通先生缮制的商业汇票，如样例 5-25 所示。

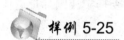 **样例 5-25**

No：<u>TX0522</u>

For：<u>USD60,000.00</u>　　　　**BILL OF EXCHANGE**　　　NINGBO

　　　　　　　　　　　　　　　　　　　　　Date：JUN.26，2011

At ＿＿＊＊＊＊＿＿sight of this SECOND BILL of EXCHANGE　（first of the same tenor and date unpaid）pay to the order of　<u>BANK OF CHINA NINGBO BRANCH</u>　the sum of SAY U.S DOLLARS SIXTY SIX THOUSAND ONLY.

Drawn under　<u>FUJI BANK</u>

L／C No.＿＿<u>TH2003</u>＿＿＿＿Dated ＿＿<u>APR. 30，2011</u>＿＿＿＿＿

To：　<u>FUJI BANK</u>

　　　<u>66 SAKULA OTOLIKINGZA MACHI OSAKA JAPAN</u>

CHENG TONG TRADE COMPANY　　　　诚通贸易公司

诚通

注释：

① 汇票是由各银行印制，内容大致相同，是支付货款的凭证，属于有价证券。

② 汇票中的大小金额和币制必须一致。

③ 信用证项下的汇票应做到单证一致，单单一致，要整洁美观，不得有涂改现象。

④ 注意信用证支付方式项下与托收方式项下的汇票在填制要求方面有所不同。

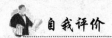 自我评价

完成情况及得分 评价项目	很好（5）	良好（4）	一般（3）	较差（2）	很差（1）	分项得分
是否能顺利履行合同						
各种出口单据缮制的准确率						
电放业务程序的掌握情况						
托收业务办理的程序掌握情况						

 能力迁移

（一）业务背景

诚通贸易公司收到了 OLEARA IMPORT&EXPORT CORPORATI0N 会签的销售确认书，以及 OLEARA IMPORT&EXPORT CORPORATION 在合同规定的开证时间内开出的信用证，对此诚通贸易公司业务员王伟依据贸易合同进行审证，没有发现不符点，并与宁波宏光服装厂签订加工合同书。当男式衬衫加工完成后，委托宁波国际货运代理公司代理订舱、报检和报关手续。

（二）操作资料

甲　方：诚通贸易公司

　　　　宁波百丈东路 1405 号

　　　　TEL：（0574）85788877　　FAX：（0574）85788876

乙　方：宁波宏光服装厂（委托代理人夏力）

　　　　宁波市风林路 19 号（TEL：0574-56788888）

加工合同号：GH07999

合同日期：2011 年 6 月 10 日

加工货名：男式衬衫 Art No.88（蓝色），Art No.44（黑色）

加工数量：Art No.88（蓝色）3 000PCS，Art No.44（黑色）3 000PCS

包　　装：每 20 件装一只纸箱，每箱毛重为 20.2 千克，净重为 20 千克，体积为
　　　　　0.2 立方米，装入一只 20 英尺集装箱（集装箱号：TEXU22636643）

加工费：每套 20 元，乙方结汇后 45 天向甲方支付全部加工费

单　耗：每条 1.2 米，备损率为 29%

原料交付日期：甲方在 2011 年 6 月 30 日前向乙方提供原料，并负责运至宁波南站交付

产品交付日期：2011 年 8 月 24 日前将加工后的成品 6 000 件运至宁波北仑港口指

定仓库

原料货名：色织棉布

单　　价：20 元/米

交货日期：2011 年 6 月 28 日

交货地点：宁波南站

包装条件：卷筒包装

付款方式：交货后 1 个月凭增值税发票付款

不合格产品处理：另议

支付方式：不可撤销跟单即期信用证

信用证号：11/CB4578

装运港：宁波北仑

目的港：MARSEI，LE

交货日期：2011 年 7 月 31 日

合同号：ST071032

商品编码：6303.4500

货运代理：宁波国际货运代理公司（负责人赵峡）

委托办理检验事宜：代理报检手续，代缴检验检疫费，负责与检验检疫机构联系和
　　　　　　　　　　验货，领取检验检疫证书

报关委托书编号：12382455541

委托办理报关事宜：逐票、填单申报、辅助查验、办理海关证明联

报关委托书有效期：2011 年 8 月 10 日止

收到单证日期：2011 年 7 月 2 日

收到单证名称：合同、发票、装箱清单

（三）操作要求

　　请你以诚通贸易公司业务员王伟的身份，根据上述资料拟定一份加工合同书，并填写报检委托书及报关委托书，要求内容正确。

诚通贸易公司

加工合同　　　　　　编号：＿＿＿＿＿＿

甲方：　　　　　　　　　　　　　　乙方：

地址：　　　　　　　　　　　　　　地址：

电话：　　　　　　　　　　　　　　电话：

双方为开展来料加工业务，经友好协商，特订立本合同。

第一条　加工内容

乙方向甲方提供加工＿＿＿＿＿＿＿＿＿ 所需的原材料，甲方将乙方提供原材料加工

成产品后交付乙方。

第二条　交货

乙方在＿＿＿＿年＿＿月＿＿日向甲方提供＿＿＿＿＿原材料，并负责运至＿＿＿＿车站交付甲方；甲方在＿＿＿＿＿年＿＿月＿＿日前将加工后的成品＿＿＿＿负责运至＿＿＿＿＿港口交付乙方。

第三条　来料数量与质量

乙方提供的原材料须含＿＿＿＿%的备损率，并符合工艺单的规格标准。如乙方未能按时、按质、按量提供给甲方应交付的原材料，甲方除对无法履行本合同不负责外还得向乙方索取停工待料的损失。

第四条　加工数量与质量

甲方如未能按时、按质、按量交付加工产品，应赔偿乙方所受的损失。

第五条　加工费与付款方式

甲方为乙方进行加工的费用，每条人民币＿＿＿＿＿元。乙方结汇后 45 天向甲方支付全部加工费。

第六条　运输

乙方将成品运交甲方指定的地点，运费由乙方负责。

第七条　不可抗力

由于战争和严重的自然灾害以及双方同意的其他不可抗力引起的事故，致使一方不能履约时，该方应尽快将事故通知对方，并与对方协商延长履行合同的期限。由此而引起的损失，对方不得提出赔偿要求。

第八条　仲裁

本合同在执行期间，如发生争议，双方应本着友好方式协商解决。如未能协商解决，提请中国上海仲裁机构进行仲裁。

第九条　合同有效期

本合同自签字之日起生效。本合同正本一式二份，甲乙双方各执一份。

本合同如有未尽事宜，或遇特殊情况需要补充、变更内容，须经双方协商一致。

甲方：（盖章）　　　　　　　　　　乙方：（盖章）

委托代理人：　　　　　　　　　　　委托代理人：

日期：　　　　　　　　　　　　　　日期：

报检委托书

＿＿＿＿＿＿＿出入境检验检疫局：

本委托人郑重声明，保证遵守出入境检验检疫法律、法规的规定。如有违法行为，自愿接受检验检疫机构的处罚并负法律责任。

本委托人委托受委托人向检验检疫机构提交"报检申请单"和各种随附单据。具体委托情况如下：

本单位将于____年__月间出口如下货物：

品名		H.S.编码	
数（重）量		合同号	
信用证号		审批文件	
其他特殊要求			

特委托_____（单位／注册登记号），代理本公司办理下列出入境检验检疫事宜：

☐1．办理代理报检手续；

☐2．代缴检验检疫费；

☐3．负责与检验检疫机构联系和验货；

☐4．领取检验检疫证书；

☐5．其他与报检有关的事宜。

请贵局按有关法律法规的规定予以办理。

委托人（公章）：　　　　　　　　　　　　　受委托人（公章）：

本委托书有效期至　　年　月　日

代理报关委托书

编号：

_____：

　　我单位现（A．逐票 B．长期）委托贵公司代理_____等通关事宜（A．填单申报 B．辅助查验 C．垫缴税款 D．办理海关证明联 E．审批手册 F．核销手册 G．申办减免税手续 H．其他），详见"委托报关协议"。

　　我单位保证遵守《海关法》和国家有关法规，保证所提供的情况真实、完整、单货相符。否则，愿承担相关法律责任。

　　本委托书有效期自签字之日起至　　年　月　日止。

　　委托方（盖章）：

　　法定代表人或其授权签署"代理报关委托书"的人（签字）

　　　年　　月　　日

委托报关协议

为明确委托报关具体事项和各自责任，双方经平等协商，签订如下协议：

委托方		被委托方	
主要货物名称		*报关单编码	
H.S.编码		收到单证日期	年　月　日

货物总价			收到单证情况	合同 □		发票 □
进出口日期				装箱清单 □		提（运）单 □
提单号				加工贸易手册 □		许可证件 □
贸易方式				其他		
原产地 / 货源地			报关收费	人民币：　元		
其他要求：			承诺说明：			
背面所列通用条款是本协议不可分割的一部分，对本协议的签署构成了对背面通用条款的同意。			背面所列通用条款是本协议不可分割的一部分，对本协议的签署构成了对背面通用条款的同意。			
委托方业务签章： 经办人签章： 联系电话：			委托方业务签章： 经办人签章： 联系电话：			

（白联：海关留存；黄联：被委托方留存；红联：委托方留存）　　　中国报关协会监制

课后训练

　　根据下列出口货物明细及信用证进行单据操作，填制以下空白的商业发票、装箱单和汇票。

货 物 明 细

品名 货号	数量	计量单位	(US$) 单价	包装种类	装箱 （打）	重量（KGS） 毛重	 净重	尺码（CM） 长	 宽	 高
YW4002	1304	DOZEN	22.50	CARTONS	8	24	22	44	60	58
YW4004	1332	DOZEN	19.60	CARTONS	6	25	23	52	48	45
YW4006	1770	DOZEN	18.40	CARTONS	6	22	20	60	44	32
YW4008	1152	DOZEN	25.40	CARTONS	8	22	20	64	52	52

承运船名	航次	发票号码	发票日期	汇票号码
P. LUDER	V.38	AS-MRSC983	2009-9-2	AS-MRSC983

运费	保险加成率	保险费率		汇票日期
USD5600	10%	0.85%		2009-9-7

BANK OF AMERICA NEW YORK BRANCH

TO CUSTOMER

022030 09/05/08 018970 191 BH20 0000
ADV.BANK:
　　　　　　　　　BANK OF AMERICA SHANGHAI BRANCH

- SWIFT -

IT700	ISSUE OF A DOCUMENTARY CREDIT	L/C NO.
27	SEQUENCE OF TOTAL	1/2
40A	FORM OF DOCUMENTARY CREDIT	IRREVOCABLE
20	DOCUMENTARY CREDIT NUMBER	BOA90886
31C	DATE OF ISSUE	19-Jul-09
31D	DATE AND PLACE OF EXPIRY	15-Sep-09

BOA90886

50　　APPLICANT:
　　　BROWN BROTHERS TRADING CO.,LTD.
　　　TEEMA MAIN STREET, NEW YORK CITY
　　　USA

59　　BENEFICIARY:
　　　TIANSHI TOY CO., LTD.
　　　NO.88 TIAN YI GE ROAD
　　　NINGBO CHINA

32B　　CURRENCY COOE, AMOUNT　　US$117,276.00
41　D　AVAILABLE WITH ...BY....
　　　ANY BANK IN CHINA
　　　BY NEGOTIATION
42C　　DRAFTS AT　　SIGHT
　　　QUOTING NO. AND DATE OF THIS LC AND NAME OF LC ISSUING BANK
　　　(WHICH MUST ALSO BE INDICATED ON ALL SHIPPING DOCUMENTS REQUIRED)
42　D　DRAWEE

43P	ISSUING BANK FOR FULL INVOICE VALUE	UNPERMITTED
43T	PARTIAL SHIPMENTS	UNPERMITTED
	TRANSSHIPMENT	
44A	LOADING ON BOARD/DISPATCH/TAKING IN CHARGE	
	AT/FROM	
	SHANGHAI	
44B	FOR TRANSPORTATION TO	
	NEW YORK	
44C	LATEST DATE OF SHIPMENT	5-Sep-09
45A	DESCRIPTION OF GOODS AND/OR SERVICES	
	WOODEN TOYS	
	AS PER SALES CONFIRMATION NO.:	TIANSHI-255
	DAT	
	ED	4-Jul-09
		CIF NEW YORK

46A   DOCUMENTS REQUIRED

1   SIGNED COMMERCIAL INVOICE IN TRIPLICATE SHOWING FREIGHT AND INS. CHARGES
    AS WELL AS THE FOB VALUE

2   SIGNED PACKING LIST IN DUPLICATE INDICATION GROSS WEIGHT NET WEIGHT
    AND MEAS. OF EACH PACKAGE AS WELL AS GRAND TOTAL OF EACH ITEM.

3   FULL SET (2/2) MARINE INSURANCE POLICY OR CERTIFICATE,
    ENDORSED IN BLANK, FOR 110 PERCENT OF FULL CIF VALUE, COVERING
    ALL RISKS AND WAR RISKS AS PER
    PICC DATED 1/1/1981
    SHOWING CLAIMS, IF ANY, ARE TO BE PAID AT DESTINATION IN THE
    SAME CURRENCY OF THE DRAFTS.

4   FULL SET OF CLEAN ON BOARD OCEAN BILLS OF LADING MADE OUT TO
    ORDER OF SHIPPER   MARKED FREIGHT PREPAID
                                   ENDORSED IN BLANK
    AND NOTIFY APPLICANT WITH FULL ADDRESS AND TELEPHONE NO.

5   BENEFICIARY'S CERTIFICATE ACCOMPANIED WITH THE RELATIVE FAX
    COPY CERTIFYING THAT ALL SHIPPING DETAILS HAVE BEEN FACSIMILED
    TO APPLICANT WITHIN 2 DAYS AFTER SHIPMENT EFFECTED.

BANK OF AMERICA
NEW YORK BRANCH

6　CERTIFICATE OF ORIGIN FORM A IN DUPLICATE.

022030 09/05/08 018970 191 BH20 0000
ADV.BANK:
IT700　　　BANK OF AMERICA SHANGHAI BRANCH
27　　　　ISSUE OF A DOCUMENTARY CREDIT
40A　　　SEQUENCE OF TOTAL　　　　　　　　　　　　　2/2
20　　　　FORM OF DOCUMENTARY CREDIT　　　　　　IRREVOCABLE
31C　　　DOCUMENTARY CREDIT NUMBER　　　　　　　BOA90886
31D　　　DATE OF ISSUE　　　　　　　　　　　　　　19-Jul-09
47A　　　DATE AND PLACE OF EXPIRY　　　　　　　　15-Sep-09

ADDITIONAL CONDITIONS

1.TRANSPORT DOCUMENT MUST SHOW THE ACTUAL PORT OF LOADING AND
ALSO THE NAME AND TELEPHONE NUMBER OF THE DELIVERY AGENT
AT DESTINATION AS WELL AS THE ACTUAL AMOUNT OF FREIGHT BEING PAID.
2.PROCESSING OF DOCUMENTS WHICH DO NOT COMPLY WITH THE
TERMS AND CONDITIONS OF THE LETTER OF CREDIT IS SUBJECT
TO A SPECIAL DISCREPANCY HANDLING FEE OF U.S.DOLLARS
40.00 OR EQUIVALENT PER SET OF DOCUMENTS PLUS RELATED
CABLE CHARGES WHICH WILL BE DEDUCTED FROM ANY PROCEEDS.
3.TWO ADDITIONAL COPIES/PHOTOCOPIES EACH OF THE RELATIVE
INVOICE(S) AND TRANSPORT DOCUMENT(S) ARE REQUESTED TO BE
PRESENTED TOGETHER WITH THE DOCUMENTS FOR THE ISSUING
BANK'S REFERENCE ONLY.
4.BENEFICIARY'S STATEMENT CONFIRMING THEIR ACCEPTANCE OR
NON-ACCEPTANCE OF THE AMENDMENT(S) MADE UNDER THIS CREDIT
QUOTING THE RELEVANT AMENDMENT NUMBER. SUCH STATEMENT IS

NOT REQUIRED OF THIS CREDIT HAS NOT BEEN AMENDED.

71B CHARGES:
ALL BANKING CHARGES OUTSIDE OPENING BANK AND REIMBURSING/PAYMENT
CHARGES ARE FOR A/C OF BENEFICIARY

48 PERIOD FOR PRESENTATION:
15 DAYS AFTER THE DATE OF SHIPMENT

49 CONFIRMATION INSTRUCTIONS: WITHOUT

78 INSTRUCTIONS TO THE PAYING/ACCEPTING/NEGOTIATING BANK
1. EACH DRAWING BE ENDORSED ON THE REVERSE BY PRESENTING/NEG.BANK.
2. ALL DOCUMENTS MUST BE SENT TO US IN ONE COVER BY COURIER SERVICE.
3. UPON RECEIPT OF FULL SET OF DOCUMENTS IN ORDER, WE SHALL
   REIMBURSE YOU IN ACCORDANCE WITH YOUR INSTRUCTIONS.

72 SENDER TO RECEIVER INFORMATION
SUBJECT TO U.C.P. (1993 REVISION) I.C.C PUBLICATION NO.500
THIS IS THE OPERATIVE INSTRUMENT, NO MAIL CONFIRMATION WILL FOLLOW.

** END OF MESSAGE ***

资料来源：PTITO 考证训练题目.

COMMERCIAL INVOICE

To:

Invoice No.: _____

Invoice Date: _____

S/C No.: _____

S/C Date: _____

Marks and Numbers	Number and kind of package Description of goods	Quantity	Unit Price	Amount

SAY TOTAL: **TOTAL:**

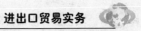

PANCKING LIST

Invoice No.: _____ **Date:** _____

Seller: _____
_____
_____

Buyer: _____
_____
_____

From _____ **to** _____

Marks and No.	Description of goods	Quantity	Package	G.W	N.W	Meas.

SAY TOTAL: **TOTAL:**

BILL OF EXCHANGE

凭

Drawn Under

日期

Date

信用证号

L/C No.

号码

No.

汇票金额

Exchange for

按息付款

Payable with interest@ _____ %per annum

上海　Shanghai

见票____日后（本汇票之副本未付）付交

At sight of this FIRST of Exchange (Second of Exchange Being unpaid)

Pay to the order of

金额

the sum of

此致

To:

项目六　出口收汇核销与退税

项目导入

Sammi 与 Kevin 所在公司的交易已经结束。根据国家外贸政策的规定，银翔贸易公司应在外汇管理局办理外汇核销手续及退税手续。在交易前，财会人员已经领取了有编号的纸质外汇核销单并进行了填制，在领单的 90 天内随附报关单据向海关报关，海关放行时在核销单上已经加盖了"验讫章"，小郑已经携该核销单和全套出口单据到银行结算了货款，结汇后，财会部门要持经海关盖章的收汇核销专用联、结汇水单或收账通知及报关单到外管局办理核销，并提供相关资料向税务机关办理退税手续。

知识目标

1. 掌握办理出口收汇核销的程序与所需单据。
2. 掌握办理出口退税的程序与所需单据。
3. 掌握办理索赔与理赔的原则、手续及所需单据。

能力目标

1. 能够顺利办理出口收汇核销。
2. 能够顺利办理出口退税。
3. 能够掌握办理索赔与理赔的原则及手续。

任务分解

任务一　出口收汇核销

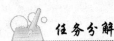

【任务导入】

银翔贸易公司在公司成立之初就在国家外汇管理局办理核销备案登记，携单位介绍信、申请书、外经贸部门批准经营进出口业务的批件、企业法人营业执照、组织机构代码证、海关注册登记证明书等材料，然后，领取有编号的纸质核销单。我国自 1991 年起，为加强出口收汇管理，实施了出口收汇核销制度，由国家职能部门对出口企业的出口货物进行了逐笔"跟单"核销的管理，出口收汇核销单实行逐级核发、专任负责制。出口企业根据所需的核销单，通过"中国电子口岸——收汇系统"向外汇管理局提出领取核销单的申请，凭本企业操作员 IC 卡及其他规定的凭证到外汇管理局领取有编号与

"条码"的并加盖"国家外汇管理局监制章"的纸质核销单,外汇管理局根据出口企业的申请予以发放,并将核销单电子底账数据传送至"中国电子口岸"数据中心。

【操作步骤】

1．出口企业申领纸质核销单。

2．提交核销单报关出运。

3．海关验讫签返核销单。

4．向外汇指定银行交单议付或托收。

5．申报收汇信息。

6．办理核销手续。

【操作分析】

一、申领空白的核销单

1）到外管局注册,得到一张光盘、一张法人卡和一张个人卡。

2）用光盘在电脑上安装中国电子口岸企业首页。

3）在外管局网上购买收费 95199IC 卡（一种卡有两种不同的收费方式）,打款,得到收费的页面登录密码。

4）激活出口收汇这一子系统按要求申请 IC 卡三级权限。

5）IC 卡的备案及权限申请步骤:使用企业法人卡登录中国电子口岸企业首页后,点击身份认证,数据备案,IC 卡权限（查找 IC 卡卡号）,外汇,暂存,申报。

6）带着两张卡到外管局进行三级审批。

7）打开当地电子口岸主页。

8）点击企业登录页面,输入密码。

9）插入个人卡。

10）点击核销单申请。

11）带着两张卡再到外管局去拿核销单。空白核销单的样本见样例 6-1。

 样例 6-1

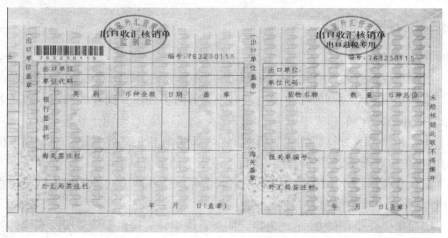

二、办理核销手续并提供相关资料

1）核销单。

2）报关单（出口收汇专用联），前提已通过电子口岸交单。

3）银行结汇水单。

4）出口收汇核销表（一式两份）。

 知识链接

一、出口收汇核销制度

出口收汇核销管理制度是指国家外汇管理部门依据国家赋予的职能，在海关、商务、税务、银行等部门的配合下，以出口货物的价值为标准，运用电子技术手段，核对出口单位在规定的期限内是否有相应的外汇（或货物）收回国内的一种事后监管制度，是对出口单位出口后将除国家允许或批准可以保留在境外的收汇收回境内结汇或入账的管理措施。出口收汇核销制度建立于 1991 年 1 月 1 日，期间经过不断修改和完善，目前已成为一种比较成熟的管理制度。

按照出口收汇核销制度的规定，出口单位货物出口后，应当按照出口合同约定的收汇时间和方式以及出口货物报关单注明的成交总价及时、足额收回出口货款。即期收汇出口项下应当在货物报关出口后 180 天内收汇，远期收汇出口项下应当根据在外汇局远期备案的出口合同规定的期限收汇。出口单位应当在规定的收汇时间后 30 天内向外汇管理部门办理出口收汇核销手续。

国家实施出口收汇核销管理的主要目的和管理机制是：外汇管理部门依托作为货物进出境管理机关的海关出具的证明出口货物价值的凭证——出口货物报关单，监督出口单位将与出口货物价值相对应的外汇及时、足额收回境内结汇或入账，以实现货物出口与外汇收回的等量对流，防止不法企业逃汇或将外汇非法滞留或截留境外，同时防止非出口贸易项下境外资金混入经常项目结汇，从而维护国际收支的平衡和人民币汇率的稳定。

二、出口收汇核销业务流程

出口收汇核销业务流程如下：

1）出口单位到商务部或其委托的机构办理备案登记，取得对外贸易经营权。

2）出口单位到海关办理"中国电子口岸"入网手续，并到有关部门办理"中国电子口岸"企业法人 IC 卡和"中国电子口岸"企业操作员 IC 卡电子认证手续。

3）出口单位持有关材料到注册所在地外汇局办理核销备案登记，外管局审核无误后，为出口单位办理登记手续，建立出口单位电子档案信息。

4）出口单位通过"中国电子口岸出口收汇系统"在网上向外汇局申领出口收汇核销单（以下简称"核销单"）。

5）出口单位凭操作员 IC 卡、出口合同（首次申领时提供）到注册所在地外管局申领纸质核销单。

6）出口单位报关前通过"中国电子口岸出口收汇系统"在网上向报关地海关进行出口核销单的口岸备案。

7）出口单位出口报关。

8）出口单位报关出口后通过"中国电子口岸出口收汇系统"将已用于出口报关的核销单向外汇局交单。

9）出口单位在银行办理出口收汇后，到外管局办理出口收汇核销手续。

三、缮制出口收汇核销单

出口收汇核销单是由国家外汇管理局统一印制，由出口企业和银行分别缮制，海关凭其受理报关，各级外汇管理部门将其作为核销外汇的凭证。由核销单存根、出口收汇核销单及其出口退税专用联三联构成。其内容和缮制的要点如下：

（一）核销单存根联的缮制方法

核销单存根联的填制应以本套结汇单据的发票和出口报关单为依据，在出口报关后交当地外汇管理局备案。

1）编号。编号事先已由国家外汇管理局统一印制。

2）出口单位的名称。注明合同的出口方公司的全称，并加盖公章，应与出口货物报关单、发票的同项内容一致。

3）单位代码。此栏填出口单位的税务登记 9 位数代码。

4）出口币种总价。按收汇的原币种填入该批货物的应收总额，通常与商业发票的总金额相同。

5）收汇方式。根据合同的规定填制收汇方式，如 L/C、D/D、D/A 或 T/T 等。

6）预计收款日期。根据具体的收汇方式，将推算出的可能收到汇款的日期填入此栏。具体的推算方法有：即期信用证或托收项下的货款，属近洋的地区，为寄单日后 25 天，远洋地区则为 35 天；远期信用证或托收项下的货款，属近洋地区，为付款日后第 35 天，远洋地区则 45 天；分期付款要注明每次收款日期和金额；寄售项下的货款最迟在报关日起 360 天之内结汇；自寄单据项下的货款，自报关日起 50 天内结算。

7）报关日期。按海关放行日期填写。

8）备注。填写收汇方面需要说明的事项。例如，委托代理方式下，代理出口企业必须注明委托单位名称，并加盖代理出口企业的公章；属联合对外出口，应注明其他单位的名称及其出口金额，并加盖报关单位公章；原出口商品如发生变更，要填原核销单的编号等。

9）此单报关有效期截止到。通常填写出口货物的装运日期。

（二）核销单的缮制方法

核销单的内容除与存根联相同的以外，还有下列栏目：

1）银行签注栏。由银行填写商品的类别号、货币名称和金额，注明日期，并加盖公章。

2）海关签注栏。此栏由海关批注有关内容，并加盖公章。

3）外汇局签注栏。由外汇管理局在本栏批注有关内容，并填制日期，加盖公章。

（三）核销单出口退税专用联的缮制方法

出口收汇核销单出口退税专用联的栏目除与上述两联相同的以外，还有如下内容：

1）货物名称。填实际出口货物的名称，应与发票、出口货物报关单的品名一致。

2）数量。按包装方式的件数填写，应与报关单同项内容相符。

3）币种总价。按发票或报关单的总金额和币种填写。

4）报关单编号。按出口货物报关单的实际编号填入。出口收汇核销流程图见图 6-1。

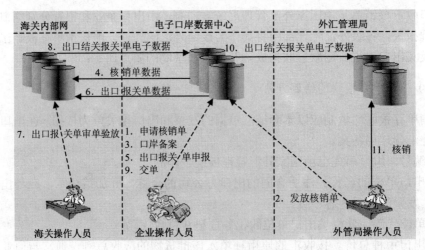

图 6-1   出口收汇核销流程图

资料来源：http://www.gotohui.com/show.php?contentid=19311.

【操作示范】

（一）诚通贸易公司收到中国银行上海分行进账单

中国银行上海分行进账单如样例 6-2 所示。

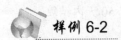 样例 6-2

中国银行宁波分行进账单（回单）

2011 年 7 月 10 日   第   060611   号

出票人	全称	TKARMRA CORPORATION	收款人	全称	诚通贸易公司								
	账号	ZR96066682		账号	THY6684321337								
	开户银行	FUJI BANK		开户银行	中国银行宁波分行								
美元：USD 60 000.00			千	百	十	万	千	百	十	元	角	分	
			U	S	D	6	0	0	0	0	0	0	0
票据种类		BP RTl73	申报号码										

票据张数	核销单号：06068866	NO. 0606775588
	中国银行国际结算专用	出口收汇核销专用章

（二）缮制核销单

出口收汇核销单如样例 6-3 所示。

 样例 6-3

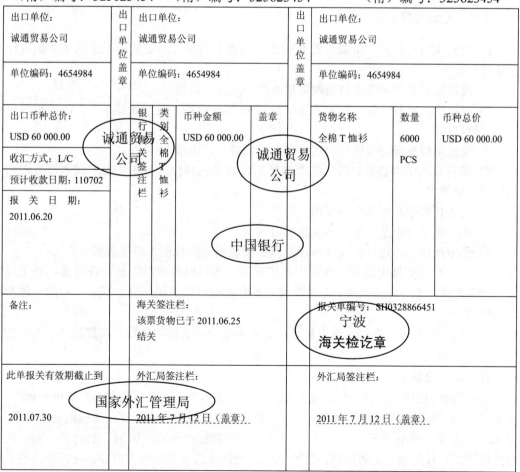

出口收汇核销单
存根
（甬）编号：325623454

出口收汇核销单
（甬）编号：325623454

出口收汇核销单
出口退税专用
（甬）编号：325623454

出口单位：诚通贸易公司

单位编码：4654984

出口单位盖章

出口单位：诚通贸易公司

单位编码：4654984

出口单位盖章

出口单位：诚通贸易公司

单位编码：4654984

出口币种总价：USD 60 000.00

收汇方式：L/C

预计收款日期：110702

报关日期：2011.06.20

诚通贸易公司

银行签注栏

类别：全棉T恤衫

币种金额	盖章
USD 60 000.00	诚通贸易公司
	中国银行

货物名称	数量	币种总价
全棉T恤衫	6000 PCS	USD 60 000.00

备注：

海关签注栏：
该票货物已于 2011.06.25 结关

报关单编号：SH0328866451
宁波海关检讫章

此单报关有效期截止到
2011.07.30

外汇局签注栏：
国家外汇管理局
2011 年 7 月 12 日（盖章）

外汇局签注栏：
2011 年 7 月 12 日（盖章）

任务二 出 口 退 税

【任务导入】

宁波银翔贸易公司在成立之初就向国家税务机关办理了出口企业退税登记。Sammi 负责的该笔业务需要到税务机构办理退税手续，因此，外贸财务人员持相关的文件材料到税务局办理退税手续。

【操作步骤】

1. 有关证件的送验及登记表的领取。
2. 退税登记的申报和受理。
3. 填发出口退税登记证。
4. 办理出口退税报关手续。
5. 填报出口退税申请书并办理相关退税手续。

【操作分析】

一、办理退税的程序

1）登陆出口退税网，下载外贸企业出口退税申报系统，安装后通过系统维护进行企业信息设置。

2）通过退税系统完成出口明细申报数据的录入、审核。

3）取得增值税发票后，在发票开票日期 30 天内，在"发票认证系统"或国税局进行发票信息认证。

4）通过退税系统完成进货明细申报数据的录入、审核。

5）通过系统中"数据处理"的"进货出口数量关联检查"和"换汇成本检查"后生成预申报数据。

6）网上预申报和察看预审反馈。

7）在申报系统中录入单证备案数据。

8）预审通过后，进行正式申报，把预申报数据确认到正式申报数据中。

9）打印出口明细申报表、进货明细申报表、出口退税申报汇总表各两份，并生成退税申报光盘，光盘中应该有 12 个文件，并在生成好的退税光盘上写上企业的名称和海关代码。

10）准备退税申报资料，到退税科正式申报退税（需要在出口日期算起 90 天内进行正式申报）。

11）税款的退还。

税务局得到退税的批复之后，会将数据上传到退税网，同时系统自动发送电子邮件。企业看到后，可以到"数据管理"——"退税批复"栏目中查看。点击某条批复的数据，显示注意事项。点击"下一步"，会显示"出口货物税收退还申请书"的内容，企业应仔细核对开户行与账号是否准确，打印三份。根据注意事项的相关内容，在打印出的表单中盖章，交到退税科，由退税机关办理退税。具体见图 6-2。

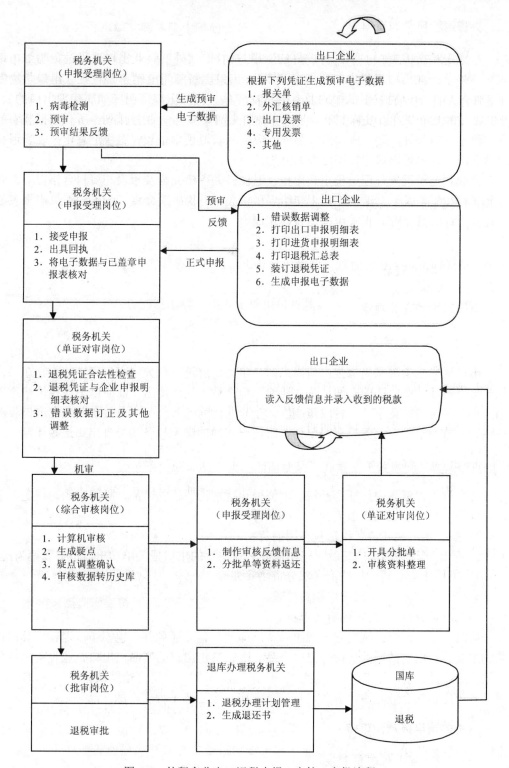

图 6-2　外贸企业出口退税申报、审核、审批流程

资料来源：童宏祥. 2010. 外贸单证实务. 上海：上海财经大学出版社.

二、办理退税所需的资料

办理退税所需资料如下：打印好的专用封面纸、《外贸企业出口退税进货明细申请表》、《外贸企业出口退税出口明细申请表》、出口退税专用核销单、税收（出口货物专用）缴款书、增值税发票抵扣联及专用货物清单、代理出口证明（如属代理出口的）、出口退税专用报关单、资料封底。以上单据在装订时要按关联号排列，所有单据竖着放靠右侧在上方装订，装订成一册。另外，应附两套退税申报表（退税汇总申报表、退税进货明细表、退税出口申报明细表）并加盖公章。

企业到退税机关办理退税正式申报，退税机关审核光盘及报表和资料合格以后，企业将光盘和资料及一套退税申报表交给退税机关，退税机关会将一张退税汇总申报表签字盖章后返还给企业。正式申报退税即完成。

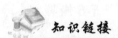 知识链接

一、出口退税的有关规定

1. 出口退税的含义

出口退税是指国家为增强出口商品的竞争力，由税务机关将出口离境的货物在国内生产与流通环节中已征的中间税款返还给出口企业，从而使出口商品以不含税价格进入国际市场参与国际竞争的一种政策制度。在即期付款的条件下，出口企业应在出口收汇核销后，持该笔出口业务的有关单据及时向出口地的国家税务局办理出口退税手续。

2. 出口退税的范围

凡在进出口贸易中已征产品税、增值税和特别消费税的产品，除国家明确规定不予退还以外，都予以退税。但需具备下列条件：

1）属于增值税和消费税征税范围的货物。
2）经出口报关离境的货物，已加盖海关验讫章的出口报关单和出口销售发票为准。
3）出口货物必须已经结汇（部分货物除外）。
4）已在财务会计上做出口销售处理。
5）提供退税机关规定的有关单据。

同时，国家也明确规定了少数出口产品即使具备上述条件，也不予以退税。其出口货物主要有：出口的原油，援外出口产品，国家禁止出口的产品，出口企业收购出口外商投资的产品，来料加工、来料装配的出口产品，军需工厂销售给军队系统的出口产品，军工系统出口的企业范围，齐鲁、扬子、大庆三大乙烯工程生产的产品等。

二、退税的预申报及预审核

（一）退（免）税的预申报

企业在向税务部门申报退（免）税数据时，必须保证资料的准确性和及时性，这样

才能及时退回税款。为了提高企业申报的质量，外贸企业在收齐出口货物退（免）税凭证并正式申报前，可向主管税务机关的退（免）税部门（以下简称"退税部门"）进行一批次或多批次的出口货物退（免）税预申报（以下简称"预申报"）。

1. 预申报时间、方式

预申报主要有上门预申报、远程预申报、自助预申报等方式。出口企业可自行选择是否进行预申报。

2. 预申报流程

1）外贸企业的办税人员将本企业当期（批次）出口货物退（免）税纸质凭证的基础明细数据采集到"出口退（免）税申报系统"（以下简称"申报系统"）。

2）外贸企业通过申报系统生成当期（批次）预申报明细电子数据。

3）外贸企业将预申报明细电子数据报送给退税部门（上门预申报）或通过远程网络进行预审核，并取得预审核反馈数据。

4）外贸企业将预审核反馈数据读入申报系统，在系统内进行"预审核反馈数据处理"操作，以反馈数据对申报系统中的申报数据进行适当调整。

（二）退（免）税的预审核

退（免）税部门的退税窗口接受外贸企业的出口货物退税预申报，在"出口退（免）税审核系统"（以下简称"审核系统"）进行预审核，并向企业反馈预审核疑点电子数据。

预审核主要包括以下项目：

1. 数据自身审核

1）审核数据：数据唯一性与有效性审核。

2）审核分部核算：调取出口企业退税认定信息中相应部门代码信息，确定该企业是否分部核算。

3）审核出口货物：该商品代码是否存在，是否为基本商品，计量单位是否一致，是否为禁止出口货物或不退（免）税货物等。

4）审核税率：包括增值税税率和消费税税率。

5）审核单证：该报关单是否已开具过补办报关单证明、出口货物退运已办结税务证明、代理出口货物证明、出口转内销证明等单证，审核报关单（以报关单上注明的出口日期为准）是否超过规定的 90 天（审批延期的除外）。

2. 与相关部门数据进行核对

1）与出口报关单电子信息进行核对。申报数据的出口报关单号码是否在出口报关单电子信息中，出口报关单电子信息中的相应数据未被设置选中标志，申报的出口货物退税率不应高于报关单电子信息中商品代码对应的退税率，申报的出口货物美元离岸价与出口报关单电子信息中美元离岸价之差在规定的误差范围内。审核报关单（以报关单上注明的出口日期为准）电子信息中的出口日期是否超过规定的 90 天。

2）如果该退（免）税明细数据属于代理出口，则与代理出口证明电子信息进行核对。申报数据的代理出口证明号码在代理出口证明电子信息中的相应数据未被设置挑中标志，申报的出口货物退税率不应高于代理出口证明电子信息中商品代码对应的退税率，申报的出口货物美元离岸价与代理出口证明电子信息中美元离岸价之差在规定的误差范围内，代理出口证明的申报日期是否超过规定的 90 天（以出具之日起为准）。

3）与出口收汇核销单电子信息进行核对。申报数据的出口收汇核销单号码在出口收汇核销单电子信息中，出口收汇核销单电子信息中的相应数据未被设置选中标志。

4）与综合征管应用系统、增值税管理应用系统、稽查管理系统等传来的增值税专用发票、专用税票等电子信息进行核对。对增值税专用发票主要核对以下内容：销货方纳税人识别号、购货方纳税人识别号、增值税专用发票号码、增值税专用发票代码、开票日期、计税金额、税额。

3. 综合性审核

根据外贸企业出口退税政策的要求对进行企业申报的出口数据和进货数据进行审核，并计算应退税额。

4. 其他审核项目

1）审核换汇成本是否超出合理范围。
2）是否为敏感地区和企业购进并出口等审核配置要求的其他审核项目。

三、退（免）税的正式申报及正式审核

外贸企业完成预申报并进行了预审反馈信息处理后，便可在规定的申报期限内，向退税部门按月进行一批次或多批次的出口货物退税申报（以下简称"正式申报"）。

（一）正式申报

1. 外贸企业正式申报前的准备工作

作为增值税一般纳税人的外贸企业以一般贸易或进料加工贸易方式出口货物，申请办理出口货物退税正式申报，要做好下列准备工作。

（1）当期（批次）出口货物退税纸质凭证的收集

具体包括下列单据：

1）出口货物的增值税专用发票（抵扣联）。
2）税收（出口货物专用）缴款书或出口货物完税分割单（仅指购进出口的消费税应税货物）。
3）出口货物报关单（出口退税专用联）（保税区内的商贸公司还需提供备案清单）。
4）代理出口货物证明（仅指委托其他企业代理出口的企业，如受托方将代理出口货物与其他货物一笔报关出口的，还须提供出口报关单出口退税联复印件和外汇核销单

出口退税联复印件）。

5）外汇核销单（出口退税专用）（自动核销除外）（保税区内的外贸公司还需提供结汇水单）。

上述纸质凭证须按顺序装订成册。

（2）将当期（批次）出口货物退税纸质凭证的基础明细数据输入申报系统

对于已进行预申报的企业，不必重复进行基础数据采集和数据加工处理步骤，只需在申报系统内将经过反馈处理的数据转为正式申报数据即可。

（3）在申报系统内对当期（批次）申报明细电子数据进行加工处理

根据企业出口业务，将进货申报数据与出口申报数据进行配比。

（4）生成正式申报报表电子数据，并打印签章

具体包括下列内容：

1）生成"出口货物退（免）税进货明细申报表"、"出口货物退（免）税出口明细申报表"电子数据（对于已预申报的企业，如申报数据无调整，可不必重复生成明细申报表电子数据）。

2）生成"出口货物退（免）税汇总申报表"电子数据。

3）进行数据的一致性检查。

4）打印以上报表。

"出口货物退（免）税汇总申报表"由财务负责人签字，并加盖企业财务专用章、法定代表人印章和企业公章；"出口货物退（免）税进货明细申报表"、"出口货物退（免）税出口明细申报表"的每联都应由企业经办人和财务负责人签章，并加盖公章。上述报表应按顺序装订成册。"出口货物退（免）税汇总申报表"为一式三份，报退税部门三份，其中一份装在资料里，退税部门签批后留存一份，报地市以上（含地市，下同）税务机关一份。"出口货物退（免）税进货明细申报表"、"出口货物退（免）税出口明细申报表"均为一份，装订在企业申报资料里。

（5）导出正式申报电子数据

将申报数据导出到光盘或其他移动设备中，生成正式申报电子数据。

2. 外贸企业正式申报

外贸企业向退税部门按月进行一批次或多批次出口货物退（免）税正式申报，将申报的电子数据、装订成册的纸质凭证和报表报送给退税管理部门，取得"接单登记回执"。

（二）税务机关受理

退税窗口的税务人员接收企业正式申报的资料后，对资料进行检查。其主要项目有：①由于税务机关受理的数据来自各个企业，所以，首先对企业申报电子数据进行病毒检测，确认数据安全后读入审核系统；②检查企业申报报表的种类、内容、联次和数量是否齐全；③检查企业申报纸质凭证的种类和数量是否与汇总表一致；④检查纸质凭证和报表是否按规定装订成册。

税务人员经初步检查，如发现企业申报问题，及时告知办税人员改正后再申报；如

检查通过，则通过审核系统出具"接单登记回执"，确认受理正式申报，并将所接收的纸质资料移交初审岗位。

（三）税务机关审核

税务机关对外贸企业正式申报资料的审核工作分为初审和复审两个步骤。

1. 初审

初审是指人工审核。审核分两步进行。第一步将电子数据与纸质申报表进行核对，第二步将电子数据与原始凭证进行核对。

出口货物的审核要点有：①必须是属于增值税、消费税征税范围的货物；②必须是报关离境的货物；③必须是在财务上作销售处理的货物；④必须是出口收汇并已核销的货物。

2. 复审

复审是指用计算机审核，也就是利用计算机审核系统，对企业申报的电子数据进行自身逻辑关系审核，同时与海关、外汇管理、征税等部门提供的电子信息进行交叉对审。复审的主要作用是通过审核发现疑点并进行相应处理，从而保证审核结果的准确性。

计算机审核的内容及要点：①审核数据的唯一性、有效性；②审核分部核算；③审核商品代码；④审核退税率；⑤审核进货信息；⑥审核出口信息；⑦审核有关证明电子信息；⑧审核换汇成本是否超出合理范围。

（四）退（免）税的签批

签批，又称为"审核审批"，是"退库审批"的前一道环节，在出口退税的管理中，原则上要求有签批环节。

退税部门负责人在接收到退税复审岗位人员审核确认的申报数据和企业申报汇总表后，对退税审核结果进行最终确认，签批的主要数据来源为正常退税审核结果，也可是特准退税申报审核的结果。

（五）退（免）税的审批及退库

外贸企业退（免）税经过申报、初审、复核和签批四个环节被确认没有问题后，继而转入审批环节，退税审批工作由地市级以上税务机关完成。

对退税指标进行预处理是退税审批前的首要工作。在所属期内（年为单位），国家税务总局会根据不同阶段的实际情况给各地下达退税指标，地市级以上税务机关在接到总局下达的退税指标文件后，应及时将退税指标录入审核系统内，确保指标监控功能的有效实现和审批工作的顺利进行。税务机关应在总局下达的指标范围内及时为企业办理审批退库手续。至此，本次申报工作完成。

四、出口企业出口货物退（免）税有关备案单证

为规范外贸出口经营秩序，加强出口货物退（免）税管理，防范骗取出口退税的违

法活动，国家税务总局决定对有关出口企业出口货物退（免）税的单证实行备案管理制度。

出口企业自营或委托出口属于退（免）增值税或消费税的货物，最迟应在申报出口货物退（免）税后 15 天内，将下列出口货物单证在企业财务部门备案，以备税务机关核查。

（一）购货合同

购货合同，即《中华人民共和国合同法》所称买卖合同，是指供货者转移货物的所有权于出口企业，出口企业支付货款，出口企业与供货者签订的有关民事权利与义务关系的协议，含委托加工复出口业务的委托加工协议、原材料的购货合同。电子合同、口头合同等无纸化合同按国税函[2006]904 号的规定备案。

购货合同是指外贸企业购货合同、生产企业收购非自产货物出口的购货合同，包括一笔购销合同下签订的补充合同等，如样例 6-4 所示。

 样例 6-4

购销合同

需方（订货单位）：　　　　　　　　　　　　　合同号码：

供方（供货单位）：　　　　　　　　　　　　　签订时间：

根据《中华人民共和国合同法》的规定，双方同意签订本合同并共同信守。

1. 品名、规格、数量、金额、交货日期

品名／规格型号	数量、单位	17%税率，价税总价（元）	交货日期总价
金额总计（人民币大写）：			

2. 质量技术标准、质量检验：

3. 交货地点、运输方式：

4. 包装要求：

5. 结算方式：

6. 供方经济责任：

1）应按合同规定，按时、按质、按量交货，否则需方因此所受的经济损失，由供方负责。

2）如发生未按合同规定数量交货的情况，除按前款赔偿需方经济损失外，对于未交的货物是否需要补交,何时补交,均按需方的要求办理。

3)货到需方指定目的地,由于装运不善而造成的损失,由供方负责。

4)不符合合同规定的产品,在需方代保管期内实际仓储费由供方承担。

7. 需方经济责任:

1)如有预付款,在供方发货前,需方将收到的国外客户汇款划入供方账户。

2)未按合同规定时间和要求提供有关资料、包装物等,交货日期则相应延迟。

3)实行送货或代运的产品,供方需在送货之前,先与需方委托代理方安排的仓库联系登记,再进行送货。如需方无故拒绝接货,应承担供方因此所受的损失和运输部门的罚金。

4)错填到货地点或接货人,应承担由此造成的损失。

5)变更产品品种、规格,给供方造成损失时,应偿付供方实际损失,但以直接损失为限。

8. 供需双方由于人力不可抗拒的原因而不能按时履行合同时,经查实证明,可免予承担违约责任。

9. 凡因本合同发生的一切争议,先由双方友好协商解决,如协商不成,均应提交中国国际经济贸易仲裁委员会上海分会,按照该会的仲裁规则进行仲裁。仲裁裁决是终局的,对双方都有约束力。

10. 其他未尽事项除由双方协商达成书面协议者外,按经济合同法有关规定办理。

11. 本合同经双方盖章后生效。

需方签章: 供方签章:

电话: 电话:

传真: 传真:

地址: 地址:

(二)出口货物明细单

出口货物明细单(见表6-1),又称货物出运分析单、信用证分析单,是在信用证结算方式项下,由出口企业制作的,供有关人员在备货和办理其他手续时,了解该笔交易中信用证的规定和要求的,有关出口货物明细情况的清单。

大宗笨重及散装货物以及非信用证结算方式项下一般不使用出口货物明细单的,其出库单、发货单或出口货物的包装单据可作为备案单证。

表6-1 出口货物明细单

经营单位					
日期		信用证号		发票号码	
开证银行		合同号			
		开证日期			
收货人		金额		收到日期	
		贸易性质		收汇方式	

续表

提单抬头人		运输方式		贸易国别	
		装运地		目的港	
		可否转运		可否分批	
		装运期限		有效期限	
通知人		运费			
		成交条件			

唛头	品名及规格	数量	件数	尺码	毛重	净重	单价	总价

注意事项		保险单险别			
装箱时间		保额		按发票金额　%	
		赔付地点			
装箱地点		船名			
		开航日期 / 航次			
		核销单号		联系人	

（三）出口货物装货单

出口货物装货单（Shipping Order，S/O），是指船运公司或船务代理公司在接受出口企业委托的货运代理公司提出的申请后，签发交给货运代理公司、同意货物装船、凭以命令船长将该单所列货物装船的凭证。通常由船务代理公司印制格式，会同船运公司填制具体内容，并签字盖章。装货单是报关单位向海关申报出口货物的随附单证，海关完成验关手续后，一般加盖海关放行章，实行无纸化通关管理的海关通关货物的装货单无海关放行章。

"一般海运出口托运单"（Booking Note）第 4 联、"集装箱货物托运单（Container Booking Note）"、"集装箱拼箱货物装箱准单"均为装货单。

除陆路运输和海洋运输方式外，其他运输方式不备案装货单。

（四）出口货物运输单据

出口货物运输单据的主要形式有：海运提单、多式联运单据、航空运单、国际铁路联运单、货物承运收据、邮政收据、邮寄证明以及国际特快专递、国际信使专递、民航快递服务等专门格式的收据。

【操作示范】

1. 诚通贸易公司收到增值税专用发票

增值税专用发票如样例 6-5 所示。

 样例 6-5

浙江省增值税专用发票

3300044140

No. 03061855

抵 扣 联

开票日期：2011 年 6 月 12 日

购货单位	名　　称：诚通贸易公司 纳税人识别号：3104466775532 地址、电话：上海市中山路 222 号 　　　　　021-65788877 开户行及账号：中国银行上海分行 　　　　　SZR80066686	密码区	+58—9/—…<20 加密版本：01 O*12<=—＋98>2+28 3300044140 ＋—<14—＋89—19—<1/> 03061855

货物或应税劳务名称	规格型号	单位	数量	单位	金额	税率	税款
全棉色织 T 恤衫	RM111	件	2 000	￥60.00	￥120 000.00	17%	￥20 400.00
	RM222	件	2 000	￥50.00	￥100 000.00		￥17 000.00
	RM333	件	1 000	￥40.00	￥40 000.00		￥6 800.00
	RM444	件	1 000	￥40.00	￥40 000.00		￥6 800.00
合计					￥300 000.00		￥51 000.00

价税合计（大写）	⊙叁拾伍万壹仟元整		（小写）￥351 000.00

销货单位	名　　称：苏州服装厂 纳税人识别号：320486512 地址、电话：苏州市人民路 11 号 　　　　　电话：0512-88364209 开户行及账号：中国银行苏州分行 　　　　　THY6684321337	备注	253#

收款人：金锦　　　　　　复核：张凡　　　　　开票人：王晶　　　　　销货单位（章）

注：纳税人识别号即纳税人登记号。

2. 诚通先生填制出口货物退税汇总申报表

出口货物退税汇总申报表如样例 6-6 所示。

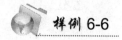 样例 6-6

外贸企业出口货物退税汇总申报表
（适用于增值税一般纳税人）

申报年月：2011 年 7 月　　　　　　　　　　　　　　　　申报批次：1

纳税人识别号：0320486512

海关代码：0387124666

纳税人名称（公章）：　　申报日期：2011 年 7 月 20 日　　　　　金额单位：

出口企业申报			主管退税机关审核	
出口退税出口明细申报表 1 份，记录 25 条		审单情况	机审情况	
出口发票 1 张，出口额 60 000.00 美元			本次机审通过退增值税额	元
出口报关单 1 张，			其中：上期结转疑点退增值税	元
代理出口货物证明　　张，			本期申报数据退增值税	元
收汇核销单 1 张，收汇额 60 000.00 美元			本次机审通过退消费税额	元
远期收汇证明　　张，其他凭证　　张			其中：上期结转疑点退消费税	元
出口退税进货明细申报表 1 份，记录 24 条			本期申报数据退消费税	元
增值税专用发票 1 张，其中非税控专用发票　　张			本次机审通过退消费税额	元
普通发票 1 张，专用税票　　张			结余疑点数据退增值税	元
其他凭证　　张，总进货金额　　　　元			结余疑点数据退消费税	元
总进货税额	51 000.00	元		
其中：增值税	51 000.00 元，消费税	元		
本月申报退税额	51 000.00	元		
其中：增值税	51 000.00 元，消费税	元		
进料应抵扣税额　　　　元			授权人申明	
申请开具单证			（如果你已委托代理申报人，请填写以下资料）	
代理出口货物证明　　份，记录　　条			为代理出口货物退税申报事宜，现授权	
代理进口货物证明　　份，记录　　条			为本纳税人的代理申报人，任何与本申	
进料加工免税证明　　份，记录　　条			报表有关的往来文件都可寄与此人。	
来料加工免税证明　　份，记录　　条				
出口货物转内销证明　　份，记录　　条			授权人签字（盖章）	
补办报关单证明　　份，记录　　条				
补办收汇核销单证明　　份，记录　　条				
补办代理出口证明　　份，记录　　条				
内销抵扣专用发票　1 张，其他非退税专用发票　　张		审单人：	审核人： 　　　　年　月　日	
申报人申明			签批人：	
此表各栏目填报内容是真实、合法的，与实际出口货物情况相符。此次申报的出口业务不属于"四自三不见"等违背正常出口经营程序的出口业务。否则，本企业愿承担由此产生的相关责任。 企业填表人：诚通 财务负责人：赵洪涛 企业负责人：诚通　　　　年　月　日			（公章） 诚通贸易 公司 （公章） 　　　　年　月　日	

受理人：　　　　　　　　　　　　　　　受理日期：　　年　月　日

受理税务机关（签章）

任务三　索赔和理赔

【任务导入】

Kevin 所在的 PR Valves 公司收到货物后转销美国的沃尔玛超市，结果客户购买了货物后有几十件产品出现了质量问题，沃尔玛超市要求 PR Valves 公司退货并赔偿，Kevin 则发函给 Sammi 要求宁波银翔贸易公司给予退货并赔偿。

【操作步骤】

1. 银翔贸易公司调查出现问题的原因。
2. 银翔贸易公司理清责任归属。
3. 银翔贸易公司处理理赔事宜。

 知识链接

一、索赔与理赔函电

索赔（Claim）与理赔（Claim Settlement）函电，产生于对外贸易的业务活动之中。解决争议，达成索赔、理赔协议，须经双方平等协商，从而理顺贸易关系，解决业务纠纷，建立国际贸易新秩序，创造良好的国际贸易环境，促进世界范围的经贸事业繁荣发展。对于索赔、理赔函电的拟写，索赔方要实事求是，据理力争；理赔方要澄清事实，分辨是非，这样就有利于纠纷的妥善解决。反之，双方措辞激烈，剑拔弩张，咄咄逼人，或非分奢望，或赖账狡辩，都不仅无助于纠纷的解决，最终很可能会适得其反。

二、违约责任的归属

合同一经成立，当事人各方即受合同的约束。任何一方不履行合同义务或不按合同规定履行合同均构成违约。对违约的处理，各国的法律和《联合国国际货物销售合同公约》所规定的办法不尽一致，但概括起来主要有三种办法：要求实际履行、损害赔偿和撤销合同。

（一）英国法的规定

英国法把合同条款划分为要件（Condition）和担保（Warranty）两类。要件是指合同中的主要条件；担保是指合同中的一些次要条件。通常把商品的质量、数量和交货时间、付款条件视为要件，而把与商品无直接联系的一些次要条款视为担保。

英国法对违约的处理：①违反要件，受害方有权解除合同，并要求损害赔偿；②违反担保，受害方不能解除合同，只能要求损害赔偿；③受害方有权把违反要件作为违反担保处理，即只要损害赔偿，不主张解除合同；④如果合同有相反规定或受害方已做了某些行为，如货物品质不符合规定，按违反要件规定，本可主张解除合同，但如买方已接受了货物或做了某些与货物所有权相抵触的行为，那就只能要求损害赔偿。

（二）《联合国国际货物销售合同公约》的有关规定

1980 年《联合国国际货物销售合同公约》把违约分为根本性违约（Fundamental Breach）和非根本性违约（Non-fundamental Breach）两类。根本性违约是指"一方当事人违反合同的结果，如使另一方当事人蒙受损害，以致实际上剥夺了他根据合同规定有权期待得到的东西，即为根本违反合同"。《公约》规定，如果一方当事人根本违反合同，另一方当事人有权撤销合同并要求损害赔偿。否则只能要求损害赔偿，不能解除合同。

英国对违约的划分是从合同条款本身来判断的，《公约》却是从违约的后果及其严重性来确定的。

（三）我国《合同法》的规定

1）违约构成要件：①违约行为。包括不履行，迟延履行，不当履行以及拒绝履行，也包括全部不履行或部分不履行。违约责任以有效合同为前提，违约行为的主体必须是合同当事人，违约责任不以损害有无为要件，只要无免责事由，违反合同规定，即构成违约行为；②无免责事由。如有免责事由，行为人不负违约责任。

2）免责事由：①不可抗力；②自己有过失；③约定免责事由。

3）承担违约责任的方式：①继续履行；②违约金；③赔偿损失。

三、索赔与理赔处理实务

（一）索赔与理赔的产生

索赔是指受损的一方，根据合同或法律规定，向违约方提出赔偿要求。而违约的一方对索赔进行处理，即为理赔。索赔和理赔是一个问题的两个方面。对受损方而言，称作索赔；对违约方而言，称作理赔。

索赔是处理违约的一种最常见的补救措施。此外，还可以采取如退货、更换、修理、减价、延迟履行、替代履行、解除合同等。按照一般规定，在采取其他违约补救措施时，不影响受损害方提出索赔的权利。但受损害方提出索赔时可否同时要求解除合同，则要视违约的具体情况而定。

索赔案件的发生，主要有以下原因：①卖方违约。如不交货，不按时交货，不按合同规定的品质、数量、包装等条件交货，或提供的单证与合同和信用证规定不符。②买方违约。如不按时开证，不按时付款赎单，无理拒收货物，在买方负责运输的情况下，不按时派船或签订运输合同等。③买卖双方均有违约责任。如合同是否成立，双方国家法律规定和惯例解释不同，合同条款规定不明确，致使双方解释不一致，造成一方违约，引起纠纷。

（二）索赔与理赔应注意的问题

1. 我方索赔需注意的问题

1）注重实际，查明责任。查明对方是否确实违约，如属对方责任，可向对方提出索赔；如是船运公司或保险人的责任，应向船运公司或保险人索赔。

2）必须在合同规定的期限内提出索赔，若按《公约》规定，则索赔期两年。

3）按合同预先规定的金额提出索赔，或根据实际损失情况确定适当的金额。

4）备齐索赔单证，如提单、发票、保险单、装箱单、磅码单、商检机构出具的货损检验证书或由船长签署的短缺残损证明，以及索赔清单。

2. 我方理赔应注意的问题

1）对方索赔理由是否充足、属实。

2）对方索赔证件和有关文件是否齐全、清楚、有无夸大损失等。

3）合理确定赔付办法，如赔付部分货物、退货、换货、补货、修整、赔付一定金额、对索赔货物给予价格折扣或按残损货物百分比对全部货物降价等办法。

四、买卖合同中的索赔条款

国际货物买卖合同的索赔条款有两种规定方式，一是异议和索赔条款（Discrepancy and Claim Clause）；另一个是罚金条款（Penalty Clause）。

（一）异议和索赔条款

1. 索赔依据

索赔依据是指索赔时应提供的证据及出证机构。索赔依据包括法律依据和事实依据。法律依据是指合同和法律规定，当事人在对违约事实提出索赔时，必须符合有关国家法律的规定。事实依据是指违约的事实、情节及其证据，是提出索赔要求的客观基础。

2. 索赔期限

索赔期限是指索赔方提赔的有效时限。索赔期限的规定方法有两种，即法定索赔期和约定索赔期。法定索赔期是指合同适用的法律规定的期限。约定索赔期是指买卖双方在合同中规定的期限。一般索赔期限不宜过长，也不宜规定得太短。规定索赔期的起算方法通常有：①货物到达目的港后××天起算；②货物到达目的港卸离海轮后××天起算；③货物到达买方营业场所或用户所在地后××天起算；④货物经检验后××天起算。

3. 处理索赔的办法

业务中索赔可能发生在不同的环节上，因此，应在相关条款中列明违约方应当承担的赔偿责任。例如，如果因延迟交货终止合同，卖方应支付的赔偿金限制为未交付货物价款的10%；如果一方未支付到期款项，另一方有权从该款项到期应支付之日起对该笔款项计算利息。

（二）罚金条款

罚金条款（penalty clause）亦称违约金条款或罚则，是指在合同中规定，如一方未履约或未完成履约，其应向对方支付一定数额的约定罚金，以弥补对方的损失。罚金就其性质而言是违约金。一般适用于卖方拖延交货、买方拖延接货和延迟开立信用证等情况。罚金多少视延误时间长短而定，并规定最高的罚款金额，违约方被罚后仍须履行合同。否则除罚金外，还要承担由于不能履约而造成的各种损失。

罚金起算日期的计算方法有两种：一种是交货期或开证期终止后立即起算；另一种是规定优惠期，即在合同规定的有关期限终止后再宽限一段时间，在优惠期内免于罚款，待优惠期届满后再起算罚金。

我国《合同法》规定："当事人可以约定一方违约时应根据违约情况向对方支付一定数额的违约金，也可以约定因违约产生的损失赔偿额的计算方法。约定的违约金低于造成的损失的，当事人可以请求人民法院或者仲裁机构予以适当增加；约定的违约金过分高于造成的损失的，当事人可以请求人民法院或者仲裁机构予以适当减少。当事人就迟延履行约定违约金的，违约方支付违约金后，还应当履行债务。"

五、贸易纠纷产生的原因

1. 买方因素

买方市场价格下跌，故意不开信用证或延迟开证；违反合同规定，开立不完全或不当信用证，有意难为卖方，使其无法履行合同义务；不按时付款赎单，无理拒收货物；不按时派船接货等。

2. 卖方因素

卖方市场价格上涨，故意违约不按时交货；不按规定的品质交货；由于同行业竞争，勉强承诺，最终无法如约交货；提供的单证与合同或信用证规定不符等。

3. 双方因素

双方签订的合同内容含糊不清，模棱两可，在一开始就布下陷阱，遇到经济情况恶劣，不是卖方借故规格不明，以低级品混交，就是买方想尽办法，以品质不够标准或有瑕疵，拒绝付款，或提出折价要求，还有的是因为双方法律规定和惯例解释不同，条款规定不明，解释不一，造成一方违约，引起纠纷。另外，在履行合同过程中，买卖双方先后都有违反合约的行为出现，从而引起纠纷。

4. 国际市场变化因素

国际市场发生重大变化，如汇率、运费的变动，或物资来源中断，或运输工具缺乏引起纠纷；花样、色彩特殊、过分流行性货物受到季节性及投机性的影响等。

5. 不可抗力因素

不可抗力事件的发生，自难预测。但如遇到外汇贸易政策变更，或发生周期性的罢工事件等，双方鉴于本身利益故意拖延，坐等事态恶化而导致终止合同行为的纠纷者，屡见不鲜。

在各种因素中，尤以品质差错，数量不符，不交货，延迟交货以及不付款等所引起的索赔纠纷最为常见。

六、索赔事故

一般贸易纠纷可能发生两大损害的索赔：一是货物损害的索赔；二是商业行为的索赔。

货物损害的索赔包括数量的短缺与损毁，品质的低劣与变化。商业行为的索赔包括因时间因素而发生损失，付款延误损失，未清偿货款，未履行合同或毁约。这种索赔是由贸易合同当事人之间引起的，包括卖方的索赔和买方的索赔。

就货物损害的索赔而言，要根据货物实际损害的情形来判定事故的性质，然后再进行索赔。通常，货物损害事故有如下几种：

1）短交（short delivery）。短交是指装箱完整，装箱单内也已列明，但开箱检验时发现短少，或价款已列入发票，装箱时未列入。

2）短卸（short landed）。短卸指卸船交货数量与提单所列不符，是船公司失误所致。

3）短失（lost in transit）。短失是指发票、装箱单及公证报告均列明已装船，到货后发现箱件不完整。

4）破损（damaged in transit）。破损是指运输途中货物发生的破坏和损毁（人为、意外、自然因素造成），有时难以鉴别。

5）不符规格（non-conformity to specifications）。不符规格是指所交货物全部或部分经检验后发现品质低劣，与合同规定不符。

6）装船延误（delayed shipment）。装船延误是指延期交货损失（延迟到达，市价下跌，销售季节已过）。

7）其他。例如，码头工人卸货不慎落海。

七、索赔责任人的认定

索赔对象涉及出口商、船公司、保险公司、进口商或其他责任人。一旦有损失发生，首先就要认定有关责任人为索赔确定对象。

1. 出口商承担货物索赔的责任

出口商因货物短装、漏装、损毁、内在缺陷、包装不良、交货延迟或品质不符等原因给进口商造成损失，出口商就要接受进口商的赔偿要求。但有些时候包装不良是很难鉴别的，如"包装良好因运输操作不佳而致短损"就是船公司的责任，而"包装不良导致短损"则是出口商的责任。两者的鉴别有赖于进口公证机构的介入，凭其出具的公证报告，才能判定责任的归属。

2. 船公司承担运输索赔的责任

货物在运输过程中发生货物短失，船公司就要接受货主按照运输合同的有关规定向其提出的赔偿要求。如短卸、误卸、破损、破漏、毁坏、水渍和其他污染等。船公司所负责任自装船起至离船为止，即签发提单时起至收回提货单为止。

3. 保险公司承担货物保险索赔的责任

货物在有效期内发生属于保险责任范围内的损失,保险公司就要接受被保险人按保单的有关规定向保险人提出的赔偿要求。

凡由于不可抗力造成货物损毁,无适当责任人可以交涉,遭到有关责任人合理拒赔或赔偿不足者,都可以向保险公司索赔。保险公司的承保责任均以保险单为准,发生的损失必须在保险责任范围内。

4. 买方承担商业行为索赔的责任

买方要承担因自己的商业行为不当而给卖方造成损失的责任。具体包括以下情况:

1)合同签订之后,市价下跌,买方认为不合算,故意不开或迟开信用证,或在证中提出过高的条件,使卖方难以履约。

2)在 FOB 条件下,由于某种原因,买方延迟租船,致使卖方不能按时发货而造成损失。

3)托收条件下,货物发出后,买方无理拒付货款。

5. 其他责任人

货到目的港以后相关人员的责任。装卸公司责任,如卸船后搬运工疏忽而发生损害,责任在码头装卸公司;入码头仓库内发生短损,责任在港务管理部门;自码头仓库至内陆仓库,运输途中发生短损,责任在承运公司。

银行责任。因银行职员办事疏忽,不按信用证条件押汇付款、或遗失、误寄、错开、错改单证,导致合同某一方利益受损。

公证机构责任。公证不当或证明不实,因而使某一方索赔无效遭受损失,依据相应的损害,公证行也应负相应的责任。

八、索赔的方式

根据事故性质及责任对象确定索赔方式。索赔方式有三种:一是要求货币偿付的索赔,二是要求非货币偿付的索赔,三是混合索赔。

九、索赔理赔处理实务

(一)进口商索赔

1)确定货物发生损失后,应以书面通知有关当事人(船方、供应商、保险公司)公证的时间、地点,到现场处理联合公证。公证行出具公证报告,内容包括数量,包装及损害情形,责任谁属,比如件数不足,究竟是航海中遗失,还是搬运,装船,卸货舱内或卸货的仓库搬出所遭遇损失,均应加以判明。

收货人发现货物损失严重,在委托鉴定之前不要翻动货品,以免引起对方借口拒赔.如必须适当修整,要请第三者见证。

2)核对提货运输单证,主要有提单,装箱单副本,货物件数及包装情形。

3）索取损失事故证明，如短卸证明（certification of shortlanding），海难证明（marine protest or sea protest），磅码单（tally sheet）等。

4）详细记录，比如，袋装或桶装货物，应就收件与破损件、空包或空桶分别过磅，记载其重量、桶号，并注明是否有备用，如果有，则记录个数。

① 保留索赔权。发生损失后，立即取得事故责任证明文件，书面形式向有关当事人交涉赔偿。如果单证未齐全，应在有效期内提出保留索赔权。

② 注意时效。备齐索赔文件向有关方面交涉。

向船公司交涉。一旦发生短卸，应先向船方提交索赔通知函。多数情况下船方都要先向沿途各港探询短装货物下落，然后才能决定赔偿。如果船公司赔付一部分，另外的差额，可向保险公司要求赔付。索赔通知函见样例 6-7。

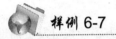 样例 6-7　　　　　　向船公司的索赔通知函

DEF INTERNATIONAL TRADING CO.

G. Street，H box 1234. California, U.S.A. TEL：001-212-782 5345 FAX：001-212-789 1678

Date：July 2，2009

Dear sirs,

Notice of Damage

Ex.M/S "President Wilson"

Please be advised that shortage has found in connection with the following goods，for which we reserve right to file a claim with you when the details are as certained.

Ship name：M/S "President Wilson"，B/L No.Y-S-3

Arrived at ：New York，U.S.A.　　　　　　　　　　Voy No.:13-H

On：2nd July，2009　　　　　　　　　　　　　　Invoice No.:A401

Shipped from：Dalian　　　　　　　　　　　　　I/P No.:63/1253

On：31th May，2009

Marks&Nos.	Description of goods	No.of packages	quantity
DEF INT. TRADING CO.	working boots	4200CTNS	50400pairs
01JCMA1234			
NEWYORK			
C/NO.1～4200			

You are kindly requested to acknowledge this notice and to inform us in writing of your candid opinion on this matter as soon as possible，

Yours truly,

DEF INTERNATIONAL TRADING CO.

....

Mr　Villard Henry

提交的文件包括检验鉴定证书，承运部门或现货公司签发的事故证明文件，提单、发票、其他有关的证明文件。

向出口商交涉。由于短装、漏装、品质不符、包装不良而致的损失，应向出口商索赔。交涉之前，先把合同条款和信用证核对一下。索赔通知函见样例 6-8。

 **样例 6-8**　　　　　　向出口商的索赔通知函

DEF INTERNATIONAL TRADING CO.

G. Street，H box 1234. California　U.S.A. TEL：001-212-782-5345　FAX：001-212-789-1678

Date：July 2，2009
Our ref. No. 248

Dear sirs，

We received your consignment of working boots made in China this morning .However，on examing the contents we found that 26 cartons are broken and dozens of the working boots inside them are seriously damaged.

We have had the carton and contents examined by the insurance surveyor but，as you will see from the enclosed copy of this report，he maintains that the damage was due to insecure packing and not to unduly rough handling of the carton.So we have to lodge a claim against you for the loss of USD 6500.80 we have sustained.

We are looking forward to having you early reply to this matter .

Yours faithfully，
DEF INTERNATIONAL TRADING CO.
Mr Villard Henry

敬启者：

我方已于今晨收到贵方中国产工作靴。但是，在验收的过程中，我方发现有 26 箱破损，里边的一些鞋靴遭到严重的损坏。

我们已请保险公司的保险员对纸箱和箱内货物进行了检查。从所附的检验报告的副本中，你可以看到，该破损是由于包装不牢固，而不是由于搬运不当所造成的，因此我方对我们所遭受的 6500.80 美元的损失，向贵方提出索赔。

期待贵方对此事早日作出答复。

谨上
DEF 国际贸易公司
亨利·卫拉德先生
2009 年 7 月 2 日

提交的文件包括检验鉴定证书，索赔账单或索赔要求函件、提单、发票、装箱单、理货报告等证明文件。

　　向保险公司交涉。进口保险货物发生属保险公司的保险责任范围内损失，比如残损短少，一经保险公司或其指定的鉴定机构鉴定后，被保险人应附必要的索赔单证，向保险公司办理索赔。如已向其他责任人提出索赔，而该责任人以正当理由拒赔，应将交涉往来函电连同索赔文件一并提交保险公司。如果船方无正当理由拒赔，应继续交涉，其交涉文件送保险公司。如果货主向第三者索赔有结果时，应通知保险公司销案。索赔通知函见样例 6-9。

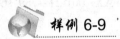 **样例 6-9**　　　　　　　　　　**向保险公司的索赔通知函**

Attn：The People's Insurance Company of China New York office

Date：July 2，2009

Dear Sirs；

We hereby file a claim with you as mentioned under，and your prompt settlement of which will be greatly appreciated.

Loss and /or damage ：26 cartons of working boots broken

Ship's name：　"President Wilson"

Insurance policy No. RB01987

B/L No.Y-S-3

Arrived at ：New York，U.S.A.

On：2th July,2009

Shipped from：Dalian China

On：31th May,2009

Mark &Nos.

DEF INT TDING CO

01JCMA1234

NEWYORK

C/NO.1～4200

Descriptions：working boots

Quantity：4200CTNS/50400 pairs

Insurance amount：USD1053360.00　claim amount ：USD6500.80

Your truly，

DEF INTERNATIONAL TRADING CO.

Mr Villard Henry

　　提交的文件包括由保险代理人或由公证机构出具的检验报告，索赔清单，海难证明书（如遇海难），货损货差证明，正本保险单、提单、发票、磅码单、船方拒赔函或其

签发的事故证明书，第三者责任方的签证或商务记录以及向第三者责任方索赔的来往函件等其他有关证明文件。

（二）出口商理赔

1）查对出口货物品质及内容，以及装船时是否有同样缺陷，同时通知制造商查询该批货物制造情形及有关品质检查记录。

2）调查索赔发生原因，究竟是制造过程的缺陷，还是运输作业的不良，抑或是卖方的疏忽。

3）研究合同条款，是否为买方无理的索赔要求。

（三）买卖双方的洽商及其执行事项

1）根据合同及事实确定索赔事项是否成立。

2）索赔范围及内容。

3）协议清偿索赔的具体办法。

4）根据解决办法，迅速妥善执行。

① 如果赔款、罚款，应定期汇款清偿。

② 如果是补运、补交，应商定交货日期、数量及运送方法。

③ 如果是替换货物，双方应协定往返运费负担。

④ 如果是退货还款，买方将货物退还出口商，卖方同时办理退款手续。

⑤ 如果是修复方式，则商定买方派遣技术人员负责修复细节事项。

出口商理赔函见样例 6-10。

样例 6-10　　　　　　　　出口商理赔函

ABC TRADING CORPORATION
115 Hangzhou Road，Chaoyang District，Changchun China

Date：Aug. 8，2009

Dear sirs，

Re.：Your claim No.248

With reference to our claim No.248 for a 26 cartons of working boots broken .We wish to express our much regret over the unfortunate incident.

After a check-up by our staff in New York，it was found that the 26 cartons of working boots broken because the bands held infirm.We apologize for the inconvenience you have sustained and assure you that we shall be careful never to make such a mistake again.

In the 26 broken cartons of working boots there are about 15 cartons available for use，so in view of our friendly business relations，we are prepared to compensate for the loss of the broken of 11 cartons of working boots and the packing charges and other additional fees occurred herewith, Enclosed is a check for USD3000.00 which will cover the whole loss of yours.

We trust that the arrangement we have made will satisfy ou and look forward to receiving your further orders.

Yours faithfully

Damon

敬启者：

关于第 248 号索赔

兹谈及贵方有关 26 箱工作靴破损的第 248 号索赔函，我方对这一不幸事件深表歉意。

经我方驻纽约人员核查，发现这 26 箱工作靴是由于打包带不牢固所致。很抱歉让贵方蒙受了如此之不便，我方保证我们将细心从事，永远不再犯这样的错误。

因在 26 箱破损工作靴中有 15 箱可供使用，并且鉴于我们之间友好的业务关系，我方准备赔偿贵方 11 箱工作靴子损失及其由此产生的包装费用和其他附加费用。随函寄去面值 3000.00 美元的汇票一张，以赔偿贵方的全部损失。

相信贵方能够对此处理满意，并盼望收到更多的订单。

Damon 谨上
2009 年 8 月 8 日

十、注意事项

1. 索赔注意事项

1）处理索赔案件要防止感情用事，避免情绪激动，这样无助于问题的解决，反而会引起相反的作用。

2）注重实际，查明责任。根据检验证明，查清损失造成的责任方，如果是买方责任，可向对方索赔；如果船方或保险公司责任，应向有关责任人提出索赔。

3）起草索赔函件时，要引据合同条文或证明文件的语句，注意前后一致性，切忌相互矛盾。

4）必须在合同规定的期限内提出索赔，过期不赔。

5）按合同规定金额或根据实际损失情况确定金额。

6）备齐索赔单证。

7）提出的要求或解决办法一定要明确，切忌含糊其辞，以免对方误解。

2. 理赔注意事项

1）对方提出索赔要求时，要予以重视，不可不理不睬，一拖再拖。

2）确定索赔理由是否充足，属实。

3）索赔证件是否齐全、清楚，有无夸大损失。

4）合理确定赔付办法，如赔付部分货物、退货、换货、补货、修整，赔付一定金额，给予价格折扣或按残损货物百分比对全部货物降价等办法。

十一、合同的索赔条款

1．索赔条款的内容（见项目三）。

2．索赔条款示例

1）买方对于装运货物的任何索赔，必须与货物到达提单或运输单据所订目的港（地）之日起 30 天内提出，并提供卖方同意的公证机构出具的检验报告。属于保险公司、轮船公司或其他有关运输机构责任范围内的索赔，卖方不予受理。

Any claim by the buyer regarding the goods shipped should be filed within 30 days after the arrival of the goods at the port/place of destination specified in the relative bill of lading or transport document and supported by a survey report issued by a surveyor approved by the seller. Claims in respect of matters within responsibility of insurance company，shipping company/other transportation organization will not be considered or entertained by the seller.

2）买方因自身原因不能按合同规定的时间开立信用证，应向卖方支付罚金，罚金按迟开证每×天收取信用证金额的×%，不足×天者按×天计算，但罚金不超过买方应开信用证金额的×%。该罚金仅作为因迟开信用证引起的损失赔偿。

Should the buyers for its own sake fail to open the letter of credit on time stipulated in the contract，the buyers shall pay a penalty to the sellers.The penalty shall be charged at the rate of ×% of the amount of the Letter of Credit for every×days of delay in opening the letter of credit ，however ，the penalty shall not exceed ×% of the total value of the letter of credit which the buyers should have opened.Any fractional days less than×days shall be deemed to be×days for the calculation of penalty .The penalty shall be the sole compensation of the damage caused by such delay.

 自我评价

完成情况及得分 评价项目	很好（5）	良好（4）	一般（3）	较差（2）	很差（1）	分项得分
出口收汇核销程序掌握情况						
出口退税业务办理情况						
索赔与理赔的相关流程掌握情况						
缮制各种出口善后工作的单据及资料提供情况						
撰写索赔与理赔函电的熟练程度						

 能力迁移

请以宁波铮华阀门管件有限公司的身份拟写索赔函并提供相关索赔单据，具体案情如下：

2008 年 10 月，宁波铮华阀门管件有限公司向香港德广商行按 FOB NINGBO USD610.00 per MT 出口铸铁井盖 5000 公吨，合同规定整批货物分 10 批每两月装运一批，每批供货 500 公吨，货物由买方提供图样生产，并经买方验收后方可接收。该合同品质条款规定：①铸件表面应光滑；②不得有气孔、裂纹、沙眼、缩孔、夹渣和其他铸造缺陷。合同还规定，合同签订后 10 天内，卖方须向买方预付相当于第一批货物金额 10%的保证金，第一批 500 公吨合格货物交货后，卖方可在 5 天内收回保证金；货物装运前卖方应通知买方前往产地抽样检验，并签署质量合格确认书；若卖方提供的货物质量不符合合同要求，买方有权拒收货物；不经双方一致同意，任何一方不得单方面终止合同，否则由终止合同的一方承担全部经济损失。

合同签订后，卖方很快将保证金约 25 万元人民币汇交港商，然后按其提供的图样，投入了相当的人力、物力进行试生产。当生产出部分产品后，卖方电告买方按合同约定前来验货，一旦验收合格，立即进行大批量生产。但港商先是借口工作繁忙，一拖再拖，迟迟不来验货，在卖方再三催促后，买方提出先请当地商检部门代为验货。为及时取得合格确认书，保证按期交货，卖方无奈之下请求当地商检局检验货物。当检验人员赶赴现场并仔细审查合同后发现品质条款中所谓"光洁"概念十分含糊，没有具体标准和程度，存在着引起纠纷的可能，第二条存在的隐患更大，极易使卖方陷于被动。我商检人员立即意识到，这极有可能是一起利用品质条款的欺诈案。于是检验人员立即封存样品，并让卖方再次通知港商按合同规定由其前来验货，在未得到品质合格结论之前，卖方决不可贸然进行大批量生产。但港商接到通知后，不仅不来验货，反而回函称卖方不能在合同规定的期限内生产出符合合同规定的产品，属于单方面违约，并声称要通过法律程序解决。至此，卖方彻底醒悟，后经多方查证，该港商采用上述手段已经诈骗大陆多家企业，此次卖方虽及时停止生产，避免了更大损失，但被骗的 25 万元人民币保证金却无法追回。

项目七　进口价格核算

 项目导入

　　企业在办理进口交易前必须取得进口经营权并在海关办理登记注册。在采购国外原材料或成品前要对市场进行调研，此外还要了解我国对进口贸易实行的管理措施，做好进口许可申请、用汇申请的准备工作，在找到理想的供货商后要对供货商进行了解，以保障进口贸易的顺利进行。

 知识目标

1．掌握国际市场价格调研方法。
2．掌握进口费用核算的方法。
3．掌握进口报价公式及计算方法。
4．掌握进口还价计算方法。

 能力目标

1．能够采取正确途径对国际市场进行价格调研。
2．能够熟练核算进口的各项费用。
3．能够熟练对进口商品进行价格核算。
4．能够准确对出口商报价进行还价核算。

 任务分解

任务一　国际市场价格调研

【操作步骤】
1．调研国内市场价格。
2．调研拟购商品的质量、规格、技术含量要求、外观包装等。
3．调研拟购商品的国际市场价格趋势。
4．调研国外供应商的供应能力。

【操作分析】

一、调查国际市场供求变化和价格走势

国际市场价格因受供求变化的影响而上下波动，有时甚至出现瞬息万变的情况，因此，在确定成交价格时，必须考虑供求状况和价格变动的趋势。当商品供不应求时，国际市场价格就会呈上涨趋势；反之，当商品供过于求时，国际市场价格就会呈下降趋势。由此可见，确切了解国际市场供求状况的变化，有利于对国际市场价格的走势作出正确判断，也有利于合理地确定进出口商品的成交价格，该涨则涨，该落则落，避免价格掌握上的盲目性。

国内一些政府机构的商务网站会针对不同的产品做出价格走势的历史分析和未来趋势的判断，对于这些信息要及时消化吸收，结合现实情况对价格走势做出科学的判断。

二、做好比价工作

确定商品的成交价格应有客观依据，应从纵向和横向进行比价，不能凭主观随意性盲目定价，尤其在进口方面，更要注意做好比价工作。做好比价工作，就是将成交商品的历史价和现价进行比较，将成交商品在各不同市场上的价格进行比较，将同一市场上不同客户的同类商品的价格进行比较，真正做到"货比三家"，防止确定的成交价格偏离市场价格的实际水平。

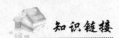 知识链接

一、做好进口交易的准备工作

进口交易的准备工作有如下几点：

1）必须取得进口经营权并在海关办理登记注册。

2）进行市场调研。①对国内市场进行调研：对拟购商品的质量、规格、技术含量要求、外观包装、拟采购的数量、到货时间、国内拟售价等进行调查了解。②对国外市场进行调研：对拟采购商品的国际市场商品价格的趋势、国外供应商的供应能力（质量的可靠性、正常供应的可靠性、价格的可靠性、售后服务的可靠性、金融资信的可靠性、出售动机、地理位置等）进行调查，根据用户需要，适时安排订购时间和选择交易的对象。

3）了解进口贸易实行的管理措施，做好进口许可、用汇的准备工作。如进口许可证制度，进口配额制度，机电产品、特定商品登记管理等，其中进口许可证，有效期一年。2005年1月起我国普通商品进口配额全部取消，具有外贸经营权的企业都可申请进口普通产品。

4）我国进口企业在进口付汇前，须持商务部或其授权单位的有关批件、工商行政管理部门制发的营业执照和技术监督管理部门颁发的企业代码证书，到外管局办理列入"对外付汇进口单位名录"手续，以确定其进口付汇权。

做好上述工作后，再确定订购对象，做好进口成本估算、选择好订购时间和制定具体的进口经营方案。

二、选择合适的供应商

1）要注意供货商提供的品质、价格、交货期与售前售后服务。

2）要考虑供货商的金融资信情况是否可靠，包括品德因素。

3）应在代理商或制造商中选择一个。

4）应在一家或多家中做出抉择。

5）应综合考虑供货商的出售动机和地理位置。以长远发展为目的的供货商比追求短期利润的供货商更值得信赖；距离远的供货商的交易费用、风险都比距离近的供货商大，到货时间也晚。

6）要注意供货商和进口商利益是否有冲突，冲突在哪些地方，可否避开。

三、处理买方询盘

买方询盘可以主动发出，也可以收到对方发函后进行询盘或递盘。对初次建立业务关系的信函，应按照"信息来源—致函目的—公司介绍"的顺序来撰写。询盘应注意的问题包括：

1）写询价函（包括往来函）时要注明函件的编号，以便按照顺序归档，方便调阅和加速复电的传递。

2）询盘以简单、清楚和切题为原则，以引起对方的注意。询盘中还可以列明所需数量、交货期等，但不要过早暴露采购数量、价格等意图。

3）对不同性质的商品有不同的询盘方法。对大路货可同时向不同地区、国家和厂商分别询盘，争取最佳条件；对规格复杂、项目多的商品，不仅要询问价格，还要询问规格、数量等；对垄断商品，应提出多项品种，要求对方一一报价，防止对方趁机抬价。

4）不宜只限于向个别客户询盘，也不宜于在同一地区多头询盘，这样会影响市场价格。特别是向中间商发出的询盘更不宜过多，因为他们可能会将同一询盘转到同一个供货商手中，以致造成市场虚假繁荣，生产厂商借机抬高价格，不利于货比三家。避免只询盘而无购买诚意的做法。

【操作示范】

近日，诚通贸易公司受上海工具公司的委托从日本进口一批高质量的手工工具扳手。为此，诚通先生根据客户的要求上网查阅日本有关商社的经营情况，收集各种信息，掌握市场的供求信息和价格动态。经过对日本多家商社的充分认证后，确定 TOKYO IMPORT & EXPORT CORPORATION 为供应商，并与其进行洽谈，争取一个合理的成交条件。

1. 诚通进出口贸易公司询盘

答复　　　答复全部　　　转发删除　　　永久删除　　　转到

寄件人：CHENGTONG @hotmail.com

收件人：TOKYO（TOKYO856 @ hotmail.com）

主 题：ENQUIRY   2011-08-01 10：05

Dear Sir,

We are interested in your wrench, especially HEX DEYSWRENCH, DOUBLE RING OFFSET WRENCH. COMBINATION WRENCH, ADJUSTABLE WRENCH. It would be appreciated if you could quote us your best prices.

Looking forward to hearing from you.

Yours truly,

CHENG TONG TRADE COMPANY

CHENGTONG

AUG. 01，2011

2. 东京进出口公司发盘

答复   答复全部   转发   删除   永久删除   转到

发件人：TOKYO <TOKYO 856 @ hotmail com>

收件人：CHENGTONG @ hotmail.com

主题：OFFER 2011-08-05 12：00

Dear Sir,

We are pleased to receive your inquiry of AUG.01，2011 and to hear that you are interested in our products.

We would like to quote as follows：

PACKING ： FOB TOKYO.

HEX DEYSWRENCH   100PCS / CTN   USD 10.00/SET

DOUBLERING OFFSET WRENCH   100PCS / CTN   USD 10.00 / SET

COMBINATION WRENCH   100PCS / CTN   USD 20.00 / SET

ADJUSTARLE WRENCH   100PCS / CTN   USD 20.00 / SET

Shipment：not later than SEP 30 2011.

Payment：by at 30 days after sight irrevocable L/C.

We are looking forward to your initial order.

Yours truly，

TOKYO IMPORT & EXPORT CORPORATION

AUG. 05，2011

3. 诚通贸易公司接受

答复   答复全部   转发删除   永久删除   转到

答件人：CHENGTONG @ hotmail.com

收件人：TOKYO <TOKYO856 @ hotmail.com>

主题：ACCEPTANCE 2011-8-08 11：30

Dear Sir,

Thank you for your letter of AUG. 05,2011

We would like to inform you that we accept your proposal for prices other conditions remain unchanged.

We will draw up sale contract and send it to you as soon as possible.

The Buyer shall establish the proforma invoice.

Yours truly，

CHENG TONG TRADE COMPANY

CHENGTONG

AUG. 08，2011

任务二　进口费用核算

【操作步骤】

1. 核算进口成本。

2. 核算进口费用。

【操作分析】

进口成本与费用核算公式为

货物的进口总成本＝进口合同的成本价＋进口费用

进口的费用包括很多内容，如果以 FOB 条件从国外装运，有如下内容：

1）国外运输费用：从出口国港口、机构或边境到我国边境、港口、机场等的海、陆、空的运输费用。

2）运输保险费：上述运输途中的保险费用。

3）卸货费用：这类费用包括码头卸货费、起重机费、驳船费、码头建设费、码头仓租费等。

4）进口货物在进口环节由海关征收（包括代征）的税种有：关税、产品税、增值税、工商统一税及地方附加税、盐税、进口调节税、对台贸易调节税、车辆购置附加费等。

① 关税：是货物在进口环节由海关征收的一个基本税种。

关税的计算公式为

进口关税税额＝完税价格（合同的到岸价）×关税税率

② 产品税、增值税、工商统一税、地方附加税：都是在货物进口环节由海关代征的税种。

产品税、增值税和工商统一税三种税额定税价格的计算方法：

完税价格＝（到岸价格＋关税）/（1－税率）

＝CFR 报价/（1－保险费率）

＝（FOB 报价＋海运运费）/（1－保险费率）

应纳税额＝完税价格×税率

进口增值税＝进口增值税完税价格×增值税率

进口增值税完税价格＝进口关税完税价格＋进口关税税额＋消费税额（如果需要征

收消费税)。

$$进口增值税＝进口 CIF 价格×[1＋进口关税率＋(1＋进口关税率]$$
$$/(1－消费税率)×消费税率]×增值税率$$
$$＝进口 CIF 价格×(1＋进口关税率)×[1＋消费税率$$
$$/(1－消费税率)×增值税率]$$

目前我国增值税税率有两类：17%和13%，适用于13%低出口增值税率的产品有：A.粮食、食用植物油；B.自来水、暖气、冷气、热水、煤气、石油液化气、天然气、沼气、居民用煤炭制品；C.图书、报纸、杂志；D.饲料、化肥、农药、农机、农膜；E.国务院规定的其他货物。其他进口货物适用于17%的增值税率。

③ 进口调节税：是对国家限制进口的商品或其他原因加征的税种。其计算公式为

$$进口调节税税额＝到岸价格×进口调节税税率$$

④ 车辆购置附加费：进口大、小客车，通用型载货汽车，越野车，客货两用车，摩托车，牵引车，半挂牵引车以及其他运输车，均由海关代征车辆购置附加费，费率是15%。其计算公式是：计费组合价格＝到岸价＋关税＋增值税；车辆购买附加费＝计费组合价格×15%。上述各种税金均以人民币计征。

⑤ 进口消费税：

$$进口消费税＝消费税完税价格×消费税税率$$
$$进口消费税完税价格＝关税完税价格＋进口关税额＋消费税税额$$
$$消费税完税价格＝(进口关税完税价格＋关税税额)/(1－消费税率)$$
$$＝进口 CIF 价格×(1＋进口关税率)/(1－消费税率)$$

因此，进口消费税＝进口 CIF 价格×(1＋进口关税率)/(1－消费税率)×消费税率

消费税征收范围：A.过渡消费对人体健康、社会秩序、生态环境等方面造成危害的特殊消费品，如烟、酒、酒精、鞭炮、火焰等；B.奢侈品、非生活必需品，如贵重首饰及珠宝玉石、化妆品等；C.高能耗高档消费品，小轿车、摩托车、汽车轮胎等；D.不可再生和不可替代的资源性消费品，例如汽油、柴油等。2007年调整后我国一共对17类产品征收消费税。

5）直接性商品流通费。指代理进口商品到岸以后到销售以前发生的、能够直接认定的各种费用，比如：代理进口商品的手续费和佣金；到岸、到港、到门费用（包括卸货费、驳船费、码头建设费、码头仓租费，进口商品检验费和其他公证费，报关提货费等）；国内运输费和仓租费；商品损耗等。

6）银行费用。我国进口贸易大多通过银行付款。银行要收取有关手续费，如开证费、结汇手续等。

7）利息支出。即从开证付款至收回货款之间所发生的利息。

8）其他费用，如杂费等。

经过总结，进口商品的总成本为

$$进口商品总成本＝Ratel×CIF×(1＋A＋D＋V＋D×V)＋P＋F1$$

其中，Ratel 是外汇汇率，CIF 是货物到岸价，A 为外贸公司的进口代理费费率，D 为海关进口关税税率，V 为海关代征增值税税率，P 是到岸港口的港杂费，F1 为港口或机场

到仓库（货主地）的内陆运费。

进口成本预算表如表 7-1 所示。

表 7-1　进口成本预算表

商品名称及规格：_____　　　编号：_____

国外供货单位：_____　　　日期：_____

国内要货单位：_____　　　当日汇率：_____

价格条件：_____　　　成交数量：_____

装卸口岸/地点：从_____至_____经由_____

项目货号	
采购成本栏	A：FOB 成交价
	B：进口国外运费：（本币/外币）_____ 　包装：_____ 　毛重：_____ 　尺码：_____ 　计算标准和费率：_____
	C：CFR 成本（本币/外币）=A+B
	D：进口保险费（本币/外币）：_____ 　投保险别及相应保费率：_____ 　总保费率：_____ 　投保加成：_____　投保金额：_____
	E：CIF 成本（本币/外币）=C+D：
费用栏	F：进口税金（本币）：_____ 　完税价格：_____ 　增值税税率：_____% 　进口关税税率：_____% 　消费税率：_____%

 知识链接

【操作示范】

甲公司向乙公司购买一批非彩色投影机，进口合同总价为 30 万美元，价格条款为 CIF 上海。丙外贸公司的进口代理费为 1%，海关关税税率为 20%，增值税税率为 17%，港口港杂费为 500 元人民币，内陆运费需要 1000 元人民币，当日外汇汇率为 6.57。试计算进口成本。

解：投影机进口总成本 $= Rate1 \times CIF \times (1+A+D+V+D \times V) + P + F1$

$= 6.57 \times 300\,000 \times (1+0.01+0.2+0.17+0.2 \times 0.17) + 500 + 1\,000$

$= 1\,971\,000 \times 1.414 + 500 + 1\,000$

$= 2\,788\,494$（元人民币）

如遇所进口的货物以 FOB 价格条款报价，则计算 CIF 价格公式为

$$CIF = C + I + F = FOB + I + F$$

其中，FOB 为货物的离岸价，C 为进口货物成本即离岸价，I 为保险费，F 为海运和空运费。例如，一批进口货物的 FOB 总价是 10 万美元，从国外港口运到上海的海运费为 2 600 美元，保险费为 200 美元，则该批货物的 CIF 价为 FOB+I+F=100 000+2 600+200=102 800 美元。货物运至仓库后，仓库费用应由货物实现国内销售的日期而定。

任务三 进口报价核算

【操作步骤】

1. 计算成本与费用。
2. 计算进口数量。
3. 计算进口税费。
4. 根据预定利润计算报价。

【操作分析】

1）计算各种费用及进口成本。

2）填写进口预算表。进口预算表的样本见表 7-2。

表 7-2 进口预算表

合同号：　　　Contract01
预算表编号：　STIBG000001　　　　　　　　　　　（注：本预算表填入的位数全部为本位币）

项目	预算金额	实际发生金额
合同金额	11 200	
CIF 总价	11 200	
内陆运费	149.03	
报检费	24.13	
报关费	24.13	
关税	1 456	
增值税	1 904	
消费税	0	
海运费	0	
保险费	0	
银行费用	55.49	
其他费用	560	

知识链接

一、毛重、净重、体积计算

首先查找产品每箱的重量、体积，其次查询产品的销售单位与包装单位是否相同。

在计算重量时，对销售单位与包装单位相同的产品（如食品类产品），可直接用交易数量×每箱的毛（净）重；对销售单位与包装单位不同的产品（如玩具类、服装类产品），需先根据单位换算计算出单件的毛（净）重，再根据交易数量计算总毛（净）重。

在计算体积时，对销售单位与包装单位相同的产品（如食品类产品），可直接用交易数量×每箱的体积；对销售单位与包装单位不同的产品（如玩具类、服装类产品），需先根据单位换算计算出包装箱数，再计算总体积。

注意： 包装箱数有小数点时，必须进位取整箱。

【例 7-1】 玩具类产品编号为 08001，销售单位是 UNIT（辆），包装单位是 CARTON（箱），单位换算显示是每箱装 6 辆，每箱毛重 23KGS，每箱净重 21KGS，每箱体积 0.080 52CBM。如果交易数量为 1 000 只，试分别计算毛重、净重、体积。

解： 毛重的计算：

单件的毛重＝23÷6＝3.833KGS

总毛重＝3.8333×1000＝3 833.3≈3833KGS

净重的计算：

单件的净重＝21÷6＝3.5KGS

总净重＝3.5×1000＝3500KGS

体积的计算：

包装箱数＝1000÷6＝166.6，取整 167 箱

总体积＝167×0.080 52＝13.447CBM

【例 7-2】 食品类产品 01001 项，销售单位是 CARTON（箱），包装单位也是 CARTON（箱），每箱毛重 11.2KGS，每箱净重 10.2KGS，每箱体积 0.014739CBM。如果交易数量为 2 000 只，试分别计算毛重、净重、体积。

解： 毛重＝2 000×11.2＝22 400KGS

净重＝2 000×10.2＝20 400KGS

体积＝2 000×0.0147 39＝29.478CBM

注意： 因该类产品销售单位与包装单位相同，故计算时可不考虑单位换算的内容。

二、进口数量核算

在国际货物运输中，经常使用的是 20' 集装箱和 40' 集装箱，假设理论上 20' 集装箱的有效容积为 25CBM，限重 17.5MT，40' 集装箱的有效容积为 55CBM，限重 26MT，其中 1MT＝1000KGS。进口商在做进口核算时，建议按照集装箱可容纳的最大包装数量来计算进口数量，以节省海运费。

根据产品的体积、包装单位、销售单位、单位换算来计算进口数量。

【例 7-3】 商品儿童踏板车 08003，销售单位 UNIT（辆），包装单位 CARTON（箱），单位换算为每箱装 6 辆，每箱体积为 0.0576CBM，毛重为 21KGS，试分别计算该商品用 20'、40' 集装箱运输进口时的最大可装箱数及进口数量。

解：每 20' 集装箱：

按体积算可装箱数为 $25 \div 0.0576 = 434.028$

按重量算可装箱数为 $17.5 \div 21 \times 1000 = 833.33$

取两者中较小的值，因此最大可装箱数取整 434 箱，相应进口数量 $= 434 \times 6 = 2604$（辆）

每 40' 集装箱：

按体积算可装箱数为 $55 \div 0.0576 = 954.861$

按重量算可装箱数为 $26 \div 21 \times 1000 = 1238.095$

取两者中较小的值，因此最大可装箱数取整 954 箱，相应进口数量 $= 954 \times 6 = 5\,724$（辆）

【例 7-4】 商品甜玉米罐头 01005，销售单位与包装单位都是 CARTON（箱），每箱体积为 0.025 736CBM，毛重为 20.196KGS，试分别计算该商品用 20'、40' 集装箱运输进口时的最大可装箱数及进口数量。

解：每 20' 集装箱：

按体积算可装箱数 $= 25 \div 0.025\,736 = 971.402$

按重量算可装箱数 $= 17.5 \div 20.196 \times 1\,000 = 866.51$

取两者中较小的值，因此最大可装箱数取整 866 箱

由于销售单位与包装单位相同，相应进口数量为 866 箱。

每 40' 集装箱：

按体积算可装箱数 $= 55 \div 0.025\,736 = 2137.084$

按重量算可装箱数 $= 26 \div 20.196 \times 1000 = 1287.35$

取两者中较小的值，因此最大可装箱数取整 1 287 箱

由于销售单位与包装单位相同，相应进口数量为 1 287 箱。

三、计算成交金额

（一）合同金额

合同金额，即合同中双方议定的金额，注意需换算成进口商的本币。

（二）CIF 总价

CIF 总价即交易双方在签订合同时所订的货品总金额。如不是 CIF 价，则要进行换算。

由 FOB 换算成 CIF 价：CIF＝FOB＋海运费＋保险费

由 CFR 换算成 CIF 价：CIF＝CFR＋保险费

海运费及保险费的算法请参照下面的说明。

注意： 如不是以本币订立的合同，则要进行换算。

假设合同以美元计价，合同金额为 USD369 00，而进口商的本币为日元（JPY），在

中国银行网站中查到美元的汇率为 6.57，日元的汇率为 0.0784。

则该栏应填入的金额为：$36\,900 \times 6.57 \div 0.0784 = 3\,092\,257.6$

四、内陆费用

内陆运费通过与货代联系查询，假如查到内陆运费为 RMB60/立方米（CBM）；假设进口商的本币为美元，在中国银行首页中，查到当前美元的汇率为 6.57。

可得

$$内陆运费 = 出口货物的总体积 \times 60 \div 6.57$$

五、报检费

商检费通过与货代联系查询，假如查到报检费率为 RMB200/次，当前美元的汇率为 6.57，可得

$$报检费 = 200 \div 6.57 = 30.44$$

六、报关费

报关费通过与货代联系查询，假如查到报关费为 RMB200/次，当前美元的汇率为 6.57，可得

$$报关费 = 200 \div 6.57 = 30.44$$

七、关税

进入海关网网页，输入商品海关编码进行查询（例如，输入商品的海关编码 20031011，查到进口优惠税率为 25%）。部分与我国签订优惠贸易协议的国家适用于优惠税率，因此可直接取优惠税率计算，如果没有则填"0"。如果一笔合同涉及到多项商品，则须分别计算再累加：

$$商品进口税 = 该项商品 CIF 总价 \times 进口优惠税率$$

注意：要用 CIF 总价，而不是合同金额。

八、增值税

进入国税局网页，输入商品海关编码进行查询（例如，输入商品海关编码 20031011，查到增值税率为 17%）。如果一笔合同涉及到多项商品，则须分别计算再累加。

$$商品增值税 = （该项商品 CIF 总价 + 进口关税税额 + 消费税税额）\times 增值税率$$

注意：要用 CIF 总价，而不是合同金额，其中消费税税额计算方法见下文。

九、消费税

进入海关网网页，输入商品海关编码进行查询（例如输入商品海关编码 33041000，查到消费税从价计算，为价格的 30%）。如果一笔合同涉及到多项商品，则需分别计算再累加。如果没有消费税，则填入"0"。

$$从价商品消费税 = （该项商品 CIF 总价 + 进口关税税额）$$

×消费税税率/（1－消费费税税率）

从量商品消费税＝应征消费税的商品数量×消费税单位税额

注意：要用 CIF 总价，而不是合同金额。

十、海运费

进口交易中，采用 FOB 贸易术语成交的条件下，进口商需核算海运费。如为 CIF 或 CFR 方式，则此栏填"0"。

在进出口交易中，集装箱类型的选用，货物的装箱方法对于进口商减少运费开支起着很大的作用。集装箱的尺码、重量，货物在集装箱内的配装、排放以及堆栈都有一定的讲究，需要在实践中摸索。

（一）运费计算的基础

运费单位（Freight Unit），是指船公司用以计算运费的基本单位。由于货物种类繁多，打包情况不同，装运方式有别，计算运费的标准不一。

1）整箱装：以集装箱为运费的单位，实际操作中有 20' 集装箱与 40' 集装箱两种。20' 集装箱的理论有效容积为 25CBM，限重 17.5MT，40' 集装箱的理论有效容积为 55CBM，限重 26MT，其中 1MT＝1 000KGS。

2）拼箱装：由船方以能收取较高运价为准，运价表上常注记 W/M 或 R/T，表示船公司将就货品的重量吨或体积吨二者中择其运费较高者计算。

拼箱装时计算运费的单位为

1）重量吨（Weight Ton）：按货物总毛重，以一公吨（1 MT＝1000KG）为一个运费吨。

2）尺码吨（Measurement Ton）：按货物总毛体积，以 1 立方米（1 Cubic Meter；简称 1MTQ 或 1CBM 或 1CUM；又称 1 尺码吨）为一个运费吨。

在核算海运费时，进口商首要根据报价数量算出产品体积，再到货代公司查询运费情况，找到对应该批货物目的港的运价。如果报价数量正好够装整箱（20' 集装箱或 40' 集装箱），则直接取其运价为基本运费；如果不够装整箱，则用产品总体积（或总重量，取运费较多者）×拼箱的价格来算出海运费。

（二）运费分类计算方法

1）整箱装：整箱运费包括基本运费、港口附加费、燃油附加费三部分，总运费等于三部分费用之和。

① 基本运费：

$$基本运费＝单位基本运费×整箱数$$

② 港口附加费：

$$港口附加费＝单位港口附加费×整箱数$$

③ 燃油附加费：

$$燃油附加费＝单位燃油附加费×整箱数$$

2）拼箱装：拼箱运费只有基本运费，分按体积与按重量计算两种方式。

① 按体积计算：

$$X1＝单位基本运费（CBM）×总体积$$

② 按重量计算：

$$X2＝单位基本运费（MT）×总毛重$$

取 X1、X2 中较大的一个。

【例 7-5】 商品儿童踏板车（货号为 08003）进口到加拿大，卸货港是多伦多港口。试分别计算交易数量为 1000 辆和 2604 辆的海运费（假设进口商的本币为美元）。

解： 第 1 步：计算产品的体积与重量：

查到商品 08003 的体积是每箱 0.0576CBM，每箱毛重 21KGS，每箱装 6 辆。根据查到的产品资料，先计算产品体积。

报价数量为 1000 辆

    总包装箱数＝1000÷6＝166.6，取整 167 箱

    总体积＝167×0.057 6＝9.6（CBM）

    总毛重＝1000÷6×21＝3500（KGS）＝3.5TNE

报价数量为 2604 辆

    总包装箱数＝2 604÷6＝434（箱）

    总体积＝434×0.057 6＝24.998（CBM）

    总毛重＝2 604÷6×21＝9 114（KGS）＝9.114TNE

第 2 步：查运价：

通过与货代联系，查到运至加拿大多伦多港的基本运费为：每 20′集装箱 USD3290，每 40′集装箱 USD4410，拼箱每体积吨（CBM）USD151，每重量吨（M/T）USD216；

港口附加费为：每 20′集装箱 USD132，每 40′集装箱 USD176；

燃油附加费为：每 20′集装箱 USD160，每 40′集装箱 USD215；

此外，在中国银行网页，可查到美元的汇率为 6.57。

根据第 1 步计算出的结果来看，比照集装箱规格（已在运费计算基础中写明，20′集装箱的有效容积为 25CBM，限重 17.5MT，40′集装箱的有效容积为 55CBM，限重 26MT，其中 1MT＝1000KGS），1000 辆的运费宜采用拼箱，2604 辆的海运费宜采用 20′集装箱。

    报价数量为 1000 辆，按体积计算基本运费＝9.6×151＝1449.6（美元）

        按重量计算基本运费＝3.5×216＝756（美元）

两者比较，体积运费较大，船公司收取较大者，则基本运费为 USD1449.6。

报价数量为 2604 件，由于体积和重量均未超过一个 20′集装箱的体积与限重，所以装一个 20′集装箱即可

        总运费＝1×（3290＋132＋160）＝3582（美元）

注意：如果进口商的本币不是美元，须再查本币汇率，将计算结果换算成本币，换算方法请参照前面 CIF 总价的汇率换算。

十一、保险费

进口交易中，在以 FOB、CFR 条件成交的情况下，进口商需要到保险公司查询保险

费率，用以核算保险费。如系 CIF 方式，此栏填 "0"。公式如下：

$$保险费＝保险金额×保险费率$$

$$保险金额＝CIF 货价×（1＋保险加成率）$$

保险金额的具体计算方法如下：

在进出口贸易中，根据有关的国际贸易惯例，保险加成率通常为 10%，当然，出口商也可以根据进口商的要求与保险公司约定不同的保险加成率。

由于保险金额的计算是以 CIF（或 CIP）货价为基础的，因此，对外报价时如果需要将 CFR（或 CPT）价格变为 CIF（或 CIP）价格，或是在 CFR（或 CPT）合同项下买方要求卖方代为投保时，均不应以 CFR 价格为基础直接加保险费来计算，而应先将 CFR（或 CPT）价格换算为 CIF（或 CIP）价格后再求出相应的保险金额和保险费。

1）按 CIF 进口时：保险金额＝CIF 货价×1.1。

2）按 CFR 进口时：保险金额＝CFR 货价×1.1/（1－1.1×r），其中 r 为保险费率。

3）按 FOB 进口时：保险金额＝（FOB 货价＋海运费）×1.1/（1－1.1×r），其中 FOB 货价就是合同金额，海运费需要与货代进行确认。

十二、银行费用

不同的结汇方式，银行收取的费用也不同。

【例 7-6】 进出口商合同总金额为 USD28846.4 时，分别计算进口商在 L/C、D/P、D/A、T/T 方式下的银行费用（假设 L/C 方式时修改过一次信用证）。

解：第 1 步：查询费率：

通过与中国银行经办人员联系，查得开证手续费率 0.15%（最低 200 元），修改手续费率 200RMB/次、付款手续费率 0.13%（最低 200 元）、D/A 费率 0.1%（最低 100 元，最高 2000 元）、D/P 费率 0.1%（最低 100 元，最高 2000 元）、T/T 费率 0.08%。

第 2 步：计算银行费用（假设进口商的本币为美元）：

L/C 方式下：

开证手续费＝28846.4×0.15%＝43.27（美元）

修改手续费＝200 / 6.57＝30.44（美元）

付款手续费＝28846.4×0.13%＝37.50（美元）

所以，L/C 银行费用＝开证手续费＋修改手续费＋付款手续费＝104.90（美元）

D/A 银行费用＝28846.4×0.1%＝28.85（美元）

D/P 银行费用＝28846.4×0.1%＝28.85（美元）

T/T 银行费用＝28846.4×0.08%＝23.08（美元）

注意：如果进口商的本币不是美元，则须再查本币汇率将计算结果换算成本币，换算方法参照前面 CIF 总价的汇率换算。

十三、其他费用

本栏即进口综合费用，按照业务经验，进口综合费用为合同金额的 5%可得：

$$进口综合费用＝合同金额×5\%$$

任务四 进口还价核算

【操作步骤】

一、根据出口方报价结合本公司的预算价格向对方还价

进口商在向出口商讨价还价前一定要考虑进口商品的盈亏额和盈亏率，还可以计算进口美元赚赔额。

二、向出口方发送还价函

进口商在计算了可以接受的还价后向出口商发送还价函。

【操作分析】

1. 进口方计算本公司的盈亏额及盈亏率

进口商品盈亏额与盈亏率的计算还需要了解外贸企业进口销售收入的含义。所谓外贸企业进口销售收入是指进口商品凭船舶到港通知（或国外账单，或出库单），开出结算凭证向用户收取的收入。

（1）进口商品盈亏额

进口商品盈亏额＝进口商品国内销售收入（人民币）－进口商品总成本（人民币）

进口商品盈亏额是指进口商品的国内销售价格和进口商品总成本之间的差额。如果进口总成本大于进口商品国内销售价格，则该笔进口商品出现亏损，反之，则实现进口盈利。

（2）进口商品盈亏率

进口商品盈亏率是指进口商品的国内销售价格与进口商品总成本的比例，用百分比表示。其计算公式为

$$进口商品盈亏率 = \frac{进口商品国内销售价 - 进口总成本}{进口总成本} \times 100\%$$

（3）进口美元赚赔额

进口美元赚赔额是指每使用1美元经营进口商品后，所赚得或亏损的人民币的金额，其计算公式为

$$进口美元赚赔额 = \frac{进口商品盈亏额}{进口支付美元金额（通常以CIF价格为基础）}$$

为防止在进行进口商品的成本核算时出现漏算、错算，可借助成本预算表进行进口商品的成本核算。

2. 向出口商发还价函

【操作示范】

进口交易磋商的全过程。

自与国内某公司签订供销合同后，诚通贸易公司诚通继续积极与国外的供应商联

系，经过初步比价筛选，诚通与意大利 Ruigi Semicon Equipment Co.,Ltd.的 Anderson 进行了多次磋商。在询价前，诚通为了做到心中有数，首先根据合同价格初步测算出了 FOB Italian main seaport 的价格：

背景资料：

品名：Water Probe Station

数量：5 台

运费：3372 美元

保险费率：0.6%

保险加成率：10%

国内销售价格：320,000 元/台

银行费率：0.5%

整款利率：8%

整款时间：2 个月

美元的银行外汇牌价：1 美元=6.57 人民币

欧元的银行外汇牌价：1 欧元=8.87 人民币

增值税率：17%

其他进口费用：3720 元

进口关税率：8%

FOB 价＝国内销售价格－进口费用－进口商预期利润

其中，进口费用＝国外运费＋国外保费＋进口关税＋进口消费税＋进口增值税

　　　　　　　＋进口后销售环节补缴增值税＋银行费用＋垫款利息＋其他进口费用

（1）国外运费＝USD3372×6.57/5＝4430.808（元/台）

（2）国外保费＝CIF×保险加成×保险费率

CIF＝（FOB＋4430.808）÷[1－（1＋保险加成率）×保险费率]

　　＝（FOB＋4430.808）÷[1－（1＋10%）×0.6%]＝1.0066FOB＋4430.808

国外保费＝（1.0066FOB＋4430.808）×110%×0.6%＝0.0066FOB＋29.24

（3）进口关税＝进口关税的完税价格×进口关税率＝CIF×进口关税率

　　　　　　＝（1.0066FOB＋4430.808）×8%＝0.0805 FOB＋354.465

（4）进口增值税＋进口后销售环节补缴增值税＝国内销售价格÷（1＋增值税率）×

增值税率＝320 000÷1.17×17%＝46 495.7（元）

（5）银行费用＝进口价格×银行费率＝0.005FOB

（6）垫款利息＝进口价格×垫款利率×垫款时间

　　　　　　　＝FOB×8%×2/12＝0.013 FOB

（7）其他进口费用＝3720÷5＝744（元/台）

代入公式，可得

FOB 价＝320 000－4430.808－（0.0066FOB＋29.24）－（0.0805 FOB＋354.465）

　　　　－46 495.7－0.005FOB－744－FOB×10%

　　　　＝267945.78－0.1921FOB

FOB 价＝267 945.78÷1.1921＝224767.87（元/台）＝EURO25340.23 （元/台）

2011 年 3 月 3 日，诚通进出口贸易公司向 Ruigi 公司询盘：

Please quote 5 sets Water Probe Station（6″ RF）the lowest price FOB Italian main seaport shipment on June 2011 cable promptly.

3 月 4 日，Ruigi 公司以传真的形式进行发盘：

Offer Wafer Probe Station （6″ RF） 5 sets ,EURO25 340.23 per set FOB　Italian main seaport shipment on July 2011, irrevocable documentary sight L/C reply here 10th this month.

3 月 6 日，诚通进出口贸易公司通过传真进行还盘：

Your price is much higher than TEL Corporation （Japan），but we are more interested in your product, please give us your best price.

3 月 7 日，Ruigi 公司回复如下：

Thank you for your interests on our product, and we would hope that we can establish good business relations between us, so now we re-offer you as following: Wafer Probe Station （6″ RF） 5 sets，standard export package, suitable for long distance transportation, EURO25000.00 per set FOB main seaport shipment on July 2011, irrevocable documentary sight L/C reply here 10th this month.

3 月 10 日，诚通进出口贸易公司接受如下：

We are now confirming that we accept you quotation on Feb. 7.

2011 年 3 月 12 日，双方签订了合同，合同范本如下：

合　同

CONTRACT

合同号：
CONTRACT　NO.：HA-007
日期：
DATE：MAR. 12，2011
地点：
CONCLUDED AT：NINGBO

买方：
Buyer：Ningbo Chengtong Import & Export Corp.
地址：
Address：No.1405 Baizhang East Road,Ningbo,P.R.C.
电话：　　　　　　　　传真：
Tel：0086-574-85868888　Fax：0086-574-85869999
卖方：
Seller：Ruigi Semicon Equipment Co.,Ltd.
Address：Corso Sempione 36-5166 BUSTO ARSIZIO，Italy
Tel: 0039-331-567000　　Fax：0039-331-567111
兹经买卖双方同意成交下列商品订立条款如下：

The undersigned Sellers and Buyers have agreed to close the following transaction according to the terms and conditions stipulated below:

1. 货物名称、规格及包装 Name of commodity&specification and packing	2. 数量 Quantity	3. 单价 Unit price	4. 金额 Amount
Wafer Probe Station（6" RF） （details see technical appendix）， standard export package	5 SETS	FOB ITALIAN SEAPORT EURO25000.00/SET	EURO105,000.00

5. 总值：

Total Value：SAY EURO ONE HUNDRED AND FIVE THOUSAND ONLY.

6. 原产地国与制造商　（COUNTRY OF ORIGIN AND MANUFACTURERS）：ITALY

7. 包装及标准（PACKING）：

货物应具有防潮、防锈蚀、防震并适合于远洋运输的包装，由于货物包装不良而造成的货物残损、灭失应由卖方负责。卖方应在每个包装箱上用不褪色的颜色标明尺码、包装箱号码、毛重、净重及"此端向上"、"防潮"、"小心轻放"等标记。

THE PACKING OF THE GOODS SHALL BE PREVENTIVE FROM DAMPNESS, RUST, MOISTURE, EROSION AND SHOCK, AND SHALL BE SUITABLE FOR OCEAN TRANSPORTATION/ MULTIPLE TRANSPORTATION. THE SELLER SHALL BE LIABLE FOR ANY DAMAGE AND LOSS OF THE GOODS ATTRIBUTABLE TO THE INADEQUATE OR IMPROPER PACKING. THE MEASUREMENT, GROSS WEIGHT, NET WEIGHT AND THE CAUTIONS SUCH AS "DO NOT STACK UP SIDE DOWN", "KEEP AWAY FROM MOISTURE", "HANDLE WITH CARE" SHALL BE STENCILED ON THE SURFACE OF EACH PACKAGE WITH FADELESS PIGMENT.

8. 唛头（SHIPPING MARKS）：　　　　HUAMAO

　　　　　　　　　　　　　　　　　HR-007

　　　　　　　　　　　　　　　NINGBO, CHINA

　　　　　　　　　　　　　　　　　1-5

9. 装运期限（TIME OF SHIPMENT）：　BEFORE JUNE 30, 2011

10. 装运口岸（PORT OF LOADING）：　ITALIAN SEAPORT

11. 目的口岸（PORT OF DESTINATION）：　NINGBO SEAPORT

12. 保险（INSURANCE）：　TO BE COVERED BY THE BUYER

13. 付款条件（TERMS OF PAYMENT）：

信用证方式：买方应在合同生效后___45___日，开出以卖方为受益人的不可撤销的议付信用证，信用证在装船完毕后___15___日内到期。

LETTER OF CREDIT: THE BUYER SHALL,___45___DAYS PRIOR TO THE TIME OF AFTER THIS CONTRACT COMES INTO EFFECT, OPEN AN IRREVOCABLE LETTER OF CREDIT IN FAVOR OF THE SELLER. THE LETTER OF CREDIT SHALL EXPIRE ___15___DAYS AFTER THE COMPLETION OF LOADING OF THE SHIPMENT AS STIPULATED.

14. 单据（DOCUMENTS REQUIRED）：

卖方应将下列单据提交银行议付：

THE SELLER SHALL PRESENT THE FOLLOWING DOCUMENTS REQUIRED TO THE BANK FOR NEGOTIATION:

（1）标明通知收货人/收货代理人的全套清洁的、已装船的、空白抬头、空白背书并注明运费到付的海运提单。

FULL SET OF CLEAN ON BOARD OCEAN BILLS OF LADING AND MADE OUT TO ORDER BLANK ENDORSED MARKED FREIGHT TO COLLECT;

（2）标有合同编号、信用证号及装运唛头的商业发票一式__5__份；

SIGNED COMMERCIAL INVOICE IN __5__ COPIES INDICATING CONTRACT NO., L/C NO. AND SHIPPING MARKS;

（3）由制造商出具的装箱或重量单一式__3__份；

PACKING LIST/WEIGHT MEMO IN __3__ COPIES ISSUED BY MANUFACTURER;

（4）由制造商出具的质量证明书一式__2__份；

CERTIFICATE OF QUALITY IN __2__ COPIES ISSUED BY MANUFACTURER；

（5）产地证正本__1__份；

__1__ ORIGINAL CERTIFICATE OF ORIGIN;

（6）装运通知（SHIPPING ADVICE）：卖方应在交运后__48__小时内以特快专递方式邮寄给买方上述单据副本一式一套。

THE SELLER SHALL, WITHIN __48__ HOURS AFTER SHIPMENT EFFECTED, SEND BY COURIER EACH COPY OF THE ABOVE-MENTIONED DOCUMENTS NO.__1__.

15. 装运条款（TERMS OF SHIPMENT）：

卖方应在合同规定的装运日期前30天，以传真方式通知买方合同号、品名、数量、金额、包装件、毛重、尺码及装运港可装日期，以便买方安排租船/订舱。装运船只按期到达装运港后，如卖方不能按时装船，发生的空船费或滞期费由卖方负担。在货物越过船弦并脱离吊钩以前一切费用和风险由卖方负担。

THE SELLER SHALL, 30 DAYS BEFORE THE SHIPMENT DATE SPECIFIED IN THE CONTRACT, ADVISE THE BUYER BY FAX OF THE CONTRACT NO., COMMODITY, QUANTITY, AMOUNT, PACKAGES, GROSS WEIGHT, MEASUREMENT, AND THE DATE OF SHIPMENT IN ORDER THAT THE BUYER CAN CHARTER A VESSEL/BOOK SHIPPING SPACE. IN THE EVENT OF THE SELLER'S FAILURE TO EFFECT LOADING WHEN THE VESSEL ARRIVES DULY AT THE LOADING PORT, ALL EXPENSES INCLUDING DEAD FREIGHT AND/OR DEMURRAGE CHARGES THUS INCURRED SHALL BE FOR THE SELLER'S ACCOUNT.

16. 装运通知（SHIPPING ADVICE）：

一俟装载完毕，卖方应在__48__小时内以__传真__方式通知买方合同编号、品名、已发运数量、发票总金额、毛重、船名及启程日期等。

THE SELLER SHALL, IMMEDIATELY UPON THE COMPLETION OF THE LOADING OF THE GOODS, ADVISE THE BUYER OF THE CONTRACT NO., NAMES OF COMMODITY, LOADING QUANTITY, INVOICE VALUES, GROSS WEIGHT, NAME OF VESSEL AND SHIPMENT DATE BY __FAX__ WITHIN__48__HOURS.

17. 质量保证（QUALITY GUARANTEE）：

货物品质规格必须符合本合同及质量保证书之规定，品质保证期为货到目的港__12__个月内。在保证期限内，因制造厂商在设计制造过程中的缺陷造成的货物损害应由卖方负责赔偿。

THE SELLER SHALL GUARANTEE THAT THE COMMODITY MUST BE IN CONFORMITY WITH THE QUATITY, SPECIFICATIONS AND QUANTITY SPECIFIED IN THIS CONTRACT AND LETTER OF QUALITY GUARANTEE. THE GUARANTEE PERIOD SHALL BE 12 MONTHS.AFTER THE ARRIVAL OF THE GOODS AT THE PORT OF DESTINATION, AND DURING THE PERIOD THE SELLER SHALL BE RESPONSIBLE FOR THE DAMAGE DUE TO THE DEFECTS IN DESIGNING AND MANUFACTURING OF THE MANUFACTURER.

18. 检验（INSPECTION）：

发货前，制造厂应对货物的质量、规格、性能和数量/重量作精密全面的检验，出具检验证明书，并说明检验的技术数据和结论。货到目的港后，买方将申请中国商品检验局（以下简称商检局）对货物的规格和数量/重量进行检验，如发现货物残损或规格、数量与合同规定不符，除保险公司或轮船公司的责任外，买方得在货物到达目的港后__90__日内凭商检局出具的检验证书向卖方索赔或拒收该货。在保证期内，如货物由于设计或制造上的缺陷而发生损坏或品质和性能与合同规定不符时，买方将委托中国商检局进行检验。

THE MANUFACTURERS SHALL, BEFORE DELIVERY, MAKE A PRECISE AND COMPREHENSIVE INSPECTION OF THE GOODS WITH REGARD TO ITS QUALITY, SPECIFICATIONS, PERFORMANCE AND QUANTITY/WEIGHT, AND ISSUE INSPECTION CERTIFICATES CERTIFYING THE TECHNICAL DATA AND CONCLUSION OF THE INSPECTION. AFTER ARRIVAL OF THE GOODS AT THE PORT OF DESTINATION, THE BUYER SHALL APPLY TO CHINA COMMODITY INSPECTION BUREAU （HEREINAFTER REFERRED TO AS CCIB） FOR A FURTHER INSPECTION AS TO THE SPECIFICATIONS AND QUANTITY/WEIGHT OF THE GOODS. IF DAMAGES OF THE GOODS ARE FOUND, OR THE SPECIFICATIONS AND/OR QUANTITY ARE NOT IN CONFORMITY WITH THE STIPULATIONS IN THIS CONTRACT, EXCEPT WHEN THE RESPONSIBILITIES LIES WITH INSURANCE COMPANY OR SHIPPING COMPANY, THE BUYER SHALL, WITHIN __90__ DAYS AFTER ARRIVAL OF THE GOODS AT THE PORT OF DESTINATION, CLAIM AGAINST THE SELLER, OR REJECT THE GOODS ACCORDING TO THE INSPECTION CERTIFICATE ISSUED BY CCIB. IN CASE OF DAMAGE OF THE GOODS INCURRED DUE TO THE DESIGN OR MANUFACTURE DEFECTS AND/OR IN CASE THE QUALITY AND PERFORMANCE ARE NOT IN CONFORMITY WITH THE CONTRACT, THE BUYER SHALL, DURING THE GUARANTEE PERIOD, REQUEST CCIB TO MAKE A SURVEY.

19. 索赔（CLAIM）：

买方凭其委托的检验机构出具的检验证明书向卖方提出索赔（包括换货），由此引起的全部费用应由卖方负担。若卖方收到上述索赔后__15__天未予答复，则认为卖方已接受买方索赔。

THE BUYER SHALL MAKE A CLAIM AGAINST THE SELLER （INCLUDING REPLACEMENT OF THE GOODS） BY THE FURTHER INSPECTION CERTIFICATE AND ALL THE EXPENSES INCURRED THEREFROM SHALL BE BORNE BY THE SELLER. THE CLAIMS MENTIONED ABOVE SHALL BE

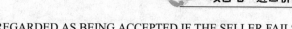

REGARDED AS BEING ACCEPTED IF THE SELLER FAILS TO REPLY WITHIN ___15___ DAYS AFTER THE SELLER RECEIVED THE BUYER'S CLAIM.

20. 迟交货与罚款（LATE DELIVERY AND PENALTY）：

除合同第 21 条不可抗力原因外，如卖方不能按合同规定的时间交货，买方应同意在卖方支付罚款的条件下延期交货。罚款可由议付银行在议付货款时扣除，罚款率按每 __7__ 天收 __0.5__ %，不足 __7__ 天时以 __7__ 天计算。但罚款不得超过迟交货物总价的 __5__ %。如卖方延期交货超过合同规定 __60__ 天时，买方有权撤销合同，此时，卖方仍应不迟延地按上述规定向买方支付罚款。

买方有权对因此遭受的其他损失向卖方提出索赔。

SHOULD THE SELLER FAIL TO MAKE DELIVERY ON TIME AS STIPULATED IN THE CONTRACT, WITH THE EXCEPTION OF FORCE MAJEURE CAUSES SPECIFIED IN CLAUSE __21__ OF THIS CONTRACT, THE BUYER SHALL AGREE TO POSTPONE THE DELIVERY ON THE CONDITION THAT THE SELLER AGREE TO PAY A PENALTY WHICH SHALL BE DEDUCTED BY THE PAYING BANK FROM THE PAYMENT UNDER NEGOTIATION. THE RATE OF PENALTY IS CHARGED AT __0.5__ % FOR EVERY __LATE-SEVEN__ DAYS, ODD DAYS LESS THAN __7__ DAYS SHOULD BE COUNTED AS __7__ DAYS. BUT THE PENALTY, HOWEVER, SHALL NOT EXCEED __5__ % OF THE TOTAL VALUE OF THE GOODS INVOLVED IN THE DELAYED DELIVERY. IN CASE THE SELLER FAIL TO MAKE DELIVERY __60__ DAYS LATER THAN THE TIME OF SHIPMENT STIPULATED IN THE CONTRACT, THE BUYER SHALL HAVE THE RIGHT TO CANCEL THE CONTRACT AND THE SELLER, IN SPITE OF THE CANCELLATION, SHALL NEVERTHELESS PAY THE AFORESAID PENALTY TO THE BUYER WITHOUT DELAY.

THE BUYER SHALL HAVE THE RIGHT TO LODGE A CLAIM AGAINST THE SELLER FOR THE LOSSES SUSTAINED IF ANY.

21. 不可抗力（FORCE MAJEURE）：

凡在制造或装船运输过程中，因不可抗力致使卖方不能或推迟交货时，卖方不负责任。在发生上述情况时，卖方应立即通知买方，并在 __5__ 天内，给买方特快专递一份由当地民间商会签发的事故证明书。在此情况下，卖方仍有责任采取一切必要措施加快交货。如事故延续 __60__ 天以上，买方有权撤销合同。

THE SELLER SHALL NOT BE RESPONSIBLE FOR THE DELAY OF SHIPMENT OR NON-DELIVERY OF THE GOODS DUE TO FORCE MAJEURE, WHICH MIGHT OCCUR DURING THE PROCESS OF MANUFACTURING OR IN THE COURSE OF LOADING OR TRANSIT. THE SELLER SHALL ADVISE THE BUYER IMMEDIATELY OF THE OCCURRENCE MENTIONED ABOVE AND WITHIN __5__ DAYS THEREAFTER THE SELLER SHALL SEND A NOTICE BY COURIER TO THE BUYER FOR THEIR ACCEPTANCE OF A CERTIFICATE OF THE ACCIDENT ISSUED BY THE LOCAL CHAMBER OF COMMERCE UNDER WHOSE JURISDICTION THE ACCIDENT OCCURS AS EVIDENCE THEREOF. UNDER SUCH CIRCUMSTANCES THE SELLER, HOWEVER, ARE STILL UNDER THE OBLIGATION TO TAKE ALL NECESSARY MEASURES TO HASTEN THE DELIVERY OF THE GOODS. IN CASE THE ACCIDENT LASTS FOR MORE THAN __60__ DAYS THE BUYER SHALL HAVE THE RIGHT TO CANCEL THE CONTRACT.

22. 争议的解决 （ARBITRATION）：

凡因本合同引起的或与本合同有关的任何争议应协商解决。若协商不成，应提交中国国际经济贸易仲裁委员会，按照申请时该会当时施行的仲裁规则进行仲裁。仲裁裁决是终局的，对双方均有约束力。

ANY DISPUTE ARISING FROM OR IN CONNECTION WITH THE CONTRACT SHALL BE SETTLED THROUGH FRIENDLY NEGOTIATION. IN CASE NO SETTLEMENT IS REACHED, THE DISPUTE SHALL BE SUBMITTED TO CHINA INTERNATIONAL ECONOMIC AND TRADE ARBITRATION COMMISSION （CIETAC）, FOR ARBITRATION IN ACCORDANCE WITH ITS RULES IN EFFECT AT THE TIME OF APPLYING FOR ARBITRATION. THE ARBITRAL AWARD IS FINAL AND BINDING UPON BOTH PARTIES.

23. 本合同使用的 FOB 术语系根据国际商会《2000 年国际贸易术语解释通则》。

THE TERMS FOB IN THE CONTRACT ARE BASED ON INCOTERMS 2000 OF THE INTERNATIONAL CHAMBER OF COMMERCE.

24. 本合同用中英文两种文字写成，两种文字具有同等效力。本合同共 __2__ 份，自双方代表签字（盖章）之日起生效。

THIS CONTRACT IS EXECUTED IN TWO COUNTERPARTS EACH IN CHINESE AND ENGLISH, EACH OF WHICH SHALL DEEMED EQUALLY AUTHENTIC. THIS CONTRACT IS IN __2__ COPIES, EFFECTIVE SINCE BEING SIGNED/SEALED BY BOTH PARTIES.

买方代表（签字）：_____   卖方代表（签字）：_____

REPRESENTATIVE OF THE BUYER_____   REPRESENTATIVE OF THE SELLER

（AUTHORIZED SIGNATURE）: __CHENGTONG__   （AUTHORIZED SIGNATURE）: __ANDERSON__

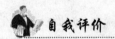 自我评价

完成情况及得分 / 评价项目	很好（5）	良好（4）	一般（3）	较差（2）	很差（1）	分项得分
调研国内及国际市场价格的情况						
进口费用核算准确率						
进口报价核算准确率						
进口还价核算准确率						
还盘函制作情况						

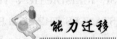 能力迁移

做好进口交易磋商前的准备工作

南京晶晶微电子有限公司是专业生产 6"半导体芯片的公司，为进一步扩大公司产

能，满足日益增长的市场需求，拟通过诚通贸易公司从国外进口 5 台芯片测试用探针台。诚通贸易公司的业务员诚通在接到晶晶公司的询价后，经过进行广泛的市场调研，了解到意大利、日本、美国都有厂商生产此类设备，且各国政府对该设备的输出均无限制要求，同时，诚通还了解到，根据我国《机电产品国际招标投标实施办法》规定，这两种设备均不需进行国际招标，也不需要申领自动进口许可证。

诚通贸易公司与晶晶公司在收集了大量市场信息的基础上，双方于 2011 年 3 月 1 日签订了购销合同，合同规定诚通进出口贸易公司设备工厂交货价为人民币 320 000.00 元/台。根据以下交易资料进行进口价格核算并以进口商身份向对方发还盘函。

1. 交易双方

1）进口商——宁波诚通贸易公司

Ningbo Chengtong Trade Company

Address: No.1405 Baizhang East Road，Ningbo，P.R.C.

Tel No.：0086-574-85868888

Fax No.：0086-574-85869999

宁波诚通贸易公司是专业从事机械设备进出口业务的企业，主要从事光电产业与半导体产业相关设备的进口代理销售。公司以国内日益崛起的 IT 市场为依托，致力于为国内专业生产厂家提供高品质的生产设备，有效地拓展了技术设备和生产资料等多类产品的进口贸易，进口规模居全国同行前列。

2）出口商——Ruigi Semicon Equipment Co.,Ltd.

Address: Corso Sempione 36-5166 BUSTO ARSIZIO，Italy

Tel No．0039-331-567000

Fax No．0039-331-567111

Ruigi Semicon Equipment Co.,Ltd 是意大利一家专业生产半导体设备的大型公司，在国际半导体界享有良好的声誉。

3）进口用户：南京晶晶微电子有限公司

江苏省南京市江宁区晶华路 18 号

TEL NO.：0086-025-83126666

2. 业务要求

进口设备：探针台（Wafer Probe Station, 6" RF）；HS：9030899090；5 台

包装：木箱装，一个 40' 开顶柜

出口地：意大利；装运港：Italian main sea port

进口地：中国；　　目的港：宁波

贸易术语：FOB

支付方式：L/C

保险：一切险加战争险、罢工险

3. 成本资料

海运费（地中海一南京）：　USD2600/40'OT, BAF（燃油附加费）USD512/40'OT,
CAF（货币贬值费）：9.9%，合计 USD3372/40'OT

一次换单费：CNY300 元

THC：CNY500 元

报检及单证费：CNY150 元

三检费：CNY250 元

报关及单证费：CNY400 元

二次换单费：CNY600 元

理货费：CNY120 元

港口费：CNY400 元

内陆运费：CNY1000 元

保险费率：CIF 价的 110% 投保（一切险＋战争险＋罢工险），费率：0.6%

银行贷款年利率：8%（垫款时间按 2 个月计）

核销费：每笔 100 元人民币

银行费用：FOB 价的 0.5%

进口增值税率：17%

进口关税：探针台为 8%

进口消费税：0

进口利润率：10%

USD100=CNY760

EURO100=CNY1030

项目八　进口证书申领

项目导入

　　进口许可证是国家主管机关颁发的批准进口商品的证明文件，也是进口通关证据之一。通过对进口商品实行许可证管理，可以调节国家进口商品结构，稳定国内市场。凡纳入《实施进口许可证商品目录》范围内的商品，都必须向商务部主管部门配额许可证事务局及其驻各口岸特派员办事处，或商务部授权的省、自治区、直辖市以及经济开发特区的经贸主管部门申请进口货物许可证，否则海关不予放行。

知识目标

1．掌握申请进口配额的程序及所需单据。
2．掌握申请进口许可证的程序及所需单据。
3．掌握进口配额及许可证申领的程序及申请书的填写方法。

能力目标

1．能够顺利办理进口配额的申请。
2．能够顺利办理进口许可证的申请。

任务分解

任务一　进口配额申请

【操作步骤】
1．确定进口商品是否属于国家进口配额管理的商品范围。
2．向相关机构申请进口配额。
3．填写《进口配额申请表》。
4．领取《进口配额证明》。

【操作分析】

一、明确进口商品是否属于国家进口配额管理的范畴

进口配额（Import Quotas System）又称进口限额，它是一国政府在一定时间内，对于某些商品一定时期内的进口数量或金额，事先加以规定的限额。超过规定限额的不准进口。进口配额的形式有：全球配额，即适用于世界范围内任何国家或地区的配额，按进口商的申请先后批给不定期额度，直至额满为止；国别配额，即按国家和地区进行分配的固定配额，有的由单方面强制规定，有的由双方谈判达成协议确定；进口商配额，即按不同进口商分配给一定配额。有的国家还将进口配额与征收关税结合起来，在配额以内给予低税、减税或免税待遇，超过配额则征收较高关税或附加税，又称为关税配额。

进口配额管理包括一般商品的进口配额管理和特定商品的进口配额管理。

1）一般商品进口配额管理，是指国家根据产业政策和行业发展规划，参照国际惯例，对尚需适量进口以调节市场供应，但过量进口会严重损害国内相关工业发展的商品和直接影响进口结构、产业结构调整的商品，以及危及国家外汇收支地位的进口商品，实行数量额度控制的管理。申请一般商品进口配额的企业，应向本地区、本部门的一般商品进口配额管理机构申请。进口企业需持配额管理机关签发并盖有专用印章的"一般商品进口配额证明"，在有效期内申领进口许可证，海关凭授权机关签发的许可证验放。

2）特定商品进口配额管理，是指国家根据宏观调控的需要，为加强对重要商品进口的宏观监测，及时了解和掌握少数大宗原材料和敏感商品的进口情况，并对企业进行信息引导，采取登记管理的办法。实行登记管理的特定进口商品，由国家计委和有关部门报国务院确定后公布。进口登记商品的企业，在委托有该项商品进口经营权的外贸企业签订合同前，按管理渠道向登记机关提出登记申请。实行进口登记的特定商品，需办理由国家计委统一印制的《特定商品进口登记证明》，海关凭国家计委授权的登记机关签发的登记证明验放。

实行进口配额管理的一般商品目录：①原油；②成品油；③羊毛；④涤纶；⑤腈纶；⑥聚酯切片；⑦木材；⑧胶合板；⑨橡胶（天然橡胶、合成橡胶）；⑩汽车轮胎；⑪氰化钠；⑫农药；⑬食糖；⑭化肥；⑮木浆；⑯烟草及制品；⑰香烟过滤嘴；⑱二醋酸纤维丝束（烟用）；⑲ABS 树脂；⑳粮食；㉑棉花；㉒植物油；㉓酒；㉔碳酸饮料；㉕彩色感光材料；㉖化纤布。

注：碳酸饮料进口配额的确定、分配和调整由国家经贸委负责。

二、申领进口配额

属于国家进口配额管理范畴的不同的产品，申领配额的程序不同。下面以进口机电产品为例，介绍该类产品申领进口配额的相关规定及程序。

我国在机电产品进口方面的政策是：鼓励进口先进技术设备、高科技产品；不鼓励进口一般加工设备和高档消费品；禁止进口危害国家安全和公民身心健康的机电产品。

同时，进口机电产品必须符合国际或双边（我国和产地国）认可的安全和环境保护的技术标准，并由国际或双边认可的机构提供产品安全和环境保护认证书。

国家设立国家机电产品进出口办公室（以下简称"国家机电进出口办"），负责全国机电产品进口的协调、管理和检查监督工作。在国家机电进出口办的指导下，各省、自治区、直辖市及计划单列市、沿海开放城市、经济特区人民政府和国务院有关部门指定行政管理机构（以下简称"地区、部门机电产品进口管理机构"）负责本地区、本部门机电产品的进口管理工作。

根据国家的产业政策和行业发展规划，对需适量进口以调节市场供应，但过量进口会严重损害国内相关工业发展的机电产品和直接影响进口结构、产业结构调整的机电产品，以及危及国家外汇收支地位的机电产品，列入配额产品目录，实行配额管理。

进口单位凡进口配额管理的机电产品，需填写《机电产品进口申请表》，向本地区、本部门机电产品进口管理机构提供有关文件和情况说明，由地区、部门机电产品进口管理机构转报国家机电进出口办审批，并发给《进口配额证明》。

进口单位取得进口配额证明后向外经贸部领取《进口许可证》，海关凭《进口许可证》验放。

国家对实行进口配额管理以外的其他机电产品，实行非配额管理。其中对国内已开发或引进生产技术，需要加速发展的机电产品，列入特定产品目录，实行公开招标。国家机电进出口办按中标结果发放《进口证明》；海关凭《进口证明》验放。对其他非配额管理的机电产品，实行自动登记制。

对实行自动登记制的非配额管理机电产品，由各地区、各有关部门机电产品进口管理机构实行登记管理。各进口单位应按规定向本地区、本部门机电产品进口管理机构领取登记表，并填写进口品种、数量、金额、国别等有关内容。

进口证明（包括配额证明，下同）的有效期为一年。进口产品在有效期内有合理原因没有到货的，进口单位可向原发证机关申请延期。

 知识链接

一、进口配额按管理方式可分为绝对配额和关税配额

绝对配额是指在一定时期内，对某些商品规定一个最高的进口数量或金额。一旦达到这个最高数额就不准进口。绝对配额又分为"全球配额"和"国别配额"两种形式。

关税配额不绝对限制商品的进口总量，而是在一定时期内对一定数量的进口商品，给予低税、减税或免税的待遇，对超过此配额的进口商品，则征收较高的关税或附加税和罚款。我国现在还有数十种机电产品和一般商品实施进口配额管理。

出口配额可以分为"自动"出口配额（被动配额）和主动配额。其中"自动"出口配额是指出口国家或地区在进口国家的要求或压力下，"自动"规定某一时期内（一般为3年）某些商品对该国出口的限制额。在限定的配额内自行控制出口，超过限额

即不准出口。从实质上说，这是不得不实行的被动配额，故在"自动"两字上加上引号。

主动配额是指出口国家或地区根据境外市场上的容量和其他一些情况而对部分出口商品实行的配额出口。

我国现在实行主动配额管理的商品，相当一部分是在国际市场的优势出口商品或垄断商品，盈利空间较大，且大多数涉及出口主导行业。实行被动配额管理的商品主要是纺织品。我国目前对54类68种343个商品编码实行配额出口许可证管理。

配额管理的商品品种和数量将随着客观情况变化而有所调整，根据我国加入WTO的承诺，我国配额管理商品的种类和数量在加入世贸组织后将逐步缩减。

二、申领进口许可证应提交的文件和材料

1. 各类进出口企业在申领进口许可证时，应向发证机关提供的一般文件和材料

1）进口许可证申请表。申请表（正本）需填写清楚并加盖申领单位公章。所填写内容必须规范。

2）申领单位的公函或申领人的工作证；代办人员应出示委托单位的委托函。

3）非外贸单位（指没有外贸经营权的机关、团体和企事业单位）申领进口许可证，需提供其主管部门（司、局级以上）证明。

4）第一次办理进口许可证申领的单位，应提供外经贸部或经其授权的地方外经贸主管部门批准企业进出口经营权的文件（正本复印件）。

5）外商投资企业第一次申领进口许可证，应提供政府主管部门批准该企业的批准证书和营业执照（复印件），由发证机关存档备案。

2. 一般贸易项下进口，还应分别提交的文件和材料

1）配额管理进口商品：机电产品，应提交国家机电产品进口办公室（以下简称"国家机电办"）签发的《进口配额证明》；一般商品，应提交国家计委授权的配额管理部门签发的《一般商品进口配额证明》。

2）非配额管理进口商品：粮食、植物油、农药、酒和彩色感光材料，应提交国家计委授权的进口登记部门签发的《特定商品进口登记证明》；碳酸饮料，应提交国家经贸委签发的《进口证明》；军民通用化学品，应提交化工部的批件；易制毒化学品，应提交外经贸部的批件。

3. 外商投资企业申领进口许可证，还应分别提交的文件和材料

1）作为投资、自用而进口实行配额管理的一般商品，应提交各地外经贸主管部门批准的进口设备、物料清单；如进口实行许可证管理的特定登记商品，应提交各地外经贸主管部门批准的进口设备、物料清单。

2）为生产内销产品而进口实行配额管理的一般商品，应提交各地外经贸主管部门签发的《外商投资企业进口配额证明》；为生产内销产品而进口特定登记商品，应提交

各地外经贸主管部门签发的《外商投资企业特定商品进口登记证明》。

3）作为投资、自用和生产内销产品进口成品油，应提交国家计委授权的进口配额管理部门签发的《一般商品进口配额证明》。

4）为生产内销产品而进口实行配额管理的机电产品，应提交国家机电办签发的《进口配额证明》。

4. 华侨、台港澳同胞捐赠项下商品申领进口许可证，还应分别提交的文件和材料

1）配额管理的一般商品进口，应提交国家计委授权的进口配额管理部门签发的《一般商品进口配额证明》。粮食、植物油、农药、酒和彩色感光材料进口，应提交国家计委授权的进口登记部门签发的《特定商品进口登记证明》。

2）国务院规定的实行限额管理的机电产品，应提交省、市侨办的批准文件。国务院未规定限额的属进口许可证管理的机电产品，应提交国家机电办签发的《进口配额证明》。

5. 其他贸易方式项下申领进口许可证，应提交的文件和材料

其他贸易方式包括：补偿贸易、边境小额贸易、利用国外政府贷款或国际金融组织贷款、国际组织或政府间无偿援助、经贸往来赠送、我国驻外机构及劳务承包调回、来料加工或进料加工而进口生产用机电设备或因故转内销等。

1）配额管理的机电产品，应提出交国家机电办签发的《出口配额证明》。

2）配额管理一般商品，申领单位应提交国家计委授权的配额管理部门签发的《一般商品进口配额证明》。粮食、植物油、农药、酒和彩色感光材料进口，应提交国家计委授权的进口登记部门签发的《特定商品进口登记证明》。

6. 租赁贸易项下申领进口许可证，应提交的文件和材料

配额管理的机电产品，应提交国家机电办签发的《进口配额证明》。非配额管理的机电产品，应提交行为归口管理部门的批件和租赁公司的对内对外租赁合同。

任务二　进口许可证申请

【操作步骤】
1. 进口商先申领配额。
2. 进口商向当地外经贸主管部门申请办理进口许可证。
3. 进口商需要提供相关资料。

【操作分析】

一、申请签发进口货物许可证书的业务流程

进口货物许可证书的申请流程如图8-1所示。

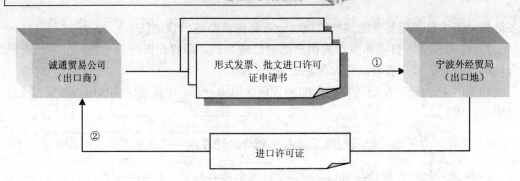

图 8-1　申请签发进口许可证书的业务流程

注释：

① 发放许可证是我国政府限制进出口商品的有效管理形式。

② 进口许可证自签发之日起 1 年内有效，如 1 年内尚未对外签订贸易合同，该证作废。

③ 在进口许可证有效期内已对外签订了贸易合同，但货物还未进口，可持进口合同到原发证机关申请延期。

二、进口许可证申请表的缮制方法

进口货物许可证申请表一式两联，由进口商填制，其主要内容与缮制方法如下：

1）进口商及编码。填写进口方公司的全称，注明在海关注册的企业代码。

2）收货人。按信用证或合同规定填写。

3）进口许可证号。此栏留空，由签证机关填制。

4）进口许可证有效截止日期。通常为一年，由签证机关填写。

5）贸易方式。根据实际情况填写，如一般贸易、进料加工、来料加工等贸易方式。

6）外汇来源。根据实际情况填写，通常为银行购汇。

7）报关口岸。即实际目的地口岸，注明全称。

8）出口国（地区）。应填写装运港（地）国家的全称。

9）原产地国（地区）。应填写进口货物生产国家或地区的全称。

10）商品用途。根据实际情况填写，通常有自用、生产用、内销和外销等。

11）商品名称及商品编码。根据《中华人民共和国海关统计商品目录》规定的商品标准名称和统一编码填写。

12）规格、型号。填写实际规格，不同规格应分行表示，计量单位按 H. S. 编码规则填写。

13）单位。填写与合同规定一致的计量单位名称。

14）数量。必须填写实际出运的数量，并与发票的相关内容一致。

15）单价。按合同成交的单价填制，并与发票的相关内容一致。

16）总值。按合同成交的总额填写，并与发票总金额相同。

17）总值折美元。按外汇牌价折算为美元记入。

18）总计。将各栏的合计数分别填入本栏内。

19）领证人姓名。根据实际情况填写。

20）签证机构审批（初审）。发证机关审核无误后盖章，由授权人签名，并注明签证日期。

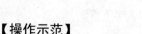
【操作示范】

诚通进出口贸易公司收到 TOKYO IMPORT & EXPORT CORPORATION 签发的形式发票后，由诚通先生持主管部门有关批准进口文件等资料向宁波市外经贸主管部门申请签发进口许可证。

1. 出口商签发形式发票

出口商签发形式发票，如样例 8-1 所示。

 样例 8-1

TOKYO　IMPORT & EXPORT　CORPORATION

82—324，OTOLI MACHI　TOKYO，JAPAN

PROFORMA　INVOICE

TEL：028-548742　　　　（WITHOUT ENGAGEMENT）　　　P/I NO.：IN05791

FAX：028-548743　　　　　　　　　　　　　　　　　　DATE：AUG. 10，2011

　　　　　　　　　　　　　　　　　　　　　　　　　　P/C NO.：TX200523

CONSIGNEE：CHENGTONG IMPORT & EXPORT TRADE CORPORATION

FROM　　TOKYO，JAPAN　　　TO　　SHANGHAI, CHINA

DELIVERY：LATEST DATE OF SHIPMENT 110930

PARTIAL SHIPMENTS ALLOWED TRANSSHIPMENT NOT ALLOWED

MARKS & NO.	DESCRIPTIONS OF GOODS	QUANTITY	UNIT PRICE	AMOUNT
TITC	WRENCH		FOB　TOKYO	
TX200523	HEX DEYS WRENCH	1 000 SETS	USD 10.00	USD 10000.00
SHANGHAI	DOUBLERINGOFFSETWRENCH	1 500 SETS	USD 10.00	USD 15 000.00
C / NO. 1~60	COMBINATION WRENCH	2 000 SETS	USD 20.00	USD 40 000.00
	ADJUSTABLE WRENCH	1 500 SETS	USD 20.00	USD 30 000.00
				USD 95 000.00

SAY U. S. DOLLARS NINETY FIVE THOUSAND ONLY

TERMS：100%PAYMENT BY IRREVOCABLE DOCUMENTARY CREDIT AT 30 DAYS AFTER SIGHT

This invoice is supplied to enable you to apply　　TOKYO IMPORT & EXPORT CORPORATION

For the necessary import licence to be valid up to　　　　山　田

2. 诚通先生填写进口许可证申请表

进口许可证申请表如样例 8-2 所示。

 样例 8-2

中华人民共和国进口许可证申请表

1. 进口商：诚通贸易公司 代码　310123456	3. 进口许可证号：
2. 收货人：诚通贸易公司	4. 进口许可证有效截止日期： 　　　　年　月　日
5. 贸易方式：一般贸易	8. 出口国（地区）：日本
6. 外汇来源：银行购汇	9. 原产地国（地区）：日本
7. 报关口岸：北仑海关	10. 商品用途：自营内销

11. 商品名称：扳手				商品编码：8204.1100	
12. 规格、型号	13. 单位	14. 数量	15. 单价（币别）	16. 总值（币别）	17. 总值折美元
HEX DEYS WRENCH	套	1 000	10.00	10 000.00	10 000.00
DOUBLE RING OFFSET WRENCH	套	1 500	10.00	15 000.00	15 000.00
COMBINATION WRENCH	套	2 000	20.00	40 000.00	40 000.00
ADJUSTABLE WRENCH	套	1 500	20.00	30 000.00	30 000.00
18. 总计：	套	6 000		95 000.00	95 000.00

19. 领证人姓名：诚通 诚通贸易公司 联系电话：56082266 申请日期：2011 年 8 月 20 日 下次联系日期：	20. 签证机构审批（初审）： 终审：

中华人民共和国商务部监制　　　　　　　　　　　　第一联（正本）签证机构存档中

注释：
① 进口许可证申请表必须盖章，否则无效。
② 本联由领证人填写，两联均需交给发证机关。

3. 外经贸主管部门签发进口许可证

进口许可证如样例 8-3 所示。

样例 8-3

中华人民共和国进口许可证

IMPORT LICENCE THE PEOPLE'S REPUBLIC OF CHINA

1. 进口商：编码 310123456 Importer 诚通贸易公司	3. 进口许可证号 Import Licence No.　07-JZ5661168
2. 收货人： Consignee 诚通贸易公司	4. 许可证有效期 Export Licence expiry date 2011 年 8 月 23 日
5. 贸易方式： Terms of trade 一般贸易	8. 出口国（地区） Country / Region of exportation 日本
6. 外汇来源 Terms of foreign exchange　银行购汇	9. 原产地国（地区） Country / Region of origin 日本
7. 报关口岸 Port of clearance　北仑	10. 商品用途 Use of goods　自营内销

11. 商品名称： Description of goods WRENCH 8204．1 100

12. 规格、等级 Specification	13. 单位 Unit	14. 数量 Quantity	15. 单价（USD） Unit price	16. 总值（USD） Amount	17. 总值折美元 Amount in USD
HEX DEYS WRENCH	套	1 000	10.00	10 000.00	10 000.00
DOUBLE RING OFFSET WRENCH	套	1 500	10.00	15 000.00	15 000.00
COMBINATION WRENCH	套	2 000	20.00	40 000.00	40 000.00
ADJUSTABLE WRENCH	套	1 500	20.00	30 000.00	30 000.00
18. 总计 Total	套	6 000		95 000.00	95 000.00

19. 备注 Supplementary details	20. 发证机关签章 Issuing authority's stamp & signature 21. 发证日期 Licence Date 2011 年 8 月 23 日

中华人民共和国商务部监制（2011）

自我评价

完成情况及得分 评价项目	很好（5）	良好（4）	一般（3）	较差（2）	很差（1）	分项得分
进口配额申请程序掌握情况						
申请配额所需资料提供情况						
进口许可证申请程序掌握情况						
进口许可证申请表填写情况						

项目九　进口合同履行

项目导入

进口合同订立后，买卖双方应根据合同规定，各自履行自己的义务。若有违反或不履行，致使对方蒙受损失，违约方必须承担赔偿对方损失的法律责任。卖方进口合同履行的义务主要是交货、交单、收款，买方进口合同履行的义务主要为收单、收货、付款，具体流程见图9-1。

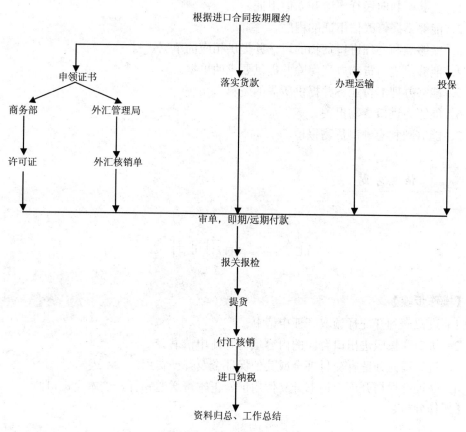

图 9-1　进口合同履行流程

资料来源：童宏祥. 2010. 外贸单证实务. 上海：上海财经大学出版社.

知识目标

1. 掌握申请开立信用证的程序及信用证申请书的填写方法。
2. 掌握修改信用证的程序及信用证修改书的内容填写。
3. 掌握办理进口货物托运的程序及所需的单据。
4. 掌握办理进口保险的程序及所需提供的单据。
5. 掌握办理进口电汇业务的程序及注意事项。
6. 掌握办理进口报关的程序及所需提供的单据。

能力目标

1. 能够顺利向银行申请开立信用证。
2. 能够掌握修改信用证的程序。
3. 能够顺利办理进口货物的运输并提供相应的单据。
4. 能够给进口货物办理保险并提供要求的单据。
5. 能够办理汇付业务并提供所需的资料。
6. 能够为进口货物报关。
7. 能够顺利为进口货物报检。

任务分解

任务一　信用证开立

【操作步骤】

1. 进口商到开证行领取开证申请书。
2. 进口商按照进出口合同的内容填写开证申请书。
3. 进口商向开证行交付押金或其他保证金及开证费用。
4. 开证行根据开证申请书开立信用证，正本寄送通知行，副本交进口商。

【操作分析】

一、开立信用证的程序

开立信用证的程序如图 9-2 所示。

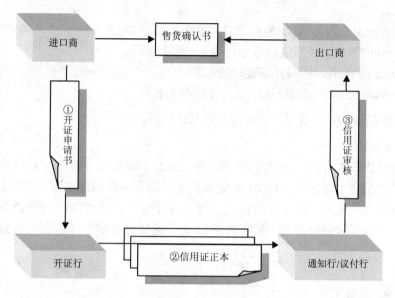

图 9-2　开立信用证的程序

注释：

① 进口方需在合同规定的时限内向当地能被出口方接受的银行申请开证，如果合同未规定开证日期，则应在合理时间内开证，一般为装运期前 30～45 天，以便出口方在收到信用证后有较宽裕的时间安排装运。

② 进口方开证要按合同条款规定的内容填写开证申请书，并交付押金或其他保证金。

③ 开证行根据开证申请书开立信用证，正本寄送通知行，副本交进口商。

④ 通知行对信用证进行审证后，交付出口方。

资料来源：童宏祥. 2010. 外贸单证实务. 上海：上海财经大学出版社.

二、进口商按照合同内容填写开证申请书

开证申请书的缮制方法如下：

1）Beneficiary。填写出口方公司的全称和详细地址。

2）Contract No.。填写合同号码。

3）Date and Place of Expiry of the Credit。填写信用证的有效日期与地点。

4）Partial Shipments。根据合同对分批装运的规定，用"×"选择允许或不允许。

5）Transshipment。根据合同对转运的规定，用"×"选择允许或不允许。

6）Issue by。根据合同的规定，用"×"选择开证方式。

7）Loading on Board / Dispatch Taking in Change at / from。根据合同的规定填写运输路线和装运日期。

8）Amount（both in figures and words）。按照合同总金额用大小写表示。

9）Description of Goods。根据合同的规定，填写货物名称、规格和包装方式。

10）Credit Available with。填写信用证的种类和汇票金额。

11）Trade Terms。根据合同的规定用"×"选择贸易术语，也可补充在"other terms"后面。

12）Documents Required。根据合同的规定或进口商的要求，用"×"选择单据的

类别及要求。

13）Additional Instructions。根据合同的规定或进口商的要求，用“×”选择相关内容。

14）Account No.。填写进口方公司的开户银行账号。

15）Name of Bank。填写开证银行的名称。

16）Transacted by。填写开证申请人及经办人名称。

17）Telephone No.。填写开证申请人的电话号码。

【操作示范】

诚通贸易公司在合同规定的开证时间内，通过中国银行宁波分行及时向 TOKYO SIMKADT TRADE CORPORATION 开出本批交易的不可撤销跟单远期信用证。由于该公司在中国银行宁波分行有较好的信用，每次开证时只需缴纳 30%的保证金。于是，诚通先生在填写好开证申请书（见样例 9-1）后，通知财务部将保证金转到公司的保证金账户上。

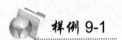

样例 9-1

IRREVOCABLE DOCUMENTARY CREDIT APPLICATION

To: BANK OF CHINA　　　　Date: AUG. 27，2011

<table>
<tr><td colspan="2" rowspan="2">Beneficiary （full name and address）
TOKYO SIMKADT TRADE CORPORATION
72-325 OTOLI MACHI TOKYO，JAPAN</td><td>L / C No.
Ex Card No.
Contract No.　TX200523</td></tr>
<tr><td>Date and place of expiry of the credit
NOV. 20，2011 JAPAN</td></tr>
<tr><td>Partial shipments
☒allowed
☐not allowed</td><td>Transshipment
☒allowed
☐not allowed</td><td>☐Issue by airmail With
☐brief advice by teletransmission
☐Issue by express delivery
☒Issue by teletransmission（which shall be the operative instrument）</td></tr>
<tr><td colspan="2">Loading on board/dispatch taking in change at/from TOKYO not later than OCT. 31，2011 for transportation to NINGBO</td><td>Amount（both in figures and words）
USD 95,000.00
SAY U.S.DOLLARS NINETY FIVE THOUSAND ONLY</td></tr>
<tr><td colspan="2" rowspan="2">Description of goods
HEX DEYS WRENCH
DOUBLE RING OFFSET WRENCH
COMBINATION WRENCH
ADJUSTABLE WRENCH
Packing: PACKED IN ONE CARTON OF 100 SET EACH</td><td>Credit available with
☐by sight payment　☒ by acceptance
☒ by negotiation
☐ by deferred payment at against the documents detailed herein
☒ and beneficiary’s draft for 100% of the invoice value
at USD 95 000. 00
on 30 DAYS AFTER SIGHT</td></tr>
<tr><td>☒ FOB　☐C&F　☐CIF
☐or other terms</td></tr>
</table>

Documents required：（marks with×）

1．（×）Signed Commercial Invoice in 5 copies indicating L／C No. and Contract No.

2．（　）Full set of Clean on board ocean Bills of Landing made out to and blank endorsed，marked "freight[　]to collect ／[　]prepaid[　]showing freight amount" notifying.

3．（　）Air Waybills showing "freight[]to collect／[　]prepaid[　]including freight amount" and consigned to.

4．（　）Memorandum issued by consigned to.

5．（　）Insurance Policy／certificate in copies for　% of the invoice value showing Claims payable in China in currency of the draft，blank endorsed，covering（[　]Ocean Marine Transportation／[　]Air Transportation／[　]Over Land Transportation）All Risks，War Risks.

6．（×）Packing List／Weight Memo in 5 copies issued by the quantity/gross and the weights of each packing and packing condition as called by the L／C.

7．（　）Certificate of Quantity/Weight in copies issued by an independent surveyor at loading port，indicating the actual surveyed quantity/weight of shipped goods as well as the packing condition.

8．（×）Certificate of Quantity in 2 copies issued by[X]manufacturer/[　]public recognized surveyor／[　]

9．（×）Beneficiary's certified copy of cable dispatched to the accountee within 12 hours after shipment advising[×]name of vessel／[]flight No.／[　]wagon No.，date quantity，weight and value of shipment.

10．（　）Beneficiary's Certifying that extra copies of the documents have been dispatched according to the contract terms.

11．（　）Shipping Co's Certificate attesting that the carrying vessel is chartered or booked by accountee or their shipping agents.

12．（　）Other documents，if any.

Additional instructions：

1．（×）All banking charges outside the opening bank are for beneficiary's account.

2．（×）Documents must be presented with 15 days after the date of issuance of the transport documents but with the validity of this credit.

3．（×）Third party as shipper is not acceptable. Short Form／Blank Back B／L is not acceptable.

4．（　）Both quantity and amount% more or less are allowed.

5．（　）Prepaid freight drawn in excess of L／C amount is acceptable against presentation of original charges voucher issued by shipping Co.／Air Line／or it's agent.

6．（　）All documents to be forwarded in one cover，unless otherwise started above.

7．（　）Other terms，if any：

Account No.：67548211　　　　with　BANK OF CHINA（name of bank）
Transacted by：CHENG TONG TRADE COMPANY　（Applicant：name Signature of authorized person）
Telephone No.：0574-87756877　　　诚通　　　（with seal）

注释：

① 开证申请书列明出口方提供的各项单据及份数，并对单据内容提出具体要求。

② 开证申请书的内容依据贸易合同的规定填写，两者同项内容要一致。

任务二　信用证修改

【操作步骤】

1．卖方审证后发现不符点，要求买方修改信用证。

2．买方接受改证要求，通知开证行根据其指示修改信用证。

3．开证行通过通知行向卖方发出信用证修改通知书。

4. 卖方如果没有在合适的期限内表示异议，则暗示接受。

【操作分析】

一、出口商向买方提出改证要求

出口商在审核信用证后如发现有不符合买卖合同或有不利于出口方安全收汇的条款，应及时联系进口商通过开证银行对信用证进行修改。修改信用证的要求应尽可能一次性具体明确地提出，以避免或减少进口商往返改证，延误时间。

一封规范的改证函，应包括以下三方面内容：①感激对方开来的信用证；②列明不符点并说明如何修改；③感谢对方合作，并希望信用证修改书早日开到，以利于继续履约。

改证函范文见样例 9-2。

 样例 9-2

DESUN TRADING CO., LTD.

HUARONG MANSION RM2901 NO.85 GUANJIAQIAO,
NANJING 210005, CHINA
TEL: 86-25-4729178 FAX:86-25-4715619
E-mail: desun@desun.com.cn

TO: NEO GENERAL TRADING CO.
FROM: DESUN TRADING CO., LTD
DATE: Sep.5, 2001
Dear Sirs,

Thank you for L/C No. 0011LC123756 issued by ALRAJHI BANKING AND INVESTMENT CORPORATION RIYADH dated September 3, 2001.
（感谢你方银行 2001 年 9 月 3 日开来的信用证 0011LC123756。）

After check up the L/C, we found the Latest Date of Shipment is 010925. This date of shipment could not be accepted by us. Therefore, we kindly ask you to amend the Latest date of Shipment to 011010 urgently. In the meantime, the Date of Expiry should be extend to 011101 accordingly.
（在核对信用证后，我们发现信用证上最后装船期为 010925，此日期对我公司来说是不可接受的，因此我们要求你方立即修改最迟装船期至 011010，同时，信用证的有效期请相应修改至 011101。）

Your prompt action will be highly appreciated!
（希你方尽早改证为盼！）

Best Regards
Desun Trading Co. Ltd.

二、进口商向开证行提出修改原信用证

进口商在向开证行缴纳了改证费和填写了信用证修改申请书后，开证行即按照信用

证修改申请书的内容制作出信用证修改书。信用证修改书的范文见样例 9-3。

 样例 9-3

2001APR16 14:02:28		LOGICAL TERMINAL E102
MT S700	AMENDMENT TO A DOCUMENTARY CREDIT	PAGE 00001
		FUNC MSG700
		UMR 06951485

MSGACK DWS7651 AUTH OK, KEY B198081689580FC5, BKCHCNBJ RJHISARI RECORO

BASIC HEADER	F	01	BKCHCNBJ A940 0600 898239
APPLICATION HEADER	0	700	0907 000411 RJHISARIAXXX 7277 977367 020213 1557 N

                                         *ALRAJHI BANKING AND INVESTMENT
                                         *CORPORATION
                                         *RIYADH
                                         *(HEAD OFFICE)

USER HEADER	SERVICE CODE	103:
	BANK. PRIORITY	113:
	MSG USER REF.	108:
	INFO. FROM CI	115:

SENDER'S REF.	*20 :	0011LC123756
RECEIVER'S REF.	*21 :	
DATE OF ISSUE	31 C:	010405
DATE OF AMENDMENT	30 :	010416
NUMBER OF AMENDMENT	26 E :	1
BENEFICIARY	*59 :	DESUN TRADING CO., LTD.
		HUARONG MANSION RM2901 NO.85 GUANJIAQIAO, NANJING
		210005,CHINA
		TEL: 0086-25-4729178 FAX: 0086-25-4715619
NEW DATE OF EXPIRY	31 E:	010615
LATEST SHIPMENT	44 C:	010531
NARRATIVE	79 :	RGDS LC DEPT MALAZ BR 126…
TRAILER		ORDER IS <MAC:> <PAC:> <ENC:> <CHK:> <TNG:> <PDE:>
		MAC: 6A102837
		CHK: A53355234967

三、开证行修改原信用证后向通知行发出指示

通知行受理国外来证后，应于 1~2 个工作日内将信用证审核完毕并通知出口商，以利于出口商提前备货，在信用证有效期内完成规定工作。

信用证的通知方式，因来证形式而异。如系信开信用证，通知行一般以正本通知出口商，将副本存档；对于全电本，通知行将其复制后以复制本通知出口商，原件存档。电开信用证或修改（包括修改通知）中的密押（SWIFT 信用证无密押）需涂抹后再行通知。

如果信用证的受益人不同意接受信用证，则应在收到《信用证修改通知书》的三日内以书面形式告知通知行，并说明拒受理由。

信用证修改通知书的范文见样例 9-4。

 **样例 9-4**

BANK OF CHINA

BANK OF CHINA JIANGSUBRANCH
ADDRESS: 148 ZHONGSHAN SOUTH ROAD NANJING
CABLE CHUNGKUO

修 改 通 知 书

NOTIFICATION OF AMENDMENT

TELEX: 34116/34127 BOCJS CN
SWIFT: BKCHCNBJ940
FAX: 4208843

200110417

TO 致: 0000660 DESUN TRADING CO., LTD. HUARONG MANSION RM2901 NO.85 GUANJIAQIAO, NANJING 210005, CHINA			WHEN CORRESPONDNG PLEASE QUOTE OUT REF. NO.	AD94001A42108
ISSUING BANK 开证行 800076 ALRAJHI BANKING AND INVESTMENT CORPORATION RIYADH			TRANSMITTED TO US THROUGH 转递行 REF NO.	

L/C NO.信用证号 0011LC123756	DATED 开证日期 2001/04/05	AMOUNT 金额 USD13260.00	EXPIRY PLACE 有效地 LOCAL
EXPIRY DATE 效期 2001/06/15	TENOR 期限 0 DAYS	CHARGE 未付费用 RMB0.00	CHARGE BY 费用承担人 BENE
RECEIVED VIA 修改方式 SWIFT	AVAILABLE 修改是否生效 VALID	TEST/SIGN 修改印押是否相符 YES	CONFIRM 我行是否保兑修改 NO
AMEND NO 修改次数 1	AMEND DATE 修改日期 2001/04/15	INCREASE AMT 增额 USD0.00	DECREASE AMT 减额 USD0.00

DEAR SIRS 谨启者:

WE HAVE PLEASURE IN ADVISING YOU THAT WE HAVE RECEIVED FROM THE A/M BANK A(N)AMENDMENT TO THE CAPTIONED L/C, CONTENTS OF WHICH ARE AS PER ATTACHED SHEET(S).

兹通知贵公司,我行收自上述银行收到修改一份,内容见附件。

THIS AMENDMENT SHOULD BE ATTACHED TO THE CAPTIONED L/C ADVISED BY US ,OTNER WISE, THE BENEFICIARY WILL BE RESPONSIBLE FOR ANY CONSEQUENCES ARISING THERFORM.

本修改须附于有关信用证,否则,贵公司须对因此而产生的后果承担责任。

REMARK 备注:

四、通知行将修改后的信用证内容通知受益人

通知行在收到开证行的信用证修改通知书后,通知受益人来领取修改内容。受益人在缴纳了一定金额的通知费用后,领取修改书。

信用证修改的规则如下：

只有买方（开证人）有权决定是否接受修改信用证；只有卖方（受益人）有权决定是否要修改信用证。修改信用证应注意以下几点：

1）凡是需要修改的内容，应做到一次性向客商提出，避免多次修改信用证的情况。

2）对于不可撤销信用证中任何条款的修改，都必须取得当事人的同意后才能生效。对于信用证修改内容的接受或拒绝有两种表示形式：受益人作出接受或拒绝该信用证修改的通知；受益人以行动按照信用证的内容办事。

3）收到信用证修改书后，应及时检查修改内容是否符合要求，并分情况表示接受或重新提出修改。

4）对于修改内容要么全部接受，要么全部拒绝。部分接受修改的内容是无效的。

5）有关信用证修改必须通过原信用证通知行才是真实、有效的；通过进口商直接寄送的修改申请书或修改书复印件不是有效的修改。

6）明确修改费用由谁承担。一般按照责任归属来确定修改费用由谁承担。

任务三　货物运输与投保办理

【操作步骤】

1. 进口方缮制定舱委托书，委托货代向船运公司办理订舱手续。
2. 货代向船运公司递交货物托运单，代办订舱。
3. 货代获知订舱信息后告知出口方相关信息。
4. 进口方与保险公司签订进口货物预约保险合同，并通知出口方装船信息。

【操作分析】

一、进口方委托货代办理订舱手续

按合同规定，FOB 条件下出口方应在交货前一定时期内，将预计装运日期通知进口方。进口方接到通知后，应及时向船方办理租船订舱手续。我国进口业务的租船订舱手续一般由外贸进出口公司委托外运公司办理。手续为：

外贸进出口公司收到国外出口商发来的预计装运日期后，先按合同填写"进口订舱联系单"，然后将其连同进口合同副本送交外运公司，委托其具体安排进口货物运输事宜。"进口订舱联系单"格式和内容比较简单，根据提示填写即可。联系单的内容一般包括货名、重量、尺码、合同号、包装种类、装卸港口、交货期、交货条款、发货人名称和地址、电挂或电传号等项目。如有其他特殊要求事项，也应在联系单中注明。填写联系单时应注意以下几点：

1）货名、重量、尺码、包装、件数要用中、英文两种文字填写。对重量一项，应填毛重；对长大件货物，要列明其长、宽、高的尺寸；对集重货物，要列明最大件的重量和件数。

2）"交货条款"一栏要与贸易合同条款相一致，对合同中的装运条件另有规定者，要在联系单上详细列明，以便划分责任、风险和费用。

3）贵重物品要列明其售价。

4）危险货物要注明危险品性质和国际危险货物海运规则的页码 IMDGC（International Maritime Dangerous Goods Code Page）及联合国编号（UN No.），国际危规把危险品分为爆炸品、气体、易燃液体、易燃固体、氧化剂和有机氧化物、有毒和有感染性的物质、放射性物品、腐蚀性物品和其他危险物品等九大类。在填联系单时还需注明其类别。填写货物品名时，必须用学名（技术名称），不要使用俗称。对易燃液体还必须注明其闪点（Flash Point）。

5）联系单的内容必须与贸易合同完全一致，如租整船，还须附贸易合同副本。

FOB 条件下，买方在办妥租船订舱手续后，应在规定的期限内将船名、船期、船籍、船舶、吃水深度、转载重量、到达港口等事项及时通知卖方，并催告卖方如期装船。

二、货代向船公司订舱

货代收到进口方的订舱联系单后，通知其在国外的代理与发货人联系，后面的程序与出口租船订舱的程序一致，这里不再赘述。

三、进口方与保险公司办理保险手续

按 FOB 条件进口，货物在装运港装船越过船舷，风险即由卖方转移给买方。为转移货物海上运输风险，买方一般需向保险公司办理进口货物海上运输保险。对于进口货物运输保险，我国目前有两种做法，即预约保险和逐笔保险。

1. 预约保险

预约保险适用于经常有货物进口的外贸公司或企业。预约保险的做法是：外贸公司或企业同保险公司签订预约保险合同，规定总的保险范围、保险期限、保品种类、总保险金额、运输工具、航程区域、保险条件、保险费率、适用条款、赔偿结算支付办法。只要有属于预约保险合同规定的承保范围内的货物进口，投保单位在接到国外出口商的装船通知后，填写"国际运输预约保险起运通知书"送交保险公司，保险公司签章确认办妥保险手续。

2. 逐笔保险

逐笔保险适用于临时办理进口货物运输保险的单位。办理进口货物逐笔保险时，投保人必须在接到国外出口商的装船通知后，向保险公司索取"进口货物国际运输起运通知书"，填写后，交保险公司。保险公司接受承保后，向投保人签发保险单，保险责任开始。

预约保险合同的范文见样例 9-5。

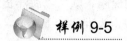

样例 9-5

进口货物运输预约保险合同

合同号　　　　　　　　　　　　　　　　　　　　　　年/号

甲方：

乙方：

双方就进口货物的运输预约保险，议定下列各条以资共同遵守：

一、保险范围

甲方从国外进口的全部货物，不论运输方式，凡贸易条件规定由买方办理保险的，都属于合同范围之内。甲方应根据本合同规定，向乙方办理投保手续并支付保险费。

乙方对上述保险范围内的货物，负有自动承保的责任，在发生本合同规定范围内的损失时均按本合同的规定负责赔偿。

二、保险金额

保险金额以进口货物的 CIF 价为准。如果交易不是以 CIF 价成交，则折算成 CIF 价，计算时，运费可用实际运费，亦可由双方协定一个平均运费率计算。

三、保险险别和费率

各种货物需要投保的险别由甲方选定并在投保单中填明。乙方根据不同的险别，规定不同的费率。现暂定如下：

货物种类	运输方式	保险险别	保险费率

四、保险责任

各种险别的责任范围，按照所属乙方制定的"海洋货物运输保险条款"、"海洋货物运输战争险条款"、"航空运输综合险条款"和其他有关条款的规定为准。

五、投保手续

甲方一经掌握货物发运情况，即应向乙方发出起运通知书，办理投保。通知书一式五份，由保险公司签订、确认后，退回一份。如果不办理投保，货物发生损失，乙方不予理赔。

六、保险费

乙方按甲方寄送的起运通知书照前列相应的费率逐笔计收保险费，甲方应及时付费。

七、索赔手续和期限

本合同所保货物发生保险范围以内的损失时，乙方应按制定的"关于海运进口保险货物残损检验和赔款给付办法"迅速处理。甲方应尽力采取防止货物扩大受损的措施，对已遭受损失的货物必须积极抢救，尽量减少货物的损失。向乙方办理索赔的有效期限，以保险货物卸离海轮之日起满一年终止。如有特殊需要可向乙方提出延长索赔期。

八、合同期限

本合同自　　　　年　　　　月　　　　日开始生效。

甲方：　　　　　　　　　　　　　　　　　　　　乙方：

日期：　　　　　　　　　　　　　　　　　　　　日期：

各种险别的责任范围，按照所属乙方制定的"海洋货物运输保险条款"、"海洋货物运输战争险条款"、"航空运输综合险条款"和其他有关条款的规定为准。

进口订舱业务程序图见图9-3。

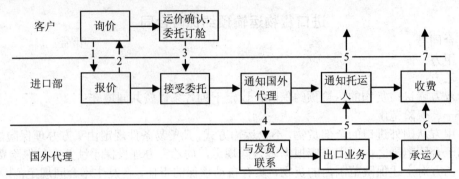

1. 电话或传真
2. 货物运输报价单
3. 货物运输报价单（已签字）书面或传真/电话告知：装卸港、货名、地址等。

4. 报价、装卸港、货名地址等
5. 船名、航次
6. 货装船后传真 B/L 副本
7. 账单

图9-3　海运进口订舱业务流程

资料来源：福步外贸论坛.

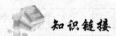 知识链接

一、进口货物海运操作流程

海运方式下，业务操作是从租船订舱开始，安排船舶在国外装运，直至货物运至国内安排卸货，最后货物被进口商接受为止的全过程。具体操作流程如下

1）信用证内容必须明确无误，应明确规定各类单据的出单人在 FOB 术语下，由进口商负责货物运输事宜，进口商就买卖合同标的运输事宜向承运人咨询运价、船期等。

2）承运人回复进口商的询价，进口商通过向不同承运人询问同类信息来比较各承运人的运价高低及船期安排，从中选取适当承运人承运此批货物运输。

3）进口商向选定的承运人提出订舱申请，确定海运运费等费用，同时提交国外供货人的详细资料。

4）承运人接受进口商订舱，在配舱回单上加注订舱船名、航次等信息，将配舱回单等单据返还进口商。

5）进口商订舱完成后，向出口商发出 FOB 货载订舱指令电，通知出口商货物订舱情况。

6）承运人接受进口商订舱后，通知其在出口国装货港的海外代理货主的订舱情况及出口商的详细资料。

7）承运人海外代理在得到承运人订舱的有关资料后，与出口国联系有关货物出运情况，与出口商沟通供货计划与配船计划。

8）承运人海外代理将出口商备货情况反馈给承运人。

9）承运人将出口商备货情况反馈给进口商，以便进出口双方能就备货过程中出现的意外情况及时沟通，解决。

10）进口商在出口商备货全过程应与承运人或其海外代理保持联系，及时掌握货运动态，随时解决突发事件。

11）出口商按照进出口合同规定，在指定装运期内将符合合同规定的货物装运至指定船只上，完成交货。

12）承运人海外代理在货物装船后向承运人发出货物装船确认电报，同时向出口商签发提单，出口商准备结汇等后续工作。

13）出口商将结汇单据通过邮寄或银行交至进口商，要求进口商付款赎单。

14）进口商凭提单向承运人办理换单手续，结算相关费用，准备提货。

二、进口货物海运操作注意事项

1）进口商要注意租船订舱时间，要结合合同要求及出口商生产进度安排装运。

FOB术语下，进口商负责进口货物的租船订舱并负责支付进口运费。特别注意船货衔接的问题，买卖双方应加强沟通，以减少损失发生的可能性。

2）对于重大合同，进口商应委托专人负责监督装运与卸货。

当货物到达最终目的地时，进口商与代办人办理交接，同时检查铅封是否完好，件数是否相符。

在采用CFR、CIF贸易术语成交的过程中，由于海运费用由出口商承担，运输环节由出口商操作，进口商的责任相对较小。但具体操作时应注意做好以下几方面工作：①催装，催运；②进口商做好货物到港后的接货工作，完成货物进口报检、报关手续；③在CFR术语中，出口商装船后应及时通知进口商货物已装船，以便进口商购买保险。

订舱、保险业务流程如图9-4所示。

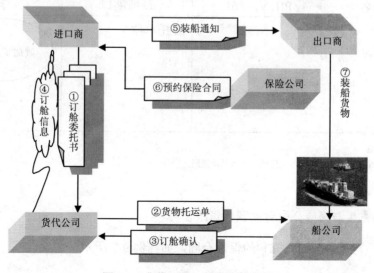

图9-4 货物订舱、保险业务流程

资料来源：童宏祥. 2010. 外贸单证实务. 上海：上海财经大学出版社.

【操作示范】

1. 诚通先生缮制进口订舱委托书

进口订舱委托书如样例 9-6 所示。

 样例 9-6

进口订舱委托书

编号：RT051147　　日期：2011 年 8 月 31 日

货　名（英文）	扳手 WRENCH		
重　量	175KGS	尺码	$7m^2$
合 同 号	RX201123	包装	60 箱
装 运 港	大阪港	交货期	2011 年 10 月 20 日
装货条款	（1）2011 年 10 月 15 日到达东京港装运（2）允许转船（3）允许分批装运		
发 货 人名称、地址	TOKYO SIMASA TRADE CORPORATION 80-320 OTOLI MACHI TOKYO，JAPAN		
发 货 人电　挂	0574-548743		
订妥船名	PIL V．861	预抵港口	宁波
备注		委托单位	诚通贸易公司　　诚通

注释：

① 危险品须注明性能，重大件须注明每件重量及尺码。

② 装货条款须详细注明。

2. 诚通先生与保险公司订立预约保险合同

诚通先生与保险公司订立预约保险合同，如样例 9-7 所示。

 样例 9-7

中国人民保险公司
进口货物运输预约保险合同

合同号：RX200523　　　　　　　　　　　　日期：2011 年 9 月 15 日

甲方：诚通进出口贸易公司

乙方：中国人民保险公司宁波分公司

双方就进口货物的运输预约保险拟定以下条款，以资共同遵守：

一、保险范围

甲方从国外进口的全部货物，不论运输方式，凡贸易条款规定由买方办理保险的，都属于本合同范围之内。甲方应根据本合同规定，向乙方办理投保手续并支付保险费。

乙方对上述保险范围内的货物，负有自动承保的责任，在发生本合同规定范围内的损失时，均按本合同的规定，负责赔偿。

二、保险金额

保险金额以货物的到岸价（CIF）即货价加运费加保险费为准（运费可用实际运费，亦可根据双方协定的平均运费率计算）。

三、保险险别和费率

各种货物需要投保的险别由甲方选定并在投保单中填明。乙方根据不同的险别规定不同的费率。现暂定如下：

货物种类	运输方式	保险险别	保险费率
扳手	江海运输	一切险、战争险	按约定

四、保险责任

各种险别的责任范围，以乙方制定的"海洋货物运输保险条款"、"海洋运输货物战争险条款"、"海运进口货物国内转动期间保险责任扩展条款"、"航空运输一切险条款"和其他有关条款的规定为准。

五、投保手续

甲方一经掌握货物发运情况，即应向乙方寄送起运通知书，办理投保。通知书一式五份，由保险公司签认后，退回一份。如不办理投保，货物发生损失，乙方不予赔偿。

六、保险费

乙方按甲方寄送的起运通知书照前列相应的费率逐笔计收保费，甲方应及时付费。

七、索赔手续和期限

本合同所保货物发生保险责任范围内的损失时，乙方应按制定的"关于海运进口保险货物残损检验的赔款给付办法"和"进口货物施救整理费用支付办法"迅速处理。甲方应尽力采取防止货物扩大受损的措施，对已遭受损失的货物必须积极抢救，尽量减少货物的损失。向乙方办理索赔的有效期限，以保险货物卸离海港之日起满一年终止。如有特殊需要，可向乙方提出延长索赔期。

八、合同期限

本合同自 2011 年 9 月 15 日起开始生效。

诚通进出口
贸易公司

中国人民保险公司宁
波分公司

甲方：诚通进出口贸易公司   乙方：陈俊

3. 诚通先生缮制装船通知

诚通先生缮制装船通知，如样例 9-8 所示。

 样例 9-8

CHENG TONG TRADE COMPANY
SHIPPING ADVICE

To: Date：OCT. 10，2011

TOKYO SIMASA TRADE CORPORATION

Re.：Shipment of Contract No. RX200523

Letter of Credit No. IR05458954

We wish to advise that the following stipulated vessel will arrive at TOKYO port，on /
about OCT. 19，2011 Vessel's name PIL Voy No. V. 861

We'll appreciate to see that the covering goods would be shipped on the above vessel on
the date of L/C called.

诚通进出口
贸易公司

CHENG TONG TRADE COMPANY

任务四　汇付业务办理

【操作步骤】

1．汇款人填写《汇款申请书》，并在申请书上签字或盖章。

2．汇款人在申请书上明确汇款的方式（电汇、票汇或信汇）。

3．汇款人向汇出行提供进出口合同、营业执照等证明材料。

【操作分析】

一、汇款申请审核

汇款申请的审核分《汇款申请书》的审核和汇款有效凭证的审核。

《汇款申请书》是银行办理汇出汇款业务的基本依据，也是汇款人和银行的责任契约。汇款人委托汇出行办理汇出汇款业务时，填制一式四联《汇款申请书》，见样例9-9。

《汇款申请书》必须内容完整、印鉴齐全、字迹清楚。经办人员将会详细审核以下内容：

1）汇款方式。

2）汇款币别及金额（货币符号及大小写）。

3）汇款人的详细名称、地址及电话。

4）收款人名称及详细地址。

5）收款开户银行名称及详细地址、收款人账号。

6）汇款申请人签章。

7）汇款费用情况。

8）汇款附言。

二、汇款有效凭证的审核

汇款有效凭证的审核，是指汇出行对办理汇出汇款业务必须提交的有关凭证表面真实性及合法、合规性的审核。汇款人委托汇出行办理汇出汇款业务时，除填写《汇款申请书》外，还应提交汇出行总行及外汇管理部门规定的其他有效凭证。

上述有效凭证经审查无误后，汇出行方可为汇款申请人办理汇款手续。对于辖属分支行委托办理的汇出汇款业务，由委托行按上述规定负责审核《汇款申请书》及汇款有效凭证。

三、落实汇出资金

1. 汇款申请人汇出资金的落实

汇出行一般都遵照"先扣款，后汇出"的原则办理汇出汇款业务。

汇款人委托汇出行办理汇出汇款业务，经办行应按以下各项审核汇款申请人的汇款资金情况：

（1）使用汇款申请人在汇出行的现汇存款办理汇款

汇款人在汇出行开有外汇现汇账户的，在《汇款申请书》及相关有效凭证审核完毕后，由会计人员核对《汇款申请书》上汇款人的预留印鉴是否准确无误，并查验其账户是否有足够的现汇存款余额。会计人员在《汇款申请书》第一联上加盖银行转讫章及经办、复核人员名章后交汇款部门办理汇款手续，凭第二、三联处理有关汇出汇款会计科目，第四联加盖转讫章及经办、复核人员名章后退申请人。

（2）汇款人以人民币购汇办理汇款

汇款人需以人民币购汇办理汇款的，汇出行应根据外汇管理部门及总行的有关规定和授权，对符合售汇条件的汇款人办理售汇后，按上述第一条的程序为其办理汇款手续。

个人以人民币购汇及办理汇出汇款业务，按照总行《关于下发〈境内居民因私兑换外汇办法〉和〈境内居民外汇存款汇出境外的规定〉的通知》及总行和外汇管理部门的有关规定办理。

（3）汇款人交存外币现钞办理汇款

汇款人交存外币现钞办理汇款时，汇出行应按汇出行当日挂牌汇率办理钞转汇后汇出。

（4）汇款人汇出货币与外汇存款币别不同

汇款人要求汇出货币币别与其外汇存款币别不同时，汇出行应按其当日挂牌汇率套算出所需的客户存款币别金额后，从汇款人存款账户中扣减所需款项，并在《汇款申请书》内注明相应的付账货币金额及套汇牌价，然后按汇款人的要求汇出。

2. 账户行资金头寸的落实

汇款经办部门在为汇款人办理汇款手续后，应及时通知有关资金、清算部门，以落实汇出行在总行或境外账户行清算账户的资金头寸。

汇款申请书的范文见样例9-9。

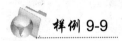 样例 9-9

 境外汇款申请书
APPLICATION FOR FUNDS TRANSFERS
（OVERSEAS）

		汇款行编号 Remitting Bank No.
致：中国银行宁波分行 TO：BANK OF CHINA NINGBO BRANCH		日期 Date

□电汇□　T/T　□票汇 D/D　□信汇　M/T	发电等级　□普通　NOMAL □加急　Urgent

申报号码 BOP REPORTING NO.							
20	银行业务编号 Bank Transac.Ref.No.			收电行/付款行 Receiver/Drawn on			
32A currency&interbank settlement amount	汇款币种及金额			金额大写 Amount in words			
其 中	现汇金额 Amount in FX			账号 Account no.			
	购汇金额 Amount of purchase			账号 Account no.			
	其他金额 Amount of others			账号 Account no.			
50a	汇款人名称及地址 Remitter's Name &address						
			对私	个人身份证件号码 Individual ID NO.			

□对公　组织机构代码 Unit code		对私	□中国居民个人　□中国非居民个人	
54/56A	收款银行之代理行名称及地址 Correspondent of beneficiary's Bank Name &Address			
57a	收款人开户银行名称及地址 Beneficiary's bank name &Address	收款人开户银行在其代理行账号　Bene's bank A/c No.		
59a	收款人名称及地址 Beneficiary's name &Address	收款人账号 Bene's A/c NO.		
70	汇款附言 Remittance Information	只限 140 个字位 Not exceeding140 characters	71A	国内外费用承担 All bank's charges if any are to be borne by □汇款人 our　□收款人 ben □共同 sha

收款人常驻国家（地区）名称及代码 Resident country/region name &code □□□				
请选择：　□预付货款 □货到货款□退款 □其他			最迟装运日期	
交易编码 BOPTransac code		相应币种及金额 Currency &Amount	交易附言 Transac.remark	
是否为进口核销项下付款		□是□否	合同号	发票号
外汇局批件/备案表号			报关单经营单位代码	
报关单号		报关单币种及总金额		本次核注金额
报关单号		报关单币种及总金额		本次核注金额

银行专用栏		申请人签章	银行签章
购汇汇率		请按照贵行背页所列条款代办以上汇款并进行申报	
等值人民币			
手续费			核准人签字 日期

电报费					
合计					
支付费用方式	☐ 现金 ☐ 支票 ☐ 账户	申请人姓名 电话			
核印		经办		复核	

 知识链接

一、款项汇出

款项汇出分为汇出汇款的编号登记、缮制汇出凭证和资金清算三个步骤。

（一）汇出汇款的编号登记

汇出行汇出汇款业务实行统一编号。各行在办理汇出汇款业务时，按下列方法编制汇出汇款业务参考号：

XXX　　　　PA　　　　97　　　　00001　　　　—XXX
分行代码　　业务代码　　年份　　业务流水号　　支行代码

汇出汇款业务参考号编制完后，经办人员应将汇出汇款业务参考号填写在《汇款申请书》的右上角"汇款行编号"栏内，并在《汇出汇款登记簿》上登记业务参考号、汇出日期、汇款币别及金额、汇入行、收款人、销账日期和备注等主要内容。

（二）缮制汇出凭证

1. 电汇

电汇处理程序如下：
（1）发电
汇出行办理电汇业务使用加押电传或 SWIFT MT100 两种形式。有关加押电传和 SWIFT MT100 的使用按总行清算中心有关规定办理。
（2）电汇凭证留底联的处理
汇款部门将汇款申请书第一联作为发电依据与电文共同保存。

2. 信汇

信汇即汇款行将信汇委托书以邮寄的方式委托境外代理行解付款项的一种汇款方式。处理程序如下：
（1）缮打信汇委托书
汇出行应严格根据《汇款申请书》的内容缮打信汇委托书，其审核要点同《汇款申请书》。

（2）信汇委托书的处理

第一联：信汇委托书。经有权签字人签字或盖章后，寄付款行凭此付款。

第二联：汇出汇款转账贷方传票。

第三联：汇出汇款转账借方传票。

第四联：汇出汇款卡片账。汇出汇款部门留存，与《汇款申请书》第三联一起凭此销账。

3．票汇

票汇即汇出行开出以代理行为付款人、以收款人为抬头人的银行汇票交汇款人，由汇款人自寄收款人或凭票到付款行领取款项的一种汇款方式。

（1）缮打银行汇票

汇出行应严格根据《汇款申请书》的内容缮打银行汇票。开出的汇票要干净、整洁，不能涂改。汇出行需将缮打好的银行汇票同《汇款申请书》核对，同时还应审核以下内容：

1）出票行名称。

2）签字。有权签字人的签字。

3）出票日期。应与汇款申请人申请汇款日期一致。

4）汇票有效期。汇出行出具的银行汇票自出票之日起有效期为一年。

5）付款行。应尽量选择汇出行账户行。

6）汇票币别及金额大小写。

7）收款人。

（2）汇票的处理

第一联：汇票正本。经有权签字人签字后交汇款人凭此向付款行取款，同时请汇款人在第五联上签收确认。

第二联：汇票通知书（ADVICE OF DRAWING）。经有权签字人签字后寄送解付行，通知付款行汇票已签发。

第三、四联：同信汇第二、三联。

第五联：汇票留底。凭此以加押电传或 SWIFT199 通知有关账户行汇票号码、出票日期、汇票金额、付款行及收款人名称等。

（3）电报证实

汇票金额超过规定金额，出票行应以加押电传或 SWIFT 向付款行加以证实。

（三）头寸偿付

汇出行应在上述汇款电文或信汇委托书上清楚指示汇款头寸的划拨方法和汇款资金的清算路线。

1．偿付方法

根据账户行协议，汇出汇款头寸的调拨分以下两种：

（1）解付前拨交头寸

付款行在解付款项之前已收到汇出行的汇款头寸。

（2）解付后拨交头寸

付款行在解付款项之后始收到汇出行的汇款头寸。

2. 清算路线

1）汇出行与汇入行之间互开清算账户的，汇出行在委托汇入行解付款项时主动贷记汇入行账户，或汇入行收到汇出行汇款电文或信汇委托书时，主动借记汇出行账户。

2）汇出行与汇入行在同一账户行开有清算账户的，由汇出行在汇款电文中指示该账户行将款项拨入汇入行账户，也可授权该账户行当汇入行要求解付汇款、向该账户行提出款项索偿时，将款项从汇出行账户拨入汇入行账户。

3）汇出行与汇入行不在同一账户行开立清算账户的，汇出行选择一家与汇出行账户行和汇入行账户行都有账户关系的第三家银行委托偿付。

3. 注意事项

1）汇出行使用自己在境外账户行的账户时，可按上述方法调拨头寸。

2）汇出行使用在总行清算中心的账户时，按总行清算中心有关规定办理。

按上述操作程序办理完汇出汇款业务，汇出行应将汇款申请书、汇款有效凭证、发电电文/卡片账，以及有关文件留底存档，留待核对借记报单。

凡当地外汇管理部门要求报送付汇日报的，汇出行按当地外汇管理部门有关规定办理。

二、汇出汇款销账

汇出行收到总行或国外账户行的借记报单后，应抽出付汇电传（卡片账）进行核对，办理汇出汇款的销账手续。需认真核对下述内容：

1）发电日期。

2）汇款参考号。

3）汇入行名称、地址、SWIFT 行号。

4）收款人名称、地址或账号。

5）汇款币别与金额、起息日。

6）汇款人名称、地址。

7）偿付路线。

确认无误后，汇出行在付汇电传留底联（卡片账）上签字并注明核对日期。同时在《汇出汇款登记簿》备注栏内作"已核对"标注。

任务五　进口货物报关

【操作步骤】

1. 接受申报。

2. 审核单证。

3. 查验货物。

4. 办理征税。

5. 结关放行。

【操作分析】

1. 接收国外客户的提单、发票、箱单等出口单证。

2. 拿提单到船公司去换单。

3. 填好进口报关单给货代进行报关。

4. 向海关缴纳进口关税。

5. 海关在提货单上盖海关的放行章。

具体进口报关流程如图9-5所示。

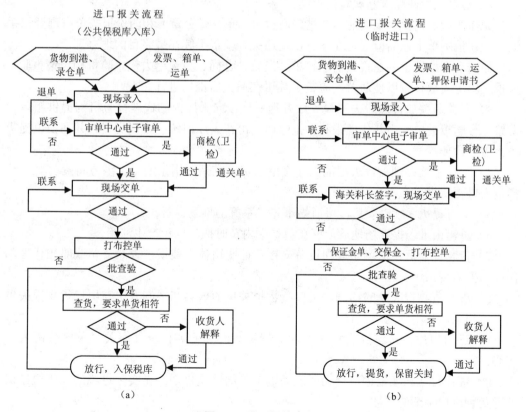

图9-5　进口报关流程

资料来源：福步外贸论坛.

进口报关的基本程序：接受申报→审核单证→查验货物→办理征税→结关放行。

1）用换来的提货单（一、三联）并附上报关单据前去报关。

报关单据：提货单（一、三联）海关放行后，在白联上加盖放行章，发还给进口方作为提货的凭证。正本箱单、正本发票、合同、进口报关单一式两份、正本报关委托协议书、海关监管条例所涉及的各类证件。

注意事项：

① 接到客户全真单据后，应确认货物的商品编码，然后查阅海关税则。确认进口税率，确认货物需要什么监管条件，如需做各种检验，则应在报关前向有关机构报验。报验所需单据：报验申请单、正本箱单与发票、合同、进口报关单两份。

② 换单时应催促船舶代理部门及时给海关传舱单，如有问题应与海关舱单室取得联系，确认舱单是否转到海关。

③ 当海关要求开箱查验货物，应提前与场站取得联系，调配机力将所查箱子调至海关指定的场站。（事先应现场确认好调箱费、掏箱费）

2）若是法检商品应办理验货手续。

如需商检，则要在报关前，拿进口商检申请单（带公章）和两份报关单办理登记手续，并在报关单上盖商检登记在案章以便通关。验货手续在最终目的地办理。

如需动植检，也要在报关前拿箱单、发票、合同、报关单去代验机构申请报验，在报关单上盖放行章以便通关，验货手续可在通关后堆场进行。

3）海关通关放行后应去三检大厅办理三检，向大厅内的代理报验机构提供箱单、发票、合同报关单，由其代理报验。报验后，可在大厅内统一窗口交费，并在白色提货单上盖三检放行章。

4）三检手续办理后，去港池大厅交港杂费。港杂费用结清后，港方将提货联退给提货人供提货用。

5）所有提货手续办妥后，可通知事先联系好的堆场提货。

6）重箱由堆场提到场地后，应在免费期内及时掏箱以免产生滞箱。

7）货物提清后，从场站取回设备交接单证明箱体无残损，去船公司或船舶代理部门取回押箱费。

8）进口货物报关单的缮制。进口货物报关单的内容和缮制方法与出口货物报关单的大致相同，其不同的栏目有：

① 进口口岸。按实际货物进口的口岸填写海关的名称及其海关"关区代码表"代码。

② 进口日期。填报进口货物所载运输工具的进境日期，无实际进境的，则填申请办理货物进口手续的日期。

③ 申报日期。填制进口方或其代理人申请办理货物进口手续的日期，不能早于进口日期。

④ 经营单位。应填写对外签订并执行进口货物贸易合同的中国境内企业的全称及其代码。

⑤ 提运单号。填写进口货物提单或运单编号。

⑥ 收货单位。填入已知的进口货物在境内的最终消费单位的名称及其代码。

⑦ 征免性质。按海关对进口货物实施征、减、免税管理的性质类别和代码填报，一份报关单只允许填一种征免性质。

⑧ 征税比例。此项仅用于"进料非对口"贸易方式下的进口报关单，填报海关规定的实际应征税比率。例如，5%填报5。

⑨ 许可证号。填写进口货物许可证的编号，一份报关单只允许填一个许可证号，如有多个许可证号，须分单申报。如不属于进口许可证范围的，此栏留空。

⑩ 起运国（地区）。根据进口货物始发的国家（地区）的名称及其代码填写。

⑪ 装运港。填写进口货物在运抵我国关境前的最后一个境外装运港的名称及代码，无实际进出境的，填"中国境内0142"。

⑫ 境内目的地。填写进口货物在国内的消费地或最终运抵地的名称及代码。

⑬ 批准文号。本栏目应填入"进口付汇核销单"编号。

⑭ 运费。应注明该批货物的运费并注明币制代码，如以CIF或CFR成交，则可不填。

⑮ 保费。填报该批货物的全部保险费和币制代码，如以CIF成交，则可不填。

⑯ 合同协议号。注明进口货物合同（协议）的全部字头和号码。

⑰ 用途。按进口货物的实际用途和用途代码进行填报，如"以产顶进13"。

⑱ 原产国（地区）。填写进口货物的生产、开采或加工制造国家（地区）的名称及其代码。

【操作示范】

诚通进出口贸易公司在办理好报检后，根据海运提单、商业发票、装箱单等有关内容填写进口货物报关单，在海关规定的时间内及时办理进口货物报关。海关核准放行后，委托运输公司将货物运至诚通贸易公司的仓库。

1. 诚通先生缮制进口货物报关单

进口货物报关单如样例9-10所示。

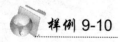 **样例 9-10**

中华人民共和国海关进口货物报关单

预录入编号：　　　　　　　　　　　　　　　　海关编号：444117252

进口口岸 吴淞海关 2202	备案号	进口日期 2011.10.24	申报日期 2011.10.31
经营单位（0387124666） 诚通进出口贸易公司	运输方式 江海运输	运输工具名称 COSCO V.861	提运单号 XY05111

收货单位 0387124666	贸易方式 一般贸易	征免性质 一般征税	征税比例	
许可证号 06—JZ5661168	起运国（地区） 日本	装货港 东京	境内目的地 宁波	
批准文号	成交方式 FOB	运费 502 / 890 / 3	保费 502 / 990 / 3	杂费
合同协议号 TX200523	件数 60	包装种类 箱	毛重（千克） 175	净重（千克） 145
集装箱号	随附单据 B：T0608114		用途 自营内销	

标记唛码及备注
　N / M

项号	商品编号	商品名称	规格型号	数量及单位	原产国 （地区）	单价	总价	币制	征免
	8204.1100	WRENCH			日本		502		照章
01		HEX DEYS WRENCH	30 千克	1 000 套		10.00	10 000.00		
02		DOUBLE RING OFFSET WRENCH	30 千克	1 500 套		10.00	15 000.00		
03		COMBINATION WRENCH	40 千克	2 000 套		20.00	40 000.00		
04		ADJUSTABLE WRENCH	45 千克	1500 套		20.00	30 000.00		

税费征收情况

录入员　　录入单位	兹声明以上申报无讹 并承担法律责任 申报单位（签章） 报关专用章	海关审单批注及放行日期（签章） 张玲　2011. 11. 03 审单　　　审价
报关员 3101045588 　　　诚通 单位地址　宁波市中山西路 1321 号 邮编　电话 56082266 填制日期　2011 年 10 月 31 日		征税　　　统计 查验　放行 丸汅 2011. 11. 03

2. 诚通先生缴纳进口关税

海关进口关税专用缴款书与海关代征增值税专用缴款书如样例 9-11 和样例 9-12 所示。

样例 9-11

宁波 海关 进口关税 专用缴款书

收入系统：海关系统　　　　　　　填发日期 2011 年 11 月 2 日　　　　　　　号码：269874123

收款单位	收入机关	中央金库			缴款单位（人）	名称	诚通贸易公司	
	科目	进口关税	预算级次	中央		账号	SZR80066686	
	收款国库	中国银行宁波分行				开户银行	中国银行宁波分行	

税号	货物名称	数量	单位	完税价格（￥）	税率（%）	税款金额（￥）
1.6258698	WRENCH	60	箱	7 676 000	1.0	76 000.00

金额人民币（大写）柒佰陆拾柒万陆仟元整

申请单位编号		报关单编号	444117252	填制单位	收款国卡库（银行）
合同（批件）号	RX200523	运输工具（号）	COSCO V.861		
缴款期限	2011.11.8	提／装货单号	XY05111		BANK OF CHINA NINGBO BRANCH
备注	一般征税照章征税　20111102 进 诚通 贸易公司 USD 95 000.00 成交：FOB			制单人： 复核人：	

注：从填发缴款书次日起、限七日内（星期日和法定假日除外）缴纳，逾期按日征收税款总额千分之一的滞纳金。

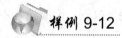

样例 9-12

宁波 海关 代征增值税 专用缴款书

收入系统：税务系统　　　　　　　填发日期 2011 年 11 月 2 日　　　　　　　号码：269874123

收款单位	收入机关	中央金库			缴款单位（人）	名称	诚通进出口贸易公司	
	科目	进口关税	预算级次	中央		账号	SZR80066686	
	收款国库	中国银行宁波分行				开户银行	中国银行宁波分行	

税号	货物名称	数量	单位	完税价格（￥）	税率（%）	税款金额（￥）
1.6258698	WRENCH	60	箱	7 676 000.00	1.0	76 000.00

金额人民币（大写）柒佰陆拾柒万陆仟元整

申请单位编号		报关单编号	444117252	填制单位	收款国库（银行）
合同（批件）号	TX200523	运输工具（号）	COSCOV.861		
缴款期限	2011.11.8	提／装货单号	XY05111		
备注	一般征税 照章征税　20111102 进 USD 95 000.00 成交：FOB			制单人： 复核人：	

任务六　进口货物报检

【操作步骤】

入境货物检验检疫的程序是报检后先放行通关，后进行检验检疫。具体内容包括：

1. 进口单位申请报检。
2. 商检机构受理报检。
3. 办理进口货物通关手续。
4. 放行。

【操作分析】

1. 法定检验检疫入境货物的货主或其代理人首先向卸货口岸或到达站的出入境检验检疫机构申请报检。

2. 进口单位提供有关的资料。

3. 检验检疫机构受理报检，审核有关资料，符合要求，受理报检并计收费用转施检部门签署意见，计收费。

4. 对来自疫区的、可能传播传染病、动植物疫情的入境货物、交通工具或运输包装实施必要的检疫、消毒、卫生除害处理后，签发《入境货物通关单》（入境废物、活动物等除外）供报检人办理海关的通关手续。

5. 货物通关后，入境货物的货主或其代理人需在检验检疫机构规定的时间和地点到指定的检验检疫机构联系对货物实施检验检疫。

6. 经检验检疫合格的入境货物签发《入境货物检验检疫证明》放行，检验检疫不合格的货物签发《检验检疫处理通知书》，需要索赔的签发检验检疫证书。

审单、入境货物报检业务程序如图 9-6 所示。

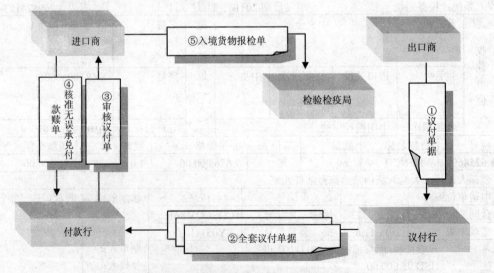

图 9-6　审单、入境货物报检业务流程

资料来源：童宏祥. 2010. 外贸单证实务. 上海：上海财经大学出版社.

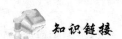

一、商检证书

商检证书是各种进出口商品检验证书、鉴定证书和其他证明书的统称，是对外贸易有关各方履行契约义务、处理索赔争议和仲裁、诉讼举证具有法律依据的有效证件，也是海关验放、征收关税和优惠减免关税的必要证明。商检证书的种类和用途主要有：

1）品质检验证书，是出口商品交货结汇和进口商品结算索赔的有效凭证；法定检验商品的证书，是进出口商品报关、输出输入的合法凭证。商检机构签发的放行单和在报关单上加盖的放行章与商检证书有同等的通关效力；签发的检验情况通知单同为商检证书性质。

2）重量或数量检验证书，是出口商品交货结汇、签发提单和进口商品结算索赔的有效凭证；出口商品的重量证书，也是国外报关征税和计算运费、装卸费用的证件。

3）兽医检验证书，是证明出口动物产品或食品经过检疫合格的证件。适用于冻畜肉、冻禽、禽畜罐头、冻兔、皮张、毛类、绒类、猪鬃、肠衣等出口商品。是对外交货、银行结汇和进口国通关输入的重要证明。

4）卫生/健康证书，是证明可供人类食用的出口动物产品、食品等经卫生检验或检疫合格的证件。适用于肠衣、罐头、冻鱼、冻虾、食品、蛋品、乳制品、蜂蜜等，是对外交货、银行结汇和通关验放的有效证件。

5）消毒检验证书，是证明出口动物产品经过消毒处理，保证安全卫生的证件。适用于猪鬃、马尾、皮张、山羊毛、羽毛、人发等商品，是对外交货、银行结汇和国外通关验放的有效凭证。

6）熏蒸证书，是用于证明出口粮谷、油籽、豆类、皮张等商品，以及包装用木材与植物性填充物等已经过熏蒸灭虫的证书。

7）残损检验证书，是证明进口商品残损情况的证件。适用于进口商品发生残、短、渍、毁等情况；可作为收货人向发货人或承运人、保险人等有关责任方索赔的有效证件。

8）积载鉴定证书，是证明船方和集装箱装货部门正确配载积载货物，作为证明履行运输契约义务的证件。可供货物交接或发生货损时处理争议之用。

9）财产价值鉴定证书，是作为对外贸易关系人和司法、仲裁、验资等有关部门索赔、理赔、评估或裁判的重要依据。

10）船舱检验证书，证明承运出口商品的船舱清洁、密固、冷藏效能及其他技术条件是否符合保护承载商品的质量和数量完整与安全的要求。可作为承运人履行租船契约适载义务，对外贸易关系方进行货物交接和处理货损事故的依据。

11）生丝品级及公量检验证书，是出口生丝的专用证书。其作用相当于品质检验证书和重量/数量检验证书。

12）产地证明书，是出口商品在进口国通关输入和享受减免关税优惠待遇，以及证明商品产地的凭证。

13）舱口检视证书、监视装/卸载证书、舱口封识证书、油温空距证书、集装箱监装/拆证书，作为证明承运人履行契约义务，明确责任界限，便于处理货损货差责任事故的证明。

14）价值证明书，作为进口国管理外汇和征收关税的凭证。在发票上签盖商检机构的价值证明章，与价值证明书具有同等效力。

15）货载衡量检验证书，是证明进出口商品的重量、体积吨位的证件。可作为计算运费和制定配载计划的依据。

16）集装箱租箱交货检验证书、租船交船剩水/油重量鉴定证书，可作为契约双方明确履约责任和处理费用清算的凭证。

二、进口商品的报检范围

1）国家法律法规规定必须由出入境检验检疫机构检验检疫的，未经检验合格的，不准进口。

2）有关国际条约规定须经检验检疫的。

3）国际贸易关系人申请的其他检验检疫、鉴定工作。

三、进口商品的检验检疫方式

（一）进境一般报检

进境一般报检是指进口商品的货主或其代理人，持有关单证向卸货口岸检验检疫机构申请取得《入境货物通关单》，并对货物进行检验检疫的报检。签发《入境货物通关单》和对货物的检验检疫都由口岸检验检疫机构完成。

（二）进境流向报检（口岸清关转异地进行检验检疫的报检）

进境流向报检是指向口岸检验检疫机构报检，获取《入境货物通关单》并通关后由进境口岸检验检疫机构进行必要的检疫处理，货物调往目的地后再由目的地检验检疫机构进行检验检疫监管。通关地与目的地不在同一辖区。

（三）异地施检报检

异地施检报检是指已在口岸完成进境流向报检，货物到达目的地后，该批进境货物的货主或其代理人在规定的时间内，向目的地检验检疫机构申请进行检验检疫的报检。

因进境流向报检只在口岸对装运货物的运输工具和外包装进行了必要的检疫处理，并未对整批货物进行检验检疫，只有当检验检疫机构对货物实施了具体的检验、检疫，确认其符合有关检验检疫要求及合同、信用证的规定，货主才能获得相应的准许进口货物销售使用的合法凭证，完成进境货物的检验检疫工作。异地施检报检时应提供口岸局签发的《入境货物调离通知单》。

四、进口商品报检的地点与时限

（一）报检的地点

1）审批、许可证等有关政府批文中规定检验检疫地点的，在规定的地点报检。

2）大宗散装商品、易腐烂变质商品、废旧物品及在卸货时发现包装破损、重/数量短缺的商品，必须在卸货口岸检验检疫机构报检。

3）需结合安装调试进行检验的成套设备、机电仪器产品以及在口岸开箱后难以恢复包装的商品，应在收货人所在地检验检疫机构报检并检验。

4）其他入境货物，应在入境前或入境时向报关地检验检疫机构办理报检手续。

5）入境的运输工具及人员应在入境前或入境时向入境口岸检验检疫。

（二）报检的时限

1）输入微生物、人体组织、生物制品、血液及其制品或种畜、禽及其精液、胚胎、受精卵等特殊物品的，应当在入境前 30 天报检。

2）输入其他动物的，应在入境前 15 天报检。

3）输入植物、种子、种苗及其他繁殖材料的，应在入境前 7 天报检。

4）入境货物需对外索赔出证的，应在索赔有效期前不少于 20 天内向到货口岸或货物到达地的检验检疫机构报检。

五、报检单据的准备与填制

入境货物报检时，应提交《入境货物报检单》，并提供外贸合同、发票、提（运）单、装箱单等有关单证。

特殊情况相关单据的提供：

1）凡实施安全质量许可、卫生注册、强制性产品认证、民用商品验证或其他需经审批审核的货物，应提供有关审批文件。

2）报检品质检验的还应提供国外品质证书或质量保证书、产品使用说明书及有关标准和技术资料；凭样成交的，需加附成交样品；以品级或公量计价结算的，应同时申请重量鉴定。

3）报检入境废物时，还应提供国家环保部门签发的《进口废物批准证书》、《废物利用风险报告》和经认可的检验机构签发的装运前检验合格证书等。

4）申请残损鉴定的还应提供理货残损单、铁路商务记录、空运事故记录或海事报告等证明货损情况的有关证单。

5）申请重（数）量鉴定的还应提供重量明细单，理货清单等。

6）货物经收货、用货部门验收或其他单位检测的，应随附验收报告或检测结果以及重量明细单等。

7）因科研等特殊需要，输入禁止入境物的，必须提供国家质检总局签发的特许审批证明。

8）入境的动植物及其产品，在提供贸易合同、发票、产地证书的同时，还必须提供输出国家或地区官方的检疫证书；需办理入境审批手续的，还应提供入境动植物检疫许可证。

9）过境动植物及其产品报检时，应持分配单和输出国家或地区官方出具的检疫证书；运输动物过境时，还应提交国家质检总局签发的动植物过境许可证。

10）入境旅客、交通员工携带伴侣动物的，应提供进境动物检疫审批单及预防接种证明。

11）入境食品报检时，应按规定提供《进出口食品标签审核证书》或《标签审核受理证明》。

12）入境化妆品报检时，应按规定提供《进出口化妆品标签审核证书》或《标签审核受理证明》。

13）来自美国、日本、欧盟和韩国的入境货物报检时，应按规定提供有关包装情况的证书和声明。

六、《入境货物报检单》的填制

入境货物报检单填制的具体方法如下：

1）编号。由检验检疫机构报检受理人员填写。

2）报检单位。填写报检单位的全称，并加盖报检单位印章。

3）报检单位登记号。填写报检单位在检验检疫机构备案或注册登记的代码。

4）联系人。填写报检人员的姓名。

5）电话。填写报检人员的联系电话。

6）报检日期。检验检疫机构实际受理报检的日期，由检验检疫机构受理报检人员填写。

7）收货人（中/外文）。填写进口贸易合同中的买方，中英译文应一致。

8）发货人（中/外文）。填写进口贸易合同中的卖方，中英译文应一致。

9）货物名称（中/外文）。填写本批货物的品名，应与进口贸易合同和国外发票名称一致，如为废旧货物应注明。

10）H.S.编码。填写本批货物的商品编码，以当年海关公布的商品税则编码分类为准。

11）原产国（地区）。填写本批货物生产/加工的国家或地区。

12）数/重量。填写本批货物的数/重量，应与进口贸易合同、国外发票上所列的货物数/重量一致，并应注明数/重量单位。

13）货物总值。填写本批货物的总值及币种，应与进口贸易合同和国外发票上所列一致。

14）包装种类及数量。填写本批货物实际运输包装的种类及数量，应注明包装的材质。

15）运输工具名称及号码。填写装运本批货物的运输工具名称及号码。

16）合同号。填写本批货物的进口贸易合同号，或订单、形式发票的号码。

17）贸易方式。填写本批进口货物的贸易方式，如一般贸易。

18）贸易国别（地区）。填写本批进口货物的贸易国或地区名称。

19）提单／运单号。填写本批进口货物的海运提单号或空运单号，有二程提单的应同时填写。

20）到货日期。填写本批进口货物到达口岸的日期。

21）起运国家（地区）。填写本批进口货物的起运国家或地区名称。

22）许可证／审批号。对于需办理进口许可证或审批的进口货物，应填写有关许可证号或审批号，不得留空。

23）卸毕日期。填写本批进口货物在口岸卸毕的实际日期。

24）起运口岸。填写本批进口货物起运口岸的名称。

25）入境口岸。填写装运本批进口货物的交通工具进境首次停靠的口岸名称。

26）索赔有效期至。按进口贸易合同规定的日期填写，特别要注明截止日期。

27）经停口岸。填写本批进口货物在到达目的地前，中途曾经停靠的口岸名称。

28）目的地。填写本批进口货物最后到达的交货地。

29）集装箱规格、数量及号码。进口货物若以集装箱运输。应填写集装箱的规格、数量及号码。

30）合同订立的特殊条款以及其他要求。填写在进口贸易合同中订立的有关质量、卫生等特殊条款，或报检单位对本批货物检验检疫的特别要求。

31）货物存放地点。填写本批进口货物实际存放的地点。

32）用途。填写本批进口货物的用途。

33）随附单据。在向检验检疫机构提供的实际单据名称前的"□"内打"√"，也可在"□"后补填其名称，并在"□"内打"√"。

34）标记及号码。填写进口货物的标记及号码，应与进口贸易合同和国外发票等有关单据保持一致。若没有标记及号码，则填"N／M"。

35）外商投资财产。由检验检疫机构报检受理人员填写。

36）报检人郑重声明。由报检人员亲笔签名。

37）检验检疫费。由检验检疫机构计费人员填写。

38）领取证单。由报检人在领取证单时，填写实际领证日期并签名。

入境货物报检单的样本如图 9-7 所示。

中华人民共和国出入境检验检疫
入境货物报检单

报检单位（加盖公章）：　　　　　　　　　　　　　　　　*编　　号＿＿＿＿＿＿

报检单位登记号：　　　联系人：　　　电话：　　　报检日期：　年　月　日

发货人	（中文）		企业性质（画"√"）	□合资□合作□外资
	（外文）			
收货人	（中文）			
	（外文）			

货物名称（中/外文）	H.S.编码	原产国（地区）	数/重量	货物总值	包装种类及数量

运输工具名称号码				合同号	
贸易方式		贸易国别（地区）		提单/运单号	

图 9-7　入境货物报检单样本

到货日期		起运国家（地区）		许可证/审批号	
卸毕日期		起运口岸		入境口岸	
索赔有效期至		经停口岸		目 的 地	
集装箱规格、数量及号码					
合同订立的特殊条款 以及其他要求			货物存放地点		加工厂
			用 途		

随附单据（画"√"或补填）		标 记 及 号 码	*外商投资财产（画"√"）	□是□否
□合同	□到货通知		*检验检疫费	
□发票	□装箱单		总金额 （人民币元）	
□提/运单	□质保书			
□兽医卫生证书	□理货清单		计费人	
□植物检疫证书	□磅码单			
□动物检疫证书	□验收报告			
□卫生证书	□		收费人	
□原产地证	□			
□许可/审批文件	□			
报检人郑重声明： 1.本人被授权报检。 2.上列填写内容正确属实。 　　　签名：＿＿＿＿＿		领 取 证 单		
		日 期		
		签 名		

注：有"*"号栏由出入境检验检疫机关填写　　　　　　　◆国家出入境检验检疫局制

1-1（2000.1.1）

图9-7　入境货物报检单样本（续）

【操作示范】

诚通进出口贸易公司根据《中华人民共和国进出口商品检验法》及其实施条例等有关规定，填写入境货物报检单，随附有关单据，及时办理报检手续。

1. 诚通先生缮制报检单

入境货物报检单如样例9-13所示。

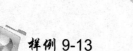

样例 9-13

中华人民共和国出入境检验检疫

入境货物报检单

报检单位（加盖公章）：　　　　　　　　　　　　　　　　　　*编号：＿＿＿＿＿＿＿

报检单位登记号：1880298666　诚通　　电话：87688877　　　报检日期：2011 年 10 月 27 日

收货人	（中文）诚通进出口贸易公司		企业性质（画"√"）		□合资　□合作　□外资	
	（外文）CHENG TONG TRADE COMPANY					
发货人	（中文）					
	（外文）TOKYO IMPORT & EXPORT CORPORATION					
货物名称（中 / 外文）	H. S. 编码	原产国	数 / 重量	货物总值		包装种类及数量
扳手　WRENCH	8204.1100	日本	6 000SETS	95 000.00 美元		60 箱
运输工具名称及号码	PIL　V.861			合同号		TX200523
贸易方式	一般贸易	贸易国别（地区）	日本	提单 / 运单号		XY05111
到岸日期	2011.10.24	起运国家（地区）	日本	许可证 / 审批号		11-JZ5661168
卸毕日期	2011.10.24	起运口岸	东京	入境口岸		北仑海关
索赔有效期至	2012.10.24	经停口岸		目的地		宁波
集装箱规格、数量及号码						
合同订立的特殊条款以及其他要求		货物存放地点		上海市逸仙路 5 号		
		用　途		自营内销		
随附单据（画"√"或补填）		标记及号码	*外商投资财产（画"√"）		□ 是□ 否	
合同	到货通知		*检验检疫费			
发票	装箱单					
□提 / 运单	□质保书		总金额（人民币元）			
□兽医卫生证书	□理货清单	N / M				
□植物检疫证书	□磅码单					
□动物检验证书	□验收报告					
□卫生证书			计费人			
□原产地证						
许可 / 审批文件			收费人			
报检人郑重声明：1. 本人被授权报检。2. 上列填写内容正确属实。签名：　诚通			领取证单			
			日期			
			签名			

注：有"*"号栏由出入境检验检疫机关填写　　　　　　◆国家出入境检验检疫局制

注释：

　① 对于同一买卖合同、同一国外发票、同一装运单据填写一份报检单。

　② 报检单编号前 6 位为检验检疫机构代码，第 7 位为报检类代码，第 8、9 位为年代码，第 10 至 15 位为流水号。

　③ 检验检疫机构对属于法定检验检疫的货物签发通关单，并在提货单上盖检验检疫章；对于非法定检验检疫货物仅在提货单上盖检验检疫章。

　④ 对于不属于法定检验检疫的货物，根据报检人的要求和有关买卖合同的规定对进口商品进行检验、鉴定，然后签发有关检验检疫证书。

2. 检验检疫机构签发入境货物通关单

入境货物通关单如样例 9-14 所示。

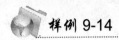样例 9-14

中华人民共和国出入境检验检疫
入境货物通关单

编号：TO608114

1. 收货人 　　诚通进出口贸易公司		5. 标记及唛码
2. 发货人 TOKYO IMPORT&EXPORT CORPORATION		N / M
3. 合同 / 提（运）单号 RX200523 / xY05111	4. 输出国家或地区 　　日本	
6. 运输工具名称及号码 　PIL V. 861	7. 目的地 　　上海	8. 集装箱规格及数量

9. 货物名称及规格 扳手 WRENCH ************************* （以下空白）	10. H.S.编码 8204. 1 100 ************ （以下空白）	11. 申报总值 USD95000.00 ************ （以下空白）	12. 数 / 重量、包装数量及种类 6 000SETS 60CTNS ***************************** （以下空白）

13. 证明   　　　上述货物业已报验 / 申报，请海关予以放行。   　　　本通关单有效期至二零壹壹年十一月二十日。   　　　　　　　　　　　日期：2011 年 10 月 30 日 　　　检验检疫专用   签字：刘毅
14. 备注

自我评价

评价项目 ＼ 完成情况及得分	很好（5）	良好（4）	一般（3）	较差（2）	很差（1）	分项得分
信用证开立流程的掌握情况						
信用证修改流程的掌握情况						
货物运输与投保办理情况						
汇付业务办理情况						
进口货物报关流程的掌握情况						
进口货物报检流程的掌握情况						

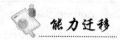 能力迁移

一、开证及改证申请练习

2007 年 4 月 22 日，郝强在合同约定的时间内，根据合同内容，填写了开证申请书，并在开证申请书上加盖华懋公司公章，并于当天将其提交给中国银行南京分行。

IRREVOCABLE DOCUMENTARY CREDIT APPLICATION

TO：BANK OF CHINA，NANJING BRANCH

Beneficiary（full name and address）: Ruigi Semicon Equipment Co.,Ltd. Corso Sempione 36-5166 BUSTO ARSIZIO，Italy Tel: 0039-331-567000　　Fax: 0039-331-567111		Applicant（full name and address）: Nanjing Huamao Machinery Equipment Import & Export Corp No.88 Yangshan Road，Nanjing，P.R.C. Tel: 0086-25-85868888　Fax: 0086-25-85869999
Partial shipment: （　）　allowed （×）　not allowed	Transshipment: （×）　allowed （　）　not allowed	Latest date of shipment: BEFORE JUNE 30, 2007 Date of expiry:　JULY 15,2007
Loading on board/dispatch/taking in charge From:　ITALIAN SEAPORT To: NANJING SEAPORT Price term: FOB		Amount（Both in figures and words）: EURO105000（SAY EURO ONE HUNDRED AND FIVE THOUSAND ONLY.）

Credit available with　　（　）＿＿＿＿＿＿＿＿＿＿＿＿＿＿＿＿＿＿＿＿

（×）　by negotiation /　（　）by acceptance with beneficiary's draft for ___100___ % of the invoice value at ***　sight on issuing bank（　）by sight payment /（　）by deferred payment_____days against the documents detailed herein

Commodity:　　　　　　　　　　　　　　　　　　　　Shipping mark:

　Wafer Probe Station（6" RF），5 sets　　　　　　Huamao/nanjing, China

　（details see technical appendix）

　EURO21000 per set FOB Italian seaport, The packing of the goods shall be preventive from dampness, rust, moisture, erosion and shock, and shall be suitable for ocean transportation/ multiple transportation.

Documents required:

1.（×）Signed commercial invoice in ___5___ folds indicating Contract No., L/C No. and shipping marks.

2.（×）Full set of clean on board ocean bills of lading made out to order and blank endorsed marked "（×）freight prepaid /（　）to collect" notify the applicant.

（　）Airway bill consigned to the applicant notify the applicant marked "freight （　）to collect /（　）prepaid".

进出口贸易实务

3. (   ) Insurance policy/certificate in _____ folds for 110% of the invoice value, showing claims pay in china in the currency of the draft,blank endorsed covering (   ) ocean marine transportation / (   ) air transportation / (   ) overland transportation all risks, war risks as per_____ clause.

4. (×) Packing list/weight list in   3   folds issued by__manufacturer.

5. (×) Certificate of origin in   1   original.

6. (   ) Certificate of quantity/weight in_____folds.

7. (×) Certificate of quality in   2   folds issued by (×) manufacturer / (   ) beneficiary.

8. (×) Beneficiary's certified copy of telex/fax dispatched to the applicant within   48   hours after shipment advising goods name, (   ) name of vessel / (   ) flight no., date, quantity, weight and value of shipment.

9. (   ) Beneficiary's certificate certifying that (   )   one set of non-negotiable documents / (   ) one set of non-negotiable documents （including 1/3 original b/l）   has been dispatched to the applicant directly by courier/speed post.

10. Other documents, if any:

（×) Certificate of fumigation in original.

Additional instructions:

1. (×)   All banking charges outside the issuing bank are for beneficiary's account.

2. (×) Documents must be presented within   15   days after the date of shipment but within the validity of this credit.

3. (   ) Both quantity and amount_____ % more or less are allowed.

4. (   ) All documents must be sent to issuing bank by courier/speed post in one lot.

5. Other terms, if any:

（×) **Third party as shipper is not acceptable. Short form/blank back B/L is not acceptable.**

联系人：郝强   电话号码：   传真号：

4 月 23 日，中国银行南京分行信用证部的部门经理对华懋公司的开证申请进行了审核，鉴于华懋公司是其老客户，该笔信用证金额在该行对华懋的授信额度之内，中行南京分行未要求其缴纳押金，对外开出了 SWIFT 信用证。

SEQUENCE OF TOTAL   27   :   1/1

FORM OF DOC. CREDIT   40   A   :   IRREVOCABLE

DOC. CREDIT NUMBER   20   :   HCBB61561

DATE OF ISSUE   31   C   :   070423

EXPIRY   31   D   :   DATE 070715 PLACE IN ITALY

APPLICANT   50   :   NANJING HUAMAO MACHINERY EQUIPMENT IMPORT & EXPORT CORP.

NO.88 YANGSHAN ROAD，NANJING，P.R.C.

TEL: 0086-25-85868888FAX：0086-25-85869999

BENEFICIARY	59	:	RUIGI SEMICON EQUPIMENT CO.,LTD.
			CORSO SEMPIONE 36-5166 BUSTO ARSIZIO,
			ITALY
			TEL: 0039-331-567000 FAX: 0039-331-567111
AMOUNT	32	B :	CURRENCY EURO AMOUNT 1.050,00
AVAILABLE WITH/BY	41	D :	ANY BANK
			BY NEGOTIATION
DRAFTS AT ...	42	C :	AT SIGHT
DRAWEE	42	D :	BANK OF CHINA ,NANJING BRANCH
PARTIAL SHIPMENTS	43	P :	NOT ALLOWED
TRANSSHIPMENT	43	T :	ALLOWED
LOADING IN CHARGE	44	A :	ITALIAN SEAPORT
FOR TRANSPORT TO ...	44	B :	NANJING SEAPORT ,CHINA
DESCRIPTION OF GOODS 45		A :	

WAFER PROBE STATION (6" RF)(DETAILS SEE TECHNICAL APPENDIX), 5 SETS , THE PACKING OF THE GOODS SHALL BE PREVENTIVE FROM DAMPNESS, RUST, MOISTURE, EROSION AND SHOCK, AND SHALL BE SUITABLE FOR OCEAN TRANSPORTATION/ MULTIPLE TRANSPORTATION. EURO21000 PER SET FOB ITALIAN SEAPORT

DOCUMENTS REQUIRED 46 A :

1. FULL SET OF CLEAN ON BOARD OCEAN BILLS OF LADING MADE OUT TO ORDER AND BLANK ENDORSED MARKED FREIGHT TO PREPAID ;

2. SIGNED COMMERCIAL INVOICE IN __5__ COPIES INDICATING CONTRACT NO., L/C NO. AND SHIPPING MARKS;

3. PACKING LIST/WEIGHT MEMO IN __3__ COPIES ISSUED BY _____MANUFATURER_____;

4. CERTIFICATE OF QUALITY IN __2__ COPIES ISSUED BY_____ MANUFATURER_____;

5. CERTIFICATE OF ORIGIN IN __1__ ORIGINAL；

6. THE SELLER SHALL, WITHIN __48__ HOURS AFTER SHIPMENT EFFECTED, SEND BY COURIER EACH COPY OF THE ABOVE-MENTIONED DOCUMENTS NO. __1__ .

7. CERTIFICATE OF FUMIGATION IN ORIGINAL.

ADDITIONAL COND. 47 A :

1. CHARGES INCURRED IN RESPECT OF ANY TELEGRAPHIC TRANSFER

/CHARTS PAYMENT/PAYMENT ADVICE BY SWIFT/TELEX ARE FOR ACCOUNT OF BENEFICIARY.

2. A HANDLING COMMISSION OF USD50.00 OR EQUIVALENT, PLUS TELEX CHARGES, IF ANY, WILL BE DEDUCTED FROM THE PROCEEDS FOR EACH SET OF DOCUMENTS WITH DISCREPANCIES PRESENTED UNDER THIS LETTER OF CREDIT.

3. ALL DOCUMENTS MUST BE PRESENTED THROUGH BENEFICIARY'S BANKER AND EXTRA COPY OF INVOICE AND TRANSPORT DOCUMENT FOR L/C ISSUING BANK'S FILE REQUIRED.

WE HEREBY ENGAGE WITH THE DRAWERS, ENDORSERS AND BONA FIDE HOLDERS THAT DRAFTS DRAWN AND NEGOTIATED IN COMPLIANCE WITH THE TERMS AND CONDITIONS OF THIS CREDIT WILL BE DULY HONOURED ON PRESENTATION.

THIS DOCUMENTARY CREDIT IS SUBJECT TO THE UNIFORM CUSTOMS AND PRACTICE FOR DOCUMENTARY CREDITS (1993) REVISION, INTERNATIONAL CHAMBER OF COMMERCE, PUBLICATION NO. 500.

DETAILS OF CHARGES 71 B : ALL BANKING CHARGES OUTSIDE ISSUING BANKARE FOR ACCOUNT OF BENEFICIARY.

PRESENTATION PERIOD 48 : ALL DOCUMENTS MUST BE PRESENTED WITHIN 15 DAYS AFTER THE DATE OF SHIPMENT BUT WITHIN THE VALIDITY OF THIS CREDIT.

CONFIRMATION 49 : WITHOUT

INSTRUCTIONS 78 :

1. PLS FORWARD THE WHOLE SET OF DOCUMENTS IN ONE LOT TO OURBILLS PROCESSING CENTRE （KOWLOON） AT 2/F., 666 NATHAN ROAD,KOWLOON, HONG KONG VIA COURIER SERVICE AT BENEFICIARY'S EXPENSES.

2. IN REIMBURSEMENT, WE SHALL REMIT PROCEEDS IN ACCORDANCE WITH YOUR INSTRUCTIONS UPON RECEIPT OF THE DOCUMENTS

ADVISE THROUGH 57 D : YOUR JIANGSU BRANCH, 148 ZHONGSHAN SOUTH ROAD, NANJING, CHINA

但 4 月 26 日，郝强又收到 Anderson 的邮件：

Dear Mr. Hao,

Thanks very much for your L/C No.HCBB61561, which has been carefully checked with our Accounting dept.

There are some points which have to be modified , these are:

1. Point 46A: 1. instead of "FREIGHT PREPAID", it should be "FREIGHT COLLECT", as FOB delivery means that we are responsible for transport up to the port with goods on board.

2. Point 46A: 7.certificate of Fumigation should be erased ,as not anymore available by our Italian Authorities,instead there will be all wood parts duly stamped with official stamp showing that wood has been passed the test.

All remaining points are OK.

Please amend the L/C as above required and send it through the bank.

Best regards.

Yours sincerely

Anderson

郝强立即查看了原开证申请书的复印件，发现是自己的开证申请书填错了，同时，郝强也到商检局进行了咨询，发现从意大利进口的货物确实不需要木质包装熏蒸处理证明，于是，他又根据客户的请求，向中国银行南京分行提交了改证申请书，开证行根据其申请，又开出了一份信用证的修改通知书，并通过通知行转交给 Ruigi 公司，至此，信用证事宜处理完毕。

二、完成以下进口项目的换单、报检报关和提货

2007 年 7 月 5 日，华懋公司收到到货通知后，委派业务人员到南京中远集装箱船务代理公司结清了相关费用（费用共包括海运费、一次换单费、二次换单费、THC 四项费用），换取了提货单。

换取提货单后，华懋公司委托苏通报关行代理该票业务的报检报关手续，并及时配合海关人员至港口进行查验，缴纳了关税，2007 年 7 月 8 日，在海关放行后，派拖车公司直接送到晶晶公司的无尘车间内。

2007 年 7 月 11 日，郝强再次与苏通公司的报检员联系，请商检局人员对 5 台测试仪作了认真的检验，结果发现该 5 台设备全部符合合同要求。

项目十　进口单据审核

 **项目导入**

出口方按照合同与信用证的规定按时发出货物，在信用证规定的交单期内办理议付。进口方收到全套议付单据（商业发票、装箱单和汇票等），对其进行审单，核准无误后办理付款赎单，如为远期付款，则对汇票进行承兑。外贸企业进口商品往往是凭单付款的，即外贸企业收到银行转来出口商的全套结算单据后，就要付款赎单，这就形成了一种单据买卖。因此外贸企业收到银行转来的全套结算单据时，首先要根据进口贸易合同和信用证的有关条款检查单据的种类、份数是否完整；其次审核单据的内容，审核的单据主要有发票和提单。进口方审单发现单证或单单不符，应立即通知开证行拒绝付款，并以书面形式说明理由。在单证或单单的不符点不构成风险，且急需进口商品的条件下，可要求出口商提供担保后再进行付款赎单。开证行如拒绝接受单据，根据 UCP600 的规定，不得迟于收到单据的翌日起第 5 个银行工作日将拒付通知直接发至通知行，并说明拒付理由。

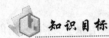 **知识目标**

1．掌握审核发票与装箱单的方法。
2．掌握审核汇票的要点。
3．掌握审核海运提单的要点。
4．掌握审核保险单的方法。
5．掌握审核商检证明的要点。
6．掌握审核原产地证明的方法。

 能力目标

1．能够熟练审核发票与装箱单。
2．能够熟练审核汇票内容。
3．能够熟练审核海运提单内容。
4．能够熟练审核保险单内容。
5．能够熟练审核商检证明内容。
6．能够熟练审核原产地证明。

任务一　发票与装箱单审核

【操作步骤】

1. 将发票和装箱单内容进行相互核对。
2. 将两种单据内容与合同或信用证进行核对。

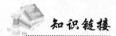　知识链接

一、商业发票的审核

1）必须表明由受益人出具，做成开证申请人抬头，并无须签署，除非信用证另有规定。

2）发票日期不得迟于汇票的出票日期，也不得迟于信用证的议付有效期。

3）商品的描述必须与信用证完全相符，不得记载信用证未规定的货物。

4）商品的数量、单价、贸易术语应符合信用证的规定。

5）发票金额不得超出信用证的金额，如数量、金额均有"大约（about）"或类似词语，可按 10%的增减幅度掌握；散装货物项下支取的金额允许有 5%增减幅度掌握，除非信用证另有规定；支取的金额允许下浮 5%以内，除非禁止分批装运的信用证另有规定，如数量已装足、单价没减少。

6）信用证如未特别许可，不得列入仓租、佣金、电报额外费用，也不得列入其他与货物无关的费用。

7）必须记载出票条款。

8）信用证要求表明和证明的内容不得遗漏。

9）提交的正副本份数必须符合信用证的要求。

二、装箱单的审核

1）装箱单应表明"装箱单"字样，是一份独立的单据，不与其他任何单据联合出具。

2）该单据中的货物名称应与其他单据一致。

3）必须与信用证的要求一致。如要求提供详细装箱单，应载明每件（包、箱）的内容清单和有关情况。

4）装箱单可以不显示货物的价值、装运情况及收货人，除非特别规定。

5）装箱单的出具日期，应不迟于发票日期或与发票日期相同。如信用证不做规定，也可不注明出单日。

任务二 汇票审核

【操作步骤】

1．将汇票内容与合同或信用证相关内容进行审核。

2．将汇票内容与发票内容进行核对。

 知识链接

汇票审核的要点如下：

1）汇票的付款人名称、地址是否正确。

2）汇票上金额的大、小写必须一致。

3）付款期限要符合信用证或合同（非信用证付款条件下）规定。

4）检查汇票金额是否超出信用证金额，如有信用证金额前有"大约"一词可按10%的增减幅度掌握。

5）出票人、受款人、付款人都必须符合信用证或合同（非信用证付款条件下）的规定。

6）币制名称应与信用证和发票相一致。

7）出票条款是否正确，如出票所根据的信用证或合同号码是否正确。

8）是否按需要进行了背书。

9）汇票是否由出票人进行了签字。

10）汇票份数是否正确，如"只此一张"或"汇票一式二份有第一汇票和第二汇票"。

任务三 海运提单审核

【操作步骤】

1．将海运提单内容与发票内容进行审核。

2．将海运提单内容与合同或信用证相关内容进行核对。

 知识链接

海运提单审核的要点：

1）单据的名称和类别必须符合信用证的规定。

2）发货人原则上为信用证的受益人，如信用证允许，也可以是其他第三者。

3）收货人和被通知人必须符合信用证的规定。

4）商品名称可以使用统称，但不得与发票的货物说明有抵触。

5）商品的件数、重量、尺码、唛头、装卸港应与发票及其他单据相符。

6）运费预付或到付应与信用证规定贸易术语相适应。

7）提单上不得有任何说明瑕疵的批注。换言之，除非信用证特许，提单必须是清洁提单。

8）除非信用证特准，不得货装舱面。

9）运输行出具的提单不能接受。

10）提单的出单日期即装运日期，不得迟于信用证规定的装运期限。

11）正副本份数必须符合信用证的规定。

12）全套正本提单必须由承运人或船长或他们的具名代理或代表签署。

13）收妥待运提单上必须有"装船批注"。

14）背书手续须完整并符合信用证的要求。

任务四 保险单审核

【操作步骤】

1．将保险单内容与发票内容进行审核。

2．将保险单内容与合同或信用证相关内容进行核对。

 知识链接

在以 CIF 条件成交的贸易中，进口商必须对出口商所提供的货物运输保险单据进行审核。审核要点如下：

1）被保险人应符合信用证的规定，一般情况下为信用证的受益人。

2）包装件数、重量、唛头应与发票和提单相符。

3）保险金额的加成和币别应与信用证规定相符，大小写金额必须一致。

4）运输工具、起讫地点、起运日期应与提单一致。

5）如转运，保险期限必须包括全程运输。

6）保险险别及适用的保险条款应与信用证规定一致。

7）赔款地点和支付的币别如信用证无规定，应以目的地或其邻地为赔款地点，以赔款地所在国货币支付。

8）保险单的出单日期不得迟于提单日期。

9）正副本的份数须符合信用证的规定。

10）保险单应为可转让形式，由抬头人按信用证规定作背书，除信用证另有规定。

任务五 商检证明审核

【操作步骤】

1．将商检证明的内容与发票内容进行审核。

2．将商检证明的内容与合同或信用证相关内容进行核对。

 知识链接

商检证明审核的要点如下：

1）商品检验检疫证书的申报必须在货物装运前办理。因为检验证书上的日期必须早于运输单据的日期。

2）检验检疫证书是官方机构签发的文件，不能擅自涂改、补充，如需要，可按有关规定办理。

3）证书要有适当的标题、签字和日期。日期应早于运输单据日期。

4）由信用证指定的检验机构出具检验证书。如有些不是必检商品，而客户又没有要求提供，在结汇时可不提供。

5）检验检疫证书的种类符合信用证的要求，检验要求与信用证相符。

6）证书所列明的货物规格、品质、数量等与发票一致。

任务六　原产地证书审核

【操作步骤】

1．将原产地证明的内容与发票内容进行审核。

2．将原产地证明的内容与合同或信用证相关内容进行核对。

 知识链接

产地证明书（Certificate of Origin）是出口商应进口商的要求向本国政府机构或商会申请签发的，作为进口国海关课征关税的依据。原产地证书审核的要点如下。

1）应由信用证指定的机构签署。

2）进口商或收货人的名称地址应与信用证相符。

3）货物的品名、品质、数量、价格等有关商品的描述应与商业发票及其他单据一致。

4）应证明所载货物为合同规定的生产国所生产或制造。

5）格式应符合进口国惯例的要求。

6）签发的日期不得迟于提单日期。

7）份数应与信用证相符。

任务七　其他单据审核

【操作步骤】

1．将其他单据的内容与发票内容进行审核。

2．将其他单据的内容与合同或信用证相关内容进行核对。

审核其他单据时的要点如下：

1）单据名称是否符合合同或信用证的要求。

2）单据的份数是否符合合同或信用证的要求。

3）单据中的主要内容是否符合发票的内容。

4）单据中的其他内容是否符合其他单据的内容。

【操作示范】

诚通进出口贸易公司在中国银行上海分行对东京进出口公司的全套议付单据进行审单，当核准无误后，办理承兑手续。汇票付款时间一到，诚通先生向中国银行宁波分行办理付款赎单。

1．诚通先生审单

诚通先生审查商业发票（见样例 10-1）、装箱单（见样例 10-2）和汇票（见样例 10-3）。

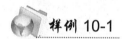
样例 10-1

TOKYO IMPORT & EXPORT CORPORATION

82-324 OTOLI MACHI TOKYO，JAPAN

TEL：028-548-742 FAX：028-548-743

COMMERCIAL INVOICE

CHENG TONG TRADE COMPANY 1405 BAIZHANG EAST ROAD NINGBO CHINA TEL：86-574-86082266 FAX：86-574-86082265	INVOICE NO. TIEX060930
	DATE：SEP.16, 2011
	PAYMENT TERMS: 30 DAYS AFTER SIGHT L / C

MARKS：N / M

SHIPPED FROM	SHIPPED TO	VESSEL / VOYAGE NO.		
TOKYO	SHANGHAI	KLING / EX06051 1		
DESCRIPTION		QUANTITY	PRICE PER SET	TOTAL AMOUNT
WRENCH HEX DEYS WRENCH			FOB TOKYO	
DOUBLE RING OFFSET WRENCH COMBINATION WRENCH ADJUSTABLE WRENCH L / C NO.：XUTI7345 P / C NO.：TX200523 PACKED IN ONE CARTON OF 100 SET		1,000 SET 1,500 SET 2,000 SET 1,500 SET	USD10.00/SET USD10.00/SET USD20.00/SET USD20.00/SET	USD 10,000.00 USD 15,000.00 USD 40,000.00 USD 30,000.00
				USD 95,000.00
SAY U.S.DOLLARS NINETY FIVE THOUSAND ONLY				山 田

TOKYO IMPORT & EXPORT CORPORATION

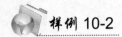 样例 10-2

TOKYO IMPORT & EXPORT CORPORATION

82—324 OTOLI MACHI TOKYO，JAPAN   **PACKING LIST**

TEL：028-548-742 FAX：028-548-743

CHENG TONG TRADE COMPANY 1321 ZHONGSHAN ROAD SHANGHAI CHINA TEL：021-56082266 FAX：021-56082265	INVOICE NO. TIEX060930 DATE：SEP.16,2011 PAYMENT TERMS: 30 DAYS AFTER SIGHT L / C

MARKS：N / M

SHIPPED FROM	SHIPPED TO	VESSEL / VOYAGE NO.		
TOKYO	SHANGHAI	COSCO V. 861		
PACKAGES	DESCRIPTION	QUANTITY	GROSS WEIGHT	TOTAL AMOUNT
60	WRENCH HEX DEYS WRENCH DOUBLE RING OFFSET WRENCH	1 000 SET 1 500 SET	FOB TOKYO 35 KGS 35 KGS	30 KGS 30 KGS
	COMBINATION WRENCH ADJUSTABLE WRENCH	2 000 SET 1 500 SET	50 KGS 55 KGS	40 KGS 45 KGS
	L / C NO.：XUTl7345 PACKED IN ONE CARTON OF 100 SET	6 000 SET	175 KGS	145 KGS
SAY U.S.DOLLARS NINETY FIVE THOUSAND ONLY 山　田				

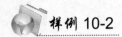 样例 10-3

No. TIEX060930

For USD95,000.00   **BILL OF EXCHANGE**   TOKYO，OCT. 21，2011

                                           Date

At 30 DAYS AFTER   sight of this SECOND BILL of EXCHANGE（first of the same tenor and date unpaid）pay to the order of FUJI BANK TOKYO BRANCH the sum of

SAY U.S. DOLLARS NINETY FIVE THOUSAND ONLY

Drawn under BANK OF CHINA NINGBO BRANCH

L / C No. XUTl7345 Dated AUG. 28，2011

TO.   BANK OF CHINA SHANGHAI BRANCH

         100 ZHONGSHAN NO. 1 ROAD SHANGHAI，CHINA

                     TOKYO IMPORT & EXPORT CORPORATION

                              山　田

2. 诚通先生承兑

诚通先生承兑，如样例 10-4 和样例 10-5 所示。

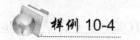 样例 10-4

中 国 银 行
BANK OF CHINA
进口信用证付款 / 承兑通知书

申请人 诚通进出口贸易公司	信用证号：L / C NO.：XUT17345
	汇票金额：USD 95 000.00
	汇票期限：30 DAYS AFTER SIGHT
	汇票到期日：

寄单行：FUJI BANK TOKYO BRANCH

受益人：TOKYO IMPORT & EXPORT CORPORATION

单 据	汇票	发票	海运 提单	空运 提单	货物 收据	保险 单	装箱 单	重量 单	产地 证	装船 通知		
	1	2					2			1		

货物：WRENCH

不符点：

上述单据已到，现将影印单据提交贵公司：

　　请审核并备妥票款于 2011 年 10 月 24 日前来我行，如不在上述期限来我行承兑，即作为你公司同意授权我行在公司存款账户内支出票款对寄单行承兑。

　　对于上述不符点，你公司如不同意接受，请于 2011 年 10 月 24 日前书面通知我行，如不在上述期限来我行办理拒付，又不将单据退回我行，即作为你公司接受不符点并授权我行在你公司存款账户内支出票款对寄单行承兑。

同意付款 　诚通	诚通进出口 贸易公司	中国银行 2011 年 10 月 20 日

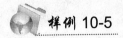
样例 10-5

No. TIEX060930

For USD 95 000.00   **BILL OF EXCHANGE**   TOKYO，OCT. 21，2011

                                                Date

At <u>30 DAYS AFTER</u> sight of this SECOND BILL of EXCHANGE （first of the Same tenor and date unpaid）pay to the order of <u>FUJI BANK TOKYO BRANCH</u> the Sum of

SAY U.S. DOLLARS NINETY FIVE THOUSAND ONLY

Drawn under <u>BANK OF CHINA NINGBO BRANCH</u>   2011.10.24

L/C No. <u>XUTl7345</u>   Dated <u>AUG. 28，2011</u>

TO.   <u>BANK OF CHINA NINGBO BRANCH</u>

      <u>100 ZHONGSHAN EAST NO. 1 ROAD NINGBO. CHINA</u>

                TOKYO IMPORT & EXPORT CORPORATION

                        山　田

自我评价

完成情况及得分 评价项目	很好（5）	良好（4）	一般（3）	较差（2）	很差（1）	分项得分
发票与装箱单审核的情况						
汇票审核的情况						
海运提单审核的情况						
保险单审核的情况						
商检证明审核的情况						
原产地证书审核的情况						
其他单据审核的情况						

项目十一　进口接货与付汇核销

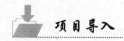

项目导入

进口方在办理报检手续后，应按有关法律法规的规定填写进口货物报关单，并随附国外商业发票、装箱单、进口贸易合同和提单等单据，及时向当地口岸海关办理进口报关手续。海关核准放行后，征收进口关税并在提货单上盖放行章，进口方凭提货单提货。提货后将针对收到的商品办理索赔及付汇核销手续。

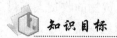

知识目标

1. 掌握进口接货的程序。
2. 掌握付汇核销的程序。

能力目标

1. 能够顺利接货。
2. 能够顺利办理进口付汇核销。

任务分解

任务一　接　　货

【操作步骤】

1. 进口企业委托货运代理公司办理接货业务。
2. 货物抵港后船公司通知货运代理接货。
3. 监卸时如发现货损货差，应会同船方和港务当局，填制货损货差报告。

【操作分析】

1. 进口企业通常委托货运代理公司办理接货业务。可以在合同和信用证中指定接货代理，此时出口商在填写提单时，在被通知人一栏内应填上被指定的货运代理公司的名称和地址。

2. 船只抵港后，船方按提单上的地址，将"准备卸货通知（Notice of Readiness to Discharge）"寄交接货代理。接货代理应负责现场监卸。

3. 如果未在合同或信用证中明示接货代理，则也可由进口方在收到船方通知径直寄来的"准备卸货通知"后，自行监卸。但大多情况下，仍可委托货运代理公司作为收货人的代表，现场监卸。

4. 监卸时如发现货损货差，应会同船方和港务当局，填制货损货差报告。

 知识链接

一、货代进口业务概述

货物进口运输代理分为海洋运输（海运）代理和陆路运输（陆运）代理两部分工作。

1. 海运代理

进口货物如以 FOB 价格成交的，则海运费和保险费由进口货物的收货人支付。国际货运代理企业可向收货人提供海运代理，并视情况不同提供海运保险代理。

海运代理一般的操作程序如下：

1）向进口货物收货人提供合适的船公司、船期及海运费以供选择。有时，向船公司（境内）询价时，船公司要求提供发货人资料。

2）得到收货人确认和委托后，要求船公司确认海运费。然后，向船公司订舱，将收货人和发货人的名称、地址、电话、传真，货物的品名、数量以及其他要求事项等详细资料提供给船公司，并要求船公司提供其在货物启运地的代理人地址、电话、传真、联系人等。

3）通知收货人，要求发货人与所提供的船公司的代理人联系，办理货物交接等事宜（一般由发货人付清起运地内陆费用）。

4）向船公司付款买"提单"（即支付海运费），以备货物到达目的港口后报关提货。

说明：向收货人报价时，应说明清楚所报价格是否是已包含了 BAF 等港口附加费的 ALL IN 价格。目前大部分进口货物都以 CIF 或 CFR 价格成交，不涉及海运费，即海洋运输已经由发货人安排好了，因此海运代理业务在进口货运代理业中所占比例很小。

2. 陆运代理

进口货物抵达目的口岸后，可向收货人提供港口至目的地的陆运代理，并同时代办在港口提货的一系列手续，包括报关、报检等。

陆运代理中按进口货物在进境地海关报关或在目的地海关报关的不同而略有差异。进口货物在进境地海关报关的，俗称"清关"；在目的地海关报关的，俗称"转关"。

二、进口清关操作流程

进口清关操作流程如下：

企业委托（接单）→审单→寄出单证→换单→报关→三检→提箱→送货→退单

下面以上海港进口为例分述（不同港口的进口操作流程大同小异）：

1. 进口企业委托（接单）

一般应与进口企业签订委托进口代理运输合同，以防将来收款有争议时陷入被动。合同中应明确合同价所包含的内容范围，并说明可能出现的费用，以便顺利收款。

说明：

1）一般来说，合同价以外的费用是按实收取的，并提供相关凭据。

2）港口收费结算制度不同。采取月结方式的（如宁波是由代理报关单位与港区和船公司月结的），有费用清单和总发票，可提供相关部门的额外费用清单，以证明所发生费用的真实性。

3）上海港是单票由车队结算港区费用和集装箱费用的，因此有单票结算发票，可提供额外费用的发票复印件。但货代公司可以将这些费用开入发票内，以便企业付款。

4）按惯例，应在合同中注明不垫付某些费用，如关税、增值税、滞报金、非货代公司代理的到付进口海运费，以及其他包干费以外的大额费用等。这些费用应由进口企业直接支付。如果企业异地支付不便时，经货代公司同意，也可以由其代垫付。发票抬头应是委托企业的名称，直接交企业入账。

5）有些费用（已含在包干费中的除外），如商检费用、专项检测费、熏蒸费和卫生处理费等，虽由货代公司垫付，也应尽可能申明将发票抬头开成委托企业的名称，以免货代公司重复开票。

6）企业委托后，应首先对照提单，电话查询到港日期，以便妥善安排后续各项操作工作的时间表。

2. 审单

企业委托后，进入审单工作，即核对单证是否正确、齐全、有效，审查提单、发票等各单证所显示的数据、品名等是否一致。审单的要点如下：

1）据企业性质和贸易方式不同，所需单证也不同。尽量查询《海关税则》，确定HS编码，明确相应的监管条件，以防遗漏某些监管证件，特别是第一次操作的品名。

2）检查"报关委托书"上公章和法人章是否齐全；明确申报单位已在相应的报关地海关注册登记或备案，并已有申报单位的海关十位编码；法定商检的"报检委托书"上公章齐全；最好要求企业提供空白的委托书，以免填错。

3）提单上须有收货人背书（即收货人盖公章），方可到船公司换单。

4）电放提单，除背书外，还要求收货人出具一份电放保函换单。如以银行保函换单需经船公司同意。

5）"TO ORDER"指示性提单，除收货人背书外，还要求发货人背书。如果没有发货人背书，也可以经船公司同意，提供全部已签发正本提单（有时还要加保证书），方可换单。"TO ORDER OF ×××"指示性提单，同样要求背书。

6）货代业务员根据企业委托单证资料，详细填写《进口工作联系单》，并注明企业地址、联系人、电话、传真、手机、送货地址、联系方法，以及是否转关等特殊要求。

货代操作员则根据业务员的联系单和单证，详细填写《操作一览表》。操作一览表中，需详细记录每天的操作内容（包括到货时间），每日不得空白，以便查阅。

7）全套报关单证复印留存，相关数据按操作规则输入电脑，并在操作过程中使用，操作完成后，补充电脑数据，将所有操作单证资料（包括操作过程中可能产生的其他资料，如集卡通知、额外费用清单、各种确认件、来往传真等）一并按规定装入资料袋存档、备查。

3. 寄出

寄出的要点如下：

1）在仔细审核、整理所有单证，确认齐全、无误后，寄到港口的报关公司办理报关手续。

2）不同的报关公司实力不同、优势也各异，有些报关公司专业报某类货物，因此，在寄单前应先了解一下各报关公司的情况，选择合适的报关公司。

3）不同的快件公司在不同的城市、区域，其送件速度不同，对不同报关单位的服务也有差异，因此，也要咨询一下，选择合适的快件公司寄件。

4. 换单

提单分为两种：一种是船公司或船代公司签发的，称"海洋提单"、"海洋单"或"海单"；一种是货代公司签发的，称"货代提单"或"货代单"。由于货代提单换单费通常较高，所以，客户一般要求发货人签发海单。

港口报关公司收到全套报关单证资料后，首先要凭"海单"到船代公司换取"提货单"，俗称"小提单"，又称"总单"。"货代单"要到指定的货代公司换单，再到船代公司换取"小提单"。有的货代单需要多次换单，所需要的时间和费用会更多。

宁波港换单时，船公司同时提供设备交接单，称"箱单"，一箱一单。上海港大多数船公司不提供，由车队到船公司现场领取。

（1）换单费

海洋单是 100 元/票，电放海单 100～200 元/票。货代单视不同货代公司或船代公司不同，约 150～450 元/票不等，拼箱货物进口会更高。所以，一般报价和合同中应注明已含换单费 50 元/票，如有超出，则超出部分另收。也可以不包换单费，全额另收。

（2）港口附加费（即 THC）

一般港口都会发生，并在提单上显示 THC PREPAID，港口附加费，除非收货人要求发货人已付。标准是：370 元/20'560 元/40'（HQ），特种箱可能要高一些。另外，从韩国进口的货物要加收 BAF 费，燃油附加费。

换取"提货单"，证明收货人（或其代理人）已与船公司取得确认，是今后报关时向海关证实货已到港，并凭此办理各种报关和提货手续的重要凭证。

提货单上要盖完多个图章，方可安排提箱事宜，如船代公司章、代理报关单位报关专用章、三检、理货、港务港建、放箱等，以及海关放行章。

注意：

1）由于进口海运有中转的情况，小提单上起运港显示的往往是中转港，而非提单上显示的始发港，在预录时应以小提单为准。因此，报关的预录一般在换单以后进行。

2）船公司一般在船到达目的港后，须将其承运货物的提单（舱单）信息录入到货港海关的电脑系统中，因此，在审单时，如发现提单与申报内容不符，应在船到港前更正。更正方法是：立即通知收货人与发货人联系，由发货人（或订舱人）通知船公司更正，并及时确认更正结果是否已传达到目的港的船代公司，以确保输入海关电脑系统的舱单是正确的。但更改舱单信息手续较麻烦，并可能会产生不必要的费用。有时在换单后会发现提单与小提单数据不一致，应立即与收货人确认正确数据。如果提单错误，可以自行更正提单；如果小提单错误，则应立即与船公司联系更正事宜。

5．报关

1）报关公司拿到"小提单"后，准备好报关全套单证资料，并填制进口货物报关单。目前上海进口报关费，视报关公司不同略有差异，一般在200～250元/票柜（含一次预录费）。每增加一个柜子，加30元报关费，每增加一次预录，加30～50元。

2）办理通关单。

通关单指中华人民共和国出入境检验检疫局入境货物通关单。法检产品才需出具通关单。通关单的办理要点如下：

① 因加封的进口集装箱须在海关监督下开箱，故商检查验一般在海关查验后，或海关人员在场情况下同时进行。但为了早出通关单，允许商检人员在海关指定的监管场地中（如港区内、海关认可的监管仓库或场地）先行开箱查验，查验后由海关人员或海关指定人员重新加封，并将新的封印号码报于海关。

② 目的港从疫区进口的货物需要卫生处理，处理方式有两种：熏蒸和喷洒，一般动植物产品、旧机电产品需做熏蒸，其余的做喷洒；不管哪个国家进口的废物都需做熏蒸。熏蒸是集装箱卸船后在港区进行，喷洒可以报关行出保函给商检，等报关行后拖箱到指定查验点时做喷洒。

卫生处理是商检延伸的商业性服务机构，在港区派驻专门的卫生处理人员操作。对于必做卫生处理的集装箱，可能在申报和通知之前就已自动完成了。

卫生处理一般要隔天完成，但也有例外，因此要及时查询并补发卫生处理通知单，以免影响商检查验，或影响提箱。

有的报检大厅内设有专门的电脑查询系统，报检员可以将集装箱号码输入电脑查询是否已做好卫生处理。卫生处理的收费标准一般是500元/20'，800元/40'左右，不同的商品因用药不同而不同，有的是按重量计费，如进口废塑料约30元/吨。实际执行可能有一定折扣或可协议，如进口废纸，因进口总量大，一般在200元/40'左右（宁波更低，统一40元/20'、80元/40'）。

③ 办理通关时，还要缴清商检、植检规费。商检规费：货值的2.5‰，植检规费：货值的1.5‰，商检、植检规费可以打折，一般为2/3。但不足67元，按67元计收。超过一定数额（如价值较大的进口设备），经申请批准，可以采用共检（即有更大折扣）。

④ 商检有时要对集装箱箱体进行检疫，收费是 7 元/20' 和 11 元/40'。查看箱体完整性、密封性，并抽查进行消毒处理，即俗称的"喷洒"。一般在提箱后，到指定场地进行喷洒。

⑤ 所有进口货物的包装情况都必须申报清楚。采用无木包装的，发货人出具无木证明或收货人出具情况说明；采用木质包装的，木包装上必须有 IPPC 标记，而收货人出具情况说明给商检。宁波和上海的版本不一样，注意区分。发货人出具的无木证明和收货人出具的情况说明均需正本。报检后商检局会根据情况抽取查验，一般提箱后在商检指定场地进行。上海港抽到查验的整票单据项下的集装箱均需要查验，无一漏掉；宁波港抽到查验的可按照整票单据 30% 的比率查验，但所有货柜必须等查验箱放行后再提箱。收费标准：上海港查验场地费 50 元/20' 和 75～100 元/40'。上海港查验必须提前一天预约，特殊情况吴淞港可以约当天加急计划，费用要加倍，外高桥、洋山港不能做当天加急；宁波港查验场地费：50 元/20' 或 40' 集装箱，四期直接在四期查，另外码头货物的可以在北仑港查验也可以到宁波华鑫仓查验，费用相同。

⑥ 进口某些产品，特别是可能会危害健康和环境的，如油漆、涂料，需取样送上海出入境检验检疫局检验，并办理进口备案证书，有效期 2 年。临时进口的，也可送杭州省商检局做单次检测。

⑦ 对于耗时较长、相对较复杂的进口商品商检，如机器设备等，可以先出通关单报关提货，移到当地补办。但限于转移无风险的商品，如动物产品可能带疫则一定要现场商检。

3）电脑预录入与电脑放行

① 向海关申报的第一步是要将报关单按规则输入海关的电脑系统中，接受海关电脑的自动审单，电脑放行（俗称"过机"）。

② 海关电脑审单的过程，会因贸易方式不同，而审单的时间有所不同。一般贸易交税货物审单最慢，需要 1～1.5 个工作日。保税货物（如来/进料加工贸易）和一般贸易中免税货物审单相应较快，一般需要 0.5～1 个工作日。

③ 一般专业报关行（或报关公司），经海关同意，可指定电脑终端与海关电脑系统联网，用于预录，该终端俗称"EDI"。为方便连接，一般在海关大楼内设立报关预录，有的称"输单房"。代理报关企业通常不具备预录条件，需请专业报关企业预录后，方可自行报关。

④ 预录错误需"删单"重录，并可能受到海关的记分处罚。

⑤ 一张报关单一般可以打印 5 个品名，如果一票申报品名超过 5 个，则需打印多张报关单。有几张报关单就核算几次预录费。

⑥ 海关电脑有没有过机，可以在 EDI 上查看。

4）向海关申报（现场交单）与海关放行

向海关申报（现场交单）与海关放行分两种情况：①不是法定检验检疫货物无论宁波还是上海都可以先报关再盖三检，且不用办入境货物通关单。②法定检验检疫货物，上海一般是预录放行后再去办通关单，因为有些一般贸易的税号不定，海关审单时可能会变动，如若先办好通关单会导致更改，这样会引起不必要的麻烦。有些货物如果很急，对其税号把握较大的，可要求报关行一边预录一边做通关单，这样可以缩短通关时间，加快报关速度。

5）海关放行

海关电脑过机后，报关员持全套报关单证交海关现场办理放行手续，要点如下：

① 海关关员接单后，首先审查单证是否齐全、正确、有效，是否与海关电脑数据一致。

② 应税货物开税单，缴税。

③ 决定是否查验。

宁波增税货物如已开出税单，就肯定不会查验，而上海则是在交完税后再定是否要查验。查验应及时排查验计划。最快是上午派，下午查。一般是要隔天查验。海关开查验单，通知港区机械，将查验箱移至指定的查验场地进行，查验完毕后，移回原处（也叫查验箱"归位"）。查验箱未归位的，不能提箱。上海海关查验一般都有武警监督，须有 2 名关员共同查验。海关查验费（实际是移箱机械费与场地费）一般是 350 元/20' 和 450 元/40'。查验时，如果打开箱门不能清楚地检查的，可以动用人工或机械，将货物移出，俗称"掏箱"或"倒箱"，并产生掏箱费。掏箱费视掏箱程度和难度不同而有所区别，一般在 300～1500 元/次不等。

海关有时会动用 X 光机查验，俗称"H986"。查验箱由集装箱卡车拖入特制的室内停留 5～10 分钟即可。一般进口废物做 H986 较多，费用是 450 元/40'（宁波是 375 元/40'）。海关查验有时要取样、化验与检测。检测与化验费另计。

④ 海关查验后，应重新加封。

⑤ 海关放行，小提单加盖放行章。

⑥ 海关放行后，电脑制作集卡通知（电脑中有标准格式）并传真相应车队，写明船名航次、提单号、箱量、每箱毛重、取提箱文件的报关公司地址/电话/联系人、送货地址/电话/联系人、到货时间的要求，以及操作员联系办法。车辆紧张或特种车辆应事先预约，以确保及时提箱。也可以先电话通知车队去报关公司拿箱单等提箱资料，以争取时间，集卡通知随后补上。

6）三检、理货等港区手续

港区手续由车队代办，并垫付相应费用。

① 法检货物是办通关单时盖好"验讫章"，非法检可在报完关后再盖。三检指动、卫、商三检合一。三检收费约 10 元/20'，20 元/40'集装箱。

散货（拼箱货物）只要盖好三检章，即可提货。拼箱提货，一般通知客户到指定仓库自提。如客户要求，也可以代理找车提货。提货时应支付仓库仓储费。

拼箱货物在提货前，务必要与提货单上所显示的仓库取得联系，确认是否可以提货。因为拼箱货物要经过分拨、拆箱后才可提货。经常会有海关放行后，仓库还未拆箱的情况。

② 港务港建费。

上海港：收费 150 元/20'，250 元/40'（吴淞），300 元/40'（外高桥）。

宁波港：收费 120 元/20'，200 元/40'。

移箱到大港需增加拖车费 300 元/20'，500 元/40'（限于特殊产品，如废塑料等）。

③ 理货费。

上海：50 元/20'，100 元/40'

宁波：30 元/20'，50 元/40'（废物为 20 元/箱）。

④ 放箱费。放箱时要支付还箱吊机费（还箱费）：均为 50 元/20'，75 元/40'。

⑤ 说明。理货公司代表中国官方检查进口商品是否符合进口合同的型号、规格、品质、数量要求。如发生进口货物与合同要求不一致，可凭理货公司的证明作为依据之一，向国外客户（发货人）索赔。

上海港区的费用由车队与货代公司结算（包括疏港费、滞箱费、修洗箱费）。宁波港区的费用由报关公司与货代公司结算（宁波车队产生运费、三期码头的疏港费、除中海以外的还箱费、部分在还箱时需现付的修洗箱费等费用）。

6. 提箱

将"小提单"上所有图章全部盖完后，便可到港区或堆场报提箱计划。

注意：

① 在上午盖好所有图章，且不涉及动植检查验的，可以报当天的提箱计划。需动植检查验的，一般不受理当天的查验计划。

② 在下午盖好所有图章的，报第二天的提箱计划（零点即可提箱）。

③ 对于安排了提箱计划而不能按时提箱的，计划作废。重新安排提箱计划需收取因重新移箱的机械费用，大约是 150 元/20'，250 元/40'左右。

④ 宁波提箱不需安排计划，海关放行后即可提箱。

⑤ 上海提箱凭单个箱单，港区计划受理单及箱单即可提货。宁波提箱时除了要带箱单外，同时应带总单方能进港提箱。一票多个箱子提箱时，由于车辆提箱的时间不同，车队应妥善管理好总单，以免丢失或影响下一个车子提箱。

⑥ 港区提箱作业是 24 小时不间断作业。

⑦ 关于转栈。转栈俗称"疏港"。由于港区空间有限，为不影响后续到港船只的卸箱，需对迟迟不能提箱的集装箱实施转栈，即移至其他海关监管堆场存放，需要动用车辆和机械，因此产生费用。

上海港疏港时间：自船到之日起 7 天（含节假日）。

宁波北仑港疏港时间：自船到之日起 15 天（含节假日）。

疏港费：上海 350 元/20'和 500 元/40'左右；宁波 129 元/20'和 223 元/40'左右。

堆存费：上海 5 元/20'和 10 元/40'左右（前 3 天免费，但疏港箱不免）；宁波 4 元/20'和 8 元/40'（前 4 天免费）（大港除外）。

上海疏港的箱子是将堆存费和疏港费开在一张发票上的，合称疏港费。因此，如果提箱较迟，总的疏港费可能很高，通常在 400～500 元/20'和 600～700 元/40'或以上。

上海港：在海关放行之日（正好是货物到港的第七天的），应尽量抓紧时间排出提箱计划。港区对于已排出第八天计划的箱子，将不予疏港。

7. 送货

1）提货前，要发集卡通知给车队，确认收到后问清能够送货到厂的大致时间。

2）到货通知传真给收货人，告之货物可能到达的时间，并电话确认，以便到货后尽快拆箱卸货，加快集装箱还箱。否则可能产生滞箱费。

3）注意事项：

① 拆箱务必小心。否则，损坏或污染箱子，按船公司认定的修箱费或洗箱费赔偿，并由客户承担。司机一般应在卸货后搞好集装箱卫生，仔细检查有无破损或污染。如有，应让卸货单位签字说明。卸货人员不肯签字的，应告知客户主管，以便顺利收取可能的修洗箱费。修洗箱费也称坏污箱费。

② 关于坏污箱费。有时集装箱是由发货人装货时损坏或污染的，有时集装箱原本就是破箱，也可能发生坏污箱费，从而引起争议。一般应交代车队司机在提箱出港区前，仔细检查集装箱外表完好无损。如有损坏，可在港区卡口处，请卡口管理人员签字说明，还箱时，有的可以免责。卸货后发现破损较严重的，也可以由客户或车队做简单修补，将会大大减少可能的坏污箱费。严禁用水冲洗集装箱地板。地板未干有水，也属于污箱。因此，最好事先向客户说明，无论何种原因，按实另收坏污箱费，并交代客户通知发货人在今后提空箱装货时仔细检查箱子，严重破损的，可以要求更换，以免漏水损坏货物和产生大量坏污箱费。废物、坏污箱费较多，可以与客户协商，估算其平均价，计入包干费中。

③ 关于滞箱费。集装箱是船公司租给客户允许在一定时间内免费使用的。这个一定的时间叫"免箱期"。超出规定时间，应向船公司支付使用费，即"滞箱费"，以弥补船公司因空箱周转量不足而带来的损失。滞箱费又叫租箱费。如果有充分的理由，比如，该品种货物清关手续复杂，耗时较长，箱量较大等，可以事先向船公司申请，要求延长集装箱免费使用期限。如果已申请了延长了免箱期，事后发现还不够，可以再申请，但难度较大。因此，操作员应尽可能抓紧时间，合理安排每一项工作，能交叉进行的交叉进行，提早还箱。集装箱使用天数是从船到港之日起，至集装箱还进堆场并验收之日为止，包括节假日。

④ 关于待时。待时是指因非正常原因不能在合理的时间内完成拆箱卸货，从而造成车辆等待时间过长，影响车队车辆的使用效率，赔付给车队的补偿费用。比如，客户在货到后仍未找好买家、卸货单位未准备好工具、无人卸货、纠纷等，都可能造成车辆待时费。操作员应了解各车队待时费的收取标准，并及时向客户确认待时费。如无标准，可参照4小时内免责，以后按100元/4小时计，或告知相关业务员，由业务员出面处理。

⑤ 如果客户临时更改送货地址，应明确运费有无差异，差异多少，告知相关业务员，明确是否需要加收运费、加收多少，并与客户确认。

⑥ 操作员应每天对每票单子过1～2遍，安排好每天的工作，防止遗漏，以免发生不必要的费用。注意客户的特殊要求是否已满足。操作过程中产生的特殊费用，应向客户确认，或告知相关业务员处理。遇到问题在合理的时间内无法解决的，应及时报告领导，或填写《操作异常单》交公司处理，以免错过解决的时间，产生费用。

4）集装箱种类：

20'（小柜）　　　　宽 2.3m×高 2.3m×长 5.9m，最大容量 28m³，最大吨位 17mt。

40'（大柜）　　　　宽 2.3m×高 2.3m×长 11.8m，最大容量 56m³，最大吨位 20mt。

40'H（高柜）　　　宽 2.3m×高 2.6m×长 11.8m，最大容量 65m³，最大吨位 20mt。

45'H（超高箱）　　宽 2.3m×高 2.6m×长 12.3m，最大容量 74m³，最大吨位 21mt。

其他特种箱，如开顶箱、框架箱、冷冻箱、挂衣箱等。

5）滞箱费收取标准如下（按天、按美元计算）：

① 普通干货箱：1～10 天免费

11～20 天	5.00/20'	10.00/40'
21～40 天	10.00/20'	20.00/40'
超过 41 天	20.00/20'	40.00/40'

② 高箱：1～7 天免费

8～15 天	14.00/40'	
16～40 天	25.00/40'	
超过 41 天	50.00/40'	

③ 开顶，框架箱：1～7 天免费

8～15 天	8.00/20'	16.00/40'
16～40 天	15.00/20'	30.00/40'
超过 41 天	30.00/20'	60.00/40'

④ 冷藏、罐箱等特殊用途箱：1～4 天免费

5～10 天	20.00/20'	40.00/40'
11～20 天	35.00/20'	70.00/40'
超过 21 天	70.00/20'	140.00/40'

6）口岸拆箱。

有时应客户要求在港口就地拆箱和分拨，并发往不同用户，或因路途较远，集装箱运输成本高，或货物尚不明确流向而要求在口岸仓库暂存的，则发生口岸仓库拆箱费。一般仍需先将集装箱提出港区，拖到事先约定的仓库拆箱，拆完后还箱。尽量要求客户自找拆箱仓库，因为仓库的管理可能造成货物短少、损坏、火灾等意外，责任重大，且烦琐。

如果是找好了场地或仓库，代理拆箱，货物立即装走，则相对简单，但需明确是否需要过磅，有无地磅及地磅吨位。散货车由于敞开，无法施封，有货物短少、淋雨或丢失的风险，所以应尽量避免散货运输。

8. 结单与退单

送货完成后，货代公司通知报关公司及时退回应退回的单证（除报关单外），交给收货人。

整理本票所有操作资料。这些单证包括免表、未用完的许可证、加工手册等。适时确认并核对报关公司和车队等相关合作单位的费用，按公司电脑输入规则，将有关数据

及成本细目输入电脑，填写《进口工作联系单》，并注明或提示货代业务员应收取的相关费用。

为方便结算，货代公司一般与宁波报关公司采取报关和港区等固定费用包干的方式（不同货代公司相关费用有所不同），具体包干费用如下：

单票箱量 1～5 个，包干费约为 340 元/20'，500 元/40'；

6 个以上，包干费约为 260 元/20'，400 元/40'；

以上包干费含一次预录、港务港建、理货（废物除外）、动物卫生检疫、10 天堆存、木托木箱处理、箱单费。其他费用因可能不发生或发生数额不定，均按实结算。

报关单一般在海关放行后一周内，可以将盖有海关"验讫章"的一联退给货代公司财务，并有专人负责退回单证的管理工作。根据企业性质和贸易方式不同，海关的退单也不同，如表 11-1 所示。

表 11-1　海关退单情况一览

报关单 贸易方式	进口付汇用		手册核销用	
	三资企业	非三资企业	三资企业	非三资企业
一般贸易	白	白	/	/
进料加工	白	白	蓝	红
来料加工	/	/	蓝	绿

至此，进口操作基本完成。整个过程，视贸易方式和海关查验不同，从换单开始到结束需 4～6 个工作日。

任务二　付汇核销

【操作步骤】

1．填写核销单，送外汇指定银行审核。

2．外汇指定银行办付汇核销单按周向进口单位所在地外汇局报送。

3．外汇指定银行留存备查。

4．进口单位向外汇局办理核销报审手续。

5．外汇局审查签章。

6．外汇指定银行报送"贸易进口付汇统计月报表"。

【操作分析】

一、填写核销单，送外汇指定银行审核

进口单位办理付汇时应当按规定如实填写核销单（一式三联），属于货到汇款的还应填写"进口货物报关单"编号和报关币种金额，将核销单连同其他付汇单证一并送外汇指定银行审核。

二、外汇指定银行按周向进口单位所在地外汇局报送核销单

外汇指定银行在办理付汇手续后，应当将核销单第一联按货到汇款和其他结算方式分类，分别装订成册并按周向进口单位所在地外汇局报送；将第二联退进口单位，将第三联与其他付汇单证一并留存五年备查。

三、外汇指定银行留存备查

外汇指定银行对凭备案表付汇的，应当将备案表第一联与核销单第三联一并留存备查；将第二联与核销单第二联退进口单位留存；将第三联与核销单第一联报送本银行所在地外汇局。

四、进口单位向外汇局办理核销报审手续

进口单位应当按月将核销表及所附核销单证报外汇局审查；应当在有关货物进口报关后一个月内向外汇局办理核销报审手续。

在办理核销报审时，对已到货的，进口单位应当将正本进口货物报关单等核销单证附在相应核销单后（凭备案表付汇的还应当将备案表附在有关核销单后），并如实填写"贸易进口付汇到货核销表"；对未到货的，填写"贸易进口付汇未到货核销表"。

五、外汇局审查签章

外汇局审查进口单位报送的核销表及所附单证后，应当在核销表及所附的各张报关单上加盖"已报审"章，留存核销表第一联，将第二联与所附单证退进口单位。进口单位应当将核销表及所附单证保存五年备查。

六、外汇指定银行报送"贸易进口付汇统计月报表"

银行外汇指定银行应当于每月5日前向外汇局报送"贸易进口付汇统计月报表"。

 知识链接

一、进口付汇到货的数据报审

1. 概念

进口付汇到货报审是进口单位根据《进口付汇核销监管暂行办法》的要求，按月将"贸易付汇到货核销表"及所附单证报送外汇局审查的业务过程和手续。

2. 业务审核单据

根据《进口付汇核销监管暂行办法》规定，进口单位应当在有关货物进口报关后一个月内向外汇局办理核销报审手续。进口单位在办理到货报审手续时，需对应提供下列单据：

1）进口付汇核销单（如核销单上的结算方式为"货到付款"，则报关单号栏不得为空）。

2）进口付汇备案表（如核销单付汇原因为"正常付汇"，企业可不提供该单据）。

3）进口货物报关单正本（如核销单上的结算方式为"货到付汇"，企业可不提供该单据）。

4）进口付汇到货核销表（一式两份，均为打印件并加盖公司章）。

5）结汇水单及收账通知单（如核销单付汇原因不为"境外工程使用物资"及"转口贸易"，企业可不提供该单据）。

6）外汇局要求提供的其他凭证、文件。

上述单据的内容必须真实、完整、清晰、准确。

3. 办理进口付汇报审业务手续

1）进口单位需备齐上述单据，一并交外汇局进口核销业务人员初审。

2）初审人员对于未通过审核的单据，应在向企业报审人员明确不能报审的原因后退还进口单位。

3）初审结束后，经办人员签字并转交其他业务人员复核；

4）复核人员对于未通过审核的单据，应在向企业报审人员明确不能报审的原因后退还进口单位。

5）复核无误，则复核员签字并将企业报审的全部单据及 IC 卡留存并留下企业名称、联系电话、联系人。

6）外汇局将留存的报关单及企业 IC 卡通过报关单检查系统检验报关单的真伪。如无误，则将 IC 卡退进口单位，并在到货报审表和报关单上加盖"已报审"章；如报关单通不过检查，则将有关材料及情况转检查部门。

二、进口付汇备案手续

进口付汇备案是外汇管理局依据有关法规、要求企业在办理规定监督范围内付汇或开立信用证前向外汇局核销部门登记，外汇局凭以跟踪核销的事前备案业务。

1）企业在办理下列付汇或开立信用证业务时，需办理的备案手续：

① 开立 90 天以上（不含 90 天）的远期信用证。

② 信用证开立日期距最迟装运日期超过 90 天（不含 90 天）。

③ 办理 90 天以上（不含 90 天）承兑交单的承兑业务。

④ 提单签发日期距付汇日期超过 90 天（不含 90 天）的付汇交单业务。

⑤ 付汇日期距预计到货日期超过 90 天的预付货款。

⑥ 超过合同总额的 15% 且超过等值 10 万美元的预付货款。

⑦ 报关单签发日期距付汇日期超过 90 天（不含 90 天）的货到汇款业务。

⑧ 境外工程使用物资采购的付款、开证业务。

⑨ 转口贸易的付款、开证业务。

⑩ 不在名录内企业付汇、开证业务。

⑪ "受外汇局真实性审核进口单位名单"内企业的付汇、开证业务。

⑫ 经外汇局了解认为确系特殊情况，有必要重点跟踪付汇业务。

企业在办理上述备案业务前，需对应报审已签发的预计到货日期在上月 1 日前的备案表的到货情况；否则，不予办理。

2) 进口单位在办理备案业务时，需对应提供下列单证：

① 进口付汇备案申请函（申请函内容应包含申请备案原因及备案内容）。

② 进口合同正本及主要条款复印件。

③ 开证申请书（如备案原因为"远期信用证"，则该开证申请书上应有银行加盖的业务章）。

④ 进口付汇通知单及复印件（如结算方式不为"托收"，则企业可不提供该单据）。

⑤ 电汇申请书（如结算方式不为"汇款"，则企业可不提供该单据）。

⑥ 进口货物报关单正本、复印件及 IC 卡（如备案原因不为货到汇款、信用证展期，则企业可不提供该单据及 IC 卡）。

⑦ 结汇水单/收账通知单或转口所得的信用证（如备案原因不为"境外工程使用物资"、"转口贸易"，则企业可不提供该单据）。

⑧ 预付款保函（如备案原因不为"90 天以上到货"、超过 15%且超过等值 10 万美元的预付货款，则企业可不提供该单据）。

⑨ 进口付汇备案表。

⑩ 特殊备案情况下，外汇局要求提供的其他凭证、文件。

上述单据的内容必须真实、完整、清晰、准确。

3) 企业在办理进口付汇备案业务时应根据不同的备案情况对应提供上述单据，并按照下列要求完成备案手续：

① 企业应提前三个工作日将有关单据交外汇局核销业务人员初审；

② 初审无误，审核人员将单据报送主管领导审批；

③ 业务人员应于企业备案当日（或次日，"受外汇局真实性审核进口单位名单"内企业除外）将通过初审的单据报送主管领导审批；主管领导在次日（或第三日，"受外汇局真实性审核进口单位名单"内企业除外）将审批结果退审核人员；对于审批未通过的备案，审核人员须及时向企业讲明原因。

④ 审批通过后，由审核人员通知企业（或由企业主动查询）备案结果，并将加盖"进口付汇核销专用章"的备案表及所附单证退还企业；同时，将备案表第四联及有关单证复印件一并留存、输机。

进口货物报关、付汇核销业务程序如图 11-1 所示。

【操作示范】

诚通进出口贸易公司在办理好报检后，根据海运提单、国外发票、装箱单等有关内容填写进口货物报关单，在海关规定的时间内及时办理进口货物报关。海关核准放行后，委托运输公司将货物运至方正进出口贸易公司的仓库。然后，向国家外汇管理局办理进口付汇核销手续。

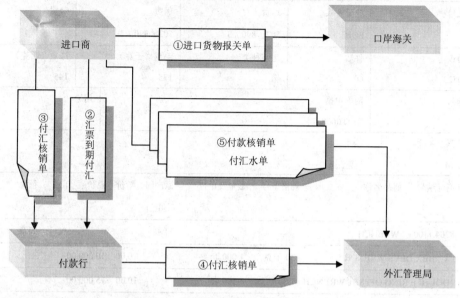

图 11-1　进口报关、付汇核销业务程序

注释：

① 进口方在办理好付汇手续后，填写贸易进口付汇核销单交银行。

② 银行审核无误后，将第一联交外汇管理局，第二联退还给进口方。

③ 进口方核销员向外汇管理局提供贸易进口付汇核销单、进口货物报关单和付汇水单，并填写贸易进口付汇到货核销表，办理核销报审手续。

资料来源：童宏祥. 2010. 外贸单证实务. 上海：上海财经大学出版社.

1. 诚通先生缮制进口货物报关单

进口货物报关单如样例 11-1 所示。

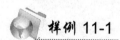 样例 11-1

中华人民共和国海关进口货物报关单

预录入编号：　海关编号：444117243

进口口岸 北仑海关3104	备案号	进口日期 2011.10.24	申报日期 2011.10.31
经营单位（0387124666） 诚通贸易公司	运输方式 江海运输	运输工具名称 COSCO V.861	提运单号 YZ05111
收货单位 0387124666	贸易方式 一般贸易	征免性质 一般征税	征税比例
许可证号 06—JZ5661168	启运国（地区） 日本	装货港 东京	境内目的地 宁波

批准文号	成交方式 FOB	运费 502 / 890 / 3	保费 502 / 990 / 3	杂费
合同协议号 TX200523	件数 60	包装种类 箱	毛重（千克） 175	净重（千克） 145
集装箱号	随附单据 B：T0608114		用途 自营内销	

标记唛码及备注

　N／M

项号	商品编号	商品名称	规格型号	数量及单位	原产国 （地区）	单价	总价	币制	征免
	8204.1100	WRENCH			日本		502		照章
01		HEX DEYS WRENCH	30 千克	1 000 套		10.00	10 000.00		
02		DOUBLE RING OFFSET WRENCH	30 千克	1 500 套		10.00	15 000.00		
03		COMBINATION WRENCH	40 千克	2 000 套		20.00	40 000.00		
04		ADJUSTABLE WRENCH	45 千克	1500 套		20.00	30 000.00		

税费征收情况

录入员　　　录入单位	兹声明以上申报无讹并承 担法律责任 申报单位（签章） 报关专用章	海关审单批注及放行日期（签章） 张玲　2011.11.03 审单　　　审价
报关员 3101045588 　诚通 单位地址：宁波市中山东路 1321 号 邮编　电话 56082266　　填制日期　2011 年 10 月 31 日		征税　　　统计
		查验　　　放行 丸汀 2011.11.03

2. 诚通先生缴纳进口关税

　　海关进口关税专用缴款书与海关代征增值税专用缴款书如样例 11-2 和样例 11-3 所示。

 **11-2**

宁波　海关 进口关税 专用缴款书

收入系统：海关系统　　　　　　　填发日期 2011 年 11 月 2 日　　　　　　号码：269874123

收款单位	收入机关	中央金库			缴款单位（人）	名称	诚通进出口贸易公司
	科目	进口关税	预算级次	中央		账号	SZR80066686
	收款国库	中国银行宁波分行				开户银行	中国银行宁波分行

税号	货物名称	数量	单位	完税价格（¥）	税率（%）	税款金额（¥）
1.6258698	WRENCH	60	箱	7 676 000.00	1.0	76 000.00

金额人民币（大写）柒佰陆拾柒万陆仟元整

申请单位编号		报关单编号	444117252	填制单位	收款国卡库（银行）
合同（批件）号	RX200523	运输工具（号）	COSCO V.861		
缴款期限	2011.11.8	提 / 装货单号	XY05111		BANK OF CHINA NINGBO BRANCH
备　一般征税照章征税　20111102 进 注 USD 95,000.00				制单人 350 复核人？	
成交：FOB				诚通进出口 贸易公司	

注：从填发缴款书次日起、限七日内（星期日和法定假日除外）缴纳，逾期按日征收税款总额千分之一的滞纳金。

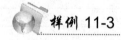 **11-3**

宁波　海关 代征增值税 专用缴款书

收入系统：　税务系统　　　　　　填发日期 2011 年 11 月 2 日　　　　　　号码：269874123

收款单位	收入机关	中央金库			缴款单位（人）	名称	诚通进出口贸易公司
	科目	进口关税	预算级次	中央		账号	SZR80066686
	收款国库	中国银行宁波分行				开户银行	中国银行宁波分行

税号	货物名称	数量	单位	完税价格（¥）	税率（%）	税款金额（¥）
1. 6258698	WRENCH	60	箱	7 676 000.00	1.0	76 000.00

金额人民币（大写）柒佰陆拾柒万陆仟元整

申请单位编号		报关单编号	444117252	填制单位	收款国库（银行）
合同（批件）号	RX200523	运输工具（号）	COSCOV.861		
缴款期限	2011.11.8	提 / 装货单号	XY05111		
备　一般征税　照章征税　20111102 进 注　USD 95 000.00				制单人： 复核人：	BANK OF CHINA NINGBO BRANCH
成交：FOB					

3. 诚通先生填写贸易进口付汇核销单

贸易进口付汇核销单如样例11-4所示。

 样例 11-4

贸易进口付汇核销单（代申报单）

印单局代码：119210　　核销单编号：3002869504

单位代码：3145897564	单位名称：诚通进出口贸易公司	所在地外汇局名称：宁波
付汇银行名称：中国银行宁波分行	收款人国别：日本	交易编码：01156
收款人是否在保税区：是 □　否□	进口商品名称：扳手	
对外付汇币种：美元	对外付汇总额：USD95 000.00	折美元总额：USD95 000.00
其中：购汇金额 USD95000.00	现汇金额	
人民币账号：SZR80066686	外汇账号	

付汇性质			
正常付汇			
□不在名录	□90 天以上信用证	□90 天以上托收	□异地付汇
□90 天以上到货	□转口贸易	□境外工程使用物资	□真实性审查
备案表编号：6666			

预计到货日期： 2011 年 10 月 24 日	进口批件号	合同 / 发票号：TX200523 / TIE X060930

结算方式			
信用证 90 天以内□　90 天以上□	承兑日期	付汇日期 2011.11.24	期限　天
托　收 90 天以内□　90 天以上□	承兑日期	付汇日期	期限　天

	预付货款□货到付款（凭报关单付款）□　付汇日期			
汇 款	报关单号　报关日期　报关单币种　金额			
	报关单号　报关日期　报关单币种　金额			
	报关单号　报关日期　报关单币种　金额			
	报关单号　报关日期　报关单币种　金额			
	报关单号　报关日期　报关单币种　金额			
	（若报关单填写不完，可另附纸。）			
其他　　□付汇日期				

以下由付汇银行填写：

申报号码：06010322

业务编号：9821546781

（诚通进出口贸易公司印章）　　　　（BANK OF CHINA NINGBO BRANCH 印章）

（付款银行签章）

审核日期：2011.11.6

进口单位（签章）：诚通进出口贸易公司　　2011 年 11 月 8 日

4. 诚通先生填写贸易进口付汇到货核销表

贸易进口付汇到货核销表如样例 11-5 所示。

 样例 11-5

贸易进口付汇到货核销表

进口单位名称：诚通进出口贸易公司　　　进口单位编号：3145897564　　　核销单编号：3002698741

序号	核销单号	备案表号	付汇币种金额	付汇日期	结算方式	付汇银行名称	应到货日期	报关单号	到货企业名称	报关币种金额	报关日期	与付汇差额 退汇	与付汇差额 其他	凭报关单付汇	备注
1	3002698741	6666	USD 95 000	11.24	信用证	中行	10.24	444117252	诚通进出口贸易公司	USD 95 000	10.31				

付汇合计笔数： 1	付汇合计金额： USD 95 000	到货报关合计笔数： 1	到货报关合计金额： USD 95 000	退汇合计金额：	凭报关美单合计金额：
至本月累计笔数： 2	至本月累计笔数： USD 106 000	至本月累计笔数： 2	至本月累计金额： USD 106 000	至本月累计金额：	至本月累计金额：

填表人：诚通　　　负责人：徐飞　　　填表日期：2011 年 11 月 9 日
本核销表内容无讹。（盖章）

诚通进出口
贸易公司

注：

1. 本表一式二联，第一联送外汇局，第二联由进口单位留存；

2. 本表合计和累计栏金额为折美元金额；

3. 本表由各外汇局印制，供进口单位使用；

4. 货款汇款项下的付汇在"凭报关单付汇"栏填"√"；

5. 累计栏为本年年初至本月的累计数；

6. 一次到货多次付汇的，在"付汇情况"栏填写实际付汇情况，在"报关到货情况"栏只填写一次；

7. 一次付汇多次到货的，参照第6点处理。

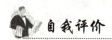 自我评价

评价项目 ＼ 完成情况及得分	很好（5）	良好（4）	一般（3）	较差（2）	很差（1）	分项得分
进口接货程序掌握情况						
索赔办理程序掌握情况						
付汇核销程序掌握情况						

参 考 文 献

邓晶，王玲. 2003. 国际贸易实务. 南京：东南大学出版社.

刘文广. 2002. 国际贸易实务. 北京：高等教育出版社.

商务部中国对外贸易经济合作企业协会. 2006. 国际贸易业务员实务教程. 北京：科学技术文献出版社.

邵渭洪，孙敏. 2007. 进出口贸易实务操作. 上海：上海财经大学出版社.

童宏祥. 2010. 外贸单证实务. 上海：上海财经大学出版社.

吴百福. 2003. 进出口贸易实务教程. 第四版. 上海：上海人民出版社.

张芝萍. 2007. 外贸单证实务. 上海：上海交通大学出版社.

赵铁. 2010. 进出口贸易实务. 北京：清华大学出版社.

中国对外贸易经济合作企业协会. 2008. 国际贸易理论基础. 北京：科学文献出版社.

祝卫. 2006. 国际贸易操作能力实用教程. 上海：上海人民出版社.